# L'AIGLE

## COMPAGNIE ANONYME D'ASSURANCES A PRIMES FIXES

### Contre l'Incendie et contre l'Explosion du Gaz

AUTORISÉE PAR ORDONNANCE ROYALE DU 18 MAI 1843, PAR DÉCRETS DES 18 SEPTEMBRE 1849,
21 MARS 1868 ET 5 SEPTEMBRE 1874.

**A PARIS, RUE DE CHATEAUDUN, N° 44**





## INSTRUCTIONS GÉNÉRALES

« MM. les Agents généraux chercheront à s'attirer les préférences
» du public par la loyauté la plus scrupuleuse dans leurs relations
» et leurs démarches. Ils repousseront les moyens de concurrence
» et de persuasion qui s'appuieraient sur des indications inexactes.
» L'Administration ne peut trop leur recommander de se priver
» immédiatement et sans réserve du concours des intermédiaires qui
» n'opéreraient pas honnêtement, quel que fût d'ailleurs le nombre des
» affaires qu'ils procureraient. »

(*Instructions générales*, art. 53.)

PARIS
IMPRIMERIE CENTRALE DES CHEMINS DE FER
A. CHAIX ET Cie
RUE BERGÈRE, 20, PRÈS DU BOULEVARD MONTMARTRE.
1874

# INSTRUCTIONS GÉNÉRALES

A

# MM. LES AGENTS GÉNÉRAUX

## DE LA COMPAGNIE L'AIGLE

## AVIS

Les présentes Instructions sont confidentielles : elles font partie du matériel de l'Agence et doivent être remises, en cas de cessation de fonctions, soit au successeur, soit à l'Inspecteur muni des pouvoirs de l'Administration.

Il est recommandé aux Agents de les lire avec la plus grande attention et de les consulter en toute occasion. Elles fixent l'étendue et la nature de leurs attributions, aussi bien que la nature et la limite de leurs pouvoirs comme mandataires de la Compagnie.

Elles sont obligatoires dans tout leur contenu. Chacun des Agents délivrera, en échange de l'exemplaire qu'il recevra, un récépissé conçu en ces termes :

« *Je, soussigné, Agent général de la Compagnie* L'AIGLE, *assurances contre* » *l'incendie, à la résidence de* , *reconnais avoir reçu* » *un exemplaire des Instructions générales de la Compagnie, auxquelles j'adhère,* » *et que je m'oblige de suivre et exécuter dans tout leur contenu.* »

*A* , *le*

# OBSERVATIONS

S'il se présente des cas qui n'aient pas été prévus et traités par les présentes Instructions, les Agents devront en référer à la Compagnie et attendre sa réponse.

Les Agents prendront note et feront mention en marge des articles modifiés, des changements que la Compagnie jugerait utile par la suite d'apporter aux présentes Instructions, lesquelles abrogent et remplacent toutes les instructions et les circulaires antérieures.

# INSTRUCTIONS GÉNÉRALES

A

# MM. LES AGENTS GÉNÉRAUX

## DE LA COMPAGNIE L'AIGLE

NOTA. — Lorsqu'un article renvoie à un autre article ou à un modèle, les Agents doivent s'y reporter immédiatement, afin de compléter de suite dans leur esprit les éclaircissements qu'ils recherchent.



## TITRE PREMIER

## DE L'ASSURANCE. — ORGANISATION DE LA COMPAGNIE ET DES AGENCES

### CHAPITRE PREMIER

### De l'assurance en général et de l'assurance spéciale contre l'incendie.

ARTICLE PREMIER. — L'assurance, *en général*, est la convention par laquelle une des parties contractantes se charge, à des conditions déterminées, des risques d'un événement fortuit, auxquels l'autre partie est exposée, et s'oblige à l'indemniser des dommages que la survenance de cet événement pourra lui faire éprouver. Définition de l'assurance.

ART. 2. — On appelle *assureur* celui qui prend à ses risques et périls l'éventualité des dommages; *assuré*, celui qui se fait garantir contre cette éventualité. Termes usités.

L'acte qui constate la convention d'assurance et en règle les conditions porte le nom de *Police*. Police.

Le RISQUE est le danger auquel sont exposées les choses assurées; ce terme s'emploie également pour désigner la chose assurée elle-même. Risque.

Le SINISTRE est l'événement du risque contre lequel l'assuré s'est fait garantir, Sinistre.

et qui fait naître la responsabilité de l'assureur; ce mot désigne aussi la perte produite par l'événement.

Prime, cotisation, annuité.

Le coût de l'assurance, c'est-à-dire la somme que l'assuré s'oblige de payer à l'assureur, pour le prix de sa garantie, est désigné, selon les cas, sous la dénomination de *prime*, de *cotisation* ou d'*annuité*.

**Assurance contre l'incendie.**

Art. 3. — L'assurance *contre l'incendie* a pour objet la garantie des accidents causés par le feu et la réparation des dommages que ces accidents peuvent occasionner.

Art. 4. — Toute personne capable de contracter peut faire assurer contre l'incendie, non-seulement les choses qui sont sa propriété, mais encore les pertes et dommages qu'elle pourrait éprouver par suite de l'incendie de la propriété d'autrui, ou dont elle est exposée, en cas de sinistre, à être déclarée responsable envers les tiers.

Principes constitutifs.

Art. 5. — L'assurance ne peut être, en aucun cas, une occasion de bénéfice pour l'assuré. Elle ne lui garantit que la réparation de la perte matérielle que le sinistre lui fera éprouver.

S'il en était autrement, l'assurance dégénérerait en gageure et deviendrait la source d'un lucre immoral. Il pourrait alors arriver que, poussé par le désir de réaliser un gain, un assuré peu scrupuleux déterminât lui-même l'événement du risque.

Conséquences.

Art. 6. — Du principe que l'assurance ne doit, en aucun cas, être une cause de gain pour l'assuré, il résulte :

1° Que pour faire assurer une chose pour son propre compte, il faut avoir au moins un intérêt appréciable à sa conservation ;

2° Qu'on ne peut faire assurer au delà du risque que l'on court, c'est-à-dire de la perte que l'on peut éprouver ;

3° Que l'indemnité, en cas de sinistre, ne pourra porter que sur la valeur effective de la chose assurée au jour de sa perte ;

4° Qu'il n'est pas permis de faire assurer deux fois le même risque, dans le but d'obtenir une double indemnité ;

5° Qu'après avoir reçu de l'assureur l'indemnité de la perte, il n'est pas permis de la réclamer une seconde fois aux personnes responsables, telles que les locataires, les voisins, etc., et que le recours contre ces derniers ne peut être utilement exercé que par l'assureur, qui a réellement souffert du dommage qu'il a réparé ;

6° Que l'assureur ne peut, en aucun cas, être tenu, envers l'assuré, d'une indemnité plus forte que celle qui a été stipulée dans le contrat ;

7° Que l'assuré qui n'a fait garantir ses risques que pour une partie de la perte à laquelle il est exposé, reste son propre assureur pour l'autre partie, et supporte, en conséquence, sa part de la perte dans la proportion existante entre la valeur soumise à l'assurance et celle qui ne l'est pas.

Ainsi, par exemple, un négociant qui ne fait garantir que pour cinquante mille francs des marchandises valant cent mille francs, reste son propre assureur pour 50,000 francs.

En cas de sinistre total, il devra supporter la perte dans la même proportion que l'assureur, soit 50,000 francs; par une conséquence nécessaire, il devra, en cas de sinistre partiel, supporter la perte dans la même proportion.

Dans ce cas, en effet, l'assuré est en même temps coassureur; les chances de pertes sont communes, et l'on ne pourrait, sans injustice, attribuer la partie sauvée à l'un des coassureurs, pour mettre en entier la partie détruite à la charge de l'autre.

La part de chacun, dans la perte, doit donc être, en ce cas, déterminée par l'application d'une *règle proportionnelle*. Règle proportionnelle.

Art. 7. — L'assureur n'étant responsable que des risques qu'il consent à prendre sous sa garantie, il importe essentiellement de lui faire connaître très-exactement la nature, la situation et la gravité des risques dont on lui propose de se charger. Appréciation des risques.

Ne point lui déclarer ou lui dissimuler, avant ou pendant l'assurance, des circonstances qui pourraient modifier l'opinion qu'il a de ces risques, ce serait lui faire courir des chances qu'il n'aurait peut-être pas voulu accepter, ou pour l'acceptation desquelles il aurait exigé des conditions différentes; ce serait, en un mot, le tromper. Dès lors, le consentement réciproque, qui peut seul animer un contrat, venant à manquer, l'assurance deviendrait nulle. *(Voir art. 348 du Code de commerce.)*

Art. 8. — Le prix des risques courus par l'assureur étant une des conditions essentielles de la validité de la convention d'assurance, et le paiement de ce prix étant la principale obligation souscrite par l'assuré, il en résulte que l'assuré qui ne satisfait pas à son engagement, aux époques et dans les conditions convenues, perd tout droit d'exiger de l'assureur l'accomplissement de son propre engagement; par conséquent, il ne peut réclamer aucune indemnité en cas de sinistre. Prix des risques.

## CHAPITRE II

### Des divers systèmes d'assurances contre l'incendie.

Art. 9. — Il existe deux systèmes d'assurances contre l'incendie :

Les assurances à *primes fixes ;*

Les assurances *mutuelles*.

Art. 10. — L'assurance mutuelle consiste dans l'association d'un certain Assurance mutuelle.

nombre de personnes qui s'obligent à supporter, en commun et au prorata des valeurs par elles mises en risque, les pertes que chacune d'elles pourra éprouver sur les objets engagés dans l'association.

Les Sociétés d'assurances mutuelles n'ont pas de capital. Les sociétaires qui sont à la fois assureurs et assurés, paient annuellement, indépendamment des frais de gestion, des cotisations qui sont variables suivant le nombre et l'intensité des sinistres survenus dans le cours d'un exercice.

Ces cotisations, dont le maximum seul est déterminé, sont destinées à indemniser les sociétaires qui ont éprouvé des sinistres ; mais, en cas d'insuffisance, ce qui arrive assez fréquemment, elles ne constituent plus qu'une indemnité partielle, dont la quotité est déterminée par le rapport entre le montant des cotisations versées et le montant des pertes causées par les sinistres pendant l'exercice écoulé. De plus, les Sociétés mutuelles, en raison de l'incertitude des résultats de l'exercice en cours, ne peuvent payer au sociétaire le montant du règlement de son sinistre qu'après la clôture de l'inventaire annuel, ce qui emporte un retard plus ou moins prolongé, mais toujours préjudiciable à celui qui a été incendié.

Le système de la mutualité est, en outre, d'une application restreinte et ne convient, l'expérience l'a prouvé, que pour des risques peu dangereux et pour des régions où les sinistres sont rares et se produisent d'une manière pour ainsi dire régulière.

Ses inconvénients.

Art. 11. — Le système de la mutualité présente donc des inconvénients très-sérieux (1), puisque, dans ce système,

La quotité de la cotisation,
La quotité de l'indemnité payée à l'assuré,
L'époque du paiement de cette indemnité,
Tout est aléatoire et indéterminé.

Assurance à primes fixes.

Art. 12. — Les Compagnies d'assurances à primes fixes, au contraire, ont un capital de garantie qui leur permet d'assurer à forfait, et à leurs risques et périls, moyennant un prix qui ne subit aucune variation tant que le risque n'en subit pas lui-même, le remboursement intégral et immédiat des pertes éprouvées par l'assuré.

Ses avantages.

On comprend facilement la supériorité de ce dernier système et surtout sa simplicité : l'assuré, moyennant une prime fixe, est certain d'être remboursé de ses dommages aussitôt après l'incendie.

Art. 13. — Pour les opérations d'assurances à primes fixes, il peut y avoir plusieurs genres de compagnies :

(1) Par une circulaire du 21 octobre 1826, rappelée dans une autre du 10 août 1836, n° 41, M. le Ministre de l'Intérieur avait formellement interdit aux établissements publics de bienfaisance de faire assurer leurs bâtiments par les Compagnies mutuelles, et autrement que par les Compagnies à primes fixes.

Les Compagnies anonymes, dont les statuts, examinés et approuvés par le Conseil d'État, ont reçu la sanction du Gouvernement et sont soumises à sa surveillance (1); Compagnies anonymes.

Les Sociétés anonymes qui, usant du bénéfice de la loi du 24 juillet 1867, sont établies sans l'autorisation du Gouvernement;

Les Sociétés en commandite.

Art. 14. — Dans le système d'assurances à primes fixes, on appelle : Termes usités.

*Prime*, le prix que l'assuré paie à l'assureur pour être garanti ;

A la prime viennent s'ajouter les droits de timbre et d'enregistrement que les Compagnies sont chargées de recouvrer pour le compte de l'État. (*Voir modèle n° 2.*)

*Ristourne*, la restitution du montant intégral ou partiel d'une prime perçue par la Compagnie ;

*Risque*, la chance d'incendie courue par l'assureur ; mais ce terme est plus usité pour désigner l'objet assuré ;

*Plein*, la somme que la Compagnie assure au *maximum* sur un risque ;

*Sinistre*, l'événement de l'incendie, et aussi la perte résultant de l'incendie.

## CHAPITRE III

### Constitution de la Compagnie l'AIGLE.

Art. 15. — La Compagnie l'*Aigle* a été constituée en Société anonyme d'assurances à primes fixes, par ordonnance royale en date du 18 mai 1843, et diverses modifications apportées à ses statuts ont été approuvées par décrets en date des 18 septembre 1849, 21 mars 1868 et 5 septembre 1874.

Elle assure contre l'incendie, lors même que l'incendie est causé par le feu du ciel, toutes les valeurs mobilières et immobilières susceptibles d'être détruites ou détériorées par le feu.

Elle assure, en outre, suivant les conditions exprimées à l'article premier de ses Polices, les risques locatifs, le risque du voisinage, le risque de vice de construction, les créances hypothécaires, les risques d'explosion de la foudre, du gaz et des appareils à vapeur.

Art. 16. — La Compagnie l'*Aigle* est constituée au capital de *deux millions;* elle est administrée par un Conseil d'administration, nommé par l'Assemblée générale des actionnaires, et les opérations de la Compagnie sont dirigées par un Directeur, sous la surveillance du Conseil d'administration. Son fonds social.

(1) Voir, modèle n° 1, le tableau des principales Compagnies d'assurances à primes fixes autorisées par le Gouvernement.

Un Comité spécial est, en outre, institué pour l'examen et la vérification de tous les comptes de la Compagnie. Il porte le nom de Comité des censeurs.

Sa manière d'opérer.

Art. 17. — Dans le mois d'avril de chaque année, il est rendu compte, à l'Assemblée générale des actionnaires, des opérations de l'année écoulée; ce compte rendu est imprimé, distribué, et il en est déposé un exemplaire certifié au Ministère de l'Intérieur, à la Préfecture de la Seine, à la Chambre de commerce, et au greffe du Tribunal de commerce de la Seine.

Art. 18. — Afin de pouvoir accepter l'assurance des établissements les plus considérables, sans dépasser les limites fixées par les statuts et celles qu'elle s'est imposées par prudence, la Compagnie l'*Aigle* cède en réassurance à d'importantes Compagnies, tant françaises qu'étrangères, une partie des risques qu'elle prend sous sa garantie.

Garanties qu'elle présente

Art. 19. — Par les capitaux de garantie dont elle dispose, et qui s'accroissent chaque année, par la régularité qui préside à ses opérations, par la promptitude et l'esprit d'équité qu'elle apporte dans le règlement de ses sinistres, enfin par la loyale exécution de tous ses engagements, la Compagnie l'*Aigle* présente toutes les garanties matérielles et morales d'une institution de prévoyance de premier ordre (1).

## CHAPITRE IV

### Organisation de la Compagnie dans les départements. — Agents généraux.

Agents généraux.

Art. 20. — La Compagnie est représentée dans les départements par des mandataires qui reçoivent d'elle le titre d'*Agents généraux* et auxquels elle assigne une circonscription déterminée.

Leurs pouvoirs.

Art. 21. — Les pouvoirs des Agents généraux leur sont conférés par une procuration spéciale.

Leurs fonctions, leurs attributions, les conditions de leur mandat et leurs rétributions sont réglées lors de leur entrée en fonctions :

Par le traité passé entre eux et la Compagnie ;

Par les présentes Instructions générales ;

Par les décisions et les instructions particulières qui leur sont transmises par l'Administration.

---

(1) En 1848, la Compagnie l'*Aigle* et la Compagnie du *Soleil* ont fait un traité d'association et de réassurance, afin de diminuer réciproquement leurs frais généraux.

Chaque Compagnie n'en a pas moins conservé ses Directeurs, son Conseil d'administration, ses agents, son fonds social, en un mot, son individualité.

Néanmoins, en présence de ces accords, les Agents généraux des deux Compagnies comprendront qu'ils doivent se prêter un mutuel appui, et associer leurs efforts pour lutter efficacement contre la concurrence des entreprises rivales.

Art. 22. — Ils sont soumis au contrôle que les inspecteurs ou les délégués de la Compagnie exercent, en tout temps, sur leur gestion, et ils doivent faire, en toute occasion, tout ce qui sera en leur pouvoir pour faciliter, à l'Inspecteur, délégué auprès d'eux, l'accomplissement de sa mission. Contrôle des Inspecteurs.

Art. 23. — Les fonctions et obligations de chaque Agent général consistent : Attributions des Agents généraux.

A rechercher et à provoquer des assurances sur les risques situés dans la circonscription qui lui est assignée;

A stipuler et à rédiger les conditions particulières et manuscrites des contrats d'assurances ;

A leur appliquer le taux de primes, d'après les dispositions des Tarifs de la Compagnie ;

A signer les polices, les quittances, et généralement toutes les pièces se rapportant aux opérations de l'Agence;

A percevoir les primes et autres redevances des assurés, et à en délivrer quittance;

A tenir les écritures relatives à ses opérations, à établir et à rendre les comptes de sa gestion, conformément aux règles établies par les présentes instructions et celles qu'il pourra recevoir ultérieurement de l'Administration ;

A poursuivre, s'il y a lieu, le paiement des primes dues par les assurés retardataires ou récalcitrants ;

A procéder aux règlements des sinistres survenus dans sa circonscription, en se conformant aux dispositions tracées par les présentes instructions ;

Enfin, à agir, en toute circonstance, au nom et comme représentant de la Compagnie, pour la défense de ses intérêts, en se renfermant dans la limite des pouvoirs dont il est investi.

Art. 24. — Les Agents généraux doivent s'attacher à populariser les assurances dans toute l'étendue de leur Agence, et, indépendamment de la distribution des prospectus et de l'apposition d'affiches dans les communes de leur ressort qui ont le plus d'importance par leur population, leur commerce ou leurs marchés, ils doivent se livrer personnellement à des démarches aussi nombreuses que persévérantes, et profiter de leur influence personnelle, ainsi que de leurs relations d'affaires et de parenté, pour obtenir la préférence de toutes les personnes qui sont à même de se faire assurer. Propagation des assurances.

Art. 25. — Ils porteront leur attention sur toutes les propriétés importantes, ainsi que sur tous les grands établissements industriels existant dans leur circonscription, afin de procurer à leur Agence le patronage des personnes considérables, dont l'exemple influe sur le public. Grandes propriétés.

Art. 26. — Dans le même but, ils chercheront à se ménager la bienveillance des diverses autorités locales, et à obtenir d'elles l'assurance des bâtiments Assurance des édifices publics.

appartenant à l'État, aux départements, aux communes, aux hospices et établissements de bienfaisance ou de charité, au culte et aux communautés religieuses. (*Voir art. 260.*)

Propriétés assurées par d'autres Compagnies.

ART. 27. — Leurs démarches doivent tendre également à obtenir l'assurance des propriétés déjà garanties par d'autres Compagnies à primes fixes, ou par des Sociétés mutuelles. Chaque jour quelques-unes de ces assurances arrivent à leur terme, et rien n'empêche d'en solliciter la souscription au profit de la Compagnie (1).

Renouvellement des assurances de la Compagnie.

ART. 28. — Le renouvellement ou la continuation des assurances déjà souscrites à la Compagnie, doit être l'objet aussi de la constante sollicitude des Agents généraux, car il n'est pas moins important pour la Compagnie de conserver ses anciens assurés que d'en acquérir de nouveaux.

Marche à suivre.

ART. 29. — Ils doivent, à cet effet, se mettre par eux-mêmes ou par leurs auxiliaires, constamment en rapport avec leur clientèle, profiter des modifications qui surviennent pour refaire les Polices et faire en sorte d'en prolonger la durée. Il sera bien, également, qu'ils cherchent à remplacer les Polices de leur portefeuille, un an, et même deux ans avant l'expiration de leur durée.

Persévérance des démarches.

ART. 30. — Enfin, ils doivent sans cesse multiplier et généraliser leurs offres, en se persuadant bien qu'il n'est pas de domicile où il ne se trouve des valeurs assurables, et que c'est de leur zèle et de leur persévérance que dépend le succès.

Démarches à faire en cas d'incendie.

ART. 31. — En cas d'incendie survenu dans la circonscription de leur Agence, même lorsqu'il porte sur un risque étranger à la Compagnie, les Agents généraux doivent se rendre sur les lieux, chercher à gagner la confiance de chacun par les services qu'ils peuvent rendre, et profiter, pour provoquer de nouvelles assurances, de l'impression que produisent toujours sur le public ces malheureux événements.

Circonscription des Agences.

ART. 32. — Il est expressément interdit aux Agents généraux d'étendre leurs opérations d'assurances sur des risques situés en dehors des limites assignées à leur circonscription, sauf les cas exceptionnels dont la Compagnie se réserve exclusivement l'appréciation. (*Voir art. 172.*)

Remplacement des Agents généraux.

ART. 33. — Les Agents généraux étant les mandataires de la Compagnie, l'Administration a le droit de leur retirer les pouvoirs qu'elle leur a confiés, toutes les fois qu'elle en reconnaît la nécessité, sans qu'ils puissent lui réclamer aucune indemnité, sous quelque prétexte que ce soit.

Démission des Agents généraux.

Réciproquement, les Agents généraux peuvent se démettre de leur emploi, à

(1) Les Agents ne devront pas perdre de vue les recommandations et les restrictions qui sont faites dans le chapitre VIII des présentes instructions. (*Art. 184.*)

la condition, toutefois, d'en prévenir la Compagnie en temps utile, et de lui continuer leur concours pendant le temps moralement nécessaire, pour qu'il puisse être pourvu à leur remplacement.

Art. 34. — En cas de démission ou de retrait d'emploi, les Agents généraux sont tenus de remettre immédiatement, à l'Inspecteur chargé de procéder à la reprise du service, leurs comptes de fin de gestion, les fonds dont ils sont dépositaires, les registres, polices, plaques, quittances, bordereaux, imprimés, et généralement tous les objets, lettres, papiers et documents se rattachant aux opérations dont ils étaient chargés.

Tout retard volontaire dans cette remise rendrait les retardataires passibles de dommages-intérêts, pour le préjudice que les entraves apportées aux opérations de la Compagnie et les frais de prolongation du séjour de l'Inspecteur lui feraient éprouver.

Rétributions des Agents généraux.

Art. 35. — Les rétributions allouées aux Agents généraux sont réglées par le traité passé entre eux et la Compagnie, lors de leur entrée en fonctions.

Elles consistent dans des remises proportionnelles :

Sur la prime de la première année des polices d'assurances nouvelles et renouvelées ;

Sur le prix des polices et le coût des plaques payées par les assurés ;

Sur la recette des primes autres que celles de première année, dont ils sont chargés d'opérer la perception.

Frais supportés par la Compagnie.

Art. 36. — Indépendamment des rétributions allouées aux Agents généraux, la Compagnie leur tient compte de leurs déboursés dûment justifiés, pour ports et affranchissements de lettres et de pièces adressées à la Direction ou qu'ils reçoivent d'elle, pour frais judiciaires, pour frais de déplacement hors de la localité où ils résident, à l'occasion de sinistres ou de recours de sinistres concernant la Compagnie.

Art. 37. — Tout le matériel nécessaire pour le service des Agences leur est fourni et envoyé gratuitement par la Compagnie.

Frais à la charge des Agents généraux.

Art. 38. — Au moyen des rétributions qui leur sont allouées, les Agents généraux doivent pourvoir à toutes les autres dépenses que comporte leur gestion, notamment l'organisation du service, les tournées, la tenue et le loyer des bureaux, les salaires des agents auxiliaires et autres préposés, les contributions personnelles, — mobilières, — pour droit de patente, les appositions d'affiches, distributions de prospectus, etc.

Aucune dépense extraordinaire, de quelque nature qu'elle soit, ne pourra être portée à la charge de la Compagnie, si elle n'a été préalablement autorisée par une décision spéciale de l'Administration.

Cautionnement.

Art. 39. — Pour la garantie de leur gestion, les Agents généraux sont astreints à ournir un cautionnement, dont l'importance et les conditions sont réglées par un acte particulier.

Les Agents généraux ne peuvent, pendant la durée de leurs fonctions, être ou devenir les représentants d'une autre Compagnie d'assurances contre l'incendie, à primes fixes ou mutuelles, ni prêter indirectement leur concours à ces Compagnies.

Représentation d'une autre Compagnie.

Ils ne peuvent pas non plus accepter ni conserver, sans l'agrément de l'Administration, le mandat d'aucune autre Compagnie sur la vie humaine (1), contre la grêle, les accidents, ou de toute autre entreprise financière ou industrielle, de quelque nature qu'elle soit.

## CHAPITRE V

### Organisation du service des Agences. — Des Sous-Agents.

Importance d'une bonne organisation.

ART. 40. — En acceptant les fonctions qui lui sont conférées par la Compagnie, l'Agent général prend l'engagement d'organiser sa circonscription de manière à répondre complétement à tous les besoins du service.

La bonne organisation des Agences est, en effet, une des conditions essentielles du développement des opérations de la Compagnie et du succès de son entreprise.

Sous-agents.

ART. 41. — L'Agent général doit donc s'adjoindre, sous sa responsabilité, dans chaque localité un peu importante, et, en particulier, dans chaque chef-lieu de canton, des agents auxiliaires ou sous-agents pour le seconder dans la recherche des assurances et lui servir d'intermédiaires dans les relations avec les assurés.

Leurs attributions.

ART. 42. — Les sous-agents sont habituellement chargés:

De faire des démarches continuelles dans l'étendue de la circonscription qui leur est assignée, auprès de toutes les personnes qui sont en position de se faire assurer;

De recueillir les propositions d'assurances et de les transmettre à l'Agent général;

De remettre aux assurés les contrats qui leur sont destinés, revêtus de la signature de l'Agent général, et de renvoyer à ce dernier, après les avoir fait signer par les assurés, les deux ampliations destinées, l'une à la Compagnie, l'autre aux archives de l'Agence;

De faire le recouvrement du coût des polices et des plaques, ainsi que des

(1) Cette disposition ne s'applique pas à la Compagnie du *Soleil* (assurances sur la vie), et les Agents généraux sont invités à prêter leur concours à cette Compagnie, quand elle leur en fera la demande.

primes dont les quittances leur sont remises par l'Agent général, s'il juge convenable de leur en confier l'encaissement;

De distribuer les prospectus et autres publications de la Compagnie, de faire apposer les plaques et les affiches, de suppléer enfin, dans la mesure la plus large possible, à la présence de l'Agent général sur tous les points de leur circonscription.

Art. 43. — Les sous-agents sont exclusivement commissionnés par l'Agent général qui les nomme et détermine leurs attributions sous sa responsabilité personnelle. (*Voir modèle n° 3.*) Ils ne doivent correspondre qu'avec lui pour tout ce qui concerne leurs attributions et les affaires dont il les a chargés.

Ils sont commissionnés par l'Agent général.

Il est défendu à l'Agent général de commissionner des sous-agents hors des limites de sa circonscription, et de leur permettre de rechercher des assurances dans les Agences voisines.

Art. 44. — L'Agent général ne peut, hors des cas tout à fait exceptionnels, et à moins d'une autorisation expresse de la Compagnie, se faire suppléer, même momentanément, dans ses fonctions, par des agents auxiliaires, ni leur déléguer le pouvoir de signer les contrats d'assurances, les quittances de primes, ou tout autre acte ayant pour objet un engagement quelconque au nom de la Compagnie.

Ils ne peuvent suppléer l'Agent général.

Art. 45. — Sur les remises et les commissions que la Compagnie lui accorde, l'Agent général est chargé de rétribuer ses sous-agents. La Compagnie n'intervient pas dans ces arrangements; elle ne peut donc que conseiller et recommander aux Agents généraux de traiter le plus libéralement possible leurs auxiliaires, afin de stimuler leur zèle et de les intéresser au succès. Les Agents généraux trouveront largement, dans l'accroissement progressif des produits de leur Agence, la compensation des sacrifices qu'ils se seront imposés.

Rétributions des sous-agents.

Art. 46. — L'Agent général mettra le plus grand soin à tenir le personnel des sous-agents au complet. Il pourra en multiplier le nombre autant qu'il le jugera utile à ses intérêts et à ceux de la Compagnie.

Il faut en multiplier le nombre.

Art. 47. — Il devra faire choix de personnes actives, probes, intelligentes et bien connues dans le pays pour avoir un accès facile auprès des propriétaires, et mériter la confiance et la préférence de ces derniers.

Choix des sous-agents.

Art. 48. — Les personnes les plus aptes et qui conviennent le mieux aux fonctions de sous-agents, sont : les secrétaires de mairie, les greffiers et les huissiers des justices de paix, les vérificateurs des poids et mesures, les géomètres et experts du cadastre, les anciens instituteurs, les petits rentiers, les clercs de notaire et tous autres qui, par leur profession, ont de nombreux rapports avec le public, ou qui, pour quelque cause que ce soit, ont une influence personnelle dans leur localité.

Personnes qui conviennent le mieux.

Des militaires retraités, des facteurs et autres personnes ayant des habitudes actives peuvent aussi être appelés à ces fonctions.

Agents ambulants.

ART. 49. — Indépendamment des sous-agents à résidence fixe, dont la circonscription est limitée, l'Agent général fera bien, si cela est nécessaire, de s'attacher au siége même de l'Agence, un ou plusieurs agents ambulants ayant pour mission de parcourir toute la circonscription et d'y rechercher des affaires. Ces auxiliaires choisis parmi les hommes actifs, entreprenants, habiles et assez honorablement placés pour obtenir un accès favorable auprès des propriétaires, complètent avantageusement l'organisation d'une Agence et concourent à son succès, car l'expérience a démontré que les assurances s'obtiennent toujours, lorsqu'elles sont obstinément sollicitées par des intermédiaires capables d'en faire apprécier les avantages.

Surveillance à exercer.

ART. 50. — L'Agent général doit stimuler sans relâche et surveiller avec une sollicitude toute particulière tous les sous-agents de son ressort, entretenir avec eux des rapports réguliers et fréquents, et leur donner toutes les instructions nécessaires pour qu'ils agissent avec intelligence, discernement et loyauté.

Remplacement des sous-agents.

ART. 51. — Lorsqu'un sous-agent manque de zèle, ou lorsqu'il se laisse trop facilement rebuter par les obstacles qu'il peut rencontrer, l'Agent général ne doit pas hésiter à le remplacer, et il faut qu'il renouvelle ses choix jusqu'à ce qu'ils soient devenus tout à fait satisfaisants.

Renseignements à fournir sur les sous-agents.

ART. 52. — L'Agent général devra faire connaître à l'Administration, à la fin de chaque exercice, l'état du personnel de ses sous-agents, avec indication de leurs noms, profession et demeure.

Recommandations expresses.

ART. 53. — Les Agents généraux chercheront à s'attirer les préférences du public par la loyauté la plus scrupuleuse dans leurs relations et leurs démarches. Ils repousseront les moyens de concurrence et de persuasion qui s'appuieraient sur des indications inexactes.

L'Administration ne peut trop leur recommander de se priver, immédiatement et sans réserve, du concours des intermédiaires qui n'opéreraient pas honnêtement, quel que fût d'ailleurs le nombre des affaires qu'ils procureraient.

## TITRE DEUXIÈME

## DES ASSURANCES

### CHAPITRE VI

#### Des risques que la Compagnie assure.

Objets que la Compagnie assure.

Art. 54. — La Compagnie assure contre l'incendie, même quand l'incendie est produit par le feu du ciel et sauf les exceptions ci-après, toutes les propriétés immobilières et mobilières telles que :

1° Les maisons et bâtiments de toute nature ;

2° Les bois et forêts ;

3° Les ponts, les navires et bateaux dans les ports ou sur rivières ;

4° Le mobilier personnel ou de ménage, qui comprend les meubles meublants, lits, linge, effets d'habillement, ustensiles et provisions de ménage ;

5° Le mobilier industriel, qui se compose de tous les objets servant à l'exploitation d'un commerce ou d'une profession, comme outils, métiers, ustensiles, machines, etc. ;

6° Le mobilier aratoire, qui s'entend de tous les objets servant à une exploitation rurale ;

7° Les produits des récoltes, c'est-à-dire les grains, foins, pailles, fourrages en granges et en meules ;

8° Les bestiaux, c'est-à-dire les troupeaux, chevaux et tous les animaux attachés à l'exploitation d'une ferme ;

9° Les marchandises dans les fabriques et usines ;

10° Les marchandises en route, dans les docks et entrepôts, magasins publics et magasins généraux ;

11° Les marchandises en magasins particuliers.

Art. 55. — La Compagnie assure en outre :

Risques locatifs.

1° *Les risques locatifs*. (Art. Ier, § 3, de la Police.)

Cette assurance a pour objet de mettre le locataire à l'abri du recours que le propriétaire peut exercer contre lui, dans les cas prévus par les articles 1733 et 1734 du Code civil (1).

(1) Art. 1733. — « Le locataire répond de l'incendie, à moins qu'il ne prouve que l'incendie est arrivé » par cas fortuit ou force majeure, ou par vice de construction, ou que le feu a été communiqué par » une maison voisine. »

Art. 1734. — « S'il y a plusieurs locataires, tous sont solidairement responsables de l'incendie, à » moins qu'ils ne prouvent que l'incendie a commencé dans l'habitation de l'un d'eux, auquel cas celui-» là seul en est tenu, ou que quelques-uns ne prouvent que l'incendie n'a pu commencer chez eux, » auquel cas ceux-là n'en sont pas tenus. »

Elle consiste dans l'engagement que prend la Compagnie de répondre aux lieu et place du locataire, et dans les limites de la somme assurée, de la réparation du dommage à laquelle ce dernier peut être tenu envers le propriétaire ;

Le tout dans les termes et les conditions indiqués par l'article 22 de la Police. *(Voir art. 116.)*

L'assurance du risque locatif peut s'appliquer non-seulement aux immeubles, mais aussi aux objets mobiliers susceptibles d'être donnés en location, tels que matériel de fabrique, prisée de moulin, mobilier d'hôtel, etc.

Recours des voisins.

2° *Le risque de voisinage, ou le recours des voisins.*

Cette assurance consiste à garantir l'assuré, jusqu'à concurrence de la somme déterminée, contre le recours qui pourrait être exercé contre lui par ses voisins, en vertu des articles 1382, 1383 et 1384 du Code civil (1), pour la réparation des dégâts à eux causés par la communication d'un incendie ayant pris naissance dans son habitation. *(Voir art. 120.)*

Risque de vice de construction.

3° *Le recours des locataires contre les propriétaires, ou risque de vice de construction.*

Cette assurance a pour objet de garantir le propriétaire de l'effet du recours que ses locataires pourraient avoir à exercer contre lui, aux termes des articles 1386 et 1721 du Code civil (2), en cas de dommages occasionnés à leur mobilier ou à leurs marchandises, par suite d'incendie qui aurait pour cause un vice de construction ou un défaut d'entretien de l'immeuble loué.

Propriétés grevées d'usufruit.

4° *Les propriétés grevées d'usufruit.*

Cette assurance a pour objet de garantir le nu-propriétaire et l'usufruitier contre la perte pouvant résulter, pour chacun d'eux, de l'incendie de la chose sur laquelle portent leurs droits respectifs.

Elle peut être contractée par le nu-propriétaire et l'usufruitier, agissant conjointement, ou par l'un d'eux isolément, mais à la condition expresse que l'assurance portera sur la *toute propriété* et qu'elle sera souscrite au profit des deux parties intéressées. *(Voir modèle n° 16.)*

Créances hypothécaires.

5° *Les créances hypothécaires.*

---

(1) Art. 1382. — « Tout fait quelconque de l'homme, qui cause à autrui un dommage, oblige celui » par la faute duquel il est arrivé à le réparer. »

Art. 1383. — « Chacun est responsable du dommage qu'il a causé non-seulement par son fait, mais » encore par sa négligence ou par son imprudence. »

Art. 1384. — « On est responsable non-seulement du dommage que l'on cause par son propre fait, » mais encore de celui qui est causé par le fait des personnes dont on doit répondre, ou des choses » que l'on a sous sa garde. »

(2) Art. 1386. — « Le propriétaire d'un bâtiment est responsable du dommage causé par sa ruine, lors- » qu'elle est arrivée par une suite du défaut d'entretien ou par le vice de sa construction. »

Art. 1721. « Il est dû garantie au preneur pour tous les vices ou défauts de la chose louée qui » en empêchent l'usage, quand même le bailleur ne les aurait pas connus lors du bail.

» S'il résulte de ces vices ou défauts quelque perte pour le preneur, le bailleur est tenu de l'in- » demniser. »

Cette assurance garantit au créancier hypothécaire ou privilégié, et jusqu'à concurrence de la somme assurée, l'indemnité de la perte qui pourrait résulter pour lui de l'incendie de l'immeuble servant de gage à sa créance. *(Voir modèle n° 17.)*

6° *Les archives* de diverses natures dont peuvent être détenteurs, soit pour le compte d'autrui, soit pour leur compte personnel, les Notaires, Avoués, Avocats, Agréés, Greffiers, Huissiers, Commissaires-Priseurs, etc. *(Voir modèle n° 18.)* Archives.

Art. 56. — La Compagnie assure aussi, par une stipulation spéciale, et moyennant un supplément de prime, contre les bris et dégâts matériels qui pourraient être occasionnés aux objets garantis par elle contre l'incendie : Risques d'explosion.

1° Soit par l'explosion du gaz servant au chauffage ou à l'éclairage, non suivie d'incendie. *(Voir modèle n° 9, 2e partie E)*;

2° Soit par la chute ou l'explosion de la foudre, également non suivie d'incendie. *(Voir modèle n° 9, 2e partie F)*;

3° Soit par l'explosion des appareils à vapeur dans les fabriques et usines, lors même qu'il n'y a pas d'incendie. *(Voir modèle n° 31, B.)*

## CHAPITRE VII

### Des risques exclus des opérations de la Compagnie.

Art. 57. — Les statuts de la Compagnie lui interdisent d'assurer : Risques interdits par les statuts.

1° Les pierreries et les perles fines non montées; les lingots, les monnaies, les billets de banque, les actions, obligations, effets, contrats et titres de toute nature ;

2° Les dépôts, magasins et fabriques de poudre à tirer, les ateliers et magasins d'artificiers ;

3° Les risques d'incendie occasionnés par faits de guerre, force ou occupation militaire quelconque, émeute, insurrection, explosion de poudrières, éruption de volcans et tremblement de terre.

Toute Police qui porterait sur l'un de ces risques, serait de plein droit nulle et de nul effet.

Art. 58. — Indépendamment des risques frappés d'une interdiction absolue, il en est qui, à raison de leur nature et de leur gravité, présentent des chances de perte qui ne pourraient être qu'imparfaitement compensées par des primes très-élevées. Ces risques sont énumérés au *modèle n° 4*. Risques prohibés par prudence.

Sans exclure d'une manière absolue de ses opérations les risques de cette nature, la Compagnie s'abstient généralement, par mesure de prudence, de les prendre sous sa garantie.

Art. 59. — Dans le cas où l'un de ces risques serait l'accessoire d'une assurance de bons risques déjà souscrite, ou proposée simultanément, au nom du même propriétaire, pour un chiffre relativement important, les Agents généraux pourront en proposer l'assurance, par lettre spéciale, en y joignant une proposition régulièrement établie.

## CHAPITRE VIII

### SECTION PREMIÈRE

### Des propositions d'assurances et de leur vérification.

Forme des propositions.

ART. 60. — Les propositions d'assurances sont faites par écrit sur les formules imprimées destinées à cet usage. *(Voir modèle n° 5.)*

Il convient, autant que possible, qu'elles soient signées par les proposants.

Ce qu'elles doivent contenir.

ART. 61. — Elles doivent indiquer les nom, prénoms, profession et domicile du proposant; les qualités dans lesquelles il agit; la durée de l'assurance projetée, et aussi exactement que possible, la situation, la nature et la valeur des objets à assurer; le genre de construction et de couverture de chaque bâtiment, en mentionnant : la *matière qui domine*, s'il est de construction ou de couverture mixte; le nombre d'étages; sa destination et ses contiguïtés, avec ou sans communication.

Le fait de communication ou de non-communication doit être mentionné avec d'autant plus de soin que, selon l'un ou l'autre cas, le taux de prime peut différer très-sensiblement. *(Voir art. 187 et 188.)*

Proposition portant sur plusieurs bâtiments.

ART. 62. — Dans une proposition portant sur plusieurs bâtiments, lors même qu'ils forment un seul établissement ou une même propriété, il est essentiel que la désignation, la valeur et la destination de chaque bâtiment soient énoncées dans un article spécial.

Pour le mobilier personnel ou industriel, les marchandises, les récoltes, on doit indiquer le bâtiment, ou, s'il y en a plusieurs, les bâtiments dans lesquels se trouvent renfermés ces objets, en leur assignant, autant que possible, une valeur spéciale par chaque bâtiment.

La valeur à assurer doit être indiquée en chiffres ronds.

ART. 63. — La valeur des objets à assurer doit être indiquée par sommes rondes de centaines, sans dizaines ni unités.

Renseignements concourant à fixer le taux de prime.

ART. 64. — Il est d'une impérieuse nécessité de mentionner exactement les éléments qui concourent à la fixation du taux de prime, tels que :

Le nombre d'*étages* y compris les *caves* ou *sous-sols*, *greniers*, *combles* et *soupentes*, servant ou pouvant servir d'ateliers ou de magasins;

Le *chauffage* et l'*éclairage* dans les établissements où la prime varie avec ces éléments;

Le nombre annuel de représentations, bals ou concerts dans un théâtre;

Le nombre de paires de meules dans un moulin à blé ;

L'âge et l'essence des bois sur pied dans les assurances de forêts.

Tracé linéaire.

ART. 65. — Un tracé linéaire indiquant exactement, et, autant que possible géométriquement, les distances et les communications des bâtiments entre eux, doit être joint aux propositions de cette nature, ainsi qu'aux propositions portant sur exploitations et sur propriétés d'une certaine importance. *(Voir art. 296.)*

Les diverses parties ou divisions d'un établissement doivent être désignées au tracé par des lettres ou des chiffres se suivant avec ordre, et qui correspondent aux articles de la proposition. *(Voir modèle n° 6.)*

Nécessité de joindre les renseignements.

ART. 66. — L'examen de toute proposition envoyée à la Compagnie dans une autre forme et non accompagnée des renseignements voulus, serait forcément ajourné jusqu'à plus ample et plus complet informé.

Le soin apporté à l'exécution des prescriptions qui précèdent, évitera donc tout retard fâcheux.

Risques communs.

ART. 67. — Quand les propositions concernent des objets formant risque commun avec d'autres risques déjà assurés par la Compagnie, cette communauté doit être soigneusement indiquée pour que la mention en soit reproduite sur la Police.

Les propositions converties en contrats sont annexées aux ampliations des Polices, qui restent déposées aux archives de l'Agence.

Les propositions ne sont que des projets.

ART. 68. — Les propositions ne sont qu'un préliminaire de l'assurance ; elles n'engagent ni l'assuré ni la Compagnie.

La Compagnie et l'assuré ne sont engagés que par la Police, lorsqu'elle a été signée par les deux parties, et la garantie de la Compagnie ne commence qu'après que la prime stipulée a été payée. (Voir art. 7, § 2 de la Police.)

Interdictions.

Il est expressément interdit de faire signer par le proposant une Police en blanc, au lieu d'une proposition. (*Voir art. 319.*)

Il est également interdit de recevoir de lui aucune somme destinée au paiement de la prime et de lui remettre aucune plaque, avant la signature du contrat.

## § 1er.

### De la vérification des propositions d'assurances.

Manière de vérifier.

ART. 69. — Quand une proposition d'assurance est faite directement à l'Agent général, il doit la vérifier lui-même ou tout au moins en diriger la vérification.

Quand la proposition est faite par l'intermédiaire d'un sous-agent, l'Agent général doit s'assurer que toutes les vérifications prescrites ont été faites exactement.

Lorsqu'il s'agit de propriétés importantes ou de risques graves, particulièrement de risques industriels, la vérification doit être faite, autant que possible, par l'Agent général en personne.

Propositions susceptibles d'être admises.

ART. 70. — Une proposition d'assurance ne doit être admise qu'autant qu'elle présente à un degré suffisant les garanties morales et matérielles qui constituent la sécurité relative de la Compagnie, et doivent déterminer ses résolutions.

Garanties morales.

ART. 71. — Les garanties morales, c'est-à-dire la probité, l'ordre, les soins, la surveillance, sont en quelque sorte plus nécessaires que les garanties matérielles, car, aucun taux de prime, si élevé qu'il fût, ne saurait compenser les dangers que la fraude et l'immoralité font courir à l'assureur.

Points à vérifier.

ART. 72. — Toute proposition d'assurance avant d'être admise, doit donc être vérifiée à ce double point de vue, et la vérification doit principalement porter sur les points suivants :

1° La moralité du proposant et sa solvabilité ;

2° La nature des risques et l'appréciation des chances de sinistre;

3° L'évaluation des choses soumises à l'assurance.

## § 2.

### Vérification de la moralité et de la solvabilité du proposant.

Enquête à faire.

ART. 73. — La vérification relative à ces deux points consiste à s'enquérir discrètement et de manière à éviter toute investigation de nature à froisser la juste susceptibilité de celui qui en est l'objet : de la réputation du proposant, de ses habitudes et de la position de ses affaires. Si les informations révèlent une conduite peu régulière, une probité douteuse, des affaires embarrassées, la proposition doit être rejetée sans hésitation, surtout s'il s'agit d'objets mobiliers ou de marchandises.

Établissements défectueux ou en décadence.

ART. 74. — Il est très-important de procéder de même à l'égard des propositions d'assurances portant sur des établissements industriels, lorsque ces établissements passent pour être en décadence, pour être onéreux à leurs propriétaires, ou bien lorsqu'ils sont mal dirigés et gérés avec négligence.

Voisinage dangereux. — Malveillance.

ART. 75. — Enfin, la proposition doit être également rejetée, lorsqu'il résulte des informations prises qu'elle a pour cause le danger d'un mauvais voisinage, la crainte de haines particulières, des menaces d'incendie, ou toutes autres circonstances analogues.

## § 3.

### Vérification de la nature des risques. — Chances et dangers d'incendie.

Soins à apporter.

ART. 76. — Le choix des risques réclame toute la sollicitude des Agents généraux.

En écartant les risques trop dangereux, non-seulement ils font preuve de dévouement, mais ils défendent en même temps leurs propres intérêts qui sont étroitement liés à la prospérité de la Compagnie.

Art. 77. — La vérification matérielle des risques a lieu dans le double but de déterminer le taux des primes à appliquer, et d'apprécier s'ils se trouvent matériellement dans des conditions qui permettent d'en accepter l'assurance. But de la vérification.

Art. 78. — Elle consiste à examiner : En quoi elle consiste.

1° Le genre de construction des bâtiments et leur couverture;

2° La nature des objets et marchandises qui peuvent y être enfermés, ainsi que les professions qu'on y exerce;

3° La communication des bâtiments entre eux, ou leur séparation, soit par un espace vide, soit par un mur de refend, en pierres ou briques, s'élevant, sans ouverture intérieure, jusqu'au faîte;

4° La contiguïté qui pourrait exister avec d'autres risques plus graves, tels que constructions de deuxième classe, magasins de marchandises hasardeuses ou très-dangereuses, fabriques ou usines, et salles de spectacles;

5° En un mot, toutes les circonstances qui peuvent multiplier ou aggraver les chances d'incendie, non-seulement quant aux risques proposés, mais aussi quant à ceux qui les avoisinent et qui influent sur les taux de primes.

Art. 79. — Lorsque des bâtiments sont construits sur le terrain d'autrui; lorsqu'ils sont destinés à être démolis pour une cause quelconque, surtout s'ils doivent l'être sans indemnité; lorsqu'ils sont assujétis à un changement d'alignement; lorsqu'ils sont grevés de servitudes ou de charges qui les rendent onéreux au propriétaire, l'Agent doit, selon les circonstances, refuser l'assurance de ces bâtiments et de leur contenu ou en référer à la Compagnie. Assurances à refuser.

Lorsque des bâtiments sont en état de vétusté ou de délabrement ou lorsque, par des constructions vicieuses, de mauvaises distributions, un voisinage dangereux, un amas de combustibles ou toutes autres causes, ils paraissent présenter des risques exceptionnellement graves, l'assurance doit être refusée.

Art. 80. — Il en sera de même dans le cas où l'Agent serait informé qu'il a été fait par d'autres Compagnies des assurances exagérées à des personnes suspectes habitant des maisons voisines d'où le feu pourrait être communiqué. Assurances exagérées sur maisons voisines.

## § 4.

### Vérification des propositions sur fabriques et établissements industriels.

Art. 81. — Lorsqu'il s'agit de propositions d'assurances sur les fabriques, usines et établissements industriels, l'Agent doit vérifier les risques sur les Assurances sur fabriques et usines.

lieux mêmes, et indépendamment des vérifications ordinaires prescrites ci-dessus, examiner avec le plus grand soin :

1° Les séparations, adhérences et communications des divers bâtiments;

2° La destination particulière de chacun d'eux;

3° La nature des cloisons intérieures ;

4° Si les localités sont spacieuses ou rétrécies, et s'il y a quelque part agglomération de marchandises ou d'objets mobiliers ;

5° La nature du combustible dont on y fait usage ;

6° Si les ateliers sont chauffés par des poêles ordinaires, des poêles économiques, calorifères, ou bien par la vapeur; si les poêles et les tuyaux qui traversent les bâtiments ne sont pas placés de manière à pouvoir y communiquer le feu ;

7° S'ils sont éclairés par des chandelles, par l'huile végétale, par l'huile ou l'essence minérale, ou par le gaz extrait de la houille par les procédés ordinaires ;

8° S'ils sont voûtés ou plafonnés, carrelés ou planchéiés ;

9° S'il existe dans l'établissement des moteurs, soit manége, soit machine hydraulique ou à vapeur;

10° S'il s'y trouve des pompes ou autres moyens de précaution ou de secours contre l'incendie ;

11° Si l'établissement est tenu avec ordre et convenablement surveillé.

L'Agent s'attachera tout particulièrement à vérifier la partie du risque la plus dangereuse ; il visitera aussi les combles, greniers ou autres locaux où l'on dépose des déchets, rognures ou autres matières inflammables, afin de s'assurer qu'il n'y a pas d'accidents à craindre par suite de négligence ou de combustion spontanée.

Il examinera enfin si les dépendances de l'établissement, telles que remises, écuries, greniers à fourrages, ateliers de menuiserie ou d'emballage ne se trouvent pas dans une situation à pouvoir communiquer l'incendie aux risques principaux.

Tous ces renseignements, consignés sur un imprimé destiné à cet usage, (*modèle n° 8*) et sur le tracé linéaire indiqué article 65, devront être envoyés à la Compagnie avec la proposition.

Assurances sur marchandises, mobiliers et récoltes.

Art. 82. — Si des assurances sur marchandises, mobiliers et produits des récoltes, sont proposées séparément des bâtiments qui les renferment, il n'en faut pas moins soumettre ces bâtiments aux mêmes vérifications que s'ils devaient être garantis par la Compagnie; et si ces bâtiments se trouvaient dans l'un des cas d'exclusion prévus par les articles 79 et 80, l'assurance des marchandises, du mobilier et des produits des récoltes y renfermés serait refusée.

Art. 83. — Lorsqu'il s'agit d'assurances sur bois taillis ou de haute futaie, l'Agent doit vérifier : *(Voir art. 115 et modèle n° 20).* Assurances sur bois et forêts.

1° Si les bois ne sont pas situés dans des localités où les ouvriers forestiers et les pâtres soient dans l'habitude d'allumer du feu ;

2° S'ils ne sont pas exposés aux dangers résultant de loges de sabotiers, de fauldes à charbon ou d'usines qui y seraient établies ;

3° S'ils ne se trouvent pas sur un sol rempli de bruyères et de broussailles ;

4° Si, pour des causes quelconques, ils ne sont pas exposés aux effets de la malveillance des habitants des communes environnantes ;

5° S'ils n'ont pas éprouvé de sinistre depuis le changement de propriétaire, s'ils ne forment qu'un seul et même risque, ou s'ils sont coupés par des fossés, des chemins ou des accidents de terrain.

Art. 84. — Quand les risques proposés à l'assurance auront été refusés par d'autres assureurs, l'Agent devra préalablement en référer à la Compagnie en lui faisant connaître les motifs du refus, et attendre sa décision. Risques refusés par d'autres assureurs.

Il en sera de même dans le cas où les risques proposés auraient cessé d'être assurés par d'autres Compagnies à la suite de sinistre. L'Agent, en pareil cas, devra faire connaître, aussi exactement que possible, les motifs de la résiliation de l'assurance.

Art. 85. — Lorsque l'Agent aura cru devoir prendre sur lui de refuser l'assurance d'un risque d'une certaine importance, il devra avoir le soin d'en informer la Compagnie, à la plus prochaine occasion, en lui faisant connaître le nom du propriétaire, la nature et la situation de ce risque, ainsi que le motif du refus. Il devra également signaler à la Compagnie les fabriques, usines, magasins ou autres risques, qu'il considère comme défectueux et dont il refuserait l'assurance si elle lui était proposée. Avis à donner à la Compagnie.

Art. 86. — Il ne doit être remis à l'assuré aucune pièce qui constate la vérification des objets proposés à l'assurance. Recommandation.

## § 5.

### Vérification des sommes à assurer.

Art. 87. — L'appréciation des sommes à assurer exige, de la part de l'Agent, une attention toute particulière. Explications à donner aux proposants.

Il doit avertir le proposant qu'il est de son intérêt de faire garantir les objets à assurer pour leur valeur réelle, et qu'il y aurait préjudice pour lui s'ils étaient assurés pour une somme supérieure ou inférieure.

Il lui expliquera :

1° Que s'il faisait assurer une somme supérieure à la valeur réelle, il paierait sans utilité un excédant de prime, puisque d'après les conditions générales de Valeur supérieure.

la Police (art. 6 et 20), l'assurance ne peut jamais être pour l'assuré une cause de bénéfice, et qu'en cas d'incendie, il n'aurait à recevoir que le montant réel de sa perte;

Valeur inférieure.

2° Que, dans le cas contraire, il s'exposerait, s'il survenait un incendie total ou partiel, à supporter une partie des dommages, attendu que la Compagnie n'est responsable vis-à-vis de lui que dans la proportion du montant de son assurance. (Art. 20 de la Police.)

Valeur à assurer.

ART. 88. — En résumé, la valeur assurable telle qu'on doit la comprendre et l'admettre, n'est ni la valeur de convention, ni la valeur de convenance, ni la valeur d'affection, c'est la *valeur qui représente, aussi exactement que possible, la perte matérielle que l'assuré pourrait éprouver en cas d'incendie.*

Danger de l'exagération.

ART. 89. — Indépendamment de ces précautions, l'Agent ne devra rien négliger pour reconnaître par lui-même la valeur des objets proposés à l'assurance, afin d'empêcher l'exagération qui est toujours un appât pour l'ignorance et la mauvaise foi.

On ne peut consentir d'expertise préalable.

ART. 90. — On ne doit jamais consentir à faire faire d'avance par experts, même aux frais de l'assuré, une estimation destinée à lier définitivement la Compagnie en cas de sinistre; ce serait une dérogation à l'article 6 de la Police, d'après lequel l'assureur ne peut être tenu que de la valeur réelle au moment de l'incendie (1).

ART. 91. — Par le même motif, on ne doit pas non plus exprimer, dans la Police, que les valeurs ont été reconnues ou vérifiées. (*Voir art. 288 et 289.*)

Appréciation des bâtiments.

ART. 92. — Les bâtiments doivent être assurés pour la valeur de la construction, en tenant compte de la vétusté, si elle existe.

Dans le cas où cette appréciation présenterait quelque difficulté, l'Agent général devra se renseigner auprès d'un architecte ou d'un entrepreneur.

Bâtiments ayant perdu leur destination.

ART. 93. — Lorsqu'un bâtiment, pour une cause quelconque, a perdu définitivement sa destination et son utilité premières, la valeur à assurer doit être, par exception, basée sur la somme que produirait la vente des matériaux.

Il en est ainsi, par exemple, des bâtiments de ferme qui ont cessé d'être utiles à une exploitation agricole, des anciens châteaux de construction massive qui ne sont plus en rapport avec les terres qui les entourent.

Toutefois, dans certains cas, la Compagnie pourra se départir de l'application absolue de cette règle, sur les renseignements et les observations que lui soumettra l'Agent.

---

(1) L'expérience a démontré les inconvénients de toute expertise préalable. Comme elle a eu lieu sans un intérêt pressant et actuel, elle n'est jamais faite avec les soins et la précision nécessaires. Ensuite, la valeur des objets expertisés est sujette à varier pour des causes nombreuses, telles que l'influence du temps, la mobilité des cours des matériaux et des marchandises, les mouvements industriels, etc.; enfin, cette estimation devient illusoire pour les objets susceptibles de déplacement.

Droit d'usage.

ART. 94. — Dans quelques contrées, les propriétaires jouissent dans les forêts appartenant, soit aux communes, soit à l'État, d'un droit *d'usage* qui leur donne la faculté de prendre gratuitement le bois nécessaire à la construction ou à la réparation de leurs maisons.

Lorsque l'Agent sera appelé à assurer des bâtiments dont les propriétaires jouiront de cette faculté, il devra être stipulé dans la Police, que le bois n'est pas compris dans l'assurance, et que la Compagnie ne répondra, en cas de sinistre, que du prix du transport et de la mise en œuvre.

L'assurance doit comprendre l'ensemble des bâtiments.

ART. 95. — Les primes applicables aux bâtiments, étant calculées en raison des chances plus ou moins grandes de destruction que présentent toutes les parties de l'édifice, l'assurance doit comprendre l'ensemble des bâtiments, sans exclusion des murs des caves et des fondations, lors même qu'elles seraient baignées par l'eau, ni de toute autre partie qui serait réputée moins combustible que le reste. En conséquence, si des propriétaires proposent de ne leur assurer que les parties les plus combustibles, telles que croisées, planchers, charpentes, menuiserie, etc., l'Agent devra écarter la proposition ou en référer à l'Administration.

Fondations.

Toutefois, sur l'insistance des propriétaires, il peut être admis que les constructions *au-dessous du niveau du sol* soient exclues de l'assurance d'un immeuble, en augmentant *d'un dixième* au moins la prime applicable audit immeuble, sans que la surprime puisse jamais être inférieure au minimum indiqué par le tarif.

Coque d'un bateau à vapeur.

ART. 96. — La coque d'un bateau à vapeur ne peut être exclue de l'assurance lors même qu'elle serait en fer.

Exclusions.

ART. 97. — Il arrive parfois que le proposant veut exclure de l'assurance certaines parties de son mobilier ou de ses marchandises. Dans ce cas, pour éviter toute confusion en cas de sinistre, on doit déclarer dans la Police, que tous les objets de même nature que ceux non garantis, sont exclus, dans quelque partie des bâtiments qu'ils puissent se trouver.

Appréciation de chaque bâtiment.

ART. 98. — Lorsque l'immeuble proposé à l'assurance se compose de plusieurs bâtiments, on doit fixer séparément la valeur à assurer sur chacun d'eux, afin d'éviter, en cas de sinistre partiel, la nécessité d'une estimation générale pour arriver au règlement de l'indemnité. Cette mesure est dans l'intérêt des deux parties, puisque, en cas de sinistre, chacune d'elles supporte sa part des frais d'estimation.

Mobilier.

ART. 99. — L'assurance d'un mobilier personnel et de ménage peut être faite sur la simple déclaration du proposant, lorsque la valeur déclarée paraît être en rapport avec sa position de fortune ou son état de maison.

Dans le doute, il faut toujours vérifier, en ayant soin toutefois de dégager la vérification de toute recherche minutieuse, blessante ou importune.

La somme à assurer doit être répartie conformément au *modèle de Police n° 10, A*.

Tulles, dentelles, etc.

ART. 100. — Pour reconnaître la valeur des tulles, dentelles, cachemires, argenterie, bijoux, diamants, pierreries et perles fines montées et à usage personnel, l'Agent doit consulter des personnes en état de les apprécier. Ces objets ne peuvent, à moins d'autorisation spéciale de la Compagnie, être admis dans l'assurance totale d'un mobilier, pour plus d'un dixième. *(Voir art. 226.)* Il faut d'ailleurs qu'une somme particulière soit affectée à leur garantie dans cette limite. (Art. 2 de la Police.)

Il en est de même des objets d'art, tels que tableaux, statues, médailles, curiosités, et, en général, de tous les objets rares et précieux. De plus, lorsqu'ils présenteront une valeur d'une certaine importance, il devra être stipulé dans la Police, que la Compagnie ne pourra être tenue de payer plus de 800 à 1,000 francs sur l'objet le plus cher, à moins qu'elle n'ait formellement autorisé un chiffre maximum plus élevé.

Mobilier industriel des petits fabricants.

ART. 101. — L'appréciation de la valeur à assurer sur le mobilier industriel des marchands, artisans ou petits fabricants s'opère de la même manière que pour le mobilier personnel et de ménage.

Appréciation du mobilier industriel.

ART. 102. — L'appréciation du mobilier industriel des fabriques et usines doit être basée, non sur le prix que ce mobilier a pu coûter à établir, mais sur son degré de perfection et d'utilité, en ayant égard au temps pendant lequel il a servi et au temps pendant lequel il peut durer encore. Des métiers anciens et défectueux, des machines usées ne doivent pas être confondus avec des objets neufs ou d'un système nouveau et perfectionné.

C'est donc la valeur réelle au moment de l'assurance qui doit déterminer le montant de la somme à assurer, et lorsque les connaissances personnelles de l'Agent seront insuffisantes pour déterminer cette valeur, il devra consulter des personnes ayant des connaissances spéciales, et, au besoin, s'en faire accompagner sur les lieux.

Marchandises.

ART. 103. — Les marchandises se divisent, suivant leur nature plus ou moins inflammable, en :

Marchandises ordinaires,
Marchandises faciles à endommager,
Marchandises simplement hasardeuses,
Marchandises doublement hasardeuses,
Marchandises triplement hasardeuses ou très-dangereuses.
} (Voir le Tarif).

ART. 104. — La somme à assurer sur marchandises avec désignation s'établit d'après le cours du jour. (*Voir art. 106.*)

Cours du jour.

ART. 105. — Les assurances sur marchandises en roulement dans le commerce d'un négociant, d'un marchand ou d'un fabricant, se font pour une somme correspondante à l'étendue des affaires du proposant.

Marchandises en roulement.

ART. 106. — Pour les marchandises en fabrique, à quelque degré de fabrication qu'elles puissent se trouver, la somme à assurer s'apprécie d'après le *cours du jour des matières, en y ajoutant le prix de la main-d'œuvre*, sans que la valeur totale puisse jamais dépasser le *cours du jour* de la marchandise fabriquée.

Marchandises en fabrique.

L'Agent suppléera aux connaissances qui lui manqueront pour l'appréciation des marchandises et de la valeur à assurer, en prenant, avec toute la discrétion nécessaire, des informations chez des personnes exerçant un commerce analogue à celui du proposant.

ART. 107. — Ces sortes d'assurances donnant facilement prise aux combinaisons de la mauvaise foi, il importe de ne les traiter qu'avec beaucoup de circonspection.

Assurances exagérées.

Si la somme proposée est exagérée, l'Agent devra la réduire à des proportions convenables.

Si l'exagération lui fait concevoir des doutes sur les intentions du proposant, il refusera l'assurance.

ART. 108. — Les tulles, dentelles et cachemires faisant partie d'un commerce de nouveautés sont soumis aux mêmes règles que les objets de même nature compris dans l'assurance d'un mobilier. (*Voir art. 100.*)

Tulles et dentelles du commerce.

ART. 109. — La somme à assurer aux commissionnaires de roulage sur marchandises en route se détermine d'après la valeur, en moyenne, des expéditions journalières.

Marchandises en route.

L'Agent devra, d'ailleurs, indiquer dans la proposition le nombre de voitures en circulation dans un même instant et la durée du trajet. (*Voir modèle n° 15.*)

ART. 110. — Les produits des récoltes s'évaluent d'après la quantité et la nature des terres exploitées par le proposant, en prenant le terme moyen des productions des deux ou trois années précédentes.

Produits des récoltes.

ART. 111. — L'appréciation de la valeur du mobilier aratoire et des instruments servant à une exploitation rurale, se fait comme celle du mobilier industriel (*voir art. 102*), en ayant soin d'établir la différence de valeur qui peut exister entre des objets neufs et perfectionnés et ceux d'un usage plus ancien.

Mobilier aratoire.

ART. 112. — L'appréciation de la valeur des bestiaux s'opère d'après l'indication et la vérification de leur espèce et de leur nombre, et aussi d'après l'importance de la culture.

Bestiaux.

Bois et forêts.

ART. 113. — L'appréciation de la valeur des bois et forêts se fait en raison de l'aménagement et du prix de la feuille ou croissance annuelle.

Les bois se divisent, d'après leur âge, en *taillis* et *hautes futaies*.

L'assurance des bois taillis comprend quatre risques distincts, savoir :

1° *Les taillis* proprement dits.

Le capital à assurer sur les taillis aménagés en coupes réglées doit être basé sur la moyenne de leur prix au jour de l'exploitation, et fixé dans la Police à la moitié de cette moyenne. Si donc la vente des coupes, au moment de l'exploitation, donne un revenu moyen de 500 francs par hectare de taillis aménagés à dix ans (soit 50 francs comme valeur de la feuille ou croissance annuelle), le capital à assurer sera de 250 francs par hectare.

Pour les bois qui ne seront pas aménagés en coupes réglées, on estimera les taillis d'après l'usage suivi dans la localité pour l'âge de la coupe.

2° *Les baliveaux.*

Lorsque sur un taillis aménagé à dix ans, les baliveaux sont en proportion ordinaire de nombre et d'âge, de dix à soixante, le capital à assurer sur leur valeur doit être généralement de la moitié de celui des taillis, soit de 125 francs par hectare, si le taillis est assuré pour 250 francs.

Sur les taillis aménagés à quinze ans, quand il y a des baliveaux de tous les âges, depuis quinze jusqu'à cent vingt ans, ils peuvent être assurés pour les trois quarts de la valeur du taillis.

Enfin, sur taillis aménagés à vingt ans, quand il y aura aussi des baliveaux de tous les âges depuis vingt ans jusqu'à deux cents ans, ils pourront être assurés pour la même valeur que les taillis.

3° *Les repeuplements des souches détruites par l'incendie.*

Si le risque du repeuplement des souches est compris dans l'assurance, comme cette dépense (qui consiste ordinairement en deux plants nouveaux, à mettre l'un à droite, l'autre à gauche de la souche éteinte), doit être représentée par une somme quelconque, on devra, en raison de cela et sans fixer un capital distinct, se contenter d'augmenter, dans une faible proportion, le capital à assurer sur les bois ; quant au taux de prime, il restera le même, que le repeuplement soit assuré ou non.

4° *Le trouble dans l'aménagement.*

C'est le risque de la perte que le propriétaire éprouve par suite du trouble qu'un incendie peut apporter dans l'aménagement des bois.

Ce risque, entièrement distinct de l'assurance des bois contre l'incendie, doit donner lieu, dès lors, à un capital distinct aussi, qui sera égal à celui garanti sur l'ensemble des bois taillis, y compris les baliveaux. Ainsi, que les taillis et baliveaux soient assurés pour 375 francs, le trouble dans l'aménagement doit l'être également à raison de 375 francs.

L'assurance de ce dernier risque pourra être faite à une prime inférieure à celle des bois, mais sans être jamais au-dessous de la moitié de cette dernière. Elle est évidemment facultative, mais un propriétaire de bois qui désire être complétement mis à l'abri de tous dommages, ne saurait atteindre ce but sans joindre l'assurance du *trouble dans l'aménagement* à celle des bois *contre l'incendie*, et l'Agent devra toujours l'y engager. (*Voir modèle n° 20.*)

Ensouchement.

ART. 114. — L'assurance de l'*ensouchement* ne pouvant avoir de bases ni de limites faciles à déterminer, doit être écartée, et toutes les Polices d'assurance sur bois doivent stipuler positivement l'*exclusion* de l'ensouchement à hauteur de coupe ordinaire.

Hautes futaies.

ART. 115. — Pour l'assurance des bois de hautes futaies, on pourra, dans la plupart des cas, accepter l'évaluation des propriétaires, la valeur au moment du sinistre, toujours appréciable, permettant de contrôler facilement cette évaluation.

**Risques locatifs.**

ART. 116. — La responsabilité du locataire s'étendant, aux termes de la loi, à la valeur totale de la chose louée, l'assurance du risque locatif doit avoir *pour base la totalité de cette valeur, et c'est ce qui a lieu quand il n'y a qu'un locataire.*

On a admis, toutefois, que s'il y avait plusieurs locataires, chacun d'eux pouvait faire assurer sur son risque locatif, sans avoir à craindre l'application de la règle proportionnelle, une somme inférieure à la valeur totale de la chose louée, pourvu que cette somme fût au moins équivalente à quinze fois le prix du loyer annuel.

Mais l'assurance ainsi limitée peut, dans bien des cas, être insuffisante : le locataire agira donc prudemment en faisant garantir une somme supérieure au montant de son loyer, multiplié par quinze, s'il a des raisons de craindre qu'un incendie, dont il aurait à supporter la responsabilité, puisse produire un dommage plus considérable.

La somme assurée pour le risque locatif, si elle n'est pas basée sur la valeur totale du bâtiment, ne doit pas être inférieure à quinze fois le montant du loyer annuel, car alors le locataire tomberait, en cas de sinistre, sous l'application de la règle proportionnelle, et il resterait responsable d'une partie de la perte, lors même qu'elle n'excéderait pas le montant de la somme assurée.

L'Agent général devra appeler l'attention du proposant sur ces différents points, pour le déterminer à souscrire une assurance qui lui donne une sécurité suffisante à tout événement.

Cas où il y a plusieurs bâtiments.

ART. 117. — Quand un locataire occupera, en tout ou en partie, plusieurs bâtiments contigus ou plusieurs corps de bâtiments distincts, appartenant au même propriétaire ou à des propriétaires différents, une somme spéciale et distincte devra être affectée à l'assurance du risque locatif de chacun des bâtiments, quand bien même il existerait entre eux des communications intérieures.

Renonciations.

ART. 118. — Lorsque les locataires d'un bâtiment assuré à la Compagnie sont les parents en ligne directe ou les associés en nom collectif du propriétaire, la Compagnie consent à renoncer au recours qu'elle pourrait avoir à exercer contre eux, en vertu de l'article 1733 du Code civil. Mais cette renonciation doit être mentionnée dans la Police d'assurance du propriétaire, et ne peut produire effet que dans le cas où les locataires ne sont pas garantis, pour leurs risques locatifs, par une autre Compagnie. (*Voir modèle n° 28, A.*)

ART. 119. — La même renonciation peut avoir lieu en faveur des fonctionnaires et des employés logés dans des propriétés publiques, ainsi que des employés et des ouvriers logés dans les établissements auxquels ils sont attachés.

**Recours des voisins.**

ART. 120. — La somme à assurer contre le recours que les voisins pourraient exercer pour la réparation des dommages qu'ils auront éprouvés par suite de communication d'incendie, n'a pas de limites précises. L'Agent fera comprendre au proposant, que, dans son intérêt, il doit proportionner la somme assurée au montant des réclamations auxquelles il pourrait se voir exposé ; mais, en aucun cas, on ne devra admettre que la somme affectée à l'assurance du recours des voisins soit moindre de 5,000 francs. (*Voir modèle n° 9, 2e partie, C.*)

ART. 121. — Lorsque la Compagnie assure deux bâtiments contigus, appartenant à des propriétaires différents, elle renonce au recours qu'elle pourrait avoir à exercer contre l'assuré dont le bâtiment aurait accidentellement communiqué le feu.

**Recours des locataires.**

ART. 122. — La somme à assurer contre le recours des locataires doit être égale à la valeur des objets mobiliers dont le propriétaire peut avoir à répondre envers ses locataires, en cas d'incendie provenant d'un vice de construction ou d'un défaut d'entretien de l'immeuble loué.

En d'autres termes, l'Agent expliquera au propriétaire que la somme doit être calculée sur l'importance des dommages matériels qu'un incendie, dont il serait responsable, pourrait occasionner à ses locataires.

Garantie à refuser.

ART. 123. — Lorsqu'il s'agira d'immeubles construits dans de mauvaises conditions, ou se trouvant dans un état de grande vétusté, ou bien encore lorsque l'assurance sera proposée par des propriétaires qui, par négligence notoire, laisseraient dépérir leurs immeubles, l'Agent devra s'abstenir d'accorder cette garantie, alors même que l'immeuble serait déjà assuré par la Compagnie.

Renonciations.

ART. 124. — La renonciation au recours que la Compagnie serait en droit d'exercer, en cas d'incendie provenant d'un vice de construction, contre le propriétaire de l'immeuble, peut être consentie gratuitement en faveur de ce dernier, quand il est parent en ligne dircete ou associé en nom collectif des locataires qui ont fait assurer leurs effets mobiliers par la Compagnie. — Mais cette renonciation doit être exprimée dans la Police du locataire et ne peut produire d'effet que dans le cas où le propriétaire n'a pas fait garantir le risque de vice de construction par une autre Compagnie. (*Voir modèle n° 28, A.*)

Fixation d'une somme spéciale à chaque bâtiment.

Art. 125. — Quand plusieurs bâtiments sont situés dans des lieux différents, l'assurance du recours des voisins, de même que celle du recours des locataires contre le propriétaire, doit, par chaque bâtiment, donner lieu à la fixation d'une somme spéciale.

Les divers risques doivent être assurés séparément.

Art. 126. — *Les risques locatifs, les recours des voisins*, et les *recours des locataires contre les propriétaires*, ne peuvent être assurés cumulativement ; l'assurance doit être distincte, tant pour le montant des sommes assurées que pour le taux de la prime.

Propriétés grevées d'usufruit.

Art. 127. — Dans les assurances de propriétés grevées d'usufruit, la Compagnie, ainsi que l'indique l'article 55, § 4, n'entend assurer que la *toute propriété*, et pour les sommes à garantir on devra suivre les modes d'appréciation mentionnés aux articles 92 et 98.

Créances hypothécaires.

Art. 128. — La somme à assurer au créancier hypothécaire doit être basée sur le montant de sa créance, sans pouvoir, toutefois, être supérieure à la valeur du bâtiment.

Le créancier doit faire connaître l'existence et le rang de son inscription par un certificat du conservateur des hypothèques.

S'il était reconnu que la créance n'aurait aucune chance d'arriver en ordre utile, l'assurance manquerait dès lors d'objet, et la proposition devrait être refusée.

Archives.

Art. 129. — Pour les assurances d'archives, l'Agent doit laisser à l'appréciation des officiers ministériels la fixation du chiffre à garantir ; toutefois, il ne devra pas admettre une somme inférieure à 5,000 francs. (*Voir modèle n° 18.*)

Augmentations d'assurance.

Art. 130. — Il peut arriver qu'après avoir contracté une assurance avec la Compagnie pour une somme déterminée, sur certains objets, un assuré lui propose de porter l'assurance à une somme plus élevée.

Cette proposition peut être motivée, soit sur ce que les objets assurés ne l'ont pas été primitivement pour la totalité de leur valeur, soit sur ce qu'ils auront augmenté de valeur, soit enfin sur ce que de nouveaux objets exposés aux mêmes risques seront venus se joindre à ceux déjà assurés.

Lorsqu'une proposition de ce genre lui sera soumise, l'Agent général devra prendre le soin de ne l'admettre qu'après avoir constaté que les deux sommes réunies n'excéderont pas la valeur totale des objets sur lesquels portera l'assurance. S'il en était autrement, l'Agent devrait ramener la proposition à la valeur réelle de ces objets, et même l'écarter si elle lui paraissait avoir été faite dans un but de spéculation.

## SECTION DEUXIÈME

### Des propositions relatives à des objets assurés par d'autres Compagnies. — Assurances complémentaires ou supplémentaires. — Reprises d'assurances. — Assurances anticipées. — Coassurances.

Art. 131. — Les propositions d'assurances relatives à des objets déjà assurés en tout ou en partie, par d'autres Compagnies à primes fixes ou par des Sociétés mutuelles, peuvent se produire dans des cas différents et donner lieu :

1° à une assurance complémentaire ou supplémentaire;

2° à une reprise d'assurance;

3° à une assurance anticipée.

Assurance complémentaire.

Art. 132. — *Assurance complémentaire ou supplémentaire.* — Une proposition d'assurance de cette nature peut être motivée, comme il est expliqué dans l'article 130, sur ce que le proposant n'a fait assurer des objets par une Compagnie que pour une partie de leur valeur seulement, ou encore sur ce que ces objets ont augmenté de valeur, ou, enfin, sur ce que de nouveaux objets exposés aux mêmes risques sont venus s'ajouter aux objets déjà assurés.

Les recommandations faites à l'Agent général par l'article 130 s'appliquent en tous points à ce cas.

Reprise d'assurances.

Art. 133. — *Reprise d'assurances.* — On désigne sous cette dénomination l'opération par laquelle une Compagnie prend sous sa garantie *immédiate* des objets encore assurés pour un certain temps par une autre Compagnie et se fait substituer vis-à-vis de celle-ci, aux droits et aux obligations de son assuré.

Art. 134. — Cette opération par elle-même n'a rien d'illicite, car il n'est pas défendu à un assuré vigilant de rechercher dans une double assurance une double sécurité; mais elle a un caractère blessant pour la Compagnie qui en est l'objet, en mettant en doute l'efficacité de sa garantie; elle provoque des représailles, enfin elle soulève presque toujours de graves difficultés dans son exécution.

Frappées de ces inconvénients, les Compagnies, par un accord tacite, se sont interdit les reprises d'assurances les unes sur les autres, et les ont exclues de leurs opérations.

Interdiction des reprises.

Art. 135. — En principe donc, toute proposition ayant pour objet une reprise d'assurance doit être repoussée d'une manière absolue par l'Agent général.

Art. 136. — S'il se présentait une circonstance exceptionnelle, par suite de laquelle un assuré aurait des raisons majeures pour rompre avec la Compagnie qui garantit ses risques et pour les faire assurer immédiatement par la Compagnie l'*Aigle* (*voir modèle n° 13, D*), l'Agent général devrait soumettre ces circonstances à l'appréciation de la Compagnie et attendre ses instructions.

Assurance anticipée.

Art. 137. — *Assurance anticipée.* — On désigne sous ce nom, l'assurance qui ne doit prendre cours qu'à une époque postérieure à la date où elle est souscrite et dont l'effet est, par conséquent, différé jusqu'à cette époque.

Art. 138. — Une proposition relative à une assurance par anticipation est généralement faite dans le but de faire assurer, par avance, des objets encore assurés, pour un certain temps, par une Compagnie, afin qu'ils soient garantis par la Compagnie l'*Aigle*, à partir du jour même où l'assurance contractée avec l'autre Compagnie cessera.

Art. 139. — Elle peut aussi être motivée par le désir, pour le proposant, de comprendre, dans une même Police, des objets qu'il fait assurer pour la première fois, et ceux qui sont déjà assurés, afin de n'avoir affaire, plus tard, qu'à une seule Compagnie pour l'ensemble de ses risques et le paiement de ses primes.

Confusion à éviter.

Art. 140. — Il importe de ne pas confondre les *assurances anticipées* avec les *reprises d'assurances*. A la vérité, ces deux opérations portent l'une et l'autre sur des objets encore garantis par une autre Compagnie, pour un temps déterminé; mais il y a entre elles cette différence essentielle, que l'assurance anticipée ne produira effet que lorsque l'assurance souscrite à l'autre Compagnie aura cessé. Elle n'est donc que le résultat d'une préférence légitimement sollicitée et obtenue.

Aussi, ce genre d'opérations est-il admis et pratiqué par toutes les Compagnies.

Avantages des assurances anticipées.

Art. 141. — Au contraire des *reprises d'assurances* qui sont *formellement interdites*, les *assurances anticipées* ou avec *effet différé* doivent être particulièrement recherchées par les Agents; car il n'est pas une assurance souscrite par une autre Compagnie qui ne puisse, à l'expiration de sa durée, être obtenue au profit de la Compagnie l'Aigle.

Lorsqu'une occasion pareille se présente, il faut conclure immédiatement l'assurance, avec stipulation qu'elle ne prendra effet qu'à l'expiration du contrat de la Compagnie rivale, époque à laquelle la prime de première année sera exigible; mais l'assuré paie comptant le coût de la Police.

Art. 142. — Toutefois, les *assurances anticipées* ne peuvent se faire qu'autant que l'assurance en cours à une autre Compagnie, n'a pas plus de *deux années* à courir.

Désistements aux Sociétés mutuelles.

Art. 143. — Les Sociétés mutuelles ayant toutes la *tacite reconduction* (*voir art. 366*), il est indispensable d'examiner, avant de souscrire une *assurance anticipée* sur des risques garantis par une de ces Sociétés, si les sociétaires sont dans les délais fixés par les statuts pour donner leur désistement, et les Agents devront veiller, *sous leur responsabilité*, à faire remplir les formalités nécessaires, afin que lesdits désistements soient notifiés en temps utile, et dans les formes prescrites par les statuts.

Les contrats et les quittances des sociétaires fourniront les renseignements propres à établir leurs déclarations de désistement.

Dans le cas où l'Agent éprouverait des difficultés, il devra consulter la Direction, en lui communiquant la police de la Société mutuelle.

Combinaisons d'assurances.

Art. 144. — Les *assurances complémentaires ou supplémentaires* peuvent être quelquefois combinées avec les *assurances anticipées*. (*Voir modèle n° 12, C.*)

Art. 145. — Elles peuvent l'être également avec les reprises d'assurances qui pourraient être exceptionnellement contractées dans le cas prévu par l'article 136.

Coassurance.

Art. 146. — *Coassurance.* — La limite des *pleins* et le principe de la division des risques font parfois obstacle à ce qu'une Compagnie prenne sous sa garantie, pour la totalité de leur valeur, des risques d'une grande importance.

D'un autre côté, un propriétaire ou un industriel peut être porté à croire qu'il obtiendra une plus grande sécurité en répartissant ses risques entre plusieurs assureurs.

On a recours, alors, à une opération consistant à répartir l'assurance des risques entre plusieurs Compagnies qui les garantissent simultanément et concurremment, chacune pour une partie déterminée de leur valeur. Cette opération s'appelle *coassurance*.

Ce mode d'assurance est surtout mis en pratique lorsqu'il s'agit d'assurer de grands établissements industriels.

Une proposition de *coassurance* ne doit être admise par l'Agent général, même sous la réserve de l'approbation de la Compagnie, qu'après qu'il a constaté que les risques se présentent dans de bonnes conditions de sécurité morale et matérielle, que la réunion des valeurs proposées à chaque Compagnie ne dépasse pas la valeur totale des risques, et enfin que la part offerte à la Compagnie l'*Aigle* n'est pas restreinte à une partie isolée des risques, mais porte sur leur ensemble.

Il est essentiel que les désignations soient très-nettes, pour que la situation de chaque Compagnie assureur soit clairement établie en cas de sinistre.

## CHAPITRE IX

### Des risques en général. — Ce qu'on entend par un seul et même risque. — Risques contigus.

Risque.

Art. 147. — On entend en général par risque, le danger couru par l'assureur.

On désigne également sous ce nom l'objet lui-même sur lequel porte l'assurance. Ainsi on dit, en parlant de tel ou tel objet, que cet objet est un *risque* dangereux. (*Voir art. 2.*)

Art. 148. — Tous les objets mobiliers et immobiliers qui, par leur réunion ou leur agglomération sur un même point, sont exposés à être détruits par un même incendie, constituent *un seul et même risque.*

Ce qu'on entend par un seul et même risque.

Ainsi, par exemple, la Compagnie assure :

| | |
|---|---|
| A Pierre, une maison . . . . . . . . . . . . . . . . . . . | 80.000 F. |
| Au même, son mobilier au premier étage . . . . . . . . . . | 20.000 |
| A Paul, son mobilier au deuxième étage . . . . . . . . . . | 10.000 |
| A Jacques, ses marchandises au rez-de-chaussée . . . . . . | 50.000 |
| Total . . . . . . . . . . . . . | 160.000 F. |

Ces quatre assurances, quoique distinctes et faites à plusieurs personnes, ne forment qu'un *seul et même* risque, puisqu'un même incendie peut détruire à la fois la maison, les mobiliers et les marchandises, et par conséquent entraîner pour la Compagnie une perte simultanée de 160,000 francs.

Art. 149. — Les bâtiments contigus, de la première classe du tarif, qu'ils appartiennent ou non au même propriétaire, sont considérés comme formant un seul et même risque, à moins qu'ils ne soient séparés par des murs de refend en pierres ou en briques, s'élevant jusqu'au faîte, *sans ouverture ni communication intérieure.*

Bâtiments contigus.

Quand ils sont séparés par un mur de refend, comme il vient d'être dit, ils peuvent être considérés comme des risques distincts, sauf les exceptions ci-après.

Art. 150. — Les bâtiments contigus qui sont couverts en chaume, en bois, en papier goudronné ou autres matières combustibles, sont toujours considérés comme formant un seul et même risque, lors même qu'ils sont séparés par des murs de refend en pierres ou briques, sans communication intérieure.

Bâtiments contigus couverts en chaume.

Art. 151. — Il en est de même lorsque de deux bâtiments contigus, l'un est couvert en chaume, en bois, en papier goudronné ou autres matières combustibles.

Bâtiments contigus de couvertures diverses.

Art. 152. — Les bâtiments, bien qu'isolés les uns des autres, doivent être considérés comme formant un seul et même risque, lorsque, par le peu de distance qui les sépare ou par d'autres circonstances, il est à craindre que l'incendie de l'un d'eux puisse entraîner l'incendie des autres.

Bâtiments séparés considérés comme un même risque.

Ainsi les bâtiments couverts en matières dures, c'est-à-dire de la première classe du tarif, qui ne sont pas séparés de bâtiments couverts en matières légères ou combustibles par une distance de *dix mètres* au moins, doivent être considérés comme formant, avec ces derniers, un seul et même risque.

Art. 153. — La règle établie en l'article précédent s'applique surtout aux bâtiments couverts en chaume, en bois, en papier goudronné ou autres matières combustibles, lesquels, quoique séparés les uns des autres, ne peuvent être considérés comme des risques distincts, à moins que la distance qui les sépare ne soit au moins de 20 mètres.

Récoltes en meules; — Piles et amas de bois.

Art. 154. — Il en est de même des récoltes en meules, des piles de bois à construire ou à brûler, des amas de fagots, de cotrets, de bourrées ou d'écorces lorsque les meules, piles ou amas sont placés à moins de 30 mètres de distance les uns des autres.

Art. 155. — Ne peuvent être considérés non plus comme des risques distincts, les mêmes meules, piles ou amas et les bâtiments à proximité desquels ils seraient placés, si l'intervalle libre est de moins de *dix mètres* pour les bâtiments de première classe, et de *trente mètres* pour ceux de deuxième classe.

Fabriques, usines et théâtres.

Art. 156. — Dans les fabriques, usines et théâtres, tous les bâtiments qui en dépendent sont considérés comme ne formant qu'*un seul et même risque*, quand ils sont placés à moins de *dix mètres* les uns des autres; d'où il ressort que lorsqu'ils sont séparés entre eux par un espace complétement libre d'au moins *dix mètres*, chaque bâtiment doit être considéré comme un risque distinct.

La même règle est applicable aux bâtiments situés dans le voisinage des fabriques, des usines et des théâtres, lors même qu'ils n'en dépendent pas.

Navires dans un port.

Art. 157. — Les navires stationnant dans le même port forment un seul et même risque.

Risques communs.

Art. 158. — Lorsqu'une assurance porte sur un risque commun avec d'autres risques déjà assurés par la Compagnie, l'Agent doit l'indiquer avec le plus grand soin, en énonçant les numéros des Polices qui garantissent les risques communs.

Division des risques.

Art. 159. — Le principe de la division des risques est une des règles essentielles des opérations d'assurance. Les Agents doivent donc diviser les risques et les espacer de manière à éviter les agglomérations qui exposeraient la Compagnie à subir, par un seul et même incendie, des pertes qui dépasseraient ses prévisions.

L'article 161 indique le *maximum* des sommes que les Agents peuvent assurer sur chaque risque, sans autorisation préalable.

# CHAPITRE X

## Des assurances, dites exceptionnelles, qui ne peuvent être souscrites par les Agents généraux, sans l'autorisation préalable de la Compagnie.

Assurances exceptionnelles.

ART. 160. — Toutes les assurances qui doivent, d'après les dispositions ci-après, être soumises à l'approbation préalable de la Compagnie, sont qualifiées d'*assurances exceptionnelles*.

Limites au delà desquelles l'autorisation est nécessaire.

ART. 161. — Le maximum des sommes au delà desquelles les Agents ne peuvent accepter une assurance sans autorisation préalable, *sur un seul et même risque* tel qu'il est défini au chapitre précédent, est fixé ainsi qu'il suit :

1° 120,000 francs sur risques simples de la première classe du tarif, tels que :

A. Bâtiments (ou risques locatifs de) servant d'habitation ou de magasins pour marchandises ordinaires ;

B. Objets mobiliers et marchandises ordinaires ;

C. Recours des voisins ;

D. Recours des locataires contre les propriétaires ;

2° Sur professions augmentant les risques, divisées, dans le tarif, en trois parties :

100,000 francs sur profession de la 1re partie ;

80,000 francs sur profession de la 2e partie ;

60,000 francs sur profession de la 3e partie ;

3° 60,000 francs sur marchandises portées au tarif, soit comme faciles à endommager, soit comme simplement hasardeuses ;

4° 30,000 francs sur marchandises doublement hasardeuses, sauf celles dont l'acceptation est, suivant le tarif, spécialement réservée à l'Administration ;

5° 60,000 francs sur l'ensemble d'exploitations rurales et fermes dont les bâtiments appartiennent principalement à la première classe du tarif, y compris les meules de récoltes à moins de dix mètres, ainsi que celles à plus de dix mètres, lorsqu'elles seront garanties avec stipulation que l'assurance les suivra dans les bâtiments ;

6° 30,000 francs sur tout bâtiment ou toute réunion de bâtiments, et leur contenu, *de la deuxième classe du tarif*, sans distinction, y compris toute meule ou groupe de meules à moins de trente mètres. (*Voir art. 164.*)

7° 10,000 francs sur toute meule ou tout groupe de meules lorsqu'elles ne sont pas éloignées les unes des autres de *trente mètres au moins*, ainsi que sur tout amas de fagots, de cotrets, de bourrées ou d'écorces.

8° 60,000 francs sur tous risques de fabriques, usines et objets divers qui, soit par leur nature propre, soit par les risques accessoires qui les aggravent, ne comportent qu'un taux de prime de deux francs et au-dessous (*Voir le Tarif*) ;

9° 30,000 francs sur tous risques, comme il est dit ci-dessus, qui comportent un taux de prime au-dessus de deux francs, sauf la restriction énoncée à l'article 162 ;

10° 60,000 francs sur tous risques qui, en raison de leur contiguïté, sans communication, à une fabrique ou usine, à un théâtre ou à tout autre établissement présentant un risque grave, ne comportent qu'un taux de prime de deux francs et au-dessous;

11° 30,000 francs sur tous risques qui, dans les mêmes circonstances que ci-dessus, comportent un taux de prime au-dessus de deux francs.

Risques réservés à l'Administration.

Art. 162. — Les Agents ne peuvent assurer, sans une autorisation expresse de la Compagnie quelque minime que soit la somme à garantir, aucun des risques mentionnés au tarif, avec une réserve spéciale, ou avec la recommandation d'*en référer préalablement à l'Administration.*

Art. 163. — Il en est de même, lorsqu'il s'agit des risques désignés au modèle n° 4, ou de risques non désignés dans les tarifs de la Compagnie.

Maximum dans une commune rurale.

Art. 164. — Dans les communes rurales où la plupart des bâtiments sont couverts en bois ou en chaume et où il n'existera pas de pompes à incendie, les Agents ne pourront assurer au delà d'une somme de 30,000 francs, — toutes les assurances réunies, — sans l'autorisation spéciale de la Compagnie.

Lorsqu'ils se trouveront dans la nécessité de demander à la Compagnie l'autorisation d'assurer plus de 30,000 francs, ils devront lui fournir tous les renseignements propres à l'éclairer, tels que la copie du plan cadastral et l'état de toutes les assurances en vigueur.

Assurances assujéties à l'autorisation préalable.

Art. 165. — Lorsque les Agents recevront des propositions qui porteront le risque de la Compagnie à des sommes excédant les *maxima* fixés aux articles précédents, soit en raison de l'agglomération ou de la réunion, dans un même lieu, des objets à assurer, soit parce que les sommes proposées viendraient en augmentation à une ou plusieurs assurances antérieures, ils devront, au préalable, en référer à la Compagnie et attendre ses instructions (*Voir art. 167.*)

Art. 166. — Sont encore assujétis à l'autorisation préalable de la Compagnie :

1° Toute assurance supplémentaire ou cumulative qui porterait une ou plusieurs assurances existantes au delà des *maxima* fixés par les articles précédents (*Voir art. 165*) ;

2° Toute mutation ou modification quelconque concernant une Police souscrite en vertu de son autorisation, lors même qu'il n'en résulterait aucun changement dans les valeurs assurées, ni dans le montant de la prime (*Voir art. 344*) ;

3° Le remplacement et le renouvellement des assurances dépassant lesdits *maxima*, quand bien même il y aurait diminution dans les valeurs assurées, et alors même que la nouvelle Police ne modifierait en rien les conditions particulières de l'ancienne. (*Voir art. 344.*)

Police d'assurance exceptionnelle.

Art. 167. — Aucune Police d'*assurance exceptionnelle* (*voir art. 160*) n'est valable si elle n'est approuvée par la Compagnie.

Lorsqu'il s'agit de souscrire une Police de cette nature, les Agents doivent se borner à rédiger une proposition ou mieux un projet de Police, en laissant *la date d'effet en blanc;* puis transmettre ce projet à la Compagnie, avec tous les renseignements spéciaux et confidentiels indiqués aux modèles nos 7 et 8.

Ce projet n'en doit pas moins être *numéroté;* mais, autant que possible, il ne doit pas être signé par le proposant.

Réserve à insérer.

Art. 168. — Lorsque l'Agent aura des motifs particuliers pour en agir autrement, il devra avoir le soin d'insérer dans le projet la clause suivante :

« *La présente Police n'est que conditionnelle; elle n'aura d'effet qu'au lendemain, à midi, du jour où elle aura été approuvée par la Compagnie et après versement de la prime qui ne sera payable qu'après cette approbation, entre les mains de l'Agent général.* »

Proposition agréée.

Art. 169. — Si, après examen, la proposition d'assurance est agréée par la Compagnie, avis en est donné à l'Agent, et, en même temps, le projet de Police lui est renvoyé revêtu des formalités exigées, ou, à défaut, avec les instructions nécessaires pour le convertir en Police définitive.

Projet de Police approuvé.

Art. 170. — Lorsque le projet de Police est renvoyé avec l'approbation de la Compagnie, il est expressément interdit à l'Agent de lui faire subir des modifications sans en référer de nouveau à l'Administration. (*Voir art. 166.*)

Modification ou remplacement.

Art. 171. — La marche tracée plus haut doit être suivie : — pour toute assurance supplémentaire ou cumulative, soit au moyen d'une Police, soit par voie d'avenant ; — pour toute mutation ou modification quelconque concernant une Police d'*assurance exceptionnelle;* — enfin, pour le remplacement ou le renouvellement d'assurances de même nature.

Assurances hors de l'Agence.

Art. 172. — L'autorisation préalable de la Compagnie est encore nécessaire à tout Agent pour souscrire des assurances en dehors des limites de la circonscription de l'Agence qui lui est confiée. (*Voir art. 32.*)

Art. 173. — Il lui est également interdit de souscrire des avenants, et à plus forte raison, des Polices additionnelles ou supplémentaires à des Polices qui n'appartiennent pas à son Agence, ainsi que de procéder au remplacement de ces Polices, sans en avoir préalablement référé à la Compagnie, lors même que les risques seraient situés dans sa circonscription, et que l'assuré y aurait son domicile.

Assurance personnelle à l'Agent.

Art. 174. — Les Agents ne peuvent souscrire d'assurances pour leur compte personnel qu'avec l'approbation de la Compagnie, et comme, d'après les règles du mandat, ils ne peuvent signer qu'en qualité d'assurés la Police qu'ils contractent, les trois ampliations doivent être transmises à la Direction, pour être revêtues de sa signature. Ce n'est qu'après l'accomplissement de cette formalité que la Police est susceptible de produire son effet.

Proposition sans effet.

Art. 175. — S'il arrive qu'il ne soit pas donné suite à une proposition d'*assurance exceptionnelle* qui aura été acceptée par la Compagnie, l'Agent général devra lui en donner avis à la plus prochaine occasion, en lui faisant connaître les motifs qui auront empêché la réalisation de l'assurance projetée.

Durée des autorisations.

Art. 176. — Les autorisations de la Compagnie ne sont valables que pendant trois mois ; passé ce délai, si l'assurance n'a pas été réalisée, l'Agent devra demander une nouvelle autorisation, afin, surtout, de mettre la Compagnie en mesure de renouveler les applications de *réassurance* qu'elle aurait faites par anticipation sur les risques à garantir.

Réassurance.

Art. 177. — La Compagnie, pour favoriser le développement des Agences, accepte souvent, dans les assurances exceptionnelles, des *pleins* plus élevés que ceux qu'elle entend conserver.

Elle cède alors l'excédant de son *plein* en *réassurance* à d'autres Compagnies, qui suivent exactement la même fortune.

Les Agents comprendront par là toute l'importance de l'*autorisation préalable* et de toutes les prescriptions du présent chapitre.

Ils ne devront pas perdre de vue qu'un sinistre peut avoir lieu le jour même où une Police commence à produire ses effets, et qu'ils assumeraient une responsabilité des plus graves en prenant sur eux de réaliser ou de modifier une assurance exceptionnelle sans en avoir référé à la Compagnie, puisqu'ils l'exposeraient, en cas de sinistre, à des pertes dont elle aurait pu se sauvegarder partiellement par la réassurance.

## CHAPITRE XI

### Des Tarifs et de leur application.

Tarifs.

Art. 178. — Les tarifs de la Compagnie indiquent le taux des primes applicables aux diverses natures de risques.

Toutes les primes portées aux tarifs sont strictement obligatoires, et il ne peut y être consenti aucune diminution, sous peine, pour l'Agent, d'être débité personnellement de la différence pendant toute la durée du contrat.

Art. 179. — En général, le même tarif s'applique à tout un département. Quelquefois, cependant, il existe des tarifs distincts applicables à diverses localités d'un même département, suivant la nature plus ou moins dangereuse des risques sur tel ou tel point. C'est à cause de cela que certaines villes jouissent d'un tarif moins élevé que le reste de l'arrondissement. Les Agents auront soin de se conformer, à cet égard, aux instructions particulières de la Compagnie.

Art. 180. — Certains risques présentent plus ou moins de dangers, suivant les conditions d'après lesquelles ils sont établis, et le tarif en a échelonné les primes en conséquence.

Contenant et contenu.

Art. 181. — Bien qu'en principe les bâtiments et les objets qu'ils renferment, formant un seul et même risque, soient passibles de la même prime, qui est celle du risque le plus grave, cependant cette règle n'est applicable qu'aux risques industriels, tels que fabriques, usines et théâtres. Lorsqu'il s'agit de risques simples, les immeubles sont tarifés à un taux de prime inférieur à celui des objets mobiliers qu'ils renferment (*voir le Tarif*); mais, en aucun cas, le contenu, c'est-à-dire les objets renfermés dans les bâtiments, ne doit payer moins que le contenant, c'est-à-dire les bâtiments eux-mêmes.

Risques simples.

Art. 182. — Pour les *risques simples ou ordinaires*, le tarif présente quatre colonnes: deux pour les risques de la *première classe* (couvertures en tuiles, pannes, ardoises ou métaux); deux pour les risques de la *deuxième classe* (couvertures en bois, chaume ou papier goudronné).

Risques industriels.

Art. 183. — Pour les *risques industriels*, le tarif ne présente qu'une seule colonne, se rapportant exclusivement aux risques de *première classe*, c'est-à-dire aux établissements couverts en tuiles, pannes, ardoises ou métaux.

Art. 184. — Quant aux fabriques et usines couvertes en carton ou feutre bitumé, en bois, chaume ou papier goudronné, ou de couverture mixte, l'assurance en est expressément réservée à l'appréciation de l'Administration. (*Voir art. 58 et 59.*)

Bâtiment renfermant plusieurs industries différentes.

Art. 185. — Lorsque plusieurs professions ou industries différentes sont exercées dans un même bâtiment, on doit appliquer à l'ensemble la prime fixée par le tarif pour le risque le plus dangereux.

Toutefois, lorsqu'une fabrique est tarifée, en activité, à 2 fr. 0/00 et au-dessous, ou lorsqu'une profession augmentant les risques (*voir le Tarif*), est exercée en petit et n'occupe que le *quart* au plus de la contenance d'un immeuble, la prime de cette fabrique ou de cette profession n'est applicable qu'aux objets qui en dépendent directement, y compris les risques locatifs.

Primes distinctes

Art. 186. — Lorsqu'une assurance porte sur plusieurs bâtiments dépendant d'une même propriété, mais formant des risques distincts (*voir art. 149 et suivants*), chaque bâtiment paie la prime de son propre risque selon le tarif; il faut stipuler la prime particulière de chaque risque et ne faire, en aucun cas, une seule prime moyenne pour le tout.

Contiguïté; — avec communication.

Art. 187. — Lorsque des bâtiments sont contigus *avec communication inté-*

*rieure,* ils ne forment qu'un seul et même risque (*voir art. 148*), et l'ensemble est passible du taux de prime du risque le plus grave.

Sans communication.

ART. 188. — Lorsque deux bâtiments sont contigus *sans communication*, c'est-à-dire séparés par un mur de refend en pierres ou en briques, montant du sol jusqu'au faîte, *sans aucune ouverture ou communication*, le risque le plus faible doit payer au moins les 2/5es de la prime dont est passible le risque le plus grave. (*Voir le Tarif.*)

Cette règle est applicable, quand bien même les bâtiments contigus ne feraient pas partie du même établissement.

Contiguïté de contiguïté.

ART. 189. — La même règle s'applique successivement pour plusieurs bâtiments contigus les uns aux autres, sans que la prime d'un risque puisse être inférieure à celle dont il est passible par lui-même. (*Voir le Tarif.*)

Ainsi, un bâtiment B, contigu sans communication à un bâtiment A payant 5 0/00 est passible de la prime de 2 0/00 : Un bâtiment C, de simple habitation, contigu sans communication au bâtiment B, doit payer au moins les 2/5es de 2 0/00, soit 80 centimes 0/00.

La règle ne s'applique qu'aux risques dépendant d'un même établissement.

ART. 190. — La règle de l'article précédent, dite des *contiguïtés de contiguïtés*, n'est applicable que dans un même établissement; elle ne s'étend pas aux risques voisins d'un établissement qui appartiendrait à un autre propriétaire.

Ainsi, la maison de Paul, contiguë sans communication à l'usine de Jacques, payant 5 0/00, est bien passible de la prime de 2 0/00 ; mais une seconde maison de Paul, contiguë sans communication à la première, n'est passible que de la prime qui lui est propre.

Ouverture pour la transmission du mouvement.

ART. 191. — On ne considère pas comme établissant communication une simple ouverture dans un mur de refend pour le passage d'un arbre de couche, ou de toute transmission de mouvement d'une machine.

Contiguïté par les angles.

ART. 192. — La contiguïté de deux bâtiments par les angles seulement, doit être tarifée comme la contiguïté complète.

Récoltes en meules.

ART. 193. — Les récoltes en meules placées à proximité des bâtiments de *première classe* à une distance de moins de dix mètres, assujétissent ces bâtiments à la prime de contiguïté.

Lorsqu'elles sont placées à moins de dix mètres des bâtiments de *deuxième classe*, elles doivent payer la prime de ce bâtiment, si elle est supérieure à la leur ou font subir leur prime propre au bâtiment, si ce dernier est moins imposé par le tarif.

Attention à porter aux risques de contiguïté.

ART. 194. — *Les Agents doivent apporter la plus grande attention dans l'appréciation des risques de contiguïté ; souvent les assurés ne s'en rendent pas bien compte ou n'y attachent pas d'importance, et il en résulte des difficultés en cas de sinistre ; c'est donc aux Agents à questionner les proposants sur la profession des voisins, la construction et la couverture des maisons contiguës, afin d'appliquer le tarif d'après les conditions du risque. (Voir art. 78.)*

Bâtiment ou simple appentis.

Art. 195. — La contiguïté d'un bâtiment couvert en bois, chaume ou papier goudronné, n'est pas considérée comme une aggravation de risque donnant lieu à une augmentation de prime, lorsque ce bâtiment ne consiste qu'en un simple appentis peu élevé et adossé à un mur en pierres ou en briques, *sans communication*. Dans ce cas, chaque risque n'est passible que de la prime qui lui est propre.

Communication entre deux bâtiments de *risque simple* de couvertures différentes

Art. 196. — Quand il y a communication entre deux bâtiments de *risque simple*, couverts, l'un en tuiles, ardoises ou métaux, et l'autre en bois, chaume ou papier goudronné, le taux de prime applicable à l'ensemble doit être les *trois quarts* du taux de la prime dont le bâtiment de deuxième classe est susceptible suivant la nature de sa construction. (*Voir le Tarif.*)

Bâtiments contigus aux théâtres.

Art. 197. — Les bâtiments contigus sans communication aux théâtres paient une prime particulière prévue par le tarif.

Ponts de communication dans les fabriques ou usines.

Art. 198. — Lorsque dans les fabriques ou usines, des bâtiments sont reliés par un pont couvert ou non couvert, fermé latéralement ou non, le risque le plus faible doit être soumis à la *moitié* du taux de la prime applicable au risque le plus grave, sans que la quotité de la prime du risque le plus faible puisse être inférieure au taux dont ce risque est passible par lui-même.

La même règle est applicable lorsque dans les fabriques ou usines, des bâtiments sont reliés par un simple toit abritant la communication entre ces bâtiments.

Portes en fer.

Art. 199. — L'expérience ayant démontré que les portes en fer ou en bois recouvertes en tôle ne sont pas un obstacle sérieux à la communication du feu, la tolérance qui avait été établie a été supprimée, et, par suite, la prime du risque le plus grave doit être appliquée au risque le plus faible lorsqu'il y a communication, alors même qu'elle serait fermée par une porte en fer ou en bois recouverte en tôle. Cette suppression concerne tous les risques sans exception.

Machines à vapeur.

Art. 200. — La présence d'une machine à vapeur dans un établissement industriel passible d'une prime moins forte que celle de la machine, n'entraîne pas l'application de cette dernière prime à l'ensemble de l'établissement; la machine paie seule alors la prime qui lui est propre.

Si, au contraire, la machine à vapeur se trouve placée dans un établissement passible d'une prime supérieure à la sienne propre, elle subit la prime de cet établissement, à moins qu'elle n'en soit séparée par un gros mur, laissant seulement passage à l'arbre de couche. Dans ce dernier cas, elle devient passible d'une prime de contiguïté, sans que cette prime puisse être inférieure à celle dont la machine est susceptible par elle-même.

Moteurs hydrauliques.

Art. 201. — Les moteurs hydrauliques des fabriques et usines doivent toujours payer la même prime que les établissements dont ils dépendent, quand bien même ils ne communiqueraient avec eux que par les ouvertures nécessaires à la transmission de mouvement.

Chauffage des fabriques et usines.

Art. 202. — Les fabriques et usines non chauffées ou non éclairées, sont passibles des primes applicables à celles chauffées à la vapeur, ou éclairées au gaz extrait de la houille par les procédés ordinaires.

Chauffage à air chaud.

Art. 203. — Le chauffage à air chaud d'une fabrique ou usine, par des tuyaux placés dans les caves voûtées et n'ayant aucune communication avec les ateliers, est assimilé au chauffage par calorifères.

Système *Giraudon*.

Art. 204. — Tout établissement, dans lequel le chauffage concourt à la détermination de la prime, est passible d'une prime intermédiaire entre celle de la vapeur et celle de l'air chaud, lorsque le *système Giraudon* est employé seul.

Si le chauffage *Giraudon* est introduit concurremment avec la vapeur, la prime du *système Giraudon* doit être appliquée.

Si, au contraire, le chauffage *Giraudon* est introduit concurremment avec le chauffage par poêles ou calorifères, la prime de ce dernier chauffage doit être maintenue sans modification.

Séchoir système *Giraudon*, dans les filatures de lin.

Art. 205. — Dans les filatures de lin, entièrement chauffées par la vapeur, la présence d'un séchoir par le *système Giraudon*, pour le séchage des fils, ne donne pas lieu à une augmentation de prime, s'il est déclaré que ledit séchoir n'est établi que pour éviter de sécher les fils au-dessus *des foyers des générateurs*, et que l'assuré s'interdit formellement ce dernier procédé de séchage.

Calorifères *Chaussenot*.

Art. 206. — Les établissements chauffés au moyen des calorifères dits *Chaussenot*, sont passibles des primes prescrites par le tarif pour le chauffage ordinaire, c'est-à-dire par poêles ou calorifères.

Éclairage à l'huile ou essence minérale.

Art. 207. — Les fabriques et usines, les théâtres éclairés à l'huile de schiste, à l'huile de pétrole, ou toute autre huile ou essence minérale, sont passibles d'une surprime fixée par le tarif.

Cette surprime est applicable, même lorsque les cours seules sont éclairées par l'huile ou par l'essence minérale.

Système *Mille*.

Art. 208. — L'éclairage dit au *système Mille*, produit par l'évaporation d'essences d'huiles minérales, est assimilé à l'éclairage à l'huile de schiste ou de pétrole.

Filatures de lin ou de coton.

Art. 209. — Dans les filatures de coton et de lin, la surprime pour l'éclairage à l'huile ou à l'essence minérale doit s'ajouter aux taux fixés pour l'éclairage par l'huile ordinaire ou végétale.

Carburateur à gaz.

ART. 210. — Les établissements industriels éclairés au gaz de houille où l'on introduit un *Carburateur* à gaz de pétrole, de benzine, ou autres substances analogues, sont passibles d'une surprime fixée par le tarif.

Hangars sans foyer.

ART. 211. — Il existe quelquefois dans les établissements, industriels ou autres, des hangars couverts en bois qui servent à abriter des marchandises ou ustensiles. Lorsque ces hangars ne sont pas clos et ne renferment aucun foyer, on n'applique pas aux objets qu'ils recouvrent la prime des risques de deuxième classe, mais seulement le double de la prime du premier risque de la première classe. (*Voir le Tarif.*)

Dépendances des maisons de simple habitation.

ART. 212. — Les dépendances des maisons de simple habitation, telles que granges, remises, greniers à fourrages, n'en augmentent pas la prime, pourvu que ces dépendances ne servent pas à une exploitation rurale, et qu'il n'y ait de fourrages que pour les besoins des animaux de la maison. Dans ce cas, la prime des risques simples peut être appliquée; mais il convient, en pareil cas, de déclarer dans la Police, pour la justification de la prime, que l'assuré est *propriétaire non exploitant.*

Édifices où l'on donne quelques représentations.

ART. 213. — Les édifices publics ou particuliers dans lesquels on donne accidentellement quelques représentations et où il n'existe pas de théâtre organisé, ne sont pas considérés comme salles de spectacle proprement dites, et peuvent être assurés à la prime des risques simples ; mais il convient d'insérer dans les Polices les déclarations nécessaires pour justifier la prime appliquée.

Débits de poudre.

ART. 214. — Lorsqu'il existe dans une maison un débit de poudre à tirer dont l'approvisionnement ne dépasse pas quinze kilogrammes, l'assurance de cette maison peut être acceptée sans augmentation de prime; mais, lorsque le dépôt excède quinze kilogrammes, la maison, ainsi que son contenu, doit payer *demi-prime* en sus. Au-dessus de vingt-cinq kilogrammes, l'Agent doit consulter la Compagnie et attendre ses instructions.

Dans aucun cas, la poudre ne doit être comprise dans l'assurance. L'exclusion doit en être expressément stipulée dans la Police.

Maisons où l'on élève des vers à soie.

ART. 215. — Les maisons non spécialement affectées à l'éducation des vers à soie et où il n'est pas élevé plus de deux cents à deux cent vingt grammes de graines, ne sont assujéties qu'à la prime des risques simples; mais si cette quantité vient à être dépassée, la prime des magnaneries est alors exigible.

Prime des marchandises faciles à endommager.

ART. 216. — La prime des marchandises faciles à endommager n'est applicable qu'à ces marchandises elles-mêmes, sans qu'elles puissent influer sur la prime des bâtiments qui les renferment, ni sur celle des objets mobiliers et autres marchandises auxquels elles peuvent se trouver réunies, si ces bâtiments, objets et marchandises sont, comme risques simples, susceptibles d'une prime inférieure.

Bibliothèques et musées.

ART. 217. — Les bibliothèques et les musées appartenant aux villes, peuvent être assurés à la prime du mobilier ordinaire avec la bonification énoncée à l'article 260.

Prime d'aubergistes.

ART. 218. — Doivent payer la prime d'*aubergistes*, les établissements qui reçoivent et logent les rouliers, les voitures publiques, les marchands forains, et qui hébergent des chevaux et des bestiaux.

Les *cabaretiers*, quand ils ne font que servir à boire et à manger, ne sont pas considérés comme aubergistes, et ne paient que la prime ordinaire.

Les établissements qui logent à la nuit et dans lesquels plusieurs lits occupent généralement une même chambre, constituent la profession indiquée au tarif sous le titre de *logeurs en garni.*

Hôtels meublés.

ART. 219. — Les *hôtels meublés* proprement dits, destinés seulement à recevoir des voyageurs, ne paient que les primes de risques simples.

Effets des voyageurs.

ART. 220. — Les effets des voyageurs peuvent être compris dans l'assurance des hôtels, pour un capital distinct, moyennant la prime de 1 fr. 0/00 avec dérogation à la règle proportionnelle.

**Assurance de pétrole et essences minérales.**

ART. 221. — L'assurance des commerçants tels que : *Épiciers, droguistes, ferblantiers, lampistes et plombiers ; marchands de couleurs, de produits chimiques, pharmaceutiques et photographiques ; quincailliers et autres*, qui font le débit ou qui ont un dépôt d'huile de schiste, d'huile de pétrole ou d'essences minérales, est soumise aux règles suivantes :

1° Lorsque l'approvisionnement comprend des *essences minérales*, les agents doivent en référer à la Compagnie, comme il est dit au § 4 ci-après :

2° Lorsque l'approvisionnement n'excède pas 150 litres d'huile de schiste ou de pétrole, *à l'exclusion des essences minérales*, les risques sont passibles des conditions de primes fixées par le tarif, pour les *marchandises doublement hasardeuses* et *les bâtiments* qui les renferment. Cette disposition ne s'applique pas aux droguistes et marchands de produits chimiques, pharmaceutiques et photographiques, qui, dans le cas ci-dessus prévu, doivent payer la prime spéciale qui leur est propre, suivant le tarif ;

3° Quand l'approvisionnement d'huile de schiste ou de pétrole, *à l'exclusion toujours des essences minérales*, est de 151 à 300 litres, les risques tombent sous l'application des primes fixées par le tarif pour *les marchandises triplement hasardeuses* et *les bâtiments* qui les renferment.

Dans les deux cas ci-dessus mentionnés, il doit être expliqué si l'approvisionnement d'huile de schiste ou de pétrole est, ou non, compris dans l'assurance; de plus, la clause n° 3 A du modèle n° 33 annexé aux présentes instructions, doit être insérée dans les Polices ;

4° Lorsque l'approvisionnement d'huile de schiste ou de pétrole dépassera 300 litres ; ou lorsque des commerçants auront, à la fois, dans leurs magasins ou ateliers, *des huiles et des essences minérales ;* quelque minime que soit la quantité de ces dernières, les Agents devront en référer à la Compagnie, et lui soumettre des propositions détaillées, indiquant notamment l'endroit où sont déposées les huiles ou essences minérales, et les précautions prises par les proposants pour prévenir et arrêter l'incendie.

ART. 222. — Dans tous les cas ci-dessus prévus, lorsqu'il pourra être constaté, dans les Polices, que les commerçants tiennent leurs dépôts d'huiles ou d'essences minérales dans un lieu complétement isolé, et à *dix mètres* au moins des magasins ou ateliers, *et qu'il n'existe dans ceux-ci aucune quantité de ces matières*, l'assurance de ces magasins ou ateliers et des objets qu'ils renferment pourra être acceptée aux taux de primes dont les risques sont susceptibles suivant le tarif, sans avoir égard au dépôt d'huiles ou d'essences minérales, qui, toutefois, devra rester en dehors de l'assurance. Dépôt dans un lieu isolé.

Dans des cas semblables, les Agents devront insérer, dans les Polices, la clause n° 3 B du modèle n° 33.

ART. 223. — La tarification des professions susmentionnées, en tant qu'il n'est pas fait commerce d'huiles ou d'essences minérales, n'est susceptible d'aucun changement. Mais en pareil cas, la clause n° 3 C du modèle n° 33, doit toujours être insérée dans les Polices. Clause de pétrole.

ART. 224. — Lorsqu'il s'agira de l'assurance d'un immeuble dans lequel sera exercée l'une des professions énoncées à l'article 221, avec adjonction d'un débit d'huiles ou d'essences minérales, l'application des règles relatives aux professions augmentant les risques pourra être faite quand l'ensemble des magasins ou ateliers n'occupera pas plus du *quart* de l'immeuble ; c'est-à-dire que l'immeuble et les objets placés dans le reste de la maison, ne seront passibles que de la prime des risques ordinaires. Magasins n'occupant pas le *quart* d'un immeuble.

ART. 225. — Lorsqu'il se trouve dans des bâtiments des objets mobiliers ou des marchandises de différents risques, assurés ou non assurés, la totalité de l'assurance de ces objets est passible de la prime du risque le plus dangereux, sauf les tolérances ci-après. Risques différents dans un même bâtiment.

ART. 226. — Les marchandises faciles à endommager peuvent être comprises, à la prime des marchandises ordinaires, dans l'assurance d'un mobilier personnel ou de ménage, ou dans celle d'un magasin, lorsque la valeur desdites marchandises ne dépasse pas le dixième des valeurs assurées sur objets mobiliers ou marchandises. Tolérance de marchandises faciles à endommager dans un mobilier personnel.

Au-dessus de cette proportion, les marchandises faciles à endommager doivent payer la prime particulière qui leur est propre. (*Voir modèle n° 11.*)

Tolérance de marchandises hasardeuses.

ART. 227. — Dans l'assurance de marchandises ordinaires, on peut tolérer aussi, sans augmentation de prime, soit *un dixième* de marchandises hasardeuses, soit *un vingtième* de marchandises doublement hasardeuses. (*Voir modèle n° 12, B.*)

Dans l'assurance de marchandises hasardeuses, il peut être également admis, sans augmentation de prime, une tolérance d'*un dixième* de marchandises doublement hasardeuses. (*Voir modèle n° 13, B.*)

Tolérance de marchandises hasardeuses et doublement hasardeuses.

ART. 228. — Enfin, lorsque l'assurance de marchandises ordinaires comprend tout à la fois des marchandises simplement hasardeuses et doublement hasardeuses, la proportion dans laquelle celles-ci peuvent être tolérées, sans augmentation de prime, doit être fixée de façon à ce que les marchandises simplement hasardeuses, prises pour leur valeur, et celles doublement hasardeuses pour le double de leur valeur, ne dépassent pas ensemble *dix* pour cent du montant de l'assurance. Ainsi, par exemple, sur une somme de 100,000 francs, on peut tolérer 5,000 francs de marchandises simplement hasardeuses, soit 5 0/0, et 2,500 francs de marchandises doublement hasardeuses, soit 2 1/2 0/0.

Au-dessus des diverses proportions ci-dessus indiquées, la prime du risque le plus grave doit être appliquée à l'ensemble des objets assurés.

Entrepôts, docks et magasins généraux.

ART. 229. — Les dispositions ci-dessus ne sont pas applicables aux entrepôts, docks, magasins publics et magasins généraux, où nulle tolérance ne peut être admise.

Marchandises triplement hasardeuses; — Tolérance nulle.

ART. 230. — Il ne peut être toléré, sans augmentation de prime, sauf dans quelques cas particuliers dont la Compagnie se réserve l'entière appréciation, aucune quantité, quelque minime quelle soit, de marchandises triplement hasardeuses ou très-dangereuses, parmi d'autres marchandises d'une nature moins hasardeuse. Les Agents devront, lorsqu'il y aura lieu, consulter la Compagnie, en lui indiquant la nature et la quantité des marchandises triplement hasardeuses ou très-dangereuses, l'endroit où elles sont déposées, et les précautions prises pour éviter tout accident.

Approvisionnement de marchandises hasardeuses ou doublement hasardeuses.

ART. 231. — Les marchandises hasardeuses ou doublement hasardeuses à l'usage d'une profession, d'une usine ou d'une fabrique, dont la prime est inférieure à celle applicable auxdites marchandises, ne sont soumises qu'à la prime due par ces profession, usine ou fabrique, pourvu que la quantité de marchandises n'excède pas l'approvisionnement ordinaire que comporte la nature de l'établissement.

C'est ainsi que l'huile, l'eau-de-vie, l'esprit-de-vin, etc., tenus par un marchand épicier, pour son débit journalier, se confondent, pour l'application de la prime, avec ses autres marchandises.

Il en serait autrement, si un marchand se livrant plus spécialement au commerce de l'huile, de l'eau-de-vie, de l'esprit-de-vin, etc., en avait en magasin pour une valeur dépassant la proportion ordinaire. Dans ce cas, la totalité des marchandises subirait la prime des marchandises hasardeuses ou doublement hasardeuses.

Approvisionnement d'une maison bourgeoise.

Art. 232. — Les objets qui ne sont destinés qu'à l'approvisionnement habituel d'une maison bourgeoise, tels que huile, eau-de-vie, liqueurs, etc., foin, paille et fourrage pour l'entretien d'un cheval ou d'une vache, ne sont pas considérés comme aggravant le risque et ne donnent pas lieu à une augmentation de prime, si leur quantité ne dépasse pas l'approvisionnement ordinaire d'une année.

Bâtiment d'exploitation rurale.

Art. 233. — Tout bâtiment situé à la campagne et servant à une exploitation rurale doit, ainsi que son contenu, payer la prime des fermes. *(Voir le Tarif.)* Est considéré comme cultivateur, tout propriétaire ou fermier qui occupe des bâtiments comprenant grange, écurie, remise ou grenier à fourrages, destinés à renfermer des récoltes, des bestiaux et du mobilier aratoire, quelle que soit l'importance relative des divers bâtiments et de leur contenu ou des divisions qu'ils présentent, sauf les exceptions ci-après.

Bâtiments de ferme ne renfermant ni récoltes ni fourrages.

Art. 234. — Dans les fermes, et lorsque déclaration en sera faite dans la Police, les maisons d'habitation, poulaillers, toits à porcs, remises et hangars séparés des bâtiments d'exploitation ou qui y sont contigus *sans aucune communication*, et ne renfermant *ni fourrages, ni récoltes non battues*, pourront être assurés ainsi que leur contenu, à la prime des risques simples ou ordinaires. *(Voir modèle n° 21, A.)*

Propriétaire rural non exploitant.

Art. 235. — N'est pas considéré comme cultivateur, le propriétaire rural ayant grange, écurie, remise ou grenier à fourrages, lorsqu'il n'exploite pas et qu'il n'a de fourrages que pour le service des animaux de sa maison. *(Voir art. 232.)*

Récoltes en gerbes.

Art. 236. — Les récoltes en gerbes, les foins et pailles en granges ou greniers ne peuvent être assurés à une prime inférieure à celle d'une année, lors même que l'assurance serait contractée pour une durée moindre.

Les lins et les chanvres récoltés dans les exploitations rurales, sont assimilés, quant à la prime, aux récoltes en granges.

Locomobile pour le battage.

Art. 237. — L'introduction, même momentanée, dans une ferme, d'une machine à vapeur dite *locomobile*, pour le battage des récoltes, donne lieu à une augmentation de prime applicable aux bâtiments contenant les récoltes, à leur contenu et aux bâtiments qui leur sont contigus. *(Voir le Tarif.)* Sont dispensés de cette augmentation :

1° Les maisons de simple habitation séparées des bâtiments sujets à la surprime;

2° Les autres bâtiments de la ferme ne contenant pas de récoltes, lorsqu'ils sont séparés de ceux qui en contiennent par une distance de trente mètres au moins.

Meules à moins de 30 mètres.

ART. 238. — Les meules de récoltes sont également passibles d'un supplément de prime, lorsqu'elles sont placées dans un rayon de *trente mètres* des bâtiments soumis à la surprime, ou quand elles sont destinées à être battues sur place par la locomobile. (*Voir le Tarif.*)

Machine à vapeur fixe.

ART. 239. — La présence d'une machine à vapeur à poste fixe, dans une ferme, ne donne pas lieu à un supplément de prime, lorsque le foyer de ladite machine est placé dans un compartiment spécial, sans communication directe avec les bâtiments où se trouvent les récoltes, et que déclaration en est faite dans la Police.

**Prime du risque locatif.**

ART. 240.— La prime du risque locatif varie suivant que l'immeuble est ou n'est pas assuré par la Compagnie, savoir :

Immeuble *non assuré* par la Compagnie.

1° Si l'immeuble n'est point assuré par la Compagnie, la prime est égale à celle de l'immeuble, quand il s'agit d'une fabrique, d'une usine ou d'un théâtre ; elle est des *trois quarts* seulement quand il s'agit d'un risque simple, mais sans que, dans aucun cas, cette prime puisse être inférieure au minimum fixé par le tarif. (*Voir modèle n° 10, B*) ;

Immeuble *assuré* par la Compagnie.

2° Si l'immeuble est assuré par la Compagnie, qu'il s'agisse d'un risque simple ou grave, la prime du risque locatif n'est que du quart de la prime de l'immeuble, mais sans que cette prime puisse non plus être inférieure au minimum fixé par le tarif. (*Voir modèle n° 14, B.*)

Limite de la réduction.

Ce taux de prime ne peut s'appliquer que jusqu'à concurrence de la somme garantie au propriétaire par la Compagnie. Pour le surplus, la prime du paragraphe 1er du présent article est applicable.

Stipulation.

Dans le cas où la prime du risque locatif est fixée au quart de la prime de l'immeuble, il doit être stipulé dans la Police que la prime du risque locatif sera élevée dans la proportion et suivant les distinctions indiquées ci-dessus, si l'immeuble venait à cesser d'être assuré par la Compagnie. (*Voir modèle n° 14, C.*)

Maison contiguë à un théâtre ou établissement dangereux.

ART. 241. — La responsabilité locative n'est pas aggravée par le fait que la maison occupée par un locataire est contiguë sans communication à un théâtre, à une usine ou à tout autre établissement dangereux. A l'inverse du propriétaire de cette maison, qui, pour la faire garantir, doit payer une prime de contiguïté, le locataire ne doit payer, pour l'assurance de ses risques locatifs, que la prime applicable à ces risques, abstraction faite de la contiguïté.

Il n'en est pas de même pour l'assurance de ses objets mobiliers : ces objets sont passibles, comme la maison qui les renferme, de la prime de contiguïté, sans toutefois que cette prime puisse être inférieure à celle dont les risques sont susceptibles par eux-mêmes.

ART. 242. — Pour fixer la prime applicable au recours des voisins, il faut considérer à la fois et la maison du proposant, dont la mauvaise construction peut rendre la communication du feu plus probable, et les bâtiments des voisins dont les conditions défectueuses, ou l'appropriation à une industrie dangereuse aggraveraient les effets de la communication. La prime se calcule en prenant le *quart* du taux le plus élevé, applicable, soit à la maison du proposant, soit aux bâtiments voisins, c'est-à-dire au risque le plus grave, sans que cette prime puisse être inférieure au minimum fixé par le tarif.

**Prime du recours des voisins.**

ART. 243. — La prime pour l'assurance du recours qui pourrait être exercé contre le propriétaire d'une locomobile, en raison des sinistres qu'elle aurait occasionnés en fonctionnant, à des bâtiments, récoltes ou autres objets mobiliers, est fixée spécialement. (*Voir le Tarif.*)

Prime du recours contre le propriétaire d'une locomobile.

ART. 244. — La prime du recours des voisins d'un théâtre est également fixée spécialement. (Voir le tarif : *Théâtres.*)

Prime du recours des voisins d'un théâtre.

ART. 245. — Pour l'assurance du recours des locataires contre les propriétaires, on prendra le *quart* du taux de la prime applicable à l'immeuble, sans que la prime puisse être inférieure au minimum fixé par le tarif.

Prime du recours des locataires contre le propriétaire.

ART. 246. — Les primes portées au tarif sont fixées pour le terme d'une année. Cependant, on peut souscrire des assurances pour une durée moindre. Dans ce cas, les assurances paient :

**Primes de moins d'une année.**

Un tiers de la prime pour trois mois et au-dessous ;

Deux tiers de la prime pour trois mois un jour jusqu'à six mois;

Prime entière pour six mois un jour à un an,

Sauf les exceptions indiquées aux articles 250, 251, 252, et 256.

Quel que soit le risque garanti, *bâtiments*, *risques locatifs*, *recours des locataires contre les propriétaires*, *recours des voisins*, la prime fractionnaire ne peut être inférieure à 0 fr. 10 c. 0/00.

Limite.

En cas de renouvellement d'une assurance de cette nature, les mêmes primes seront appliquées comme s'il s'agissait d'une assurance nouvelle, et chaque fois le droit de timbre sera perçu en entier. Ainsi, une assurance de trois mois, pour laquelle l'assuré a payé un tiers de la prime, étant renouvelée ou prolongée pour trois autres mois, l'assuré doit payer de nouveau un tiers de la prime, plus le droit entier de timbre pour cette nouvelle durée, et ainsi de suite.

Perception du droit de timbre.

ART. 247. — Une assurance faite pour une année, plus une fraction d'année quelconque, ne paiera que la prime d'un an, augmentée de la fraction de prime afférente à la durée complémentaire. Ainsi, une assurance souscrite pour un an et deux mois paiera la prime d'une année, plus deux douzièmes, mais le tout doit être exigé en un seul paiement. Dans ce cas, le droit de timbre se perçoit comme pour deux ans. (*Voir art. 265.*)

Assurances d'une année et d'une fraction d'année.

Marchandises variables dans le cours d'une année.

Art. 248. — Lorsqu'une assurance porte sur marchandises ou autres denrées dont les quantités varient suivant les différentes époques de l'année, il doit être stipulé également une prime variable, en suivant la progression établie par l'article 246 pour les assurances de moins d'une année.

Ainsi, un négociant veut faire assurer pour 100,000 francs pendant trois mois, pour 60,000 francs pendant les trois mois suivants, et pour 30,000 francs pendant le reste de l'année, c'est comme s'il faisait trois assurances cumulatives :

La première de 30,000 francs pour toute l'année ;

La deuxième de 30,000 francs en supplément aux 30,000 francs ci-dessus pour six mois ;

Et la troisième de 40,000 francs en supplément aux deux sommes ci-dessus pour trois mois.

Ainsi, en supposant que le taux de ses marchandises soit de 1 fr. 0/00, la prime devra être calculée de la manière suivante :

| | | | |
|---|---|---|---|
| 30.000 fr. | pour un an, au taux de 1 fr. 0/00 ................ | 30 fr. | » |
| 30.000 — | en supplément pendant six mois, au taux de 2/3 de 1 fr. | 20 | » |
| 40.000 — | en supplément pendant trois mois, au taux de 1/3 de 1 fr. | 13 | 35 |
| 100.000 fr. | somme assurée. Total de la prime.... | 63 fr. | 35 |

(*Voir modèle n° 14, A.*)

Assurance de trois et six mois.

Art. 249. — Les assurances pour une durée de *trois mois* ou de *six mois* ne peuvent être souscrites au *tiers* ou aux *deux tiers* de la prime annuelle qu'autant que les mois désignés se suivent sans interruption.

Cependant, dans les assurances de *six mois*, il est facultatif de diviser la durée en deux périodes de trois mois consécutifs.

Assurances dont la prime ne peut être fractionnée.

Art. 250. — Les dispositions des articles 246, 247, 248 et 249 ne sont point applicables aux assurances portant : sur récoltes non battues, foins, pailles, fourrages et graines de vers à soie ; sur fabriques et usines ; sur bateaux et navires à vapeur sur rivière ; sur navires en construction ou en réparation dans les chantiers ; et sur théâtres. Ces assurances ne peuvent être souscrites pour une fraction de prime inférieure à celle d'une année, lors même que la durée de la Police serait de moins d'un an. (*Voir le Tarif.*) Par le même motif, il est formellement interdit de proroger la durée d'une assurance industrielle, à moins que ce ne soit pour une année entière et au taux du tarif en vigueur.

Risques d'explosion.

Art. 251. — Les surprimes pour les risques d'explosion des appareils à vapeur, du gaz, de la foudre et pour l'exclusion des caves et fondations, ne peuvent être fractionnées.

Avenant d'augmentation sur fabrique ou usine.

Art. 252. — Lorsqu'il est fait un avenant d'augmentation à une Police assurant une fabrique ou une usine, et à laquelle il reste moins d'une année à courir pour arriver à expiration, le fractionnement de la prime, pour cette augmentation, ne peut avoir lieu, et l'on doit exiger la prime de l'année entière. *(Voir art. 250.)*

Marchandises dans les magasins dépendant des fabriques.

ART. 253. — Les marchandises et approvisionnements renfermés dans des magasins dépendant des fabriques et usines, lors même que ces magasins sont classés parmi lesdites fabriques et usines, peuvent être assurés moyennant une prime inférieure à celle de l'année, en tant qu'ils ne sont passibles d'aucun surcroît de prime par leur position, c'est-à-dire en raison d'une contiguïté ou d'une communication avec le risque principal.

Les risques contigus à des fabriques ou usines, mais n'en dépendant pas, peuvent être assurés pour moins d'une année et à des prix fractionnaires.

Les marchandises et les approvisionnements non dangereux d'une fabrique ou usine placés dans des magasins séparés de la fabrique, peuvent être assurés dans des conditions ordinaires, c'est-à-dire pour moins d'une année et à des primes fractionnaires.

Ce qu'on entend par magasins séparés.

On entend par magasins séparés, non-seulement ceux qu'un espace libre quelconque isole de la fabrique dont ils dépendent, mais encore ceux qui sont séparés de ladite fabrique par un bâtiment de plus de dix mètres, pourvu toutefois qu'entre ces divers bâtiments il existe des murs pleins, s'élevant de la base jusqu'au faîte sans aucune ouverture.

Amélioration de risque.

ART. 254. — Afin d'encourager les industriels à diminuer les chances d'incendie dans leurs établissements, en y introduisant toutes les améliorations possibles, la Compagnie consent, même dans le courant d'une année, à accorder à un fabricant, une ristourne sur la prime payée, lorsqu'il aura substitué, par exemple, au chauffage par des poêles, le chauffage à la vapeur, à l'éclairage à l'huile, l'éclairage par le gaz, ou fait toute autre *amélioration* motivant une réduction de prime d'après le tarif, telle que la transformation de son usine à étages superposés, en usine à rez-de-chaussée.

Le chômage n'est pas une amélioration.

ART. 255. — L'état de chômage n'est pas considéré comme une *amélioration* du risque, et ne donne lieu à une réduction de prime, sans ristourne, qu'à partir de l'échéance de la prochaine prime annuelle. Il n'est dû, non plus, aucune ristourne sur la prime de l'année d'assurance en cours en cas de réduction de l'assurance.

La prime de chômage ne peut être fractionnée.

ART. 256. — Les fabriques ou usines et les théâtres en chômage ou en construction ou en réparation, ne peuvent être assurés à une prime inférieure à celle de l'année.

Marchandises dans une fabrique en chômage.

ART. 257. — Les marchandises renfermées dans les fabriques ou usines en chômage peuvent être assurées pour moins d'une année; mais la prime ne peut être fractionnée selon les règles fixées par l'article 246, qu'autant que la fraction ne descend pas au-dessous du taux applicable à l'usine en chômage.

Dans le cas contraire, il faut appliquer la prime de l'usine si elle est supérieure à celle provenant du fractionnement, et la prime fractionnaire, si elle est plus élevée que celle de l'usine.

Art. 258. — Lorsque le mobilier industriel d'une fabrique ou usine en chômage vient à être enlevé, la prime des risques ordinaires peut être appliquée, et, dans ce cas, cette prime peut être fractionnée.

Supplément de prime au cours d'une assurance.

Art. 259. — Lorsque les risques assurés par une Police deviennent passibles d'un supplément de prime par suite de changements ou d'aggravations, ce supplément peut être calculé d'après le tarif sous l'empire duquel la Police a été souscrite, sans avoir égard aux modifications qu'il aurait subies depuis ; mais il doit être entendu que cette règle ne concerne pas les assurances de nouveaux risques ou de capitaux supplémentaires qui doivent toujours être soumis aux taux de primes du tarif en vigueur au moment où ils sont garantis.

Remise de 20 0/0 aux établissements publics.

Art. 260. — La Compagnie accorde une bonification de 20 p. 0/0, sur les primes fixées par le tarif pour l'assurance des établissements de charité et des édifices publics appartenant à l'État, aux Départements, aux Communes, aux Hospices, aux Cultes et aux Communautés religieuses.

Cette bonification doit être calculée sur le montant de la prime annuelle dans son ensemble, au lieu d'être retranchée du taux de la prime applicable à chaque article. (*Voir modèle n° 19.*)

La réduction de 20 p. 0/0 ne saurait s'étendre aux droits de timbre exigés par la loi et que la Compagnie est tenue de payer à l'État ; ces droits doivent, en conséquence, être perçus intégralement.

Quant au droit d'enregistrement, il est perçu sur la prime réduite.

Aucune bonification aux risques industriels.

Art. 261. — En raison de la gravité des risques, il ne peut être accordé aucune bonification sur les primes des fabriques, des usines et des théâtres, lors même que ce sont des propriétés publiques. Il en est de même pour les magasins et autres dépendances de ces établissements dont la prime est augmentée en raison du voisinage de ces risques ; pour les magasins de décors et les maisons y contiguës, et pour les chambres de commerce.

Locataires des propriétés publiques.

Art. 262. — Les locataires qui font assurer le risque locatif des propriétés publiques ou établissements religieux qu'ils occupent à titre onéreux, ne jouissent pas de la bonification de 20 p. 0/0. Cette remise ne peut être accordée, non plus, pour l'assurance des objets mobiliers ou des marchandises contenues dans ces établissements et appartenant à des particuliers, alors même que ces particuliers y sont logés à titre gratuit, comme fonctionnaires ou employés. (*Voir art. 119.*)

Art. 263. — En sus de la prime applicable à chaque risque, les assurés ont à payer annuellement, avec le montant de la prime d'assurance, un droit de timbre et de répertoire fixé actuellement à *quatre centimes* par mille francs sur la totalité des sommes comprises dans les polices et les avenants qui peuvent s'y rattacher, plus un droit d'enregistrement s'élevant à *dix pour cent* de la totalité de la prime nette du timbre.

Droit de timbre.

Ces droits étant perçus pour le compte de l'État (*voir modèle n° 2*), aucun assuré ne peut en être exonéré. Les Départements, les Communes, les Établissements religieux ou de bienfaisance y sont soumis comme les simples particuliers.

Art. 264. — Le droit de timbre doit être calculé par multiples de *quatre centimes*, sans fraction.

Mode de calculer le droit de timbre.

Ainsi, il sera de 4 centimes pour 1,000 francs et au-dessous, de 8 centimes de 1,001 à 2,000 francs; de 12 centimes de 2,001 à 3,000 francs, et ainsi de suite. Toutefois, les centimes devront être arrondis au total, à la fin de la Police, comme ceux de la prime elle-même.

Art. 265. — Le montant du droit de timbre ne peut se fractionner, lors même que l'assurance est faite pour moins d'une année, le droit total étant acquis au Trésor, si courte que soit la durée de la Police.

Le droit de timbre ne peut se fractionner.

Art. 266. — Lorsqu'une même Police constate tout à la fois l'assurance du propriétaire pour son immeuble, et celle du locataire pour son risque locatif, comme cette double assurance porte sur le même capital, il ne doit figurer qu'une fois dans la colonne des capitaux de la Police, afin d'éviter de payer deux fois le droit de timbre. (*Voir modèle n° 9, 2e partie B.*)

Assurance du propriétaire et du locataire sur une même Police.

Il doit en être autrement lorsque l'assurance du risque locatif et celle de l'immeuble font l'objet de deux ou de plusieurs Polices séparées. En pareil cas, chaque assurance étant distincte, les sommes énoncées ou comprises dans chacune d'elles deviennent sujettes au droit de timbre de quatre centimes par mille francs.

Art. 267. — L'assurance contre l'explosion non suivie d'incendie, soit du gaz, soit des appareils à vapeur, soit de la foudre, n'étant qu'un complément de garantie portant sur des valeurs assurées contre l'incendie, le droit de timbre ne leur est applicable que dans le cas où ce complément de garantie fait l'objet d'une Police spéciale ; ce qui doit être évité autant que possible, en réunissant le principal et l'accessoire en une seule police, afin de ne pas faire payer deux fois le droit de timbre pour un seul capital.

L'assurance contre l'explosion n'a pas à supporter le droit de timbre.

Art. 268. — S'il est proposé à l'assurance des risques non portés au tarif, on applique la prime du risque qui s'en rapproche le plus, quand il s'agit d'un risque simple ; et quand il s'agit d'un risque plus grave, ou d'un cas douteux, l'Agent doit en référer à la Compagnie, quelque minime que soit la somme proposée à l'assurance.

Prime des risques non portés au tarif.

## CHAPITRE XII

### De la Police.

Forme de la Police.

ART. 269. — La Police (*voir art.* 2) est établie sur les imprimés fournis par l'Administration et revêtus du timbre d'abonnement.

Elle se compose de deux parties distinctes : les conditions générales, qui sont imprimées, et les conditions particulières, qui sont manuscrites.

Conditions générales.

ART. 270. — Les conditions générales sont établies suivant les statuts de la Compagnie, et d'après les principes exposés au chapitre Ier.

Il ne peut y être dérogé, sous aucun prétexte, sans l'autorisation expresse de la Compagnie.

Il est interdit aux Agents d'introduire dans les clauses manuscrites de la Police aucune interprétation ou commentaire des conditions générales, ni d'en supprimer aucune disposition, sauf en ce qui concerne la clause de tacite reconduction. (*Voir art. 370.*)

Conditions particulières.

ART. 271. — Les conditions particulières sont les dispositions manuscrites, que l'Agent doit rédiger pour constater les conventions faites avec l'assuré. Elles doivent énoncer :

1° Les nom, prénoms, profession et demeure de celui qui fait assurer ;

2° La qualité dans laquelle il agit;

3° Le montant des sommes assurées;

4° La désignation des objets sur lesquels porte l'assurance, et leur situation précise ;

5° Les principales circonstances qui déterminent la nature du risque ;

6° La durée périodique de l'assurance.

7° Le taux et le montant de la prime, par chaque article, suivant le tarif en vigueur.

Interdiction.

ART. 272. — Il est formellement interdit d'introduire dans les Polices des clauses particulières stipulant que si, pendant leur durée, il est fait des changements au tarif amenant une réduction de prime, les assurés seront admis de plein droit à en profiter.

Feuilles intercalaires.

ART. 273. — La Police ne doit contenir aucun blanc. Lorsque les conditions particulières ne remplissent pas tout l'espace qui leur est destiné, il faut tirer des lignes ou des barres sur la partie vide, afin qu'on n'y puisse rien ajouter. Si la Police simple ne suffit pas, il faut y adapter une ou plusieurs feuilles intercalaires, qui *doivent toujours être* revêtues du timbre d'abonnement, et qui sont fournies à cet effet par la Compagnie. Les feuilles intercalaires sont numérotées *un*, *deux*, *trois*, etc., et doivent être revêtues du visa de l'assuré et de l'Agent.

La Police ne doit contenir ni *ratures*, ni *surcharges*, ni *mots* interlignés, sans que le tout soit approuvé par une mention paraphée des parties.

Recommandation.

Il est particulièrement recommandé aux Agents de ne jamais écrire sur le timbre, soit en tête des Polices et avenants, soit dans les feuilles intercalaires, toute infraction à cette règle étant punie par la loi d'une amende qui retomberait à leur charge.

Date de la Police.

Art. 274. — La Police est datée du lieu désigné comme étant le siége de l'Agence, alors même que l'Agent général n'y résiderait pas, et du jour où elle a été souscrite.

Son effet.

Elle n'engage la garantie de la Compagnie que du lendemain de sa date, à midi.

Elle ne peut jamais avoir d'effet rétroactif; mais on peut stipuler qu'elle ne prendra cours qu'à une époque postérieure à sa date. (*Voir art. 137.*)

C'est ce qu'on appelle une Police à effet différé.

Triple expédition.

Art. 275. — La Police est rédigée en triple exemplaire, dont l'un, sur papier de couleur, est destiné à l'assuré, et les deux autres, sur papier blanc, sont destinés, l'un aux archives de l'Agence, l'autre aux archives de la Compagnie.

Signature.

Chaque exemplaire doit être signé par chacune des parties contractantes. L'assurance n'est définitive qu'après l'accomplissement de cette formalité et la garantie de la Compagnie ne commence qu'après le paiement de la prime.

Assuré qui ne sait signer.

L'assuré qui ne sait ou ne peut signer, peut être admis à apposer sa marque en présence de deux témoins mâles et majeurs, qui certifient son adhésion et qui signent leur attestation. (*Voir modèle n° 32, formule n° 18.*)

La Police peut aussi être signée par un fondé de pouvoirs, en faisant mention de la nature et de la date de sa procuration, ou par une personne solvable, déclarant agir au nom et pour le compte de l'assuré et se porter fort pour lui.

Sommes et dates en lettres.

Art. 276. — Les sommes et les dates doivent être écrites en toutes lettres.

Modèles de Polices.

Art. 277. — Des modèles annexés aux présentes instructions guideront les Agents dans la rédaction des Polices de toute nature. Ils sont priés de s'y conformer exactement. (*Voir modèles n^os 9 à 31.*)

Clauses et formules à insérer.

Art. 278. — Il leur est aussi expressément recommandé d'insérer dans les Polices, suivant les cas, les formules et clauses contenues dans les modèles n^os 32 et 33.

Personnes qui peuvent contracter.

Art. 279. — Le contrat peut être fait au nom et au profit de toute personne ayant intérêt à la conservation de la chose assurée.

Ce que doit mentionner la Police.

Art. 280. — La Police doit mentionner si le contractant agit comme propriétaire, locataire, administrateur, tuteur, usufruitier, nu-propriétaire, commissionnaire, mandataire, créancier, etc., en un mot en quelle qualité il contracte.

Assurances à d'autres Compagnies.

ART. 281. — La Police doit mentionner également si les objets sont déjà garantis en tout ou en partie par d'autres Compagnies, si les risques sont contigus à des bâtiments couverts en bois, en chaume, en papier goudronné ou autres matières combustibles, à un théâtre, à une usine, à une fabrique ou à tout autre établissement d'une nature dangereuse.

Mentions à insérer.

ART. 282. — En outre, quand il s'agit d'un immeuble, la Police doit mentionner si le contractant jouit d'un droit d'usage dans les forêts de l'État (*voir art. 94*) ; si la propriété est construite sur le terrain d'autrui et pour quel temps ce terrain lui est concédé ; si elle est grevée d'un usufruit ; si elle se trouve louée par bail emphytéotique ; si elle est assujétie à un changement d'alignement, et si elle est située dans les zones militaires. (*Voir art. 79.*)

Marchandises confiées par des tiers.

ART. 283. — Les marchandises confiées par des tiers à un consignataire, à un commissionnaire, à un fabricant à façon, peuvent être assurées sans qu'il soit besoin de désigner la personne ou les personnes qui en sont propriétaires. En pareil cas, le souscripteur de la Police doit déclarer qu'il agit *tant pour son compte personnel* que pour le *compte de qui il appartiendra.* Cette déclaration est de rigueur ; car, s'il était seulement spécifié dans la Police que l'assuré agit pour *son compte comme propriétaire,* la Compagnie ne serait tenue de l'indemniser que des dommages survenus aux objets qui lui appartiennent réellement, abstraction faite des pertes causées aux marchandises dont il serait simplement détenteur.

Risques locatifs.

ART. 284. — La désignation *pour le compte de qui il appartiendra* ne doit être employée que dans l'assurance des marchandises, et dans le cas prévu à l'article précédent. Ainsi, on ne doit jamais employer cette expression dans l'assurance des *risques locatifs,* parce qu'elle pourrait avoir pour résultat de faire interpréter l'assurance au profit du propriétaire, qui se trouverait ainsi garanti sans avoir payé la prime applicable au risque principal.

Les bâtiments ne peuvent être assurés pour le compte *de qui il appartiendra.*

ART. 285. — Les bâtiments ne peuvent pas non plus être assurés *pour le compte de qui il appartiendra,* attendu qu'ils ont toujours un ou plusieurs propriétaires certains.

Risques divers appartenant à une même personne.

ART. 286. — On peut assurer par une même Police plusieurs propriétés mobilières et immobilières de risques divers et situées dans des lieux différents lorsqu'elles appartiennent à la *même personne,* en ayant soin d'indiquer clairement la situation de chaque propriété. (*Voir art. 292.*)

Désignation des objets.

ART. 287. — La désignation des objets sur lesquels porte l'assurance doit être claire et précise, sans détails trop minutieux sur les dimensions ou distributions des bâtiments, et sans nomenclature trop détaillée des objets mobiliers, à moins qu'il ne s'agisse de fabriques ou d'usines, auquel cas toutes les désignations ont leur utilité.

La nature des constructions des murs extérieurs et le genre de couverture des bâtiments doivent toujours être mentionnés.

Termes à éviter.

Art. 288. — Il faut écarter les demandes qui tendraient à surcharger le contrat d'explications superflues, et éviter l'emploi de termes locaux et autres dénominations qui pourraient empêcher la Compagnie de se rendre exactement compte de la nature des risques.

Il ne doit jamais être fait usage des mots *et cætera*, qui pourraient faire donner à l'assurance plus d'étendue qu'elle n'en comporte réellement, ni de toute locution telle que : *valant, estimé, évalué,* qui pourrait donner aux assurés le prétexte de soutenir que la Compagnie, dérogeant aux conditions générales de la Police, a reconnu ou accepté la somme assurée pour base définitive de règlement en cas de sinistre.

Mentions à exclure.

Art. 289. — Enfin la Police ne doit jamais relater l'examen ou la reconnaissance, soit des lieux, soit des objets assurés, faite par l'Agent ou par le sous-agent. *(Voir art. 86.)*

Mention à éviter.

Art. 290. — Lorsqu'une assurance porte, soit sur risques locatifs, soit sur risques de recours des voisins, soit sur risques de vice de construction, il est expressément recommandé aux Agents de ne pas mentionner, dans le libellé des clauses manuscrites, les articles du Code qui établissent les diverses responsabilités que l'assurance a pour objet de garantir dans ces différents cas, afin de ne pas fournir aux assurés un prétexte pour soutenir que, contrairement aux conditions générales de la Police, la Compagnie est responsable non-seulement du *dommage matériel*, mais aussi de toutes les *conséquences indirectes de l'incendie*. Les Agents doivent se borner à rappeler, par leurs numéros seulement, les articles des clauses imprimées indiquant sous quelles conditions et dans quelle limite la Compagnie garantit ces divers risques. (*Voir modèles 9, 2e partie, C, D, et 10.*)

Maison occupée par un ou plusieurs locataires.

Art. 291. — Si une maison est occupée par un ou plusieurs locataires, on doit mentionner cette circonstance dans la Police, surtout lorsque quelques-uns d'entre eux exercent des professions augmentant les risques.

Somme spéciale sur chaque propriété.

Art. 292. — Lorsque l'assurance porte sur plusieurs propriétés, une somme spéciale doit être assurée sur chacune d'elles par un article distinct. La même règle doit être suivie quand il s'agit de bâtiments faisant partie d'une même propriété, d'un même établissement industriel, commercial ou d'exploitation rurale, et, en général, quand il s'agit d'objets immobiliers et mobiliers de natures différentes assurés par la Police, ainsi que de l'assurance des risques locatifs. (*Voir art. 62.*)

Somme spéciale sur chaque risque.

Art. 293. — Dans l'assurance des propriétés rurales, il faut aussi indiquer séparément dans la Police les sommes assurées sur les différentes natures de bestiaux, sur les récoltes en grains, sur celles en gerbes.

Mention de la situation des bâtiments.

ART. 294. — La situation des bâtiments assurés ou renfermant les objets assurés doit être mentionnée clairement, de façon que leur identité puisse toujours être constatée.

Contiguïté.

ART. 295. — Quand un bâtiment est contigu à d'autres bâtiments, surtout à des bâtiments présentant un risque plus grave, on doit l'indiquer et mentionner si les murs de séparation sont, soit en pierres ou briques, soit en charpente ou en galandage, s'ils montent du sol jusqu'au faîte et s'ils sont avec ou sans ouverture. (*Voir art. 187 et 188.*)

Les mots : *attenant à tel bâtiment* ou *contigu à tel bâtiment* ne suffisant pas pour justifier l'application des taux de primes, il faut toujours faire suivre ces mots de ceux-ci : *avec communication* ou *sans communication*.

Tracé des lieux.

ART. 296. — Pour les propriétés composées de plusieurs bâtiments, pour les fermes et exploitations rurales, ainsi que pour les fabriques et les usines, un tracé des lieux doit être mis à la suite de la Police, ou y être annexé sur une feuille spéciale fournie par la Compagnie et marquée du timbre d'abonnement. Autant que possible, le tracé annexé doit être signé. (*Voir art. 65.*)

Désignation des marchandises.

ART. 297. — Lorsque l'assurance porte sur marchandises, il est nécessaire de désigner, d'une manière générale, l'espèce de la marchandise et surtout d'indiquer s'il y a des marchandises considérées, soit comme faciles à endommager, soit comme simplement ou doublement hasardeuses, et, dans l'affirmative, d'en mentionner spécialement la valeur. (*Voir art. 103, 104 et 106.*)

Assurances sur docks et entrepôts.

ART. 298. — L'assurance des marchandises en entrepôts, docks ou magasins généraux est soumise à des dispositions particulières pour lesquelles les Agents devront se reporter au *modèle n° 26*.

Sur marchandises, bestiaux et récoltes.

ART. 299. — Quand il s'agit de l'assurance d'objets tels que marchandises, produits de récoltes, bestiaux, l'Agent ne doit en spécifier dans la Police ni la quantité, ni les prix, mais seulement les espèces et la somme assurée sur chaque espèce. (*Voir modèle n° 21.*)

Assurance des bestiaux employés dans les fermes.

ART. 300. — Dans les Polices constatant l'assurance des bestiaux et chevaux employés dans les fermes, on peut stipuler que l'assurance les suivra :

1° Dans les cours et dépendances des fermes, sans exiger qu'ils soient assurés contre la *chute de la foudre ;*

2° Dans les champs, au travail, au pacage, et généralement dans toutes les dépendances des fermes des assurés et sur les chemins qui y conduisent (*les foires et marchés exclus*). Mais, en pareil cas, il est de toute nécessité que les bestiaux soient garantis non-seulement contre l'incendie, mais aussi *contre la chute de la foudre*, et ce, moyennant les surprimes et les clauses indiquées au tarif. *(Voir modèle n° 21, C.)*

**Règles spéciales aux assurances de récoltes.**

Art. 301. — Afin de prévenir toute confusion entre les assurances des risques ordinaires et celles des récoltes en meules, la Compagnie a adopté pour ces dernières des Polices spéciales dont les trois exemplaires sont imprimés sur papier de couleur chamois, *et dont les conditions générales, appropriées à l'assurance des récoltes en meules, s'appliquent exclusivement à cette assurance. (Voir modèle n° 22.)*

Art. 302. — Ces Polices, revêtues, comme les Polices ordinaires, du timbre d'abonnement, ne peuvent être employées en aucune circonstance, ni sous aucun prétexte, pour l'assurance d'aucune autre espèce de risques.

Art. 303. — Dans les conditions manuscrites de la Police, on doit énoncer, article par article, pour chaque meule, — la somme assurée, — l'espèce des récoltes, — le lieu où la meule est placée, — la distance qui la sépare des autres meules, — et, s'il y a lieu, des bâtiments de ferme ou d'autres bâtiments voisins, — la distance qui la sépare d'une route, — enfin toutes les indications nécessaires pour pouvoir constater l'identité de chaque meule et préciser l'étendue de la responsabilité de la Compagnie en cas de sinistre. *(Voir modèle n° 22, 2e partie.)*

Art. 304. — Si l'assurance est contractée pour plusieurs années, la Police doit mentionner, en outre, par une clause spéciale, l'obligation pour l'assuré de déclarer chaque année, au moment des nouvelles récoltes, la nature, la valeur et la situation des récoltes mises en meules. *(Voir modèle n° 23, C.)*

Les Agents doivent tenir la main à ce que l'obligation prise par l'assuré soit exactement remplie au moment même où les changements se produisent.

Art. 305. — S'il arrive que le propriétaire ou le fermier ne puisse donner, au moment de la souscription de la Police, toutes les indications mentionnées à l'article 303, l'assurance pourra, néanmoins, être contractée sur les meules, en bloc, et sans exiger la division de leur valeur totale ; mais en pareil cas, l'Agent devra insérer dans la Police une clause portant obligation, pour l'assuré, de déclarer ultérieurement et aussitôt que possible, la valeur et l'emplacement de chaque meule, ainsi que la nature des récoltes qui la composent et la distance qui la sépare des autres meules. *(Voir modèle n° 23, E.)*

Dans le cas où la prime afférente aux récoltes désignées dans l'avenant de déclaration serait plus élevée que celle primitivement fixée par la Police, l'assuré aurait à payer le supplément ; — au cas contraire, il ne serait fait aucune restitution sur la prime payée, la Compagnie ayant donné sa garantie.

Si la somme totale assurée sur meules dépasse *dix mille francs*, l'Agent devra stipuler, en outre, que jusqu'au jour où cette déclaration sera constatée par avenant, la responsabilité de la Compagnie sera limitée, en cas de sinistre, à la somme de *dix mille francs* sur toute meule ou groupe de meules éloignées les unes des autres au moins de *trente* mètres. *(Voir modèle n° 23, D.)*

Art. 306. — La faculté de faire suivre l'assurance des récoltes en meules dans des bâtiments de première classe, ne peut être stipulée qu'en faveur du propriétaire ou du fermier qui fait garantir aussi par la Compagnie ses récoltes en granges, parce qu'il importe à la Compagnie de ne pas s'exposer, en cas de sinistre, soit à payer une indemnité pour des récoltes qui ne proviendraient pas des meules qu'elle aurait garanties, soit à contribuer à des indemnités dans des proportions plus fortes qu'elle ne le devrait réellement.

Art. 307. — Lorsque la faculté mentionnée dans l'article précédent sera accordée, la Police portant sur les meules devra indiquer le numéro de la Police qui assure les récoltes en granges, la situation des bâtiments de ferme de première classe dans lesquels les récoltes provenant des meules seront rentrées, et la durée du temps pendant lequel ces récoltes seront garanties dans les bâtiments. (*Voir modèle n° 23, B.*)

Cette durée devra être déterminée d'une manière précise et ne pourra, dans aucun cas, dépasser le reste de l'année en cours.

**Assurances industrielles.**

Art. 308. — Si l'assurance porte sur une usine ou une fabrique, la Police doit indiquer :

1° Le moteur, soit manége, machine hydraulique ou pompe à feu ;

2° Le genre de chauffage et d'éclairage ;

3° La disposition des séchoirs, étuves, fours et autres appareils où le feu, par un procédé quelconque, est employé comme agent de fabrication ;

4° Le nombre d'étages de chaque bâtiment, y compris les caves ou sous-sols, entresol, greniers, combles et soupentes ;

5° Les distances et les communications des bâtiments entre eux ;

6° La valeur du *mobilier industriel* et *des marchandises* dans *chaque bâtiment ;*

7° Enfin, toutes les circonstances qui, d'après les distinctions établies au tarif, peuvent influer sur le taux de la prime, en même temps qu'elles servent à l'appréciation des risques.

Réassurance.

Ces renseignements ont pour la Compagnie une très-grande importance ; ils lui permettent d'apprécier les chances à courir, ainsi que l'opportunité d'une *réassurance* dans une proportion plus ou moins élevée. Faute de ces renseignements, la Compagnie est exposée, soit à conserver à sa charge la totalité des risques assurés, alors qu'il y aurait lieu d'en céder une partie en *réassurance*, soit, par contre, à pratiquer une *réassurance* alors qu'elle serait *inutile ;* ce qui, dans l'un comme dans l'autre cas, peut être très-préjudiciable à ses intérêts.

Répartition du capital garanti

Art. 309. — Dans toutes les Polices assurant des fabriques et des usines, le capital garanti doit être réparti par sommes spéciales sur :

1° Bâtiment ;

2° Mobilier industriel ;

3° Marchandises.

Art. 310. — Dans les Polices de fabriques et ajustages de machines et de mécaniques, il faut toujours indiquer un chiffre spécial d'assurances sur : — Fabriques de machines.

1° Approvisionnements ;

2° Machines en construction ou construites ;

3° Modèles.

Art. 311. — Dans le mobilier industriel des fabriques de toiles peintes, il faut toujours indiquer un chiffre spécial d'assurances : — Fabriques de toiles peintes.

1° Sur les rouleaux d'impression ;

2° Sur les planches à graver.

Art. 312. — L'éclairage à l'huile de schiste, l'huile de pétrole ou toute autre huile ou essence minérale dans les *théâtres*, les *fabriques* et les *usines* donnant lieu à une surprime prévue par le tarif, il est d'une nécessité absolue que toute Police portant sur risques de cette nature contienne, soit la surprime dont il s'agit, soit la mention qu'aucune partie de l'établissement n'est éclairée par l'huile de schiste, l'huile de pétrole ou toute autre huile ou essence minérale. — Éclairage des usines.

Quand l'éclairage a lieu par l'huile ou l'essence minérale, la Police doit mentionner la quantité de l'approvisionnement d'huile ou d'essence, et le lieu où ces produits sont déposés. (*Voir modèle n° 40.*) — Approvisionnement d'huile ou d'essence minérale.

Art. 313. — L'éclairage au gaz dans les filatures de coton, de lin, de chanvre ou de jute, ou dans toutes autres fabriques et usines où le mode d'éclairage concourt à la fixation de la prime, pouvant être momentanément interrompu par accident, il importe de prévoir ce cas, pour mettre les intérêts de la Compagnie et ceux de l'assuré à couvert en cas d'incendie. En conséquence, toute Police portant sur risques de cette espèce doit contenir la clause n° 18 du modèle n° 33. — Clauses d'éclairage.

Art. 314. — Lorsqu'un établissement industriel, où le mode de chauffage et d'éclairage concourent à la détermination du taux de la prime, n'est ni chauffé, ni éclairé, la Police doit contenir la clause n° 15 du modèle n° 33. — Clauses d'éclairage et de chauffage.

Art. 315. — Quand l'assurance porte sur constructions élevées sur terrain d'autrui, il y a lieu d'insérer la clause n° 26 du modèle n° 33. — Constructions sur terrain d'autrui.

Art. 316. — Si la Police contient une clause facultative de résiliation dans le cours de sa période, cette condition doit être réciproque pour l'assuré et pour la Compagnie. (*Voir modèle n° 32, formule n° 16.*) — Faculté de résiliation réciproque.

Art. 317. — Pour la simplification des écritures, il faut toujours faire les assurances par nombre rond de centaines, c'est-à-dire sans unités ni dizaines. — Éviter les fractions dans les capitaux et les primes.

Il convient aussi d'éviter les fractions de centimes dans le taux et le montant des primes.

Remise de la Police à l'assuré.

ART. 318. — L'exemplaire de la Police destiné à l'assuré ne doit lui être délivré qu'après le paiement de la prime, si elle est au comptant.

Assurance anticipée.

Si l'assurance est anticipée, la remise de l'exemplaire est faite à l'assuré contre le simple paiement du coût de la Police. (*Voir art. 422.*)

Polices signées en blanc.

ART. 319. — L'Agent général ne doit, en aucune circonstance, ni sous aucun prétexte, remettre ou envoyer à qui que ce soit, pas même à ses sous-agents, des Polices signées en blanc, ou remplies d'une manière incomplète.

Assurance autorisée.

ART. 320. — Lorsqu'une assurance aura été souscrite en vertu d'une autorisation spéciale de la Compagnie, la date et le numéro de la lettre d'autorisation devront être mentionnés en tête de la Police, au-dessus du mot l'*Aigle*.

Numéro d'ordre de la Police.

ART. 321. — La Police porte, à gauche, un numéro d'ordre de l'Agence et qui concorde avec la date de son inscription sur le registre des Polices de l'Agence. La série doit en être continuée sans interruption, quelles que soient les mutations qui se produisent dans la gestion de l'Agence.

Remplacement; — risque commun.

ART. 322. — Le renouvellement ou le remplacement d'une Police, la communauté d'un risque avec un autre, doivent être indiqués en tête de la Police aux numéros laissés en blanc à cet effet.

L'Agent qui négligerait de signaler les communautés de risques, exposerait la Compagnie, en cas de sinistre, à subir des pertes très-sensibles, dont elle aurait pu s'exonérer en partie au moyen d'une réassurance, si elle avait été mise, en temps utile, au courant de la situation.

Envoi des Polices sur assurances exceptionnelles.

ART. 323. — Les Polices portant sur *assurances exceptionnelles* (*voir art. 160*) doivent être envoyées à la Compagnie, sans aucun délai, aussitôt leur réalisation, afin qu'elle puisse, le cas échéant, faire régulariser les *réassurances*.

Assurance anticipée sur une Société mutuelle.

ART. 324. — Lorsqu'une assurance est faite par anticipation sur une Société mutuelle, la pièce constatant que le désistement a été régulièrement donné, ou la procuration (*modèle n° 76*), doit être jointe à l'ampliation de la Police envoyée à la Compagnie.

**Assurance supplémentaire.**

ART. 325. — Lorsque les Agents souscriront une assurance supplémentaire sur des risques déjà garantis par une autre Compagnie, ils devront, en même temps, se faire communiquer la Police de cette Compagnie, et faire signer par l'assuré une déclaration établie conformément au modèle n° 69.

Aussitôt que cette déclaration sera signée et que la signature sera légalisée, l'Agent devra veiller à ce que l'assuré l'adresse à la Compagnie qu'elle concernera, *sous pli recommandé à la poste.*

Au besoin, l'Agent devra se charger lui-même de la faire parvenir à cette Compagnie, également *sous pli recommandé à la poste, au nom de l'assuré.*

ART. 326. — Le bulletin ou récépissé de la poste constatant l'accomplissement de cette formalité, devra être attaché à chaque ampliation de Police d'assurance supplémentaire, destinée aux archives de la Compagnie. L'Agent indiquera, au revers de chaque bulletin, le *numéro* de la Police et l'objet de la lettre dont il constate l'envoi. Marche à suivre.

Dans le cas où l'assuré exprimerait le désir de conserver le bulletin de la poste, l'Agent devrait annexer à l'ampliation de Police destinée aux archives de la Compagnie, soit une copie conforme de ce bulletin, soit une note signée, indiquant que les formalités nécessaires ont été remplies vis-à-vis du premier assureur.

L'Agent pourra, lorsqu'il le jugera à propos, faire parvenir la déclaration d'assurance supplémentaire à l'Administration centrale qui, après l'avoir notifiée à la Compagnie qu'elle concernera, lui en donnera avis.

Si l'ampliation de Police constatant l'assurance supplémentaire n'a pas encore été adressée à la Compagnie, l'Agent devra la joindre à l'envoi de la lettre de déclaration.

ART. 327 — Les Polices de l'Agence doivent être classées par ordre de numéro et de date, et être renfermées sous clef. Classement des Polices d'une Agence.

ART. 328. — Le coût de la Police pour droit de rédaction des trois exemplaires, est fixé à deux francs pour les assurances sur risques ordinaires, et à un franc seulement pour les assurances de récoltes en meules. Ce prix est indiqué sur la Police même; le paiement en est obligatoire, et la Compagnie reste tout à fait étrangère à l'abandon qui en serait fait à l'assuré sans son autorisation. Coût de la Police.

ART. 329. — Le présent chapitre se rattachant par beaucoup de points au chapitre VIII, qui traite des *propositions*, les Agents ne pourront compléter l'étude de l'un qu'en se reportant à l'autre. Recommandation générale.

## CHAPITRE XIII

### Des changements qui peuvent survenir dans les conditions primitives d'une assurance et de la manière de les constater.

ART. 330. — Les assurances, pendant leur cours, peuvent éprouver des changements. Changements dans les assurances.

Les changements sont ordinairement occasionnés :

Par l'augmentation ou la diminution des valeurs assurées ou de la prime ;

Par la translation du domicile et des objets assurés d'un lieu dans un autre ;

Par les variations survenues dans la nature des risques ou dans la disposition des lieux ;

Par une nouvelle répartition des valeurs assurées ;

Par des mutations dans la propriété des objets assurés ;

Enfin, par l'application de certaines dispositions du contrat, ou par suite de circonstances qui en modifient les conditions primitives et en nécessitent la révision.

Changements qui doivent être constatés par une nouvelle Police.

ART. 331. — Lorsque les changements ont pour objet une augmentation ou une réduction notable de l'assurance, ou bien encore lorsqu'ils exigent des détails qui compliqueraient les stipulations primitives de l'assurance et en rendraient l'interprétation difficile, les conditions primitives et les nouvelles doivent, à moins d'un refus formel de l'assuré, être refondues dans une nouvelle Police, qui annule la précédente.

Avenants.

ART. 332. — Dans les autres cas, les changements peuvent être constatés par un acte additionnel qui se nomme avenant.

Comment ils sont établis.

ART. 333. — Les avenants sont établis, comme les Polices, en triple exemplaire, sur des imprimés fournis par la Compagnie.

Ils portent, en tête, un numéro d'ordre ; ils mentionnent la date et le numéro de la Police à laquelle ils se rattachent, ainsi que le nom de l'assuré et le chiffre des valeurs primitivement assurées ; ils énoncent les motifs et les effets des changements opérés ; enfin, ils sont, de même que les Polices, datés du chef-lieu de l'Agence et signés par les parties.

Lorsqu'il est fait successivement plusieurs avenants à une même Police, on les distingue par la mention : *Premier avenant, deuxième avenant*, et ainsi de suite.

Avenant de nouvelle répartition.

ART. 334. — Lorsqu'il a été fait successivement plusieurs avenants pour modifier une Police, il en résulte généralement une certaine confusion que, dans l'intérêt des deux parties contractantes, les Agents doivent faire disparaître en proposant à l'assuré de remplacer la Police. En cas de refus absolu, il convient d'établir *un avenant de nouvelle répartition*. (*Voir modèle n° 57*.)

Autant d'avenants que de Polices.

ART. 335. — Un même avenant ne peut s'appliquer collectivement à plusieurs Polices, ni à plusieurs personnes non assurées par la même Police. Il y a lieu d'établir, en ce cas, autant d'avenants distincts qu'il y a de Polices à modifier et en autant d'exemplaires qu'il y a de personnes intéressées à ces modifications.

Avenant de mutation totale.

ART. 336. — En cas de mutation de propriété de la totalité de la chose assurée, l'avenant de mutation doit être rédigé en quatre exemplaires et signé, tant par l'ancien propriétaire, qui cesse d'être assuré, que par le nouveau, au profit duquel l'assurance poursuit son cours.

Avenant de mutation partielle.

Art. 337. — En cas de mutation de propriété d'une partie seulement de la chose assurée, la réduction partielle peut être constatée au moyen d'un avenant fait avec l'assuré, mais l'engagement du nouveau propriétaire doit faire l'objet d'une nouvelle Police, qui remplace et résilie, pour partie seulement, la Police primitive, laquelle reste en vigueur pour les objets dont l'assuré primitif conserve la propriété.

L'avenant doit stipuler les mêmes échéances que la Police.

Art. 338. — Un avenant ne doit, en aucun cas, stipuler pour le paiement des primes à venir une autre échéance que celle fixée par la Police qu'il modifie.

En conséquence, lorsqu'une augmentation de prime est stipulée par un avenant, il faut, pour faire concorder les échéances de la prime additionnelle et de la prime primitive, ne percevoir le supplément, pour l'année courante, qu'au prorata du nombre de mois ou de jours restant à courir.

Quand l'augmentation de la prime provient d'une augmentation du capital assuré, le montant du droit de timbre résultant de cette augmentation doit être ajouté intégralement au montant de la prime fractionnaire.

Exception pour les fabriques et usines.

Art. 339. — Par exception, lorsqu'il s'agit de fabriques, d'usines ou de théâtres, si la Police a moins d'une année à courir pour arriver au terme de sa durée, la prime d'augmentation ne doit pas être fractionnée.

Changements à constater par avenant.

Art. 340. — Les rectifications auxquelles la rédaction d'une Police peut donner lieu ; les déclarations d'assurances supplémentaires ou de coassurances souscrites à d'autres Compagnies ; les annulations ou les résiliations, dans les cas prévus par les articles 393, 396, 404 et 405, doivent être effectuées au moyen d'un avenant.

Déclarations d'assurances supplémentaires.

Art. 341. — Avant de faire la constatation des déclarations d'assurances supplémentaires ou de coassurances, l'Agent général aura à vérifier si les assurances réunies n'excèdent pas la totalité des valeurs à garantir et s'il n'y aurait pas lieu de profiter de l'occasion pour annuler la Police de la Compagnie et en opérer la résiliation.

Vérifications à faire.

Art. 342. — Du reste, dans tous les cas où les changements survenus autorisent la Compagnie à faire cesser l'assurance, en vertu des droits qui lui sont réservés par le contrat, l'Agent général devra, avant de donner acte à l'assuré de sa déclaration, procéder aux mêmes vérifications que pour les propositions d'assurances (1), et dans le cas où l'assurance porterait sur un risque dangereux ou présenterait des conditions désavantageuses pour la Compagnie, l'Agent général devrait surseoir et demander des instructions.

---

(1) L'attention des Agents doit se porter principalement sur les augmentations qui peuvent être proposées, car l'expérience a démontré que l'augmentation est parfois le prélude d'une fraude.

Polices dont les primes ne sont plus au tarif.

Art. 343. — L'Agent général devra également s'abstenir de délivrer des avenants à des Polices dont les primes ne seraient plus en rapport avec le tarif, ou dans lesquelles les droits de timbre ne seraient pas stipulés. Il devra, dans ce cas, profiter des déclarations qui lui seront faites pour ramener, par une nouvelle Police, l'assurance aux conditions actuellement en vigueur; s'il n'y peut parvenir, il devra en référer à l'Administration et attendre ses instructions.

Avenants aux Polices exceptionnelles.

Art. 344. — L'Agent général ne peut souscrire aucun avenant à une Police d'assurances exceptionnelles (*voir art. 166*), sans en avoir préalablement demandé et obtenu l'autorisation de la Compagnie.

Avenants aux Polices en dehors de l'Agence.

Art. 345. — L'Agent général ne peut souscrire aucun avenant à une Police qui ne dépend pas de l'Agence dont la gestion lui est confiée.

Il en est ainsi lors même que les risques et le domicile de l'assuré seraient situés dans sa circonscription.

Dans le cas où l'assuré demanderait que sa Police fût transférée à l'Agence du lieu de son domicile et de la situation des risques, l'Agent général devra transmettre la demande à la Compagnie et attendre ses instructions.

Coût des avenants.

Art. 346. — Le coût d'un avenant, quel que soit le nombre d'exemplaires, est fixé à un franc, que l'assuré est tenu de payer.

Néanmoins, les avenants d'ordre, c'est-à-dire ceux qui ont simplement pour objet de constater un changement de domicile, de raison sociale, de propriétaire, ou une déclaration qui n'entraîne aucune modification dans les valeurs assurées, ni dans la prime, peuvent être délivrés gratuitement, si l'assuré refuse d'en payer le coût.

Catégories diverses d'avenants.

Art. 347. — D'après ce qui vient d'être dit, on reconnaît diverses catégories d'avenants, savoir :

1° Avenants d'augmentation *(modèles nos 34 à 47)*;

2° Avenants de diminution *(modèles nos 48 à 56)*;

3° Avenants d'augmentation et de diminution *(modèle n° 58)*;

4° Avenants de nouvelle répartition *(modèle n° 57)*;

5° Avenants d'ordre *(modèles nos 59 à 67)*;

6° Avenants de résiliation *(modèle n° 68)*.

Les modèles nos 34 à 68 indiquent la manière d'opérer dans ces différents cas ; les Agents sont priés de les lire attentivement et de s'y conformer exactement.

Inscription des avenants.

Art. 348. — Tout avenant souscrit est immédiatement inscrit sur le registre des avenants ou sur le registre des résiliations (*voir art. 580*) à sa date, et reçoit un numéro d'ordre dans une série non interrompue. Mention en est faite en regard de la Police sur le registre des Polices. (*Voir art. 573.*)

Art. 349. — L'assurance de risques entièrement distincts de ceux garantis par une Police, ou assurés pour une durée différente de celle stipulée dans ladite Police, ne peut faire l'objet d'un avenant; elle doit être constatée, sans exception, par une Police nouvelle. Cas où l'on ne peut faire usage d'avenant.

Art. 350. — Les variations annuelles qui se produisent dans les récoltes en meules doivent être constatées chaque année par une nouvelle Police.

Dans le cas où l'assurance devrait être momentanément suspendue par suite du manque de récoltes en meules, la suspension, qui ne pourra dépasser une année, sera constatée par un avenant. (*Voir modèle n° 59.*)

Art. 351. — Encore bien que les assurés soient tenus, sous peine de déchéance (Voir art. 12, 13, 14 et 15 de la Police), de faire connaître à la Compagnie tous les changements qui peuvent survenir dans leurs assurances, l'Agent n'en doit pas moins prendre l'initiative, lorsqu'il aura connaissance de ces changements avant que la déclaration ne lui en ait été faite, pour rappeler aux assurés leurs obligations, et leur faire comprendre l'intérêt qu'ils ont à se mettre promptement en règle. Déclarations des changements.

# CHAPITRE XIV

## De la continuation des assurances souscrites à la Compagnie et de la prolongation de leur durée.

### SECTION PREMIÈRE

### DES RENOUVELLEMENTS

Art. 352. — On nomme *Renouvellement*, le remplacement, par une assurance nouvelle, d'une assurance antérieurement contractée avec la Compagnie. Ce qu'on nomme renouvellement.

Les renouvellements doivent faire l'objet de la constante sollicitude des Agents généraux. Importance des renouvellements.

Il n'est pas moins important, en effet, pour la Compagnie et pour les Agents eux-mêmes, de conserver les assurances acquises que d'en acquérir de nouvelles.

Art. 353. — Les Agents généraux doivent donc profiter de toutes les modifications qui surviennent et de toutes les occasions qui se présentent, pour refaire les Polices de leur portefeuille et en prolonger la durée.

Ils doivent aussi employer tous leurs efforts pour que les assurances de la Compagnie ne passent pas aux Compagnies rivales, et ne pas attendre qu'elles soient arrivées au terme de leur période, pour chercher à les renouveler.

Art. 354. — Lorsqu'il s'agit d'une assurance dont la Compagnie s'est réservée l'examen, la proposition de renouvellement doit lui être préalablement soumise, et ne peut devenir définitive qu'en vertu de son approbation. (*Voir art. 167.*) Assurances soumises à l'autorisation de la Compagnie.

Les renouvellements ne peuvent s'opérer que par Polices.

Art. 355. — Les renouvellements ne peuvent être opérés par avenants; il faut nécessairement rédiger de nouvelles Polices, au taux des primes et aux conditions des tarifs en vigueur, au moment de la souscription.

Il ne peut être procédé au renouvellement d'une Police, sans avoir préalablement opéré le recouvrement des primes qui seraient dues.

Effet immédiat.

Art. 356. — Quand une assurance est renouvelée pendant son cours, la nouvelle Police ne doit pas être faite par anticipation, c'est-à-dire pour ne commencer qu'à partir du moment où l'assurance en cours sera arrivée à expiration.

Elle doit, au contraire, être souscrite avec effet immédiat, et la Police qu'elle remplace doit être aussitôt annulée.

Ristourne.

Art. 357. — Quand le renouvellement a lieu lorsque l'année de l'assurance est entièrement écoulée, l'assuré doit payer l'intégralité de la prime annuelle de la nouvelle Police.

S'il a lieu, au contraire, pendant le cours de l'année, il doit être tenu compte à l'assuré, pour le temps non révolu de ladite année, d'une fraction de la prime de la Police remplacée qu'il avait payée d'avance pour l'année entière.

Cette fraction de prime est désignée, dans la pratique, sous la dénomination de Ristourne.

La ristourne est déduite de la prime nouvelle.

Art. 358. — D'après les anciennes Instructions générales, il était prescrit de donner quittance à l'assuré du montant total de la prime nouvelle, et de recevoir de lui quittance de la fraction de prime qu'on lui restituait à titre de *Ristourne*. Pour simplifier cette opération, la ristourne sera imputée en déduction sur la prime de la nouvelle Police.

*Exemple :* Une Police n° *25,000*, souscrite le *1er juillet*, dont la prime est de 20 francs (droits de timbre et d'enregistrement compris) a été remplacée, trois mois avant l'expiration de l'année en cours, par une Police dont la prime est de 30 francs (droits compris); la somme à déduire pour ces trois mois sera du quart de la prime ancienne, soit 5 francs. En conséquence, l'assuré n'aura à payer comptant que vingt-cinq francs.

Constatation de l'opération.

Art. 359. — Cette opération sera constatée de la manière suivante, dans la clause finale de la nouvelle Police :

« La présente Police résilie et remplace, à partir de demain à midi, la » Police précédemment souscrite le *premier juillet 1872*, sous le n° *25,000*, » dont la prime a été payée jusqu'au 1er juillet 1874.

» En conséquence, M.... paiera comptant, suivant décompte d'autre » part, contre une quittance séparée, détachée d'un registre à souche, la somme » de *vingt-cinq francs* pour la prime de première année de la présente assu- » rance et pour les droits de timbre et d'enregistrement. »

Art. 360. — La formule qui précède *(voir modèle n° 32, formule n° 19)* est imprimée sur toutes les ampliations de Police avec des blancs qui devront être remplis entièrement ou en partie, suivant que le renouvellement ou le remplacement aura lieu avec ou sans ristourne.

Ceux du second paragraphe devront, dans tous les cas, être entièrement remplis.

Calcul de la ristourne.

ART. 361. — Suivant les conditions générales des Polices, il est de règle qu'en cas de résiliation totale ou partielle d'une assurance, en quelque temps et pour quelque cause que ce soit, les primes payées par anticipation et celles échues demeurent acquises à la Compagnie. (Art. 8, § 2 de la Police.)

Le calcul de la ristourne sur la prime de la Police *remplacée*, quand la prime de la Police *remplaçante* est moins élevée, aurait donc pour résultat de faire attribuer à l'assuré une fraction de prime plus forte que celle qui lui revient réellement. Aussi plusieurs Compagnies donnent-elles pour instructions à leurs représentants de toujours calculer la ristourne sur la prime la moins élevée.

Concession de la Compagnie.

ART. 362. — La Compagnie l'*Aigle*, désirant faciliter les renouvellements et faire profiter les assurés de tous les avantages compatibles avec ses intérêts, consent à ce que la ristourne soit décomptée sur la prime de la Police remplacée, dans tous les cas où la somme à déduire n'excédera pas le montant de la prime de première année de la nouvelle Police.

Cas où la somme à déduire est supérieure au montant de la prime à recevoir.

ART. 363. — La même concession ne saurait être étendue au cas où la somme à déduire serait supérieure au montant de la somme à recevoir.

Autrement, en effet, tout l'avantage du renouvellement serait pour l'assuré, qui obtiendrait à la fois une réduction de prime et la prolongation de son assurance. La ristourne devra donc, en ce cas, être limitée au montant de la prime nouvelle.

Toutefois, en cas de difficulté avec l'assuré, s'il s'agit d'une assurance importante, l'Agent général devra, lorsqu'une circonstance semblable se présentera, surseoir au renouvellement et en référer à la Compagnie.

Assurance d'une année ou de moins d'une année.

ART. 364. — Une assurance souscrite pour une année ou pour une durée moindre ne doit pas être remplacée, pendant son cours, pour une durée semblable, lorsque la nouvelle Police entraînerait une diminution de prime, qui aurait pour conséquence de prolonger la durée de l'assurance sans aucun profit pour la Compagnie.

Cas exceptionnel.

ART. 365. — Toutefois, si, pour des motifs justifiés, ce remplacement était nécessaire, on pourrait y procéder exceptionnellement ; mais la nouvelle Police ne serait faite que pour le temps restant à courir sur la durée de la Police remplacée, et ne pourrait stipuler ni paiement de prime, ni ristourne.

## SECTION DEUXIÈME.

### DE LA TACITE RECONDUCTION.

Clause de tacite reconduction.

ART. 366. — Les conditions générales de la Police de la Compagnie l'*Aigle* portent :

« L'assurance est souscrite pour une période de temps déterminée par une » clause particulière de la Police.

» A l'expiration de la période convenue, l'assurance continue pour une » période d'une durée semblable, et la même continuation a lieu à l'expiration » de chaque période nouvelle, *à moins que l'une des parties n'ait déclaré, trois » mois au moins à l'avance, par une lettre chargée, l'intention de faire cesser » son engagement.* (Art. 5 de la Police.) »

C'est ce qu'on appelle la continuation ou la prorogation de l'assurance *par tacite reconduction*, parce qu'en effet l'assurance poursuit successivement son cours, de période en période, en vertu de l'accord tacite des deux parties contractantes.

Elle n'est pas particulière aux contrats d'assurances.

ART. 367. — La clause de tacite reconduction n'est pas particulière aux conventions d'assurances; on la retrouve fréquemment dans d'autres contrats, dans les baux, par exemple, où le propriétaire et le locataire conviennent que le bail continuera à l'expiration de sa durée, pour une durée semblable, si l'une ou l'autre des parties n'a pas manifesté, dans un délai déterminé, son intention de le faire cesser.

La légitimité de la clause de tacite reconduction, dans les Polices d'assurances, a été reconnue par tous les auteurs, et sanctionnée par de nombreuses décisions judiciaires.

Ses avantages.

ART. 368. — La prorogation de l'assurance, par la tacite reconduction, procure aux assurés l'avantage incontestable d'une garantie permanente, sans qu'ils soient obligés de payer les frais de renouvellement de leurs Polices. Elle les met à l'abri des effets de leur propre négligence ou de celle de l'Agent général, qui oublierait de provoquer le renouvellement de l'assurance, à l'expiration de la durée, et bon nombre d'assurés n'ont dû qu'à la tacite reconduction la faveur d'être indemnisés des sinistres qu'ils avaient éprouvés.

Quant aux prétendus inconvénients de cette clause, ils n'existent réellement que pour les courtiers des Compagnies rivales dont elle entrave les procédés souvent répréhensibles et dont elle rend les obsessions inutiles dans la plupart des cas.

Facilité de désistement.

ART. 369. — Si la Compagnie imposait à ses assurés, pour les déclarations de cessation d'assurance, des conditions onéreuses et des formalités difficiles à remplir, comme cela a lieu dans les statuts de la plupart des Sociétés mutuelles, on comprendrait qu'une certaine défaveur s'attachât à la clause de tacite reconduction.

Mais loin qu'il en soit ainsi, la Compagnie a tout fait pour rendre ces déclarations à la fois simples, faciles et à peu près exemptes de frais.

Dérogation.

Art. 370. — L'utilité pratique de la tacite reconduction ne peut donc pas être plus sérieusement contestée que sa validité.

D'ailleurs, s'il arrivait qu'une personne ne consentît à contracter une assurance avec la Compagnie qu'à la condition de ne pas être soumise à la tacite reconduction, l'Agent général, après avoir cherché à faire apprécier par le proposant les avantages de cette clause, pourrait passer outre, et, dans ce cas, la clause suivante devrait être insérée dans les conditions manuscrites de la Police :

« Par dérogation à l'article 5 des clauses imprimées, l'assurance qui fait » l'objet de la présente Police cessera de plein droit, à l'expiration du temps » convenu pour sa durée, sans qu'il soit besoin, de part et d'autre, d'aucune » déclaration de désistement. »

Assurances de moins d'une année.

Art. 371. — Aux termes dudit article 5, les assurances souscrites *pour moins d'une année* ne sont pas soumises à la tacite reconduction, et elles cessent de plein droit à l'expiration de leur durée.

Il n'est pas présumable, en effet, que celui qui contracte une assurance pour moins d'une année ait l'intention de s'engager au delà de ce temps.

Il en est autrement à l'égard des polices souscrites pour une année.

On comprend en effet, aisément, qu'à raison même de la sécurité résultant de la garantie permanente que présente la tacite reconduction, une personne souscrive son assurance pour une durée périodique d'un an, afin de rester libre d'en faire cesser l'effet, à la fin de chaque année, en se conformant aux formalités prescrites pour le désistement.

Assurances d'une année.

Art. 372. — Néanmoins, lorsqu'une assurance sera proposée pour une année seulement, il sera bien, afin de prévenir tout malentendu, de consulter le proposant sur ses intentions, et s'il déclare qu'il n'entend pas s'engager au delà de l'année convenue, on en fera mention dans le libellé de la Police, en faisant suivre la clause indicative de la durée de l'assurance de ces mots : « *sans tacite reconduction.* » Dans le cas, au contraire, où la durée annale de l'assurance sera périodique, il y aura lieu d'ajouter, à la suite de la clause relative à la durée, les mots : « *conformément à l'article 5 des conditions générales.* »

Les mêmes dispositions devront être prises par l'Agent général, dans le cas où une assurance serait proposée pour une durée d'une ou plusieurs années et d'une fraction d'année, par exemple, pour deux ans et trois mois.

Désistement.

Art. 373. — L'assuré qui veut faire cesser son engagement pour l'époque où la Police qu'il a souscrite arrivera à la fin de la période en cours, doit, aux termes de l'article 5 des conditions générales, faire connaître son intention *trois mois au moins à l'avance*, par une lettre chargée ou recommandée à la poste, et qui peut être adressée, soit au siége de l'Administration à Paris, soit au bureau de l'Agence générale où la Police a été souscrite.

La formalité du chargement ou de la recommandation est imposée à l'assuré dans son propre intérêt, non-seulement afin que sa déclaration ait une date certaine, mais encore pour qu'elle parvienne plus sûrement à sa destination et qu'il soit en mesure, au moyen du bulletin de la poste, d'en prouver l'envoi dans les délais prescrits.

Elle lui évite donc l'embarras et les frais d'une déclaration par acte extra-judiciaire.

En outre, toutes les fois que le déclarant en fait la demande, la Compagnie lui accuse réception de sa lettre, et lui donne acte de sa déclaration, après examen.

Il doit être donné par écrit.

Art. 374. — La formalité d'une déclaration par écrit ayant date certaine, étant indispensable pour délier l'assuré et la Compagnie de leurs engagements respectifs, toute déclaration faite verbalement doit être considérée comme nulle et non avenue.

Afin qu'il n'y ait pas de surprise, l'Agent général à qui une déclaration serait faite en cette forme, devra prévenir l'assuré qu'elle ne peut être admise, et l'inviter, s'il persiste dans l'intention de se désister, à se conformer aux formalités prescrites par les dispositions du contrat qui sont obligatoires pour les deux parties.

Interdiction.

L'Agent général ne doit, sous aucun prétexte, délivrer aux assurés aucun certificat, lettre ou déclaration qui tendraient à suppléer à la lettre de désistement.

Déclarations de désistement.

Art. 375. — La Compagnie donne chaque mois connaissance à l'Agent général des déclarations de désistements qui ont été adressées directement à l'Administration, en lui signalant ceux qui ont été admis et ceux qui ont dû être refusés.

Art. 376. — De son côté, l'Agent général, après avoir mentionné dans la colonne d'observations du registre des Polices les déclarations de désistements qui lui ont été adressées, doit les transmettre, *sous leur pli*, à la Compagnie, avec la comptabilité du mois pendant lequel il les a reçues. Ces déclarations seront examinées, et la Compagnie lui fera connaître, en temps utile, le résultat de cet examen.

Cas où la Compagnie peut avoir intérêt à arrêter l'effet de la tacite reconduction.

Art. 377. — La Compagnie, malgré son désir de conserver ses assurances, peut avoir, dans certains cas, des raisons majeures pour prévenir les effets de la tacite reconduction.

Art. 378. — L'existence de cette clause, dans les Polices de la Compagnie, exige donc, de la part de l'Agent général, une attention particulière, pour ne pas laisser continuer, pour une nouvelle période, des assurances qui seraient dans des conditions dangereuses, ou dont les primes seraient inférieures au tarif en vigueur (1).

Prime inférieure au tarif.

Art. 379. — S'il s'agit seulement d'une Police dont la prime est inférieure au tarif, l'Agent général devra, dès les premiers mois de la dernière année de la période en cours, faire les démarches nécessaires pour en obtenir le renouvellement, aux conditions du tarif en vigueur.

En cas de refus de l'assuré, l'Agent devra en référer à la Compagnie, pour la mettre à même de décider, en temps utile, si la Police en cours peut être maintenue, ou s'il y a lieu de notifier à l'assuré une déclaration de désistement, afin de prévenir l'effet de la tacite reconduction, et sauf à reprendre ultérieurement les démarches nécessaires pour obtenir le renouvellement de l'assurance aux conditions réglementaires du tarif.

Risque dangereux.

Art. 380. — Si l'assurance portait sur un risque dangereux, ou si elle était contractée dans des conditions onéreuses pour la Compagnie, l'Agent général devrait s'abstenir de toute démarche en vue du renouvellement, et signaler les circonstances à la Compagnie, afin qu'elle puisse lui faire connaître, en temps utile, ses résolutions.

Désistement de la Compagnie.

Art. 381. — Lorsque la Compagnie aura pris la résolution d'empêcher la continuation d'une Police par l'effet de la tacite reconduction, l'Agent général devra s'efforcer de faire signer, en temps utile, à l'assuré, un avenant qui constatera la cessation de l'assurance à l'expiration de la période en cours. En cas de refus de l'assuré, l'Agent général lui fera notifier, trois mois au moins à l'avance, par une lettre recommandée *(modèle n° 70)*, une déclaration de cessation d'assurance.

## CHAPITRE XV

### Des Résiliations.

Ce qu'on entend par résiliation.

Art. 382. — On entend par résiliation, l'annulation totale ou partielle d'un contrat d'assurance pendant le cours de sa durée.

On entend aussi par résiliation, l'opération qui consiste à retrancher du portefeuille d'une Agence les contrats d'assurances qui, par suite d'expiration de durée, de remplacement, d'annulation ou pour toute autre cause, doivent cesser d'en faire partie.

(1) L'Agent général devra dresser, chaque mois, un relevé des Polices au-dessous du tarif en vigueur, qui arriveront, *six mois après*, au terme de leur période, et envoyer à chacun de ses auxiliaires l'extrait de ce relevé, qui le concernera, en lui prescrivant de rendre compte, en temps utile, c'est-à-dire *quatre mois* au moins avant l'expiration de chaque Police, du résultat de ses démarches.

Contrats qui doivent être résiliés.

ART. 383. — Tous les contrats d'assurances qui, par un motif quelconque, viennent à être dépourvus de l'une des conditions constitutives de leur existence, doivent nécessairement être résiliés et retranchés du portefeuille de l'Agence où ils ont été inscrits.

Ainsi :

Polices expirées.

ART. 384. — Les Polices non soumises à la tacite reconduction cessent de plein droit et doivent être résiliées à l'expiration du temps pour lequel elles ont été contractées.

Désistements.

ART. 385. — Les Polices soumises à la tacite reconduction, mais qui ont fait l'objet de déclarations régulières de désistements (*voir art. 373 et 381*), doivent être résiliées à la fin de la durée de la période en cours.

ART. 386. — Les Polices contenant la réserve de résilier l'assurance annuellement, doivent être résiliées à la fin de l'année en cours, lorsque la résiliation a été régulièrement dénoncée dans le délai convenu.

Remplacements.

ART. 387. — Les Polices qui ont été remplacées ou renouvelées en cours de période, doivent être résiliées à partir du moment où les Polices qui les annulent et les remplacent prennent effet.

Polices sans effet.

ART. 388. — Les Polices inscrites sur les registres, mais demeurées sans effet, par suite du défaut de signature ou du refus de l'une ou l'autre des parties de s'engager définitivement, doivent être résiliées aussitôt que le refus d'acceptation est devenu certain, et dans les trois mois au plus tard de leur inscription sur le registre.

Mode d'opérer.

ART. 389. — Dans les divers cas qui précèdent, les résiliations des contrats n'ont pas besoin d'être constatées par avenants ni d'être dénoncées aux assurés. Elles doivent seulement être mentionnées dans la colonne d'observations du registre d'inscription des Polices, de la manière indiquée à l'article 585, et aussi sur le registre et l'état des résiliations.

Extinction totale des risques.

ART. 390. — L'extinction totale des risques a nécessairement pour effet de rompre le contrat et d'entraîner la résiliation de l'assurance qui se trouve alors dépourvue d'aliment.

Extinction partielle.

ART. 391. — L'extinction partielle des risques n'emporte que la résiliation partielle de l'assurance, qui continue à subsister pour le reste. La résiliation partielle peut alors être opérée par avenant, mais il est préférable de constater les modifications apportées aux conditions de l'assurance, au moyen d'une nouvelle Police qui remplace et résilie pour le tout la Police primitive. (*Voir art. 331.*)

Changement de qualité.

ART. 392. — La perte de la qualité de propriétaire, de locataire, d'usufruitier, de garant, etc., en un mot, de la qualité en laquelle l'assuré a contracté avec la Compagnie, a pour effet de résilier l'assurance qui devient sans cause et sans objet, dès l'instant que l'assuré cesse d'avoir intérêt à la conservation des choses soumises à l'assurance, ou d'être exposé aux risques qu'il avait fait garantir.

Mode d'opérer.

Art. 393. — Lorsqu'un des cas de résiliation prévus par les trois articles qui précèdent se produit et vient à la connaissance de l'Agent général, celui-ci doit, après vérification, résilier l'assurance, au moyen d'un avenant fait double avec l'assuré, et qui mentionne la cause de la résiliation.

Cas où l'on peut opérer la résiliation.

Art. 394. — Les engagements réciproques qui résultent d'un contrat d'assurance comme de tout autre contrat sont susceptibles d'être rompus ou annulés, soit par la volonté commune des parties, soit même par la volonté de l'une d'elles, dans les cas où la faculté lui en a été réservée par une des stipulations du contrat.

Les différents cas dans lesquels la Compagnie s'est réservé la faculté d'annuler les contrats d'assurance en cours, sont déterminés par les articles 8, 12, 13, 14, 16 et 23 des conditions générales de la Police.

Défaut de paiement de primes.

Art. 395. — Le premier de ces articles porte : qu'à défaut de paiement des primes dans les délais fixés, la Compagnie aura le droit de résilier l'assurance, au moyen d'une notification faite à l'assuré, par une lettre chargée, ou de la maintenir et d'en poursuivre l'exécution par les voies de droit.

L'option ainsi réservée à la Compagnie est parfaitement légitime, car l'assuré ne peut pas, par l'inexécution de ses engagements, se créer à lui-même une cause de résiliation, et la Compagnie ne peut pas être contrainte de rester liée par ses propres engagements envers un assuré qui, par impuissance ou mauvais vouloir, ne remplit pas les siens.

Marche à suivre

Art. 396. — Lorsque des retards se produiront dans le paiement d'une prime, malgré les démarches faites pour en opérer la perception, l'Agent général devra s'enquérir des causes de ces retards et se préoccuper des moyens de les faire cesser.

Lorsqu'il résultera des investigations auxquelles l'Agent général aura procédé, la preuve certaine que la prime est irrecouvrable, soit en raison de l'état d'insolvabilité de l'assuré, soit parce qu'il aura quitté le pays, sans laisser aucune trace de nouvelle résidence, soit encore parce qu'il sera décédé, en laissant une succession en déshérence ou obérée, soit, enfin, par suite d'autres circonstances analogues, la Police dont la prime sera tombée en non-valeur devra être résiliée, et la résiliation sera constatée, soit au moyen d'un avenant, soit, en cas d'impossibilité, au moyen d'une notification par lettre recommandée. (*Voir modèle n° 74.*)

Art. 397. — Quand les renseignements recueillis, tout en ne constatant pas l'impossibilité absolue de recouvrer la prime, seront de nature à faire naître des doutes sur l'état des affaires de l'assuré, sur sa moralité, sur la valeur réelle des objets assurés, ainsi que sur la bonne condition des risques, au point de vue matériel et moral, l'Agent général devra suspendre la mise en recouvrement de la prime et en référer à la Compagnie, en lui soumettant ses appréciations sur l'opportunité du maintien de l'assurance ou de sa résiliation.

Art. 398. — Lorsque l'Agent général reconnaîtra que le retard dans le paiement de la prime provient seulement du mauvais vouloir ou de la négligence de l'assuré, et qu'il y a intérêt pour la Compagnie à maintenir l'assurance, il poursuivra alors la rentrée de la prime par les voies de droit, en se conformant aux règles tracées à cet effet par le chapitre XVII des présentes Instructions.

Changements dans les choses assurées.

Art. 399. — La faculté de résilier les contrats est également réservée à la Compagnie, pour le cas où les changements survenus dans les choses assurées auraient pour effet d'aggraver, de multiplier, ou de modifier les chances d'incendie. (Art. 12 de la Police.)

L'assureur, en effet, en prenant à sa charge les risques d'incendie de la propriété d'autrui, les accepte tels qu'ils existent au moment où le contrat se forme, et fixe le taux de la prime en conséquence.

Si, postérieurement, les dangers d'incendie augmentent, soit à raison de nouvelles constructions, soit à raison de l'introduction d'une espèce de marchandises plus dangereuse ou d'une plus grande quantité de marchandises d'une nature déterminée, soit à raison de la translation des choses assurées ou des risques dans une autre localité, il est nécessaire que l'assureur soit prévenu de ces changements, et il est juste qu'il ait le droit de s'en prévaloir, soit pour modifier le contrat primitif, en exigeant une prime plus forte, à raison de l'aggravation de risque, soit pour ne pas continuer sa garantie à des risques différents de ce qu'ils étaient au moment où il les a pris à sa charge.

Assurances à d'autres Compagnies.

Art. 400. — La Compagnie est encore autorisée à maintenir l'assurance ou à la résilier, dans le cas où l'assuré fait garantir par d'autres Compagnies, à titre de reprise ou de complément d'assurance, les objets déjà garantis par elle, ou d'autres objets faisant partie du même risque. (Art. 13 de la Police.)

Les conditions primitives de l'assurance sont, en effet, modifiées, et la Compagnie peut avoir des raisons très-sérieuses pour ne pas vouloir continuer à couvrir de sa garantie, en concours avec d'autres Compagnies, des risques qu'elle était primitivement seule à garantir.

Aliénation des objets assurés.

Art. 401. — En cas d'aliénation des objets assurés par suite de vente, de donation ou autrement, l'assuré est tenu d'imposer au nouveau propriétaire l'obligation de continuer l'assurance, sinon, de payer une somme équivalente à une année de prime, à titre d'indemnité de résiliation. (Art. 14 de la Police.)

Décès de l'assuré.

En cas de décès de l'assuré, ses héritiers sont tenus solidairement d'acquitter les primes échues et de continuer l'assurance.

Mais, en ces deux cas, la Compagnie est autorisée à se prévaloir de la mutation qui s'est opérée dans la propriété des choses assurées, pour résilier le contrat et en faire cesser les effets. La raison en est que l'assureur peut être conduit à prendre un risque sous sa garantie, en considération de la personne avec laquelle il traite ; la transmission d'une assurance d'une personne à une autre ne saurait donc s'opérer contre son gré et sans son consentement exprès.

Réduction d'assurance par la Compagnie.

Art. 402. — Par l'article 16 des conditions générales, la Compagnie s'est réservé le droit de demander, en tout temps, la réduction du montant de l'assurance lorsqu'elle porte sur des objets dont la valeur est susceptible de varier, et de résilier le contrat, si l'assuré n'adhère pas aux réductions proposées.

Cette réserve s'explique et se justifie par cette considération, que les fluctuations auxquelles sont exposées les choses assurées, lorsqu'elles sont susceptibles de varier dans leur valeur, peuvent, dans un moment donné, rendre les dangers d'incendie plus imminents et, par suite, aggraver la position de l'assureur. Celui-ci fait donc un acte de prudence, qui n'excède en rien ses droits, lorsqu'il prend des précautions pour se prémunir contre une semblable éventualité, et les réserves stipulées, à cet effet, dans le contrat, qui fait la loi commune des parties, sont parfaitement valables.

Sinistres.

Art. 403. — Enfin, après un sinistre, et quelle que soit l'importance des dommages, la Compagnie a le droit de résilier, non-seulement la Police atteinte, mais encore les autres Polices que le même assuré aurait souscrites.

Cette stipulation est motivée sur ce que le sinistre, quelque peu considérable qu'il soit, peut faire découvrir l'existence de risques beaucoup plus dangereux qu'ils ne le paraissaient d'abord, et dévoiler la négligence extrême ou la mauvaise foi de l'assuré.

Modifications dans l'assurance.

Art. 404. — Dans les cas prévus par les articles 12, 13 et 14 des conditions générales, et lorsque les déclarations prescrites par ces articles auront été faites par l'assuré ou par ses ayants droit, l'Agent général examinera s'il est de l'intérêt de la Compagnie de maintenir l'assurance, nonobstant les modifications survenues, ou de profiter de ces modifications pour résilier.

S'il estime qu'il convient de maintenir l'assurance, l'Agent général constatera, au moyen, soit d'une nouvelle Police, soit d'un avenant, les modifications survenues.

S'il est d'avis, au contraire, qu'il vaudrait mieux résilier, l'Agent général soumettra ses appréciations à la Compagnie, et attendra qu'elle lui ait fait connaître sa résolution.

Résiliation ordonnée par la Compagnie.

Art. 405. — Lorsque la Compagnie aura fait connaître à l'Agent général qu'elle a opté pour l'annulation du contrat, la résiliation sera constatée, autant que possible, par un avenant fait double, qui mentionnera la cause de l'annulation et la disposition de la Police qui l'autorise. *(Voir modèle n° 68.)*

Comment elle est constatée.

Si quelque circonstance s'oppose à ce que la résiliation soit constatée par un avenant, elle devra alors être notifiée à l'assuré ou à ses ayants droit, par une lettre recommandée, qui énoncera, comme l'aurait fait l'avenant, les causes de la rupture de l'assurance, et l'article ou les articles des conditions générales de la Police qui autorisent la Compagnie à l'annuler.

En cas de départ ou de disparition de l'assuré, la notification sera adressée à son dernier domicile connu.

Résiliation de risques disparus.

ART. 406. — Pour limiter, autant que possible, les frais qu'entraîne l'emploi des lettres recommandées, l'Agent général pourra se dispenser d'y recourir, dans les cas où il sera constaté que les risques ont complètement disparu, ou que les objets assurés ont cessé d'être entre les mains de l'assuré, de ses héritiers, ou ayants droit *(Voir modèle n° 72)*; mais, même en ce cas, l'Agent général ne devra rien négliger pour que la résiliation soit constatée par un avenant.

Indemnité de résiliation.

ART. 407. — En cas de résiliation, par suite de vente volontaire ou de donation de la chose assurée, sans que l'assuré ait fait prendre par le nouveau propriétaire l'engagement de continuer l'assurance, l'Agent général devra exiger, en faisant signer l'avenant de résiliation, le paiement d'une année de prime, à titre d'indemnité. (Art. 14 de la Police.)

Résiliation après sinistre.

ART. 408. — Le maintien ou la résiliation d'une assurance, après sinistre, ne pourra avoir lieu qu'en vertu d'une décision de la Compagnie.

Résiliation de risques exceptionnels.

ART. 409. — Il en sera de même dans les cas prévus par l'article 16 des conditions générales de la Police, et toutes les fois qu'il s'agira d'une Police exceptionnelle, qui ne peut être souscrite et modifiée qu'en vertu d'une autorisation expresse de la Compagnie.

Certificats des Maires ou des Commissaires de police.

ART. 410. — Les résiliations provenant de l'extinction des risques, de leur disparition, de la cessation de l'intérêt que l'assuré avait à leur conservation, ou de tout autre événement qui fait tomber l'assurance en non-valeur, doivent être appuyés de certificats délivrés par les Maires, les Commissaires de police ou toute autre personne ayant qualité pour certifier le fait qui aura motivé l'annulation du contrat.

Transferts à une autre Agence.

ART. 411. — Quand un assuré quitte la circonscription de l'Agence, son changement de résidence n'a pas pour effet d'entraîner de plein droit la résiliation de l'assurance, mais sa Police doit néanmoins être annulée sur les registres de l'Agence, dont elle cesse de faire partie, puis portée sur l'état mensuel des résiliations; l'ampliation des archives doit être ensuite transmise à l'Administration, avec l'indication du nouveau domicile de l'assuré, et les renseignements nécessaires pour mettre la Compagnie à même d'apprécier s'il y a lieu de maintenir l'assurance et de transférer la Police à une autre Agence, ou d'en opérer la résiliation.

Art. 412. — Enfin la Compagnie est parfois obligée, par suite de remaniements de circonscriptions ou d'autres circonstances, de distraire un certain nombre de Polices du portefeuille d'une Agence. Ces Polices doivent alors être annulées sur les registres et portées en résiliation par l'Agent général, dans ses écritures, de la même manière que si elles avaient cessé d'exister. Remaniements de circonscription.

Art. 413. — Toutes les résiliations, soit qu'elles aient été faites sur l'initiative de l'Agent général, dans les cas où elles sont laissées à son appréciation, soit qu'elles aient été prescrites par la Compagnie, doivent être portées sur le registre des résiliations ou sur le registre des avenants, selon qu'elles sont totales ou partielles, puis mentionnées au registre d'inscription des Polices, et, enfin, relevées sur les états mensuels à ce destinés. (*Voir art. 585 et 586.*) Inscription des résiliations.

Art. 414. — Les Agents généraux ne doivent pas perdre de vue que la résiliation d'un contrat d'assurance, en dehors des cas où elle a lieu de plein droit, est une mesure extrême qu'il ne faut employer ou proposer qu'avec une grande circonspection, et seulement lorsque les renseignements recueillis en feront ressortir la nécessité. Recommandation.

## CHAPITRE XVI

### Des Plaques.

Art. 415. La plaque est le signe indicatif de l'assurance. Elle a une double utilité. Utilité des plaques.

Pour l'assuré, parce qu'elle fait connaître que sa propriété est assurée, et qu'elle prévient ainsi les incendies auxquels il serait exposé par vengeance ou malveillance.

Pour la Compagnie, parce que la multiplicité des plaques est, aux yeux du public, une preuve de son importance et de la confiance dont elle jouit.

En outre, en cas d'incendie, la plaque attire l'attention et provoque les secours, la Compagnie se faisant un devoir d'accorder des récompenses pour les services exceptionnels rendus dans un sinistre.

Art. 416. — L'Agent général doit donc insister pour que toute personne qui contracte une assurance avec la Compagnie prenne une plaque et la fasse poser à l'endroit le plus apparent de sa propriété ou de sa demeure.

Art. 417. — Quand l'assurance porte sur des récoltes en meules, des chantiers, ou autres objets abandonnés à la foi publique, il est essentiel que des plaques soient ostensiblement placées sur ces objets. Récoltes en meules.

Art. 418. — La Compagnie, tout en désirant que le signe indicatif de ses Concession possible.

opérations soit répandu le plus possible, n'exige pas que ses Agents généraux renoncent à la réalisation d'une assurance par cela seul que l'assuré refuserait de prendre une plaque et de la payer ; mais le coût des plaques dont un Agent général croirait devoir faire l'abandon restera à sa charge, à moins que la Compagnie ne lui ait exceptionnellement donné, par écrit, l'autorisation de les délivrer gratuitement.

Risques importants.

ART. 419. — Il est des risques importants sur lesquels l'apposition des plaques de la Compagnie a une utilité particulière. Tels sont les bâtiments communaux, les édifices départementaux, les bâtiments et gares de chemins de fer, les manufactures importantes, les grands établissements industriels, etc.

L'Agent général, quand il a occasion d'assurer de semblables risques, ne doit donc rien négliger pour faire prendre un certain nombre de plaques aux assurés. La Compagnie serait même disposée, pour ces risques, à accorder quelques plaques gratuites, mais à la condition que les assurés en auraient payé quelques-unes.

Prix des plaques.

ART. 420. — Le prix de la plaque, à payer par l'assuré, est de 2 fr. 50 c. pour les grandes, et de 1 fr. 50 c. pour les petites.

Remise des plaques.

ART. 421. — La remise de la plaque ne doit être faite à l'assuré qu'après la signature de la Police et le paiement de la prime, de crainte que l'on ne cherche à se prévaloir, en cas de sinistre, de la pose prématurée, pour prétendre que la Compagnie était définitivement engagée.

ART. 422. — Néanmoins, quand il s'agira d'une assurance souscrite par anticipation, la plaque pourra être délivrée à l'assuré en même temps que sa Police, en lui faisant payer le coût de ces deux objets.

Compte des plaques.

ART. 423. — L'Agent général est comptable envers l'Administration des plaques qui lui sont expédiées ; un compte spécial lui est ouvert à cet effet, et se balance à la fin de chaque mois. (*Voir art. 588 et 589.*)

## CHAPITRE XVII

### Du recouvrement des Primes.

Importance du recouvrement régulier.

ART. 424. — C'est sur l'ensemble du produit des primes, pendant le cours de chaque exercice, que la Compagnie doit compter pour couvrir les sinistres dont elle répond, et pourvoir aux dépenses de toute nature que comportent ses opérations.

ART. 425. — Elle a donc un très-grand intérêt à la perception régulière des primes, et cet intérêt s'accroît encore en raison de l'obligation où elle se trouve de faire l'avance au Trésor public, du montant des taxes auxquelles les contrats d'assurances sont actuellement assujétis.

Art. 426. — D'un autre côté, les assurés sont grandement intéressés à ce que les primes dont ils sont redevables soient régulièrement acquittées, puisque la garantie de la Compagnie ne leur est acquise et ne peut être réclamée par eux qu'après ce paiement. Intérêt des assurés.

Art. 427. — Le recouvrement des primes constitue donc, à tous égards, une des parties les plus importantes des attributions des Agents généraux, et réclame de leur part des soins tout particuliers. Soins à prendre.

Art. 428. — Aux termes des conditions générales de la Police (art. 7), les primes d'assurances sont payables d'avance et comptant. Échéances des primes.

Art. 429. — La première prime (ou la prime unique, quand l'engagement de l'assuré est limité à une année seulement, ou à une durée moindre) doit être payée au moment même de la signature de la Police, qui n'a d'effet que vingt-quatre heures après ce paiement. Prime de première année.

Si l'assurance est souscrite par anticipation, la prime est alors payable la veille du jour où l'assurance devra prendre effet.

Art. 430. — Les primes pour les années ultérieures sont payables également d'avance et comptant, à chacun des termes fixés par la Police; néanmoins, un délai de grâce de quinze jours est accordé aux assurés pour les acquitter. Primes des années ultérieures; délai de grâce.

Art. 431. — Les quittances qui doivent être délivrées aux assurés contre le paiement de leurs primes, soit de la première année, soit des années ultérieures, sont extraites d'un registre à souches, qui fait partie du matériel que la Compagnie met à la disposition des Agents généraux. Registre de quittances à souche.

Art. 432. — L'Agent général, au moment où il établit une quittance, doit prendre le soin de remplir, en même temps, le talon de la souche. On l'en détache ensuite en coupant, par le milieu, la vignette transversale portant les mots : *Compagnie l'Aigle.* Établissement des quittances.

Art. 433. — Il est expressément interdit de porter plusieurs primes sur la même quittance, et il doit être établi, pour chaque Police, autant de quittances qu'il y a de primes échues à encaisser. Toutefois, lorsqu'une assurance est souscrite pour une année entière et une fraction d'année, la prime fractionnaire et la prime de l'année doivent être payées en même temps contre une quittance unique, délivrée au moment de la souscription de l'assurance. Prime d'une fraction d'année.

Art. 434. — Quand une Police est souscrite pour plusieurs années et pour une fraction d'année, la prime fractionnaire se paie isolément à son échéance. Prime fractionnaire.

Art. 435. — Les quittances ne peuvent être signées que par l'Agent général, en vertu des pouvoirs qui lui sont conférés par la Compagnie. Signature des quittances.

Art. 436. — Dans toute quittance faite à l'avance, la date doit être laissée en blanc, pour n'être remplie que du jour où le paiement de la prime est effec- Date des quittances.

tué. Cette précaution est indispensable, car il pourrait arriver qu'un assuré retardataire, qui aurait éprouvé un sinistre, vînt ou fît retirer sa quittance avant de le déclarer, et cherchât à se prévaloir de la date portée sur la quittance, pour se prétendre en droit d'être indemnisé.

Timbre des quittances.

ART. 437. — Toute quittance supérieure à dix francs doit être revêtue d'un timbre mobile de dix centimes.

Ce timbre doit être appliqué sur la quittance, et oblitéré par l'apposition, en travers et à l'encre noire, de la signature de celui qui encaisse la prime et de la date de l'oblitération.

Toute amende provenant d'une infraction à ces dispositions retomberait à la charge de l'Agent général.

Les primes sont payables au siége de l'Agence.

ART. 438. — Aux termes des stipulations du contrat (art. 7), les primes sont payables au siége de l'Agence générale où les assurances ont été contractées. Ainsi donc, d'après la convention, ce sont les assurés qui doivent venir se libérer et retirer leurs quittances.

On doit présenter les quittances à domicile.

ART. 439. — Néanmoins, dans le but d'éviter les lenteurs que ce mode de paiement pourrait occasionner, et les embarras qu'il pourrait, dans certains cas, causer aux assurés, la Compagnie, sans entendre renoncer à ses droits, croit devoir recommander expressément aux Agents généraux de ne pas attendre que les assurés viennent apporter leurs primes, et d'en faire présenter les quittances à leurs domiciles.

Organisation du service des recettes.

ART. 440. — Pour atteindre le but que poursuit la Compagnie, en facilitant ainsi aux assurés les moyens de se libérer, il est indispensable que, dans chacune des Agences, le service des recettes soit organisé et fonctionne dans les conditions les plus propres à assurer, tout à la fois, la promptitude et la régularité des recouvrements.

Préparation des quittances.

ART. 441. — Il faut, par conséquent :

Que les quittances des primes annuelles soient remplies, au plus tard, dans le mois qui précède leur échéance, et qu'elles soient mises à la disposition des agents cantonaux ou des préposés spécialement chargés des recettes, assez à temps pour qu'elles puissent être présentées aux assurés dans le mois même où elles sont devenues exigibles;

Tournées de recettes.

Que des tournées soient opérées en conséquence chaque mois, soit par l'Agent général, soit par ses préposés, dans tous les cantons composant la circonscription de l'Agence, et qu'elles soient réglées de façon à pouvoir faire rendre compte aux agents cantonaux, dans les derniers jours du mois, des recettes qu'ils auront effectuées.

Avantages des tournées.

ART. 442. — Ces tournées, bien réglées, seront de nature à produire les meilleurs résultats pour la conduite des affaires de l'Agence, et pour le développement de ses opérations; car, en même temps qu'elles seront, pour l'Agent général, le moyen le plus efficace d'obtenir des affaires nouvelles, elles le mettront à même de se renseigner exactement sur la solvabilité et la moralité des assurés, sur la situation des risques, sur les mutations et les annulations devenues nécessaires, enfin de donner satisfaction à des réclamations légitimes, et de lutter utilement contre les mauvais vouloirs et contre des résistances mal fondées.

Art. 443. — Lorsque des primes n'auront pas été acquittées dans le mois qui suivra leur échéance, l'Agent général examinera si elles doivent être considérées comme étant tombées en non-valeurs, et, dans l'affirmative, il procédera de la manière indiquée au chapitre XV. Primes non payées.

Lorsque les primes ne seront pas dans le cas d'être portées en non-valeurs, l'Agent général adressera aux assurés retardataires une lettre d'avertissement qui leur rappellera leurs engagements. Lettre d'avertissement.

Ces lettres d'avertissement sont établies sur des imprimés dont les Agences générales sont pourvues. Elles sont expédiées par la poste, sous bande, comme circulaires, et sont admises à l'affranchissement au taux du tarif réduit, fixé, pour les imprimés ordinaires, à deux centimes. (*Voir modèle n° 73.*)

Art. 444. — Lorsque, malgré la présentation de la quittance et la lettre d'avertissement, un assuré ne se sera pas libéré dans les deux mois au plus tard, après l'échéance de la prime, et s'il n'existe pas d'ailleurs de raison pour considérer la prime comme étant irrécouvrable, il faudra alors poursuivre le recouvrement par les voies judiciaires. Poursuites judiciaires.

Art. 445. — Lorsque le montant de la prime ou des primes réunies, s'il en est dû plusieurs sur la même Police, n'excède pas la somme de deux cents francs, la demande en paiement doit être portée devant le Juge de paix, qui, d'après la loi, connaît, en dernier ressort, de toutes les actions personnelles et mobilières, jusqu'à concurrence de cent francs, et, à charge d'appel, jusqu'à deux cents francs. Marche à suivre.

Art. 446. — La demande, aux termes de l'article 9 des Polices, doit être portée devant le Juge de paix du canton dans lequel est placé le siége de l'Agence générale où la Police a été contractée.

Art. 447. — La demande pourrait aussi être portée devant le Juge de paix du canton dans lequel l'assuré est domicilié, et c'est même devant ce Juge de paix qu'elle doit être portée, quand il s'agit d'une Police transférée de l'Agence où elle a été souscrite, à une autre Agence.

Art. 448. — Aucune citation devant la Justice de paix ne peut être donnée par ministère d'huissier, sans qu'au préalable le Juge de paix n'ait appelé les parties devant lui, au moyen d'un avertissement sur papier timbré, délivré et expédié par le greffier, au nom et sous la surveillance du Juge de paix.

Permis de citer.

ART. 449. — Si l'assuré ne comparaît pas sur cet avertissement ou ne se libère pas, l'Agent général se fait délivrer un *permis de citer*, qu'il remet à l'huissier chargé d'assigner l'assuré devant le Juge de paix compétent.

Lettre d'huissier.

ART. 450. — Avant de commencer la poursuite et de signifier la citation (*modèle n° 75*), l'huissier adressera lui-même une dernière lettre d'avertissement à l'assuré (*voir modèle n° 74*), pour l'inviter à se libérer. Cette lettre ne sera pas affranchie.

Il faut limiter les poursuites.

ART. 451. — Dans l'intérêt même de la Compagnie, il faut autant que possible limiter l'emploi des moyens coercitifs. En conséquence, si, dans la même commune, il existe un certain nombre de retardataires, il convient de ne pas les citer tous à la fois, mais de commencer par les plus notables et les plus récalcitrants, afin que leur condamnation serve d'exemple aux autres, et les décide à venir d'eux-mêmes se libérer.

L'Agent ne doit pas employer d'intermédiaire en Justice de paix.

ART. 452. — L'Agent général ne doit pas employer le ministère d'un avoué ou d'un avocat pour représenter la Compagnie devant la Justice de paix, sur les demandes en paiement de primes. Il doit s'y présenter en personne, muni du pouvoir spécial qui lui est conféré à cet effet. Dans les cas où il prendrait sur lui d'avoir recours à un intermédiaire salarié, les frais resteraient à sa charge.

Contre qui est exercée la demande en paiement de primes.

ART. 453. — En général, la demande en paiement de primes doit être exercée contre le souscripteur de la Police, s'il a, en la signant, déclaré agir pour son compte personnel ou même pour le compte de qui il appartiendra, sans désignation du propriétaire des choses assurées.

Dans ces deux cas, en effet, la Compagnie ne connaît que le signataire de la Police; elle n'a traité qu'avec lui; c'est lui, par conséquent, qui est le débiteur direct et unique de la prime.

En cas de décès de l'assuré, la demande doit être formée contre ses héritiers ou ses légataires, dans les conditions et proportions suivant lesquelles ils sont appelés à recueillir les biens du défunt, et à supporter les charges de sa succession.

En cas de mutation de propriété par suite de vente ou de donation, la demande doit être formée contre le nouveau propriétaire, s'il a été admis à profiter du bénéfice de l'assurance.

Dans le cas contraire, la Compagnie ne peut agir que contre l'ancien propriétaire ou ses héritiers, à l'effet d'obtenir le paiement, en outre des primes échues, s'il en est dû, du montant d'une année de prime, à titre d'indemnité de résiliation.

Si la Police d'assurance est souscrite pour le compte d'un mineur ou d'un interdit, la demande doit être formée contre le tuteur.

Si elle est souscrite pour le compte d'une femme mariée, ou par la femme elle-même, agissant avec l'autorisation de son mari, la demande doit être formée contre la femme et contre le mari, pour la validité.

Art. 454. — La Police en vertu de laquelle une poursuite en paiement de primes est exercée, à la requête de la Compagnie, doit être préalablement soumise à la formalité de l'enregistrement.

Enregistrement de la Police.

Aux termes de l'article 6 de la loi du 23 août 1871, cette formalité, lorsqu'elle est requise, doit être donnée gratuitement, et elle doit être énoncée dans l'acte de citation.

Art. 455. — Lorsque le montant de la prime ou des primes réunies restées impayées, dépasse la somme de deux cents francs, la demande doit être portée soit devant le Tribunal civil, soit devant le Tribunal de commerce, si l'assuré est commerçant, et si son assurance est relative à des affaires de son commerce.

Demande dépassant deux cents francs.

Lorsque ces cas se présenteront, les poursuites ne pourront être exercées qu'en vertu d'une autorisation expresse de l'Administration. L'Agent général devra donc se borner à en référer à la Compagnie, et attendre sa décision.

L'Agent général devra procéder de la même manière, quand il s'agira de primes, quel qu'en soit le chiffre, qui seraient dues par des communes, des départements, des établissements religieux ou de bienfaisance.

Enfin, la Compagnie devra être tenue constamment au courant des poursuites exercées devant la Justice de paix, contre les assurés retardataires, et des résultats qu'elles auront produits, pour qu'elle puisse apprécier s'il y a lieu de les continuer, ou, au contraire, de les faire cesser, afin d'éviter des frais qui resteraient à sa charge.

Art. 456. — Il est expressément interdit à l'Agent général, à moins d'une autorisation expresse de la Compagnie :

Interdictions.

1° De recevoir aucune prime pour des assurances appartenant à une autre Agence:

2° De recevoir des primes par à-compte ;

3° D'accorder et de consentir des délais pour le paiement des primes ;

4° D'accepter en paiement des billets ou mandats à terme, souscrits par les assurés.

Art. 457. — Les quittances des primes impayées et considérées définitivement comme étant irrécouvrables, doivent, aussitôt rentrées à l'Agence, être rattachées à leurs souches avec annotation du motif qui en a empêché l'encaissement. Il en est de même des quittances nulles, de celles faites en double emploi, et des quittances relatives à des polices transférées à d'autres Agences.

Quittances des primes irrécouvrables.

Art. 458. — L'emploi de toute quittance détachée de sa souche doit pouvoir, en toute occasion, être justifié aux Inspecteurs, soit par le montant en numéraire inscrit au livre de caisse, soit par la représentation de la quittance elle-même, soit enfin par une mention inscrite au compte d'un sous-agent, et constatant qu'elle lui a été remise pour en opérer le recouvrement.

Justification de l'emploi des quittances.

# TITRE TROISIÈME

## DES SINISTRES

## CHAPITRE XVIII

### Des premières mesures à prendre en cas de sinistre.

L'Agent général doit se rendre sur les lieux du sinistre.

Art. 459. — Quand il survient, dans la circonscription d'une Agence, un incendie de quelque importance, qui frappe ou menace des propriétés immobilières ou mobilières, assurées par la Compagnie, l'Agent général doit, aussitôt qu'il en a connaissance, se transporter sur le lieu de l'événement, afin de provoquer, s'il en est temps encore, de prompts secours; — de stimuler le zèle des pompiers et des habitants; — de prévenir toute fraude et tout détournement; — de mettre en sûreté le sauvetage et de veiller à sa conservation; — de recueillir, sur les causes de l'incendie, les premiers indices, qui sont presque toujours les plus sûrs; — de prendre, enfin, ou de prescrire, pour la sauvegarde des intérêts de la Compagnie, toutes les mesures conservatoires que les circonstances lui paraîtront commander.

Part du feu.

Art. 460. — Si, pour empêcher que l'incendie se communique à des bâtiments assurés ou renfermant des objets assurés par la Compagnie, il était nécessaire d'abattre un bâtiment voisin, l'Agent général solliciterait l'autorité pour qu'elle ordonnât cette mesure; mais il n'en prendrait pas lui-même l'initiative, et ne signerait aucun acte de demande ni d'adhésion.

Si, au contraire, la démolition d'un bâtiment assuré par la Compagnie était ordonnée, sans une évidente nécessité, pour préserver d'autres bâtiments, l'Agent général chercherait, par ses représentations, à faire rapporter cet ordre.

Lettre d'avis immédiate.

Art. 461. — L'Agent général, dès qu'il a connaissance d'un sinistre qui concerne la Compagnie, et dont l'importance dépasse 20 francs, doit lui en donner avis par une lettre imprimée, de couleur jaune, en prenant le soin de consigner des annotations en regard de chacune des questions qui y sont posées. (*Voir modèle n° 77.*)

L'Agent général, alors même qu'il ne serait pas en mesure de rendre compte à la Compagnie de toutes les circonstances qu'elle a intérêt à connaître, n'en devrait pas moins lui expédier la lettre d'avis, sauf à fournir des renseignements plus complets, par un prochain courrier.

Envoi de la Police sinistrée.

Dans le cas où la Police atteinte n'aurait pas encore été envoyée à la Direction, il faudrait la joindre à la lettre d'avis.

Lettre d'avis séparée pour chaque sinistre.

Art. 462. — Quand l'incendie s'est étendu à des risques garantis à divers assurés par des Polices différentes, chaque sinistre doit être l'objet d'une lettre d'avis séparée et de l'envoi, s'il y a lieu, de l'ampliation de chaque Police atteinte.

Soins à donner au sauvetage.

Art. 463. — Dès que l'incendie aura cessé, l'Agent général s'occupera du sauvetage.

Pour les bâtiments, si l'estimation du dommage ne peut être faite immédiatement *(voir art. 489)*, il s'entendra avec l'assuré pour prévenir les nouvelles dégradations que les suites de l'incendie ou le mauvais temps pourraient occasionner (1).

Quant aux objets mobiliers, marchandises ou produits des récoltes, on séparera les objets sains et intacts de ceux dont l'avarie pourrait se communiquer, et l'on prendra les mesures nécessaires pour que ces derniers ne puissent se détériorer davantage.

Enfin, de concert avec l'assuré, l'Agent pourra, en cas de besoin et si le sinistre est d'une importance suffisante, établir et salarier des gardiens jusqu'au moment de l'expertise, ou faire déposer en lieu sûr les objets sauvés.

Inventaire à dresser.

Dans tous les cas, l'Agent devra, avant de quitter les lieux, dresser un inventaire, mais sans désignation de valeur, des objets sauvés (*voir modèle n° 79*), et le faire reconnaître et signer par l'assuré à la garde duquel les objets sont laissés.

Le tout sans préjudice et sous toutes réserves des droits de la Compagnie.

Paraphe des livres.

Art. 464. — Lorsque le sinistre aura frappé les marchandises d'un commerçant, l'Agent demandera de suite la représentation de ses livres et en paraphera le dernier feuillet, afin qu'on ne puisse rien y ajouter.

Intervention provisoire des sous-agents.

Art. 465. — En cas d'empêchement, ou quand le lieu de l'incendie est trop éloigné du siége de l'Agence, ou bien encore quand le sinistre est de faible importance, l'Agent général peut, sous sa responsabilité, se faire suppléer par un Agent auxiliaire, pour les renseignements à recueillir, les investigations à faire et les mesures conservatoires à prendre.

Déclaration devant le Juge de paix.

Art. 466. — Aux termes de l'article 17 des conditions générales de la Police, l'assuré doit, immédiatement après l'incendie, faire, à ses frais, sa déclaration devant le Juge de paix du canton, et en remettre une expédition à l'Agent général. (*Voir modèle n° 78.*)

Devant le Maire ou le Commissaire de police.

Cependant, pour tout sinistre qui ne dépassera pas 100 francs, l'Agent général pourra admettre l'assuré à faire sa déclaration devant le Maire de sa commune, ou, à défaut, devant le Commissaire de police.

(1) Quoique la Compagnie ne puisse être tenue au paiement des dégâts qui surviennent postérieurement à l'incendie, il est néanmoins de son intérêt et du devoir de l'Agent de prendre toutes les mesures nécessaires pour empêcher les détériorations à la suite d'un sinistre.

Il pourra même dispenser l'assuré de l'une ou de l'autre de ces déclarations, si la perte présumée ne dépasse pas 20 francs, mais il est bien entendu que la Compagnie ne renonce pas à la faculté d'exiger une déclaration devant la Justice de paix, pour tout sinistre, quelque peu importants que soient les dommages.

Les déclarations doivent être sur papier timbré.

Toute déclaration d'incendie, qu'elle soit faite devant le Juge de paix, le Maire ou le Commissaire de police, doit indiquer les causes connues ou présumées du sinistre, les circonstances qui l'ont accompagné ou suivi, la nature et la valeur approximatives des pertes. Elle doit être rédigée sur papier timbré, et l'Agent général refusera toute expédition qui serait sur papier libre.

État détaillé des pertes.

Art. 467. — Indépendamment de cette déclaration, l'assuré est tenu de fournir à la Compagnie, dans les quinze jours du sinistre, un état détaillé et certifié par lui des objets incendiés, avariés et sauvés, sous peine de déchéance. (Art. 17 de la Police.)

Enquête à faire dans certains cas.

Art. 468. — Dans les sinistres graves, soit par leur importance, soit par les circonstances qui les ont accompagnés, l'Agent peut recourir à l'intervention du Juge de paix du canton et lui demander de se transporter sur les lieux pour y procéder à une enquête, sauf à lui tenir compte de ses frais de déplacement.

Résiliation immédiate.

Art. 469. — Lorsqu'un commencement de sinistre inspirera des doutes sur la bonne foi de l'assuré ou fera craindre un sinistre plus considérable, l'Agent peut user du bénéfice de l'article 23 de la Police et résilier immédiatement l'assurance suivant la forme prescrite en l'article 393; et si l'assuré n'y consent pas, il pourra, s'il y a urgence, lui faire notifier la résiliation par huissier. (*Voir modèle de signification n° 88.*)

Avis motivé.

Dans tous les autres cas, l'Agent doit se borner à donner son avis motivé sur l'opportunité de maintenir ou de résilier la Police. (*Voir art. 404.*)

**Examen des cas de déchéance.**

Art. 470. — Avant de procéder au règlement des dommages résultant d'un sinistre à la charge de la Compagnie, l'Agent général recherchera si l'assuré n'a pas contrevenu aux prescriptions du contrat et aux obligations qui lui sont imposées par les conditions générales de la Police, sous peine d'encourir la déchéance de tout droit à indemnité.

Aux termes des stipulations du contrat, la déchéance peut être encourue par l'assuré dans les cas suivants :

1° Si la prime échue n'était pas payée au moment du sinistre malgré l'expiration du délai de grâce accordé à l'assuré pour l'acquitter (Art. 7 de la Police);

2° Si, en contractant l'assurance, il n'a pas déclaré et fait mentionner dans la Police :

La qualité exacte en laquelle il agit;

La nature précise de ses droits à la propriété ou à la conservation des objets qu'il fait garantir;

Leur situation en contiguïté ou à proximité de quelque usine, fabrique ou autres établissements contenant ou destinés à contenir des marchandises ou des produits d'une nature dangereuse (Art. 10 de la Police) ;

Les assurances antérieurement contractées avec d'autres Compagnies, pour les objets sur lesquels porte l'assurance de la Compagnie l'*Aigle*, ou pour des objets différents mais faisant partie du même risque (Art. 10 de la Police) ;

3° S'il n'a pas fait dans les délais prescrits les déclarations concernant :

Les changements apportés pendant le cours de l'assurance dans l'état ou dans la destination des objets assurés et qui sont de nature à aggraver les risques (Art. 12 de la Police) ;

L'établissement, dans les propriétés contiguës aux bâtiments assurés ou renfermant des objets assurés par la Compagnie, de constructions de nature à aggraver les risques, soit par elles-mêmes, soit par les marchandises ou les produits d'une nature dangereuse qu'elles sont destinées à recevoir (Même article) ;

Le déplacement des objets assurés et leur translation dans d'autres lieux que ceux désignés dans la Police (Même article) ;

La translation des risques locatifs et des risques de voisinage d'un lieu à un autre (Même article) ;

Les assurances souscrites à d'autres Compagnies, à titre de complément, de coassurance ou de reprise, soit sur les objets garantis par la Compagnie l'*Aigle*, soit sur des objets différents, mais faisant partie du même risque (Art. 13 de la Police) ;

Si les déclarations relatives aux mutations survenues dans la propriété ou la jouissance des objets assurés, par suite de vente, de donation, de décès, de faillite, de liquidation de Société ou d'autres causes, n'ont pas été faites par l'assuré ou par ses représentants dans les délais prescrits (Art. 14 de la Police) ;

S'il s'est rendu coupable de fausses déclarations, de réticence ou de dissimulation, notamment en ce qui concerne la qualité en laquelle il contracte, la nature de ses droits à la propriété ou à la conservation des objets soumis à l'assurance, le genre de construction et de couverture des bâtiments assurés ou renfermant des objets assurés, leur situation, les marchandises hasardeuses qu'ils contiennent et les professions dangereuses qui y sont exercées ; toute circonstance, enfin, tendant à diminuer l'opinion du risque ou à en changer le sujet (Art. 10 de la Police ; art. 348 du Code de commerce) ;

4° Si, dans les quinze jours de l'incendie, et à moins d'impossibilité constatée, l'assuré n'avait pas fait la déclaration de l'incendie, et transmis une expédition de cette déclaration à l'Agent général (Art. 17 de la Police) ;

5° S'il n'avait pas fourni, dans le même délai, l'état estimatif et détaillé des pertes dont il réclame l'indemnité (Même article) ;

6° S'il exagérait sciemment le montant des pertes ; s'il supposait détruits, par le feu ou par l'explosion, des objets qui n'existaient pas au moment du sinistre; s'il détournait ou s'il dissimulait tout ou partie des objets sauvés ; s'il employait, comme justification des pertes, des documents ou des moyens mensongers ; s'il avait volontairement causé le sinistre (Art. 18 de la Police) ;

7° S'il n'avait pas formé sa demande en règlement des dommages et en paiement de l'indemnité dans le délai de six mois au plus tard, à partir du jour du sinistre (Art. 27 de la Police).

Instructions à demander.

ART. 471. — Quand l'assuré ne sera pas en règle pour le paiement de sa prime ou se trouvera dans quelque autre cas de déchéance, l'Agent général devra surseoir au règlement des dommages, et s'abstenir de toute démarche dont on pourrait induire la renonciation implicite de la Compagnie au droit d'opposer la déchéance encourue. Il se bornera à demander des instructions.

**Examen des recours.**

ART. 472. — Après l'examen des déchéances, l'Agent général devra rechercher quels sont, suivant la nature du sinistre et les circonstances dans lesquelles il s'est produit, les recours que la Compagnie pourrait avoir à exercer contre des tiers, et réciproquement les recours que des tiers pourraient avoir à exercer contre la Compagnie.

On ne saurait trop recommander à l'Agent général de procéder avec le plus grand soin aux investigations nécessaires, et de fournir à la Compagnie tous les renseignements de nature à l'intéresser et à fixer ses appréciations.

Les cas de responsabilité qui donnent le plus fréquemment lieu à des recours, soit de la part de la Compagnie contre des tiers, soit de la part de tiers contre la Compagnie, peuvent se diviser en trois catégories principales, savoir :

Du propriétaire contre les locataires.

1° Le recours du propriétaire contre les locataires, pour la réparation des dommages causés par l'incendie à la maison occupée par eux (Art. 1733 et 1734 du Code civil);

Des voisins.

2° Le recours des voisins, pour la réparation des dégâts causés à leurs propriétés mobilières ou immobilières par communication d'incendie (Art. 1382, 1383, 1384 du Code civil);

Des locataires contre le propriétaire.

3° Le recours des locataires contre le propriétaire, pour la réparation des dégâts causés à leurs effets mobiliers par un incendie provenant d'un vice de construction ou d'un défaut d'entretien de la maison louée (Art. 1386 et 1721 du Code civil).

Responsabilité des locataires.

ART. 473. — La loi rend les locataires responsables envers le propriétaire de l'incendie de la maison qu'ils habitent, et ils ne peuvent s'affranchir de cette responsabilité qu'en faisant la preuve que l'incendie n'a pas commencé chez eux, ou qu'il a été causé par un cas fortuit ou de force majeure (la foudre, par exemple, ou la malveillance étrangère), ou par un vice de construction, ou qu'il a été communiqué par une maison voisine.

Les locataires ne sont pas affranchis de la responsabilité que la loi fait peser sur eux, par cela seul que le propriétaire occupe une partie de la maison ; mais, dans ce cas, le propriétaire n'est admis à exercer son recours qu'après avoir prouvé que le feu n'a pas pris naissance dans la partie qu'il occupe.

Recours des voisins.

Art. 474. — Pour que les voisins soient fondés à exercer un recours en vertu des articles 1382, 1383 et 1384 du Code civil, il ne suffit pas que les dommages qu'ils ont éprouvés proviennent de ce que l'incendie a été communiqué à leurs bâtiments ou à leurs mobiliers ; il faut, en outre, qu'ils soient en mesure de prouver que l'incendie provient *de la faute, de la négligence* ou *de l'imprudence* du voisin chez lequel le feu a pris naissance, ou encore d'un vice de construction.

On entend par voisins, non-seulement les propriétaires et les habitants des maisons voisines de la maison qui a communiqué le feu, mais aussi les colocataires et les autres habitants de cette maison.

On peut faire rentrer dans la catégorie des recours de voisins, comme étant soumis aux mêmes règles, les recours qui peuvent être exercés par tous ceux qui ont souffert des dommages qu'un incendie a occasionnés, contre tous ceux qui ont causé cet incendie par leur faute, leur imprudence ou leur négligence.

Recours des locataires.

Art. 475. — Les locataires auxquels l'incendie de la maison qu'ils habitent a causé des dommages, ne peuvent exercer un recours contre le propriétaire qu'à la condition d'être en mesure de prouver que l'incendie provient d'un vice de construction ou d'un défaut d'entretien imputable au propriétaire.

Vérification de l'origine et des causes de l'incendie.

Art. 476. — Il résulte des explications qui précèdent que, dans tout sinistre intéressant la Compagnie, l'Agent général a la mission de s'enquérir, par tous les moyens en son pouvoir, des causes de l'incendie, du lieu où le feu a pris naissance et de la manière dont il a commencé, afin de mettre la Compagnie à même d'apprécier, d'après les renseignements qu'il lui transmettra, la ligne de conduite qu'elle aura à suivre pour l'exercice de ses droits, ou pour la défense de ses intérêts.

Intervention des personnes responsables.

Art. 477. — Quand il s'agira de procéder au règlement d'un sinistre portant sur une maison assurée par la Compagnie au propriétaire, il conviendra, toutes les fois que l'incendie aura pris naissance dans des lieux occupés par des locataires, de les appeler et de les faire intervenir à l'expertise, si, d'ailleurs, ils ne sont pas garantis par la Compagnie pour leurs risques locatifs.

Au cas où ils se refuseraient à intervenir amiablement, une sommation par huissier leur serait adressée. (*Voir modèle n° 89.*)

Ce qui vient d'être dit à l'égard des locataires s'applique aux sous-locataires et aux tiers, tels que les dépositaires, les voituriers, ou tous autres détenteurs d'objets appartenant à autrui. — La loi, en effet, les rend responsables de la perte de ces objets, à moins qu'ils ne prouvent qu'elle a eu lieu sans leur faute.

On fera intervenir à l'expertise, en procédant de la même manière, les voisins et les tiers, quand les faits de négligence ou d'imprudence, de nature à engager leur responsabilité, paraîtront suffisamment établis.

Relativement au propriétaire, que la loi rend responsable envers le locataire de l'incendie provenant du vice de construction ou du défaut d'entretien de sa maison, il y aura lieu de l'appeler à l'expertise, lorsqu'il y aura des raisons de penser que c'est bien à un vice de construction, ou à un défaut d'entretien que doit être attribué l'incendie qui a détruit ou endommagé les objets assurés au locataire.

Refus d'assister à l'expertise après sommation faite.

Art. 478. — Si les garants mis en demeure, par une sommation, d'assister à l'expertise, ne comparaissent pas, l'Agent général fera constater le défaut de comparution dans le procès-verbal des experts, et il sera procédé à l'expertise sans le concours des non-comparants, sauf à la Compagnie à poursuivre ultérieurement l'exercice de son recours par toutes voies de droit.

Recours contre des personnes assurées à d'autres Compagnies.

Art. 479. — La Compagnie a intérêt à savoir si les personnes contre lesquelles des recours pourraient être exercés sont, ou non, assurées par d'autres Compagnies.

L'Agent général devra donc prendre le soin de l'en informer d'urgence, de lui indiquer sur quoi porte l'assurance et si elle comprend les risques locatifs, de voisinage et de vice de construction, les sommes assurées sur ces divers risques, et le montant du loyer des locataires.

Si les personnes contre lesquelles il y aurait lieu d'exercer un recours étaient assurées par une Compagnie, et si elles ne présentaient pas, par elles-mêmes, des garanties suffisantes, l'Agent général en informerait immédiatement la Direction, afin qu'elle puisse faire pratiquer une saisie-arrêt au siége de la Compagnie garante.

En cas d'urgence, l'Agent général s'adresserait immédiatement à un avoué, pour présenter, au nom de la Compagnie l'*Aigle*, une requête au Président du Tribunal, et faire signifier, en vertu de la permission obtenue, une opposition au siége de l'Agence générale de la Compagnie assureur dans la localité, et il en donnerait avis, sans retard, à la Direction.

Présomption de mauvaise foi ou de malveillance.

Art. 480. — Lorsqu'en recherchant la cause de l'incendie, l'Agent général rencontrera des traces d'actes de mauvaise foi, de malveillance ou de fraude, de la part de l'assuré, il devra recueillir avec soin les faits, les documents, les témoignages et les indices de nature à en confirmer la réalité, et les faire constater, de manière qu'ils ne puissent pas être ultérieurement niés ou dénaturés. En tout cas, il fera connaître, sans retard, les résultats de ses investigations à la Compagnie qui lui transmettra ses instructions.

Action du Ministère public.

Si une instruction était faite par Justice, l'Agent général en suivrait attentivement la marche et les progrès, veillerait à ce que tous les témoins utiles fussent entendus, et contribuerait, par tous les moyens en son pouvoir, à la manifestation de la vérité.

Dans tous les cas, l'Agent général devrait tenir exactement la Compagnie au courant de tout ce qui serait fait.

Arrestation de l'assuré.

ART. 481. — Si l'assuré était arrêté préventivement, la Compagnie pourrait néanmoins avoir intérêt, en prévision d'une ordonnance de non-lieu ou d'un acquittement, à faire procéder, sous toutes réserves, à l'estimation des dommages. Elle transmettrait alors des instructions spéciales à l'Agent général sur la marche qu'il y aurait à suivre.

Lorsque l'incendie sera attribué à une malveillance étrangère, l'Agent devra faire connaître à la Compagnie si le coupable présumé présente quelque solvabilité.

Cas imprévus et urgents.

ART. 482. — Dans les cas non prévus et *urgents* qui peuvent se présenter à l'occasion d'un sinistre, l'Agent est autorisé à prendre les conseils d'un avocat ou d'un avoué.

Sinistres d'une autre Agence.

ART. 483. — L'Agent général ne peut, à moins d'en avoir reçu l'autorisation de la Compagnie, s'immiscer dans des sinistres portant sur des Polices d'une autre Agence, si ce n'est pour prendre des mesures conservatoires.

Sinistres en commun avec d'autres Compagnies.

ART. 484. — Lorsqu'un sinistre frappera sur des objets assurés par la Compagnie l'*Aigle* conjointement avec d'autres Compagnies, l'Agent devra se concerter avec les Agents des autres Compagnies assureurs pour prendre toutes les mesures nécessaires.

Si la Compagnie est intéressée dans le sinistre par *voie de reprise* (*voir art. 433*), l'Agent doit intervenir pour veiller aux intérêts de la Compagnie.

## CHAPITRE XIX

### Dispositions générales pour l'estimation des dommages par transaction ou par expertise.

Juste appréciation des pertes.

ART. 485. — Les principes établis au chapitre Ier des présentes Instructions doivent être rigoureusement appliqués à tout règlement de sinistre, non-seulement en raison de leur équité, mais aussi à cause de la dangereuse impression que produit toujours l'allocation d'une indemnité supérieure au dommage réel. Donner à certains assurés l'exemple d'un bénéfice résultant d'un incendie, c'est les exciter à la négligence, et peut-être au crime. Les Agents ne sauraient donc prendre trop de précautions pour réduire toujours, à la stricte expression des pertes, les indemnités réclamées par les assurés.

Art. 486. — L'Agent général peut, après avoir transmis à la Compagnie la lettre d'avis prescrite par l'article 461, procéder immédiatement au règlement d'un sinistre dont l'importance ne dépasse pas cinq cents francs. Perte n'excédant pas 500 francs.

Cependant, s'il se présentait quelque circonstance extraordinaire ou imprévue, l'Agent général devrait surseoir, puis en référer à la Compagnie, et attendre ses instructions.

Art. 487. — Quand la perte, inférieure au vingtième de la somme assurée, ne s'élève pas au delà de *trois cents francs*, l'Agent général peut régler le sinistre par transaction, c'est-à-dire de gré à gré avec l'assuré. (Art. 19 de la Police.) Au-dessus de cette somme, il ne peut être procédé au règlement du sinistre que par une expertise régulière. Perte n'excédant pas 300 francs. — Règlement par transaction.

Lors même qu'un sinistre est réglé par transaction, la transaction doit toujours être accompagnée d'un état détaillé des pertes dressé par une personne spéciale désignée à cet effet par l'Agent général. Cette pièce ne doit pas être signée.

Les transactions sont faites sur des imprimés destinés à cet usage (*voir modèle n° 84*), revêtus du timbre.

Tous les règlements, faits par transaction ou autrement, sont, d'ailleurs, *subordonnés à l'approbation de la Compagnie.*

Art. 488. — Lorsque la perte est de minime importance, si le lieu du sinistre est éloigné du siége de l'Agence, et s'il y a dans la localité ou à proximité un sous-agent capable de bien défendre les intérêts de la Compagnie, l'Agent général pourra se dispenser de se déplacer, et confier à ce sous-agent le règlement du sinistre. Il devra même le faire, dans ce cas, pour épargner à la Compagnie des frais qui souvent excéderaient le montant du dommage. Perte de minime importance.

A défaut de sous-agent, l'Agent général pourrait faire opérer le règlement de ces petits sinistres par des personnes de confiance, auxquelles il donnerait les instructions et les renseignements nécessaires.

Art. 489. — Toutes les fois que les pertes paraîtront devoir dépasser le chiffre de cinq cents francs, l'Agent général, après avoir transmis la lettre d'avis conformément à *l'article 461*, devra attendre les instructions de la Compagnie, qui, selon les circonstances, enverra un de ses inspecteurs ou déléguera un de ses experts pour faire procéder à l'estimation des dommages, ou bien indiquera à l'Agent général la marche à suivre. Pertes au-dessus de 500 francs.

L'Agent général se bornera à prendre, en attendant, les mesures conservatoires qui lui paraîtront nécessaires.

Art. 490. — L'expertise, quand il y a lieu d'y procéder, se fait contradictoirement par deux experts choisis, l'un par l'assuré, l'autre par la Compagnie ou par son représentant. (Art. 19 de la Police.) Constitution de l'expertise

Choix des experts.

ART. 491. — Le choix des experts exige toute l'attention des Agents. Aux connaissances spéciales qu'il doit posséder relativement à l'objet de l'expertise, il faut que l'expert de la Compagnie joigne une probité reconnue, et la fermeté nécessaire pour résister à toute espèce d'influence.

Il doit être pris de préférence hors du lieu où réside l'assuré.

ART. 492. — Pour estimer les dommages éprouvés sur des bâtiments, l'expert de la Compagnie doit être pris parmi les personnes auxquelles les travaux de construction sont familiers, tels que les architectes, entrepreneurs, maçons, charpentiers, etc.

ART. 493. — Pour les fabriques et les usines, pour le mobilier industriel et pour les marchandises, on choisit des fabricants, des commerçants, des constructeurs de métiers et machines, connaissant le genre d'affaires ou d'industrie de l'assuré.

ART. 494. — Les commissaires-priseurs, marchands de meubles, tapissiers et fripiers conviennent pour le mobilier personnel et de ménage.

Pour les produits de récolte, les bestiaux, le mobilier aratoire, on s'adresse à des propriétaires ruraux ou à des cultivateurs éclairés.

Acte de nomination.

ART. 495. — La nomination des experts se fait par un acte sous signatures privées, rédigé en double, conformément au *modèle n° 80*, et sur des imprimés timbrés, à ce destinés.

Cet acte doit être signé par l'assuré, par l'Agent et par les experts avant toute autre opération.

Assuré ne sachant signer.

L'assuré qui ne sait ou ne peut pas signer se fait suppléer par un mandataire, au moyen d'une procuration notariée qui doit être annexée à la copie de l'acte de nomination d'experts. (*Voir modèle n° 87.*)

Expert nommé d'office.

ART. 496. — Si l'assuré refuse de concourir à la nomination des experts, ou si, pour y consentir, il veut faire insérer dans l'acte des clauses ayant pour but de changer la nature de l'expertise, il faut se pourvoir devant le juge compétent pour faire nommer d'office un expert à l'assuré ; l'Agent doit s'adresser à un avoué pour faire présenter une requête à cet effet.

Tiers expert.

ART. 497. — En cas de désaccord, les deux experts s'adjoignent un tiers expert.

S'ils ne peuvent s'entendre sur le choix du tiers expert, la désignation en sera faite, à la requête de la partie la plus diligente, par le Président du Tribunal de commerce ou du Tribunal de première instance de l'arrondissement.

Les parties peuvent respectivement exiger que le tiers expert soit choisi hors de l'arrondissement où réside l'assuré. (Art. 19 de la Police.)

S'il y a nécessité de nommer un tiers expert, l'Agent général examinera s'il doit se prévaloir de cette disposition.

Les trois experts opèrent en commun et prononcent à la majorité des voix.

Experts à faire écarter.

ART. 498. — Dans tous les cas prévus ci-dessus, l'Agent doit veiller également à ce que l'expert de l'assuré et le tiers-expert réunissent les qualités prescrites par l'article 491, et faire écarter ceux qui seraient intéressés dans la construction ou la réparation des bâtiments, machines et métiers, ou qui seraient portés, par quelque cause que ce soit, à exagérer la valeur des objets détruits.

Intervention à l'expertise.

ART. 499. — Quand il y aura lieu de faire intervenir à l'expertise un locataire, un voisin ou toute autre personne contre laquelle la Compagnie voudra exercer un recours, on suivra la marche tracée aux articles 477 et 478.

Explications à donner aux experts.

ART. 500. — Les Agents auront soin de bien expliquer aux experts, notamment à celui de la Compagnie, les effets que doit produire le contrat d'assurance ; ils leur feront particulièrement connaître que, d'après les conditions de la Police, les sommes assurées ne doivent nullement servir de base à leurs opérations (art. 6 de la Police), et ils suivront avec assiduité tous leurs travaux, afin de ne pas les laisser dévier des principes et des règles établies (1).

Vigilance pendant l'expertise.

ART. 501. — Les Agents veilleront soigneusement à ce qu'il ne soit pas introduit dans les expertises des objets non compris dans l'assurance, ou qui en sont formellement exclus, par les conditions de la Police. (*Voir art. 57 et 58.*)

Ils veilleront également à ce que le sauvetage ne soit point déprécié dans le but de favoriser l'assuré, qui est obligé de le reprendre au prix d'estimation, d'après l'article 21 de la Police. Ils feront observer aux experts que le sauvetage a nécessairement plus de valeur pour l'assuré, qui peut en faire usage, que pour un acquéreur étranger, et que, d'ailleurs, s'il était estimé trop bas, la Compagnie aurait le droit de le reprendre pour le montant de l'estimation.

Interpellations, protestations, réserves.

ART. 502. — L'Agent recommandera aux experts et, au besoin, les requerra de faire, à l'assuré ou à toutes autres personnes, telles interpellations qu'il jugera utiles et convenables, et de les insérer, ainsi que les réponses, dans le procès-verbal.

Il exigera aussi, selon les circonstances, l'insertion au procès-verbal de tous dires, protestations, réserves, etc., et notamment la réserve de l'application des dispositions des articles 7, 18, 20 et 21 de la Police.

---

(1) Peu de personnes ont une juste idée du système des assurances. On croit généralement qu'il suffit de faire assurer une somme et d'en payer la prime pour recevoir cette somme en cas de sinistre, et cela sans examen, ni justification, lors même que l'objet assuré aurait été d'une valeur moindre au moment de l'incendie : « *J'ai fait garantir*, dit-on, *10,000 francs sur ma maison; elle est brûlée ; payez-moi 10,000 francs.* » Ou bien : « *Les objets sauvés des flammes valent 2,000 francs ; vous me devez 8,000 francs.* » Cette manière de raisonner est erronée en matière d'assurance contre l'incendie et conduit à des conséquences contraires à la sûreté publique et à la loi ; car si l'on devait opérer dans ce sens, les incendies deviendraient un objet de spéculation ; tout homme de mauvaise foi ferait assurer ses propriétés au-dessus de leur valeur et y mettrait le feu pour s'enrichir.

Estimation distincte pour chaque article.

Art. 503. — Chacun des articles d'une même Police devant être considéré comme formant une assurance distincte pour les valeurs qui y sont énoncées, les experts auront à faire autant d'estimations qu'il y aura de sommes assurées.

Éléments d'estimation.

Art. 504. — L'estimation d'une chose détruite semble, au premier abord, fort difficile; l'expérience a prouvé qu'elle est toujours possible. Le métré du bâtiment, la notoriété publique, les titres de propriété, la cote des contributions directes, les débris de toute nature, les livres, les factures, les acheteurs, les vendeurs, les commis, les domestiques, les ouvriers, les voisins, fournissent toujours assez de renseignements pour éclairer la religion des experts.

But de l'expertise.

Art. 505. — Les opérations des experts ont exclusivement pour but de constater et de fixer le montant des *pertes réelles* que l'incendie a occasionnées aux objets assurés; c'est ensuite entre la Compagnie et l'assuré que se fait le règlement définitif de l'indemnité, conformément aux conditions de la Police, sauf le recours aux Tribunaux, s'il y a contestation.

Pertes réelles.

Art. 506 — Pour constater le montant des *pertes réelles*, c'est-à-dire des dommages *matériels* desquels seuls la Compagnie répond, aux termes des articles 1 et 4 de la Police, les experts déterminent la valeur intrinsèque de tous les objets assurés au moment de l'incendie (art. 20 de la Police) ; ils en déduisent le montant estimatif du *sauvetage*, et la différence constitue la *perte réelle*.

Valeur réelle.

On entend par *valeur réelle au moment du sinistre*, savoir :

Immeubles.

*En fait d'immeubles*, ce que valaient intrinsèquement, au moment de l'incendie, les constructions, d'après leur ancienneté, leur état et les circonstances qui pouvaient les déprécier, sans y comprendre la valeur du sol.

Mobiliers.

*En fait d'objets mobiliers*, le prix auquel ils pourraient être remplacés eu égard à leur vétusté, abstraction faite de toute considération de convenance, d'affection, de commodité ou d'utilité personnelle.

Marchandises

*En fait de marchandises, matières ou denrées*, leur prix au cours du jour du sinistre, d'après leur qualité, leur état, le lieu où elles se trouvaient, et sans égard aux probabilités de hausse, aux éventualités ou même à la certitude des bénéfices, soit par suite de commandes, de marchés à livrer ou de toutes autres circonstances.

Sauvetage.

Art. 507. — On entend par *sauvetage :*

1° La valeur réelle et intrinsèque de toutes les parties des objets qui ont été préservées du sinistre ;

2° La valeur réelle et intrinsèque que conservent les objets endommagés et les décombres, débris, matériaux et restes quelconques provenant des objets détruits.

Le *dommage*, ou *perte réelle*, est représenté par la somme qui forme la différence entre la *valeur réelle au moment du sinistre* de l'objet incendié et la valeur du *sauvetage*, sans qu'il y soit rien ajouté pour indemnité de changement d'alignement, défaut de location et de jouissance, résiliation de baux, chômage ou toute autre perte non matérielle (art. 4 de la Police), ni pour *pertes matérielles survenues postérieurement au sinistre*. Dommage.

ART. 508. — Lorsqu'un incendie aura détruit plusieurs propriétés appartenant à différentes personnes, il devra être fait autant de procès-verbaux d'expertise qu'il y aura d'assurés, et non pas un procès-verbal collectif. Autant de procès-verbaux que d'assurés sinistrés.

ART. 509. — Les procès-verbaux d'expertise seront faits en double, suivant le *modèle n° 81*, et sur les imprimés timbrés destinés à cet usage. Un des doubles sera délivré à l'assuré, s'il l'exige, et, dans ce cas, il paiera le coût du timbre ; l'autre sera envoyé à la Compagnie. *(Voir art. 541.)* Procès-verbaux d'expertise.

Les procès-verbaux d'expertise doivent être accompagnés d'états détaillés qui y demeurent annexés. Ces états ne devront jamais être signés par les experts ni par les parties. *(Voir modèles nos 82 et 83.)* États de pertes.

ART. 510. — Les experts étant dispensés des formalités judiciaires, ne prêtent point serment ; ils ne sont pas tenus de rédiger leur procès-verbal sur les lieux du sinistre, ni de le déposer au greffe, ni de le faire enregistrer. Les experts sont dispensés des formalités judiciaires.

ART. 511. — Les honoraires des experts se règlent suivant les usages locaux ; mais, dans aucun cas, ils ne doivent dépasser les limites fixées par le tarif des frais, établi pour les expertises judiciaires par le décret du 11 février 1811 (1). Honoraires des experts.

Art. 512. — Chaque partie paie les honoraires de son expert. En cas de tierce expertise, les frais en sont supportés par moitié.

## CHAPITRE XX

### De l'expertise des dommages sur bâtiments.

ART. 513. — Quand il s'agira de faire l'estimation d'un bâtiment, les experts devront, au préalable, se faire représenter les titres de propriété, s'informer du montant des loyers et des contributions, recueillir des renseignements sur la nature, sur l'âge et sur le bon ou mauvais état des constructions ; examiner quels étaient leurs dimensions, le nombre des étages et des portes et Renseignements à prendre par les experts.

(1) Ce tarif alloue : pour les départements, 3 francs par vacation de trois heures aux artisans et aux laboureurs, et 6 francs aux architectes et autres artistes. De plus, il leur est alloué pour frais de voyage et nourriture, aux premiers 3 francs et aux seconds 4 fr. 50 c. par myriamètre, pour toute distance parcourue au delà de deux myriamètres. — Il ne peut être compté plus de quatre vacations par jour.

fenêtres, les distributions intérieures, les décors, le genre de couverture et la nature des charpentes, plafonds, etc.

Détermination de la valeur réelle.

ART. 514. — D'après ces renseignements, les experts déterminent la valeur *réelle* du bâtiment incendié, abstraction faite de la valeur du sol et de l'augmentation de prix qui pourrait résulter d'une situation favorable ou de toute autre cause accidentelle. *(Voir art. 506.)*

Devis détaillé.

Ils dressent un devis estimatif et détaillé de la construction à l'état neuf, conformément au modèle n° 82. *(Voir art. 509.)*

Différence du vieux au neuf.

Ils établissent ensuite la différence du *vieux au neuf*, c'est-à-dire qu'après avoir recherché et constaté la date de la construction de l'immeuble incendié et vérifié son état d'entretien, ils font sur le prix des constructions une réduction, calculée sur le temps durant lequel l'immeuble aurait pu exister encore, et sur les réparations qu'il aurait exigées (1).

Dommages n'excédant pas 300 francs.

ART. 515. — Lorsque les dommages ne s'élèveront pas au delà de *trois cents francs* et n'excéderont pas un vingtième de la valeur de la propriété, on peut n'estimer que le coût des réparations à faire, eu égard à la différence du neuf au vieux, si, d'ailleurs, il est reconnu que la somme assurée n'est pas inférieure à la valeur réelle de l'immeuble (2).

## CHAPITRE XXI

### De l'expertise des dommages sur mobiliers, marchandises et récoltes.

État à fournir par l'assuré.

ART. 516. — Les pertes sur objets mobiliers et marchandises n'étant pas aussi facilement appréciables que celles sur immeubles, l'assuré doit, après avoir fait sa déclaration au Juge de paix de son canton, fournir à la Compagnie un état, certifié par lui, des objets incendiés, avariés et sauvés; et s'il ne satisfait pas à cette obligation dans les quinze jours qui suivent l'incendie, il est déchu de tous ses droits contre la Compagnie, à moins d'impossibilité constatée. *(Voir art. 467.)*

Ajournement de l'expertise.

L'Agent, en cas de retard dans la production de cette pièce, ne procédera pas à l'expertise et consultera la Compagnie. *(Voir art. 489.)*

---

(1) Cette réduction, qui est de toute justice puisque la Compagnie ne garantit que la valeur *réelle*, et non pas la valeur de construction neuve, peut être très-considérable, surtout quand il s'agit de bâtiments construits en bois et couverts en paille; une couverture en chaume, par exemple, durant trente années au plus, il est évident qu'elle n'a plus qu'une très-faible valeur, si elle a vingt-cinq ans d'existence au moment de l'incendie.

(2) Si la somme assurée était inférieure à la valeur de l'objet assuré, l'assuré tomberait sous l'application de l'article 20 de la Police, et il serait tenu de participer à la perte au centime le franc de son assurance. *(Voir art. 548.)*

ART. 517. — L'assuré doit ensuite justifier, par tous les moyens en son pouvoir, de l'existence des objets assurés au moment de l'incendie, et de la réalité des pertes (art. 18 de la Police). Toutes les pièces justificatives, avec les renseignements à l'appui, sont mises sous les yeux des experts, qui les contrôlent pour en constater l'exactitude. Justifications à produire.

Si l'assuré se refuse à faire ces justifications, l'Agent suspendra l'expertise et en référera à la Compagnie. Refus de justifications.

ART. 518. — Lorsque la perte causée par un sinistre sur mobilier, marchandises ou produits de récoltes, n'excédera pas les proportions indiquées à l'article 487, on pourra se borner à faire l'estimation des objets détruits et avariés et de leurs débris, suivant les conditions déterminées audit article. Dommages n'excédant pas 300 francs.

ART. 519. — S'il résulte des circonstances que des objets assurés ont été soustraits ou perdus, mais non brûlés, on ne les comprendra pas dans les estimations, la responsabilité de la Compagnie ne s'étendant pas à ces objets. (Art. 4 de la Police.) Objets soustraits ou perdus.

ART. 520. — Pour déterminer la valeur d'un mobilier détruit, on prend en considération la position sociale de l'assuré, sa fortune, son état de maison, le nombre de personnes dont se compose sa famille, etc., etc. Détermination de la valeur d'un mobilier brûlé.

On prend des informations auprès des domestiques, employés, ouvriers, voisins et toutes autres personnes qui connaissaient, habitaient ou fréquentaient la maison de l'incendié.

On cherche à reconnaître, par l'examen des localités, si les objets réclamés ont pu y être placés, s'ils y ont laissé des traces ou des débris, et *s'ils ont dû en laisser*.

Enfin, on compare la nature et la valeur des objets qui restent, avec la nature et la valeur des objets déclarés comme brûlés.

L'Agent indiquera la marche tracée ci-dessus aux experts, et concourra lui-même à recueillir tous les renseignements possibles.

ART. 521. — Il est essentiel que, dans l'estimation des objets mobiliers, les experts tiennent compte de l'état dans lequel ces objets se trouvaient au moment de l'incendie. De vieux meubles, du linge usé, etc., ne doivent pas être payés le prix du neuf. *(Voir art. 506.)* Vétusté.

ART. 522. — L'état *(voir modèle n° 83)* annexé au procès-verbal d'expertise, contient sur cinq colonnes les indications ci-après : État des pertes.

1° L'état dans lequel les objets ont été trouvés au moment de l'expertise;

2° La valeur des objets existant au moment de l'incendie, eu égard à leur ancienneté et à l'usage qui a pu en être fait;

3° La valeur, au moment de l'incendie, des objets sauvés ou intacts;

4° La valeur, au moment de l'incendie, des objets endommagés ou avariés, sans égard aux détériorations qu'ils ont pu éprouver depuis le sinistre, et que la Compagnie ne garantit pas.

5° Enfin, le montant de la perte totale ou partielle éprouvée sur chaque objet.

Il ne doit pas être signé.

L'Agent veillera à ce que toutes ces indications soient faites avec exactitude, sans omission ni exagération. Cet état ne doit pas être signé par les experts ni par les parties.

Estimation du mobilier industriel des petites industries.

ART. 523. — Les règles tracées ci-dessus pour l'estimation d'un mobilier personnel ou de ménage, peuvent également être suivies pour l'estimation d'un mobilier industriel appartenant à des marchands, artisans ou petits fabricants, ainsi que pour le mobilier aratoire.

Estimation du mobilier industriel des fabriques et usines.

ART. 524. — Pour le mobilier industriel des fabriques, des usines et des établissements industriels, on se fait représenter le dernier inventaire.

On interroge le contre-maître, les ouvriers, les personnes ou mécaniciens qui ont fourni, confectionné ou réparé les métiers, machines et ustensiles.

On cherche à s'assurer de l'existence des objets réclamés par l'inspection des emplacements qu'ils ont occupés, par l'examen des débris, ferrements et garnitures métalliques.

Pour déterminer la valeur, on s'informe de l'âge et du système des machines et métiers, et des noms des constructeurs qui les ont établis ou réparés.

On examine attentivement les métiers sauvés et les restes de ceux qui auront été détruits, pour servir de point de comparaison.

ART. 525. — Dans l'estimation des métiers et machines, les experts tiendront compte, indépendamment de la vétusté, de la moins-value que les progrès de l'industrie auront pu faire subir à des objets anciens et mal établis, ainsi que de la dépréciation qui pourrait résulter de l'état de gêne ou de stagnation de la branche de commerce à laquelle appartiendra l'établissement incendié.

Constatations pour les marchandises.

ART. 526. — Pour constater l'existence, la qualité et la valeur des marchandises assurées, les livres de l'assuré, son dernier inventaire, les factures, les lettres de voiture, la correspondance, le témoignage des commis et employés, celui des personnes avec lesquelles l'assuré était en relation d'affaires, ou qui fréquentaient la maison ou le magasin, sont des sources où l'on puisera les renseignements nécessaires. (*Voir art. 464.*)

Marchandises sous la surveillance des douanes ou de la régie.

ART. 527. — Lorsque l'assurance portera sur des marchandises placées sous la surveillance des douanes ou de la régie des contributions indirectes, on se procurera auprès de ces administrations tous les renseignements nécessaires.

Livres détruits par l'incendie.

ART. 528. — Lorsque les livres et papiers de l'assuré auront péri dans l'incendie, ou lorsqu'il s'agira d'estimer les marchandises d'un commerçant n'ayant pas tenu d'écritures, on suppléera l'absence de renseignements écrits :

Par les inductions que l'on pourra tirer de l'examen des localités, place par place ;

Par les débris, les cendres et les traces que le feu a laissés ;

Par un contrôle plus sévère des déclarations de l'assuré, et par des justifications plus nombreuses qu'on exigera de lui ;

Par les informations qu'on prendra auprès des gens de sa maison, de ses correspondants, de ses acheteurs, de ses vendeurs, etc.

Les *duplicatas* de factures que l'assuré est toujours à même de produire seront aussi des documents précieux.

Marchandises en fabrication.

ART. 529. — Si l'assurance porte sur marchandises en fabrication, les experts se feront rendre compte de la situation des travaux au moment de l'incendie.

Ils prendront en considération l'activité plus ou moins grande de l'établissement; ils s'informeront auprès des ouvriers quels étaient les métiers en activité, leur nombre, leur marche, leurs produits journaliers, en quantité et qualité.

Ils consulteront, pour les autres marchandises, les livres qui constatent le mouvement de la fabrique, les inventaires, la correspondance, les lettres de voiture, etc. ; au besoin, ils s'adresseront aux maisons de commerce qui fournissaient les matières premières et à celles qui achetaient les produits.

Estimation des marchandises.

ART. 530. — La valeur des marchandises (art. 20 de la Police) sera établie d'après le cours du jour, qu'il ne faut pas confondre avec le prix d'achat ou de *revient*, ni avec le prix auquel l'assuré aurait pu vendre dans son commerce. Le cours du jour doit s'entendre du prix auquel on pourrait, le jour de l'incendie, remplacer les marchandises perdues.

Pertes sur produits de récoltes.

ART. 531. — Pour apprécier les pertes sur produits de récoltes, on examinera :

1° L'étendue et la nature des terres qu'exploite l'assuré ;

2° Les produits de la dernière récolte, eu égard aux accidents, tels que la grêle, la gelée, etc., qui auraient altéré les qualités ou diminué les quantités ;

3° L'époque de l'année, d'après laquelle les approvisionnements doivent être plus ou moins considérables ;

4° Le montant des ventes faites depuis la dernière récolte, comme aussi la consommation journalière de la ferme, eu égard au nombre d'ouvriers, à celui des bestiaux et des animaux de labour.

Si l'assuré tient des notes ou des livres, on en exigera la représentation.

On interpellera les garçons de ferme, les journaliers, les batteurs en grange, les charretiers, les facteurs des marchés.

On comparera les produits des voisins et on consultera les maires, adjoints et autres habitants notables de la commune.

Pour les meules, on calculera leur volume d'après l'emplacement qu'elles occupaient, leur forme, leur hauteur suivant les usages du pays, ou d'après l'examen de celles qui se trouvent à proximité.

Sur grains et fourrages.

ART. 532. — Les grains, fourrages et autres denrées seront estimés d'après la mercuriale du dernier marché qui a précédé l'incendie, déduction faite de tous frais de battage, de transport, de factage, etc.

Sur bestiaux.

ART. 533. — L'existence et la valeur des bestiaux, troupeaux et animaux de labour, seront aussi établies par le témoignage des ouvriers et journaliers, et par celui des cultivateurs voisins.

Dommages sur bois et forêts.

ART. 534. — L'estimation des dommages d'incendie sur les bois et les forêts consiste à déterminer :

1° La valeur du bois assuré, eu égard à l'âge et à l'état d'aménagement, et, bien entendu, déduction faite du sol;

2° La diminution que cette valeur a éprouvée par l'effet de l'incendie;

3° La valeur du sauvetage, composée du bois à abattre et des souches qui doivent servir au recépage, l'incendie n'étant pas une cause de défrichement.

On fixe le prix suivant les ventes des dernières coupes ou sur d'autres données, et on prend telles informations qu'il sera nécessaire auprès des Agents et employés de l'administration forestière.

Créances hypothécaires; justifications.

ART. 535. — Lorsque l'expertise aura pour objet un immeuble affecté à la garantie d'une créance hypothécaire assurée par la Compagnie (*voir art. 55*), les experts auront à constater :

1° La valeur vénale de l'immeuble avant l'incendie, *sol compris;*

2° La valeur vénale de la partie restante et des débris, *aussi sol compris.*

L'assuré devra prouver :

1° Que son inscription n'avait pas, au jour de l'incendie, perdu son effet, par la péremption, le paiement, la prescription du titre ou toute autre cause;

2° Qu'en cas d'expropriation avant l'incendie, sa créance serait venue en ordre utile, soit en totalité, soit en partie, sur la valeur de l'immeuble, déduction faite des frais d'expropriation.

Sinistres sur risques locatifs; — divers cas.

ART. 536. — Lorsqu'un sinistre portera sur un bâtiment dans lequel se trouve un locataire garanti par la Compagnie pour son risque locatif, il faut examiner :

1° S'il y a plusieurs locataires dans le bâtiment incendié;

2° Si le propriétaire en occupe une partie;

3° Si la Compagnie a assuré les risques de propriété et les risques locatifs;

4° Si elle n'a assuré que les risques locatifs sans assurer les risques de propriété.

Dans le premier et dans le second cas, il sera très-important, par les raisons expliquées aux articles 473 et 476, de rechercher et de déterminer d'une manière certaine le point où l'incendie aura commencé.

Dans le troisième cas (celui où la Compagnie aurait à la fois assuré le propriétaire et le locataire), il faut examiner si la somme assurée sur le risque locatif couvre la somme garantie au propriétaire, et, dans ce cas, il n'y a pas lieu à faire à l'égard du locataire une estimation particulière des dommages, ni de le faire intervenir à l'expertise.

Mais si le locataire n'a fait assurer son risque locatif que pour une partie de la somme assurée au propriétaire, la Compagnie peut avoir un recours à exercer contre lui pour l'excédant, et, dans ce cas, il doit intervenir à l'expertise; s'il s'y refuse, il lui sera fait sommation comme il est dit à l'article 477.

Enfin, dans le quatrième cas (celui où la Compagnie n'aurait assuré que le locataire), il faut examiner avec soin, comme il est dit à l'article 473, si le locataire ne peut pas faire valoir en sa faveur l'une des exceptions prévues par les articles 1733 et 1734 du Code civil.

S'il y a doute sur la responsabilité du locataire, l'expertise est suspendue et l'Agent attend les ordres de la Compagnie.

Si l'expertise ne peut être suspendue, vu l'urgence, ou si l'Agent est contraint d'y assister, il doit faire les réserves les plus expresses dans l'acte de nomination des experts, et il doit les renouveler dans le procès-verbal d'expertise. (*Voir art. 502.*)

Vérification de la somme assurée; — prix du loyer.

Art. 537. — Dans tous les cas, les Agents doivent vérifier si le locataire a fait assurer sur son risque locatif une somme au moins égale à *quinze fois* le montant annuel de son loyer (dont le chiffre devra être indiqué à la Compagnie); car, dans le cas contraire, la Compagnie ne répondrait du dommage que dans la proportion de la somme assurée, et le locataire resterait son propre assureur pour le surplus. (Art. 22 de la Police.)

Règle proportionnelle non applicable.

Il n'y a pas lieu à l'application de la règle proportionnelle dont il vient d'être parlé, lorsque la somme assurée, quoique inférieure à *quinze fois* le montant annuel du loyer, représente la valeur du bâtiment loué.

Recours des voisins.

Art. 538.— Lorsqu'il s'agira de dommages occasionnés à des propriétés appartenant à des voisins contre le recours desquels l'assuré a été garanti par la Compagnie, l'Agent doit faire toutes les recherches et prendre toutes les informations nécessaires pour connaître les causes de l'incendie (*voir art. 472*), mais il doit s'abstenir de tout acte relatif à l'expertise. Il fera connaître les faits à la Compagnie et attendra ses instructions.

Marchandises en route.

Art. 539. — Lorsque des marchandises en route (*voir art. 109*) éprouvent un sinistre, le voiturier est tenu de faire dresser procès-verbal par l'autorité municipale du lieu de l'incendie.

Cette pièce, envoyée au commissionnaire-chargeur assuré, doit être remise par ce dernier à l'Agent qui a souscrit la Police, en y joignant: 1° la copie des lettres de voiture; 2° une note détaillée des réclamations des propriétaires.

Toutes les pièces sont ensuite transmises à la Compagnie, qui décide s'il y a lieu au paiement immédiat, ou si une expertise est nécessaire.

Soins à prendre.

ART. 540. — L'Agent général dans la circonscription duquel se produira un sinistre sur marchandises en route se transportera sur les lieux, et prendra les mesures de conservation prescrites par les articles 463 et suivants.

## CHAPITRE XXII

### Du règlement définitif des sinistres, des frais y relatifs et du paiement de l'indemnité.

Envoi des pièces du sinistre.

ART. 541. — Aussitôt l'expertise terminée, l'Agent envoie à la Compagnie toutes les pièces composant le dossier du sinistre et notamment :

Leur nomenclature.

1° La déclaration devant le Juge de paix prescrite par l'article 466, ou celle devant le Maire ou le Commissaire de police;

2° L'état détaillé des objets incendiés, avariés et sauvés, prescrit par l'article 467 ;

3° Le double de l'acte de nomination d'experts *(Voir art. 495)* avec la procuration de l'assuré s'il ne sait ou s'il ne peut signer ;

4° Le procès-verbal d'expertise indiqué à l'article 509 , ou la transaction prévue par l'article 487, l'un et l'autre accompagnés des pièces prescrites ;

5° Les originaux de tous les exploits qui ont pu être signifiés à l'occasion du sinistre, et notamment les oppositions ou les significations de transport. *(Voir art. 469, 477, 479, 496, 497, 536 et 557).*

État des frais et dépenses; — pièces à l'appui.

ART. 542. — L'Agent doit joindre à cet envoi un état détaillé de tous les frais et dépenses occasionnés par le sinistre, *avec les quittances et les pièces justificatives à l'appui.*

Ces frais comprennent :

1° Les sommes payées aux experts pour leurs honoraires et les dépenses nécessaires faites dans l'intérêt du sauvetage ;

2° La dépense personnelle à l'Agent pour frais de voiture ou de transport au lieu du sinistre et retour, plus les dépenses de nourriture ;

Les frais personnels de l'Agent doivent se borner aux déboursés réels faits par lui, sans y rien ajouter pour vacations ni honoraires.

Le règlement d'un sinistre constitue en effet pour l'Agent général une obligation inhérente à ses fonctions. Il trouve d'ailleurs un dédommagement de sa peine et de ses soins dans la réalisation des assurances nouvelles qu'il peut toujours obtenir dans le lieu de l'événement.

La note des dépenses ci-dessus doit être établie sur les imprimés fournis par l'Administration. *(Voir bulletin de paiement, modèle n° 85.)*

Chaque article de dépense excédant *dix francs*, à l'exception des frais de transport par chemin de fer ou voiture publique, doit être appuyé d'une quittance justificative délivrée par la partie prenante.

Toute quittance au-dessus de 10 francs doit être revêtue d'un timbre mobile de 10 centimes. (*Voir art. 437.*)

Conséquences des infractions.

Art. 543. — Les prescriptions contenues dans l'article qui précède sont toutes obligatoires, et les Agents sont priés de s'y conformer ponctuellement.

Toute infraction aurait pour effet :

1° Le rejet de la dépense non justifiée ;

2° L'ajournement du règlement définitif du sinistre, et, par conséquent, du paiement de l'indemnité, l'Agent demeurant responsable des conséquences de ce retard (1).

Les dépenses sont réglées par la caisse de l'Agence.

Art. 544. — Toutes les dépenses occasionnées par le règlement d'un sinistre sont payées par la caisse de l'Agent, lors même que les opérations du règlement auraient été dirigées par un inspecteur ou par un expert délégué, avec ou sans le concours de l'Agent.

A cet effet, lorsque l'Agent assistera l'inspecteur ou l'expert délégué, il soldera, sur l'ordre de celui-ci, les frais qui seront faits ; et lorsque l'inspecteur ou l'expert aura procédé seul au règlement, l'Agent lui remboursera les dépenses sur le vu et en échange des quittances justificatives qui seront annexées au compte de l'Agent.

Rapport détaillé.

Art. 545. — Lorsque l'Agent fait l'envoi du dossier d'un sinistre à la Compagnie, il doit lui adresser en même temps un rapport détaillé, contenant l'exposé des faits qui ont précédé, accompagné ou suivi le règlement. Il fera connaître le résultat de l'expertise, le montant des frais et les gratifications pécuniaires ou honorifiques qu'il lui semblerait utile d'accorder aux pompiers ou autres personnes qui auraient concouru avec éclat à arrêter les progrès de l'incendie (2).

Avis motivé à donner.

Il dira, par un avis motivé, s'il est convenable ou opportun de se pourvoir contre l'expertise ou d'autoriser le paiement ; s'il importe d'user de la faculté réservée par l'article 21 de la Police, qui autorise la Compagnie à faire reconstruire ou à réparer les bâtiments détruits ou endommagés ; à reprendre, en totalité ou en partie, les objets avariés pour le montant de leur estimation, ou à remplacer tout ou partie de ces objets en nature.

---

(1) Pour être présenté au Conseil d'administration, le dossier d'un sinistre doit être complet, non-seulement pour les pièces réglementaires relatives à l'expertise (*art. 541*), mais encore pour celles relatives aux frais (*art. 542*) ; car le principal et les frais doivent être ordonnancés en même temps, et ne peuvent pas l'être séparément.

(2) Les Agents doivent mettre beaucoup de réserve dans les demandes de cette nature, pour ne pas donner lieu aux abus. Chacun est tenu de porter secours lors d'un incendie ; aussi des gratifications ne doivent-elles être demandées que pour des services signalés et des actions d'éclat ayant particulièrement contribué à arrêter l'extension du feu.

Enfin, il dira s'il y a lieu de maintenir les Polices de l'assuré en tout ou en partie, ou d'en opérer la résiliation, conformément à l'article 23 de la Police. (*Voir art. 403.*)

Ordonnancement.

ART. 546. — Lorsque toutes les pièces relatives à un sinistre ont été transmises à la Compagnie, celle-ci examine si elles sont régulières, et, dans l'affirmative, elle détermine le montant de l'indemnité, suivant les conditions de la Police, et elle ordonnance le paiement.

Si, au contraire, il y a lieu à des observations ou si l'expertise est sujette à des rectifications, elle donne les instructions nécessaires à l'Agent.

Somme assurée supérieure à la valeur réelle.

ART. 547. — S'il résulte de l'expertise qu'au moment de l'incendie la somme assurée était supérieure à la valeur réelle des objets garantis, la Compagnie ne sera tenue de payer que le dommage effectif ou les pertes réelles, et rien au delà. (Art. 20 de la Police.)

Règle proportionnelle.

ART. 548. — Si, au contraire, la valeur réelle des objets garantis était supérieure à la somme assurée au moment du sinistre, la perte à la charge de la Compagnie, en cas de sinistre partiel, serait réduite au centime le franc, conformément à l'article 20 de la Police.

EXEMPLE :

| | |
|---|---|
| Il n'a été assuré que........................................Fr. | 50.000 |
| sur une propriété qui, au moment de l'incendie, valait............. | 75.000 |
| La partie sauvée du sinistre représente une valeur de............ | 15.000 |
| Le dommage est donc de................................................ | 60.000 |

Dans cette hypothèse, la Compagnie n'a été, de fait, assureur que pour une partie de la valeur totale, soit deux tiers, et l'assuré est resté son propre assureur pour l'autre portion, soit un tiers. La perte à la charge de chacune des parties doit donc se calculer dans la proportion de leurs intérêts réciproques, soit deux tiers pour la Compagnie et un tiers pour l'assuré, suivant la proportion ci-après :

Valeur totale : Perte totale : { 50,000 fr. montant de l'assurance : X = 40,000 fr. contingent de la Compagnie.
75,000 fr. : 60,000 fr. : { 25,000 fr. id. du découvert : X = 20,000 fr. id. de l'assuré.

Ce résultat est absolument le même que si la propriété avait été assurée par deux Compagnies, savoir :

| | |
|---|---|
| Par l'une, pour.............................................Fr. | 50.000 |
| Et par l'autre pour............................................ | 25.000 |

C'est ce qu'on appelle en terme d'assurance, l'*application de la règle proportionnelle.* (*Voir art. 6.*)

Répartition des pertes entre plusieurs assureurs.

ART. 549. — S'il arrive, comme il est prévu à l'article 20 des conditions générales de la Police, qu'il existe simultanément plusieurs assurances sur le même objet, le partage des pertes s'effectue également au centime le franc, de la manière suivante :

Exemple :

Supposons qu'il soit survenu une perte de 200,000 francs sur un objet valant 500,000 francs, et que le propriétaire ait fait assurer 450,000 francs par diverses Compagnies, et soit resté à découvert pour le surplus; pour déterminer quelle sera la perte de chacun, on établit la proportion comme il suit :

| Valeur totale : | Perte totale : | | | | | |
|---|---|---|---|---|---|---|
| 500,000 fr. | 200,000 fr. | 150,000 fr. assurance de la Cie *l'Aigle*...... | X = 60,000 | contingent de la Cie *l'Aigle*. |
| | | 100,000 — — du *Phénix*.... | X = 40,000 | — — du *Phénix* |
| | | 100,000 — — du *Soleil*..... | X = 40,000 | — — du *Soleil*. |
| | | 100,000 — — *Générale*....... | X = 40,000 | — — *Générale*. |
| | | 50,000 — — du propriétaire | X = 20,000 | — — de l'assuré |

Si, dans l'hypothèse ci-dessus, l'assuré était couvert pour le tout, il n'aurait à supporter aucune portion du dommage, et la perte serait répartie entre les diverses Compagnies dans la proportion de leurs assurances respectives comme cela est indiqué ci-dessus.

Art. 550. — Les assurés ne peuvent jamais faire aucun délaissement, ni total, ni partiel des objets avariés ou sauvés; mais si la Compagnie estime que les experts ont apprécié au-dessous de leur valeur réelle des objets échappés à l'incendie, elle a le droit de reprendre ces objets en tout ou partie, pour le montant de leur estimation. (Art. 21 de la Police.) Délaissement.

De même, si la Compagnie croit que les experts ont exagéré les dommages, elle peut faire réparer ou reconstruire les bâtiments détruits ou endommagés, ou remplacer en nature tout ou partie des objets avariés ou détruits. (Art. 21 de la Police.)

Art. 551. — Toutes les fois que la Compagnie aura intérêt à exercer l'un ou l'autre de ces droits, l'Agent devra l'en avertir, comme cela est prescrit par l'article 545. Avis à donner.

Art. 552. — Aucune indemnité de sinistre ne peut être payée sans une autorisation spéciale et expresse de la Compagnie, à moins que la somme à payer ne dépasse pas 50 francs. Autorisation nécessaire au paiement d'une indemnité.

Art. 553. — Le paiement, lorsqu'il est ordonnancé, est fait au comptant, soit à la caisse de la Compagnie, soit au siége de l'Agence générale où la Police a été souscrite. (Art. 24 de la Police.) Lieu du paiement.

Art. 554. — La Compagnie pourvoit au paiement de l'indemnité, soit en autorisant l'Agent à la payer au moyen des fonds qu'il a en caisse, soit en remettant, par l'intermédiaire de l'Agent, à l'assuré, un mandat à l'ordre de ce dernier, sur la caisse de la Compagnie ou sur la Banque de France, s'il existe une succursale dans le département. Mode de paiement.

Quittances des assurés.

ART. 555. — La délivrance du mandat est faite par l'Agent, contre une quittance signée par l'assuré.

Cette quittance doit être légalisée par le Maire de la commune où réside l'assuré.

Les quittances sont faites sur les imprimés destinés à cet usage, et dont la Compagnie munit ses Agents. *(Voir modèle n° 86.)*

Les unes, portant subrogation, sont timbrées au timbre de dimension; les autres au timbre de dix centimes.

Quand l'assurance est résiliée, la résiliation doit être constatée par un avenant fait double.

Aussitôt que la quittance est signée et légalisée, l'Agent doit l'adresser à la Compagnie et y joindre, quand il y a lieu, le double de l'avenant de résiliation.

Assuré ne sachant signer.

ART. 556. — Lorsqu'un assuré ne saura ou ne pourra signer, il devra, à ses frais, donner une quittance par devant notaire ou autoriser, par une procuration notariée, une tierce personne à recevoir et à donner quittance en son nom. Cette procuration doit aussi contenir le pouvoir de subroger et de résilier la Police. *(Voir modèle n° 87.)*

Vérifications antérieures au paiement.

ART. 557. — Avant d'effectuer aucun paiement, l'Agent général devra vérifier avec soin et faire connaître à la Compagnie :

Oppositions.

1° *S'il n'existe pas à l'Agence des oppositions ou saisies-arrêts* pratiquées au préjudice de l'assuré, par suite de transport de ses droits à l'indemnité, ou pour d'autres causes *(Voir art. 565)*;

2° Si les droits de l'assuré sur les objets incendiés étaient entiers, c'est-à-dire s'il ne les possédait pas par indivis, s'il n'en avait pas seulement la nue-propriété ou l'usufruit, s'ils n'appartenaient pas, en tout ou en partie, à sa femme, à ses enfants ou à des tiers pour lesquels il aurait agi;

3° Si l'assuré ne se trouve pas dans quelqu'un des cas d'incapacité prévus par la loi et résultant, par exemple, de la minorité, l'interdiction, la dation d'un conseil judiciaire, la privation des droits civils par suite d'une condamnation pénale, la faillite, la déconfiture, la cession de biens, leur mise sous sequestre, enfin de toute autre circonstance qui, étant susceptible de modifier la position civile ou commerciale de l'assuré, pourrait avoir pour effet d'invalider le paiement fait entre ses mains.

Si l'assuré était décédé depuis le règlement du sinistre, l'Agent général devrait également en informer la Compagnie.

Cas où il faut s'abstenir de tout paiement.

ART. 558. — En résumé, toutes les fois qu'il se présentera quelque circonstance de nature, soit à faire obstacle au versement de l'indemnité entre les mains de l'assuré, soit à faire naître des doutes sur la validité de ce versement, l'Agent général devra s'abstenir de tout paiement, *sous peine d'engager sa res-*

*ponsabilité personnelle*, et en référer d'urgence à la Compagnie, qui lui fera connaître les mesures à prendre et les formalités à remplir pour que le paiement puisse être effectué en toute sécurité.

ART. 559. — Quand le sinistre portera sur des biens appartenant à une femme mariée, l'Agent général devra prendre la précaution de faire intervenir le mari au paiement et de lui faire signer la quittance, conjointement avec la femme. Biens appartenant à une femme mariée.

ART. 560. — L'indemnité due pour l'assurance d'une créance hypothécaire ne doit être payée au créancier que contre une quittance donnée, à ses frais, par un acte notarié qui contiendra la subrogation expresse de la Compagnie à l'action personnelle du créancier contre son débiteur, ainsi qu'à tous les droits hypothécaires résultant de la créance, le tout jusqu'à concurrence du montant de l'indemnité. Créancier hypothécaire.

ART. 561. — L'indemnité, par suite de l'assurance du risque locatif, du recours des voisins et du recours des locataires contre le propriétaire pour vice de construction, doit être payée au propriétaire, aux voisins et aux locataires qui ont souffert des dommages, et sur leur quittance. Quittances pour risques locatifs et recours des voisins.

L'assuré devra intervenir et déclarer dans la quittance, qu'au moyen du paiement fait, par la Compagnie, aux ayants droit, il la tient quitte et libérée de toute chose relative au sinistre.

ART. 562. — Toute demande en règlement d'indemnité de sinistre se prescrivant par le terme de *six mois* (art. 27 de la Police), les Agents ne donneront aucune suite aux réclamations qui pourraient leur être faites passé ce délai, mais ils devront en aviser la Compagnie. Prescription de six mois.

## CHAPITRE XXIII

### Du Contentieux.

ART. 563. — S'il s'élève une contestation entre la Compagnie et un assuré, soit sur les opérations relatives à un sinistre, soit sur l'exécution des dispositions de la Police, soit sur tout autre objet relatif au paiement des primes, l'Agent ne doit prendre aucune initiative; il doit se borner à en référer à la Compagnie, lui soumettre un exposé de l'affaire et attendre ses instructions. Marche à suivre en cas de contestation.

En cas d'urgence, il prend l'avis du Conseil habituel de la Compagnie dans la localité, ou, à défaut, de toute autre personne compétente. *(Voir art. 482.)* Cas d'urgence.

Toutes les actions judiciaires concernant la Compagnie l'*Aigle* doivent être exercées ou suivies au nom et à la requête de la Compagnie, poursuites et diligences de son Directeur, qui seul a qualité, aux termes des Statuts, pour la représenter en justice, soit en demandant, soit en défendant.

Il en est de même pour tous les actes extrajudiciaires à signifier dans l'intérêt de la Compagnie. Ils doivent être invariablement formulés de la même façon, c'est-à-dire à la requête de la Compagnie, poursuites et diligences de son Directeur, et non à la requête des agents.

Défenses concernant les subrogations aux droits des assurés.

ART. 564. — L'Agent général, à moins d'autorisation expresse de la Compagnie, ne doit intervenir dans aucun acte ayant pour objet, de la part des assurés, de céder leurs indemnités à des tiers, et de les subroger dans leurs droits en cas d'incendie, pour quelque motif que ce soit. Il ne doit pas non plus relater ni stipuler de semblables cessions et subrogations dans les Polices, soit au moment de leur confection, soit postérieurement par avenant.

L'Agent ne doit viser aucun exploit; mention des saisies-arrêts ou oppositions.

ART. 565. — Lorsqu'il sera fait entre les mains de l'Agent des oppositions ou saisies-arrêts sur les sommes que la Compagnie pourrait avoir à payer à un assuré en cas de sinistre, ou lorsqu'il lui sera signifié tous autres actes concernant la Compagnie, il ne visera point les exploits et n'en délivrera aucun récépissé ; il se bornera à les recevoir et à les mentionner, s'il y a lieu, en tête des Polices qu'ils concernent, comme aussi dans la colonne d'observations du registre des Polices. Cela fait, il les enverra immédiatement à la Compagnie.

En cas de remplacement ou de renouvellement d'une Police frappée d'une opposition, la mention devra en être reportée sur la nouvelle Police.

S'il était signifié des oppositions concernant des Polices qui n'appartiendraient pas à l'Agence, l'Agent général devrait se refuser à les recevoir, en motivant son refus sur ce que le domicile légal de la Compagnie n'est qu'au siége de l'Administration à Paris, ou au siége de l'Agence dans laquelle a été contractée l'assurance que l'opposition concerne. En tout état de cause, il devra en prévenir la Compagnie et lui transmettre l'exploit d'opposition, si l'huissier le lui a laissé malgré ses protestations.

## TITRE QUATRIÈME

## DE LA COMPTABILITÉ

# CHAPITRE XXIV

### Registres d'inscriptions et états correspondants.

Registres d'inscriptions.

ART. 566. — Les Agents sont tenus d'inscrire, jour par jour, les Polices d'assurances qu'ils souscrivent, les changements qu'ils constatent par avenant aux Polices en cours, et les résiliations qu'ils peuvent effectuer. Ces inscriptions doivent être faites sur les registres ci-après, savoir :

1° Un registre des polices;

2° Un registre des avenants;

3° Un registre des résiliations.

États correspondants.

ART. 567. — Ils doivent faire connaître à la Compagnie leurs opérations de chaque mois, par des états correspondant à ces divers registres,

Savoir :

1° Un état des polices,

2° Un état des avenants;

3° Un état des résiliations.

Ces registres et ces états sont fournis par la Compagnie.

**Registre des Polices.**

ART. 568. — Le **Registre des Polices** *(modèle n° 90)*, est destiné :

1° A inscrire toutes les assurances souscrites;

2° A tenir lieu de carnet d'échéance pour confectionner les quittances de primes à recouvrer chaque mois;

3° A émarger les primes recouvrées.

Il est donc la base, le point de départ de la plus grande partie des opérations comptables de l'Agence, et il doit être tenu avec le plus grand soin.

Inscriptions.

ART. 569. — L'inscription de chaque Police doit être faite, non lorsqu'elle revient signée par l'assuré, mais au moment même de sa confection, jour par jour, par ordre de date et en suivant, sans lacunes, une série de numéros qui ne doivent en aucun cas être bissés.

Indications.

On indique exactement, dans les colonnes disposées à cet effet, le nom, les prénoms, la profession et la demeure de l'assuré, ainsi que le montant des valeurs assurées, de la prime convenue, de l'impôt d'enregistrement qui s'y réfère, et le total de ces deux dernières sommes.

Dans le cas où une police inscrite resterait sans effet, elle serait annulée et portée au registre des résiliations, conformément à l'article 585.

Mentions.

Art. 570. — Si la Police en remplace une autre, on indique dans la colonne disposée à cet effet le numéro de la Police remplacée.

On mentionne dans la colonne d'observations : si la Police a été souscrite sans tacite reconduction ; si elle est résiliable avant la fin de la période ; si elle a été souscrite en vertu d'une autorisation de la Compagnie (*art. 162*), ou si les risques sont communs avec ceux d'une autre Police.

Polices anticipées.

Art. 571. — Une Police souscrite par anticipation pour prendre effet dans un mois postérieur à sa date (*voir art. 137*), doit être immédiatement inscrite sous le numéro de série qui correspond à la date de sa souscription ; les colonnes du registre destinées à l'inscription des valeurs et des primes sont remplies par des guillemets. Ces valeurs et primes sont mentionnées, pour mémoire, dans la colonne d'observations. On indique également dans cette colonne le mois dans lequel aura lieu l'effet de l'assurance. (*Modèle n° 90, Police n° 4565.*)

Envoi de l'ampliation.

Une ampliation de la Police anticipée doit être envoyée à la Compagnie avec les pièces de la comptabilité du mois de sa souscription. (*Voir art. 617*, § 2.)

Seconde inscription.

Une seconde inscription *complète* de la police anticipée doit ultérieurement être faite en tête du mois dans lequel elle prend effet, en lui conservant son numéro d'inscription primitive, et en ayant soin de porter à *l'encre rouge* dans les colonnes respectives, les numéro, date et durée de l'assurance.

C'est à cette seconde inscription que doivent être indiqués le paiement annuel des primes et les changements que l'assurance peut éprouver dans son cours.

Polices anticipées pour partie.

Art. 572. — Une Police anticipée pour partie (*voir modèle n° 12*) n'est pas susceptible d'une seconde inscription ; les valeurs assurées et la prime convenue sont comprises, pour le montant seulement de l'assurance immédiate, dans le chiffre des assurances du mois de la souscription ; puis on indique dans la colonne d'observations les valeurs et la prime de la partie anticipée, et la date à laquelle l'assurance de cette partie prendra effet. (*Modèle n° 90, Police n° 4563.*) — Lorsque cette partie anticipée prendra effet, on en passera écriture de la même manière que s'il s'agissait d'un avenant d'augmentation. (*Voir art. 573.*)

Changements par avenant.

Art. 573. — Les changements constatés par avenant pendant le cours de l'assurance, soit dans les valeurs assurées, soit dans la prime convenue, sont mentionnés sur le registre, au numéro d'inscription de la Police, conformément au *modèle n° 90, polices n$^{os}$ 4561 et 4562.*

Si le changement a pour objet le transfert de l'assurance à un autre titulaire, ou le transport des risques dans une autre localité, on inscrit le nom du nouvel assuré, ou de la nouvelle localité, au-dessus ou à côté de l'ancien nom, qui est ensuite barré par un léger trait de plume.

Émargement des primes payées

Art. 574. — Les primes annuelles de chaque assurance doivent être émargées sur le registre des Polices, dans la colonne de l'année à laquelle la prime se réfère, par l'inscription de la somme reçue, *impôt d'enregistrement non compris*, au fur et à mesure que les paiements sont effectués par les assurés et que les primes ont été inscrites sur le carnet (*modèle n° 98*), s'il s'agit de primes de première année, ou sur le journal de caisse (*modèle n° 99*), si ce sont des primes échues.

Cette manière de procéder permet de contrôler instantanément les opérations, et de connaître quelles sont les primes arriérées de l'Agence.

Un signe conventionnel correspondant aux douze mois de l'année, comme par exemple : janvier 1, — février 2, — mars 3, et ainsi de suite jusqu'à 12 pour décembre, pourrait être utilement placé à côté de la prime pour indiquer dans quel mois le paiement a été effectué, afin de faciliter tout contrôle ultérieur.

Remplacements avec ristourne.

Art. 575. — Lorsqu'il s'agit de la prime d'une assurance remplacée en cours d'année, on porte la somme réellement reçue, qui n'est qu'une fraction de la prime annuelle, et l'émargement doit être complété par l'indication de la somme non payée, dont il a été tenu compte à l'assuré à titre de ristourne. *(Voir art. 357.)*

Exemple : Une Police dont la prime était de 20 francs, à échéance du 1er janvier, a été remplacée le 1er juillet, par une Police dont la prime est de 30 francs ; il doit être tenu compte à l'assuré d'une somme de 10 francs, à titre de ristourne, pour les six mois non révolus de l'année en cours de la Police remplacée ; l'assuré n'aura donc à payer comptant que 20 francs pour être libéré de la prime de première année de la nouvelle Police. On inscrira d'abord sur le registre la somme de 20 francs payée par l'assuré, et on portera au-dessous 10 francs pour compléter la prime annuelle, en faisant précéder cette somme du mot : Ristourne, ou simplement R. *(Voir modèle n° 90, Police n° 4564.)*

Augmentation par avenant.

Par analogie, on opérera de la même manière pour une augmentation de prime constatée par avenant en cours d'année, et pour laquelle il n'aura été payé qu'une fraction de la prime annuelle, pour la partie de l'année non révolue. La fraction complémentaire de la prime annuelle est considérée comme ristourne. *(Voir modèle n° 90, Police n° 4562.)*

Polices résiliées.

Art. 576. — Lorsqu'une police est annulée, résiliée, expirée ou remplacée, l'inscription est barrée sur le registre par un léger trait de plume, et on indique dans la colonne d'observations le mois pendant lequel la Police a été résiliée ainsi que les motifs de la résiliation, ou le numéro de la Police remplaçante. *(Modèle n° 90, Police n° 4559.)*

Opérations négatives.

Art. 577. — Dans le cas où il n'y aurait eu, pendant le mois, aucune assurance souscrite, soit nouvelle, soit renouvelée, la mention en serait faite sur le registre, au-dessous de l'indication du mois, par le mot : Néant.

Lignes à laisser en blanc.

ART. 578. — Un intervalle de quelques lignes en blanc doit être réservé entre chaque mois, pour y inscrire, le cas échéant, les Polices que l'Administration pourrait tranférer à l'Agence.

État des Polices.

ART. 579. — L'**État des Polices** (*modèle n° 91*) doit être la copie du registre des Polices, moins toutefois l'indication des primes payées.

Les Polices anticipées qui ont pris leur effet dans le mois, celles souscrites pendant le mois, à effet immédiat ou différé, doivent y figurer de la même manière qu'au registre, ainsi que les annotations qui s'y réfèrent, lors même que les contrats ne seraient pas rentrés signés, et que les primes n'auraient pas été payées.

Les colonnes des valeurs assurées et des primes convenues doivent toujours être exactement totalisées.

On doit indiquer, en regard de chaque assurance, le sous-agent qui l'a procurée.

Registre des Avenants.

ART. 580. — Le **Registre des Avenants** (*modèle n° 92*) est destiné à recevoir l'inscription de tous les avenants, à l'exception de ceux qui ont pour effet de résilier complétement des Polices. *(Voir art. 584.)* Les avenants doivent y être inscrits au moment même de leur confection, par ordre de date et en suivant une série spéciale de numéros, qui ne doit pas être interrompue ni intervertie.

Augmentations et diminutions.

ART. 581. — Les augmentations et les diminutions des valeurs ou des primes doivent être portées dans les colonnes respectives, lesquelles doivent être totalisées à la fin de chaque mois. La nature du changement constaté par l'avenant est indiqué sommairement dans la colonne d'observations. *(Voir modèle n° 92.)*

Avenants régularisés.

ART. 582. — Lorsque l'avenant a reçu sa régularisation complète par la signature des parties, on indique sur le registre des Polices, conformément à l'article 573, les changements survenus à l'assurance.

Avenants sans effet.

Si, par suite du refus de signature ou par tout autre motif, l'avenant est resté sans effet, cette circonstance est mentionnée au numéro de son inscription, sur le registre des avenants, et l'avenant est inscrit sur le registre des résiliations, ainsi que les motifs de son annulation.

État des Avenants.

ART. 583. — L'**État des Avenants** (*modèle n° 93*) doit être la copie exacte et complète du registre des avenants, dont il reproduit les dispositions.

Envoi des ampliations.

Une ampliation de chaque avenant de diminution ou d'ordre, qui aura été régularisé pendant le mois, sera jointe à cet état. — Quant aux avenants d'augmentation, les ampliations devront accompagner le bordereau n° 1, sur lequel la prime de première année de l'augmentation sera portée en recette.

Registre des Résiliations.

Art. 584. — Le **Registre des Résiliations** *(modèle n° 94)* est destiné à l'inscription des Polices résiliées par avenant, désistement ou acte extrajudiciaire ; des Polices expirées, remplacées, annulées ou sans effet, et de celles transférées à une autre Agence. *(Voir chapitre XV.)*

On porte également sur ce registre les avenants sans effet mentionnés article 582.

Tenue du registre.

Art. 585. — Ce registre doit être tenu jour par jour, sans blancs ni interlignes, et contenir l'indication de la date de la résiliation, du numéro de la Police, de la date de son effet, du nom de l'assuré, du montant des valeurs assurées, de la prime annuelle et des motifs de la résiliation.

Aussitôt que la Police aura été inscrite au registre des résiliations, on mentionnera la résiliation sur le registre des Polices, conformément à l'article 576.

A la fin de chaque mois, les valeurs et les primes des résiliations du mois seront soigneusement totalisées.

Opérations négatives.

Dans le cas où aucune résiliation n'aurait eu lieu pendant le mois, la mention en serait faite par le mot : Néant, inscrit au-dessous de l'indication du mois.

État des Résiliations.

Art. 586. — **L'État des Résiliations** *(modèle n° 95)* doit être la copie exacte et complète du registre des résiliations. Il est envoyé chaque mois à la Compagnie, lors même qu'il serait négatif. Dans ce cas, l'indication en serait faite par le mot : Néant.

Envoi des pièces justificatives.

Art. 587. — Les résiliations ne sont acceptées par la Compagnie que lorsqu'elles sont motivées et justifiées ; il est donc nécessaire qu'elles soient appuyées des avenants de résiliation ou de toutes autres pièces mentionnées au chapitre XV.

Pour éviter toute confusion, chaque pièce relative aux résiliations doit contenir la mention du nom de la Compagnie l'*Aigle*, de celui de l'Agence et du numéro de la Police à laquelle elle se réfère.

Carnet des Polices, Plaques et pièces de sinistres.

Art. 588. — **Carnet des Polices, Plaques et Pièces de sinistres sur timbre.** — L'Agent général doit tenir, sur un carnet spécial *(modèle n° 96)* que l'Administration lui fournit, un compte de situation mensuelle des objets désignés ci-après, dont il est responsable :

1° Imprimés de Polices triples, c'est-à-dire la Police destinée à l'assuré et deux ampliations, l'une pour les archives de la Compagnie et l'autre pour celles de l'Agence ;

2° Plaques, grandes et petites ;

3° Pièces timbrées, à l'usage des règlements de sinistres.

Tenue du compte.

ART. 589. — Ce compte se compose :

A la recette, des quantités de chaque sorte dont l'Agent était comptable fin du mois précédent, auxquelles sont ajoutés, s'il y a lieu, les envois effectués pendant le mois par la Compagnie ;

A la dépense : pour les Polices et plaques, du nombre de celles dont le prix est payé à la Compagnie, suivant le bordereau n° 1, et de celles gâtées ou délivrées gratuitement aux assurés après autorisation spéciale, dont la date doit être indiquée, et, pour les pièces de sinistres, des quantités employées pendant le mois, suivant le bordereau n° 4, et de celles gâtées.

Situation.

La situation s'établit par la différence entre le total de la recette et celui de la dépense.

**État des Polices, plaques et pièces de sinistres.**

ART. 590. — L'**État de situation du compte des Polices, plaques et pièces de sinistres** (*modèle n° 97*) doit être la copie exacte et complète du carnet de l'Agence.

Envoi des Polices et pièces gâtées.

On doit joindre, s'il y a lieu, à cet état qui doit être envoyé avec la comptabilité mensuelle, les Polices et les pièces gâtées, afin que l'Administration puisse en décharger le compte de l'Agent.

Plaques en dépôt chez les sous-agents.

ART. 591. — Lorsqu'en raison de l'éloignement du siége de l'Agence ou pour autre cause, des plaques seront mises en dépôt chez un sous-agent, l'Agent général, dont la responsabilité est engagée, devra en tenir un compte régulier, et le représenter aux Inspecteurs et délégués de la Compagnie.

## CHAPITRE XXV

### Livres et bordereaux servant à établir la Comptabilité.

Livres et bordereaux.

ART. 592. — La comptabilité des Agents généraux est établie mensuellement sur les livres et bordereaux ci-après:

1° Un carnet des primes de première année;

2° Un journal de caisse;

3° Une série de bordereaux mentionnés article 615, destinés à faire connaître chaque mois à la Compagnie les recettes et les dépenses effectuées pour son compte dans l'Agence.

**Carnet des primes de première année.**

ART. 593. — Le **Carnet des primes de première année** (*modèle n° 98*) est destiné à recevoir l'inscription des recettes provenant :

1° Des primes de première année des Polices nouvelles ou renouvelées à effet immédiat ; — des Polices anticipées, qui ont pris effet ; — des avenants d'augmentation aux Polices en cours.

2° Du prix des Polices, des avenants et des plaques.

Il sert aussi à établir le décompte des remises à prélever sur les primes qui y sont inscrites.

Art. 594. — L'inscription des recettes doit être faite, prime par prime, dans la page gauche du carnet, le jour même où la recette est effectuée et en séparant les primes des exercices antérieurs, c'est-à-dire, qui étaient payables avant le 1er janvier de l'année en cours, de celles payables dans l'exercice courant. Inscription des recettes.

On inscrit à chaque prime la date du recouvrement, le numéro de la Police, le numéro d'ordre de la quittance à souche, le nom de l'assuré, la date de l'effet de la Police et la durée de l'assurance. S'il s'agit de la prime provenant d'une augmentation par avenant, on indique le numéro de cet avenant dans la colonne d'observations.

Art. 595. — Le décompte des remises sur les primes de première année s'établit dans la page de droite du carnet, conformément au *modèle n° 98*. Décompte des remises.

Il y a lieu de considérer, pour établir ce décompte, si l'assurance est nouvelle ou renouvelée, dans quel tarif les risques assurés sont ou pourraient être compris, et le taux de prime qui leur est applicable. Assurances nouvelles.

Art. 596. — Les risques compris ou pouvant être compris dans le tarif des *objets divers et des fabriques et usines*, qui comportent, soit par eux-mêmes, soit par les risques accessoires susceptibles de les aggraver, un taux de prime supérieur à deux francs, sont qualifiés *d'exceptionnels* pour la perception des remises. Risques exceptionnels.

Sont également *exceptionnels* les risques qui se rattachent au risque principal passible d'un taux de prime au-dessus de deux francs, tels, par exemple, que les risques locatifs ou de voisinage, de contiguïté, d'explosion de la foudre, du gaz ou des machines à vapeur, etc., lors même que ces risques ne comporteraient par eux-mêmes qu'un taux de prime inférieur à deux francs.

Tous les autres risques sont considérés comme risques simples.

*Les dispositions du présent article sont applicables dans toutes les Agences de la Compagnie, nonobstant les dispositions contraires stipulées dans les traités antérieurs à 1870, lesquelles sont abrogées.*

Art. 597. — Les récoltes en meules peuvent être assurées pour plusieurs années *(voir art. 304)*; mais quelle que soit la durée de la Police, l'assurance ne donne droit chaque année qu'à la perception d'une remise uniforme de 20 0/0. Récoltes en meules.

Si des meules de récoltes étaient mêlées à d'autres risques dans une Police ordinaire, au lieu de faire l'objet d'une Police spéciale, les remises sur leur prime de première année ne seraient également perçues qu'au taux de 20 0/0, et, pour les années suivantes, elles ne le seraient qu'au taux fixé pour l'encaissement des primes échues, quelles que soient les modifications survenues dans la quantité de ces récoltes.

Renouvellements.

ART. 598. — Pour les renouvellements et remplacements, il faut indiquer le numéro de la Police remplacée, la date de son effet, le nombre d'années et de mois restant à courir sur sa période, et le montant de sa prime annuelle.

Cas de ristourne.

ART. 599. — Si le remplacement a donné lieu à une ristourne de prime, conformément à l'article 357, on ne porte en recette que la somme réellement encaissée, et on indique, dans les colonnes à ce destinées, le montant de la ristourne et le total de la prime annuelle, impôt d'enregistrement non compris. (*Modèle n° 98, Police n° 4564.*)

La perception des remises, dans ce cas, se fait sur le montant de la prime annuelle, impôt non compris; mais on déduit du total des remises, à la fin du Bordereau n° 1, une somme équivalente à 10 0/0 du montant des ristournes. (*Voir modèle n° 98.*)

Cette déduction est destinée à compenser la commission de 10 0/0 qui a été prélevée lors du recouvrement de la prime sur laquelle porte la ristourne.

Augmentation par avenant.

ART. 600. — On procède de la même manière pour la perception des remises sur les augmentations par avenant.

Si l'augmentation est constatée pendant le cours d'une année, et n'a donné lieu qu'au paiement comptant d'une fraction de la prime annuelle pour le temps restant à courir sur ladite année, le prorata non payé est considéré comme ristourne; et, dans ce cas, l'année en cours n'est comptée dans la durée de l'avenant pour la perception des remises que s'il reste au moins six mois à courir.

EXEMPLE : Une Police ayant cinq années et six mois entiers à courir, la durée est considérée comme étant de six ans; s'il ne reste au contraire que cinq années et moins de six mois, la durée est considérée comme n'étant que de cinq ans.

Augmentation à une Police ayant moins d'un an à courir.

ART. 601. — Toutefois, si le temps restant à courir sur la Police est de moins d'une année, la remise sur la somme recouvrée est comptée au taux fixé pour les assurances d'un an; quant au prorata non payé qui est porté en ristourne, il ne donne lieu qu'à la perception d'une remise de 10 0/0, destinée à compenser la déduction mentionnée à l'article 599.

Les remises doivent être calculées aussitôt après l'encaissement.

ART. 602. — Pour éviter à la fin du mois une trop grande perte de temps pour l'établissement de la comptabilité, les Agents sont invités à calculer les remises sur chaque prime de première année, aussitôt que le recouvrement en est effectué.

Report au Journal de caisse.

ART. 603. — A la fin du mois, après avoir totalisé les colonnes des sommes reçues pour primes, impôt d'enregistrement, Polices et plaques, puis la colonne des remises, et opéré, du montant de ces remises, la déduction de 10 0/0 sur les ristournes, on porte chaque total de recettes dans la colonne des recettes générales du Journal de caisse (*modèle n° 99*), et le total des remises sur les primes, dans la colonne des dépenses.

Les remises sur le prix des Polices, avenants et plaques doivent être ensuite portées séparément, dans la colonne des dépenses. *(Voir modèle n° 99.)*

Journal de caisse.

Art. 604. — Le **Journal de caisse** *(modèle n° 99)* sert à inscrire chaque jour sans blancs, lacunes, ni interlignes, toutes les recettes et dépenses effectuées pour le compte de la Compagnie. Toutefois, les primes de première année et les remises qui s'y réfèrent, étant préalablement portées sur le carnet mentionné article 593, on ne les inscrit sur le Journal de caisse, que par leur total à la fin de chaque mois. *(Voir art. 603.)*

Primes échues.

Art. 605. — La recette de chaque prime échue de deuxième année et des années ultérieures ainsi que de l'impôt d'enregistrement qui s'y réfère, est portée sur le Journal de caisse, le jour même du recouvrement, dans les colonnes destinées à cet usage.

Les primes des exercices antérieurs doivent être séparées de celles de l'exercice courant et, à chaque prime, on indique la date du recouvrement, le numéro de la Police, le numéro d'ordre de la quittance à souche, le nom de l'assuré, ainsi que le mois et l'année de l'échéance de la prime.

Total des primes échues.

Art. 606. — Les colonnes des primes reçues sont additionnées et réunies en un total qui n'est porté dans la colonne des recettes générales qu'à la fin du mois.

On porte également dans cette dernière colonne le total de l'impôt d'enregistrement.

Commission de recouvrement.

Art. 607. — La commission de recouvrement doit être calculée sur le montant des primes reçues, impôt non compris, et le montant de cette commission est porté dans la colonne des dépenses.

Primes d'une autre Agence.

Art. 608. — Les Agents ne peuvent recevoir les primes provenant de Polices d'une autre Agence qu'en vertu d'une autorisation préalable de la Compagnie. *(Voir art. 456.)*

Dans le cas où, par une circonstance particulière, ils y seraient autorisés, ces primes devraient être inscrites directement dans la colonne des recettes générales du Journal de caisse.

L'Agent général qui se charge par obligeance de recouvrer des primes pour un de ses collègues, doit lui en tenir compte directement et ne pas les faire figurer parmi celles de l'Agence.

Recettes et dépenses diverses.

Art. 609. — Les sommes ou les valeurs envoyées à l'Agent par la Compagnie, soit pour payer des sinistres, soit pour tout autre objet ; les sommes reçues pour la Compagnie, à quelque titre et pour quelque cause que ce soit ; les dépenses justifiées relatives aux sinistres, aux frais judiciaires, aux affranchissements de lettres et paquets, etc., doivent être inscrites le jour même sur le Journal de caisse, dans les colonnes des recettes ou des dépenses générales.

Redressements.

Art. 610. — Les redressements qui ont été faits par l'Administration aux comptabilités antérieures, doivent être examinés et réglés dans le mois pendant lequel ils ont été signalés à l'Agent par la Compagnie. On porte à cet effet, d'une manière spéciale, le montant du débit en recette et le montant du crédit en dépense, sans jamais procéder par compensation.

Art. 611. — Dans le cas où l'exactitude des redressements est susceptible de discussion, l'Agent doit soumettre, le plus tôt possible, ses observations à la Compagnie, et il est prévenu que tout retard de plus d'un mois est considéré comme une reconnaissance tacite de l'exactitude des redressements.

Différences de primes.

Art. 612. — On ne doit pas ajouter au montant des redressements les différences résultant d'erreurs dans le paiement des primes; ces différences, quand elles sont au préjudice de la Compagnie et qu'elles ne sont pas justifiées, doivent être inscrites, à titre de complément, parmi les primes reçues, et lorsqu'elles sont au préjudice de l'Agent, on doit en établir un état spécial dont le montant, après avoir subi la réduction des remises perçues, est porté dans la colonne des dépenses.

Arrêté du Journal de de caisse.

Art. 613. — Le Journal de caisse doit être arrêté à la fin de chaque mois, et le compte intégralement soldé par l'envoi en espèces ou en valeurs, fait à la Compagnie.

Cas d'un solde de compte.

Art. 614. — Dans le cas très-exceptionnel où, après l'envoi des fonds à la Compagnie, le compte aurait un solde débiteur ou créditeur, ce solde serait porté en tête des opérations du mois suivant.

Bordereaux de comptabilité.

Art. 615. — Le dernier jour du mois, après avoir arrêté le Journal de caisse, l'Agent dresse sa comptabilité mensuelle destinée à la Compagnie, sur les imprimés de bordereaux désignés ci-après, que l'Administration lui fournit et dont il est tenu de faire usage :

1° Un bordereau, n° 1, des primes de première année reçues pendant le mois ;

2° Un bordereau, n° 2, des primes échues recouvrées pendant le mois ;

3° Un bordereau, n° 3, des affranchissements de lettres et paquets et des frais judiciaires ;

4° Un bordereau, n° 4, des sinistres ;

5° Un bordereau, n° 5, de décompte.

Ces bordereaux, régulièrement établis, conformément aux indications ci-après, devront être datés et signés par l'Agent général.

**Bordereau n° 1.**

Art. 616. — Le **Bordereau n° 1** des primes de 1re année *(modèle n° 100)* est la copie exacte et complète du carnet des primes de 1re année ; il doit donc contenir les mêmes indications, les mêmes sommes, tant dans la partie destinée aux recettes que dans celle destinée à la perception des remises, et reproduire les mêmes totaux.

Art. 617. — Les ampliations des Polices et des avenants d'augmentations dont les primes de 1re année figurent en recette dans le bordereau n° 1, d'une comptabilité, doivent être jointes à ce bordereau. Pièces à l'appui.

Dans le cas où, par exception, des ampliations auraient été précédemment envoyées à la Compagnie, soit parce que l'assurance avait été souscrite par anticipation, soit pour toute autre cause, mention en serait faite dans la colonne d'observations du bordereau. Exception.

Art. 618. — Le **Bordereau n° 2** des primes échues (*modèle n° 101*) est la reproduction exacte de la partie du Journal de caisse destinée à l'inscription des recettes des primes échues, et de l'impôt d'enregistrement qui s'y réfère. — Il doit contenir les mêmes indications, sommes et totaux. **Bordereau n° 2.**

Art. 619. — Il est expressément recommandé de ne jamais porter, soit dans les livres, soit dans les bordereaux, des primes qui n'auraient pas été payées en réalité par les assurés. L'Agent ne devant en aucun cas faire l'avance d'une prime, il est averti que toutes celles qui figureront dans ses comptes seront considérées comme définitivement encaissées, nonobstant toute réclamation, et demeureront acquises à la Compagnie. Interdiction de porter sur les livres des primes non reçues.

Art. 620. — Le **Bordereau n° 3** (*modèle n° 102*) est divisé en trois parties : **Bordereau n° 3.**

1re partie. Frais d'affranchissements de lettres et d'autres envois.

2e partie. Frais judiciaires payés ou avancés.

3e partie. Frais judiciaires recouvrés.

Art. 621. — La 1re partie du bordereau n° 3 est destinée à l'inscription des sommes payées pendant le mois pour affranchissements de lettres, port de paquets et frais de mandats et autres valeurs, adressés à la Compagnie. 1re partie. Affranchissements.

A chaque article, on doit indiquer la date de l'expédition, l'objet sommaire de la lettre, ou la nature de l'envoi. (*Voir modèle n° 102*).

Art. 622. — La Compagnie tient compte à l'Agent des frais de la correspondance qui se rattache à un sinistre, quelle que soit la personne à laquelle les lettres peuvent être adressées ; mais ces frais doivent être portés sur le bulletin de paiement du sinistre, mentionné article 542, et non pas sur le bordereau n° 3. Correspondance relative aux sinistres.

Art. 623. — Quant à la correspondance avec les sous-agents, les assurés, ou toute autre personne, concernant l'exploitation de l'Agence, ou le recouvrement des primes, les frais ne sont pas à la charge de la Compagnie. Correspondance à la charge de l'agent.

Art. 624. — La deuxième partie du bordereau n° 3 est destinée à l'inscription des frais judiciaires payés pendant le mois, pour les poursuites exercées au sujet du recouvrement des primes dues ou de toute autre créance de la Compagnie. On doit indiquer à chaque article de dépense le numéro de la Police, le nom de 2e partie ; — Paiement de frais judiciaires.

l'assuré, la nature des frais, si ces frais sont à la charge de la Compagnie, et pour quel motif, ou s'ils ont été payés à titre d'avance. (*Voir modèle n° 102.*)

Justification des frais.

ART. 625. — Les paiements de frais judiciaires, pour être admis, doivent être appuyés et justifiés de la manière ci-après :

1° Les frais à la charge de la Compagnie, par les originaux des actes de la procédure ou par un état détaillé, taxé par le Président du Tribunal ou le Juge de paix, et portant quittance de l'avoué ou de l'huissier ;

2° Les frais avancés, par un reçu motivé de la partie prenante. — Dans le cas où ces frais ne pourraient être ensuite recouvrés, l'Agent en informerait la Compagnie, et lui enverrait les pièces justificatives mentionnées ci-dessus ;

3° Les frais d'avertissements en conciliation, par un état visé par le greffier de la Justice de paix, contenant l'indication des numéros des Polices, des noms des assurés et de la somme payée pour chacun d'eux.

Frais judiciaires relatifs à un sinistre.

ART. 626. — Les frais judiciaires occasionnés par un sinistre ne doivent pas être portés au bordereau n° 3, on les inscrit dans la colonne des frais sur le bordereau n° 4 des sinistres, mentionné article 629.

3e partie. — Frais judiciaires recouvrés.

ART. 627. — La troisième partie du bordereau n° 3 est destinée à l'inscription des frais judiciaires recouvrés. Indépendamment de la somme recouvrée, il faut indiquer le numéro de la Police, le nom de l'assuré et la comptabilité dans laquelle les frais ont été portés en dépense. (*Voir modèle n° 102.*)

Responsabilité.

ART. 628. — Aux termes de la Police, tous les frais et déboursés pour poursuites relatives au recouvrement des primes dues, sont à la charge de l'assuré poursuivi. Les Agents doivent donc, avant d'encaisser les primes qui ont donné lieu aux poursuites, recouvrer exactement les frais avancés, y compris le coût de la lettre d'avertissement de l'huissier ou du greffier de la Justice de paix, et ils sont avertis que les sommes non recouvrées par infraction aux présentes instructions resteraient à leur charge, sauf leur recours contre les assurés débiteurs.

**Bordereau n° 4.**

ART. 629. — Le **Bordereau n° 4** (*modèle n° 103*) est destiné :

1° A l'inscription des dépenses effectuées pendant le mois, pour sinistres, indemnités et frais ;

2° A l'indication des feuilles timbrées de nomination d'experts, procès-verbaux d'expertise, transaction et quittance, employées pour chaque sinistre ;

3° A l'inscription des sommes reçues des sinistrés pour les feuilles timbrées dont le prix est à leur charge.

On n'y porte que le total des frais.

ART. 630. — Les frais relatifs à chaque sinistre étant détaillés sur le bulletin de paiement du sinistre, mentionné article 542, on ne porte sur le bordereau n° 4 que le total de ces frais.

Art. 631. — Chaque colonne du bordereau n° 4 doit être soigneusement additionnée. Le total des sommes payées pendant le mois pour sinistres, ainsi que les sommes reçues des assurés pour les feuilles timbrées, à leur charge, est porté sans aucun détail ni aucune autre désignation, aux articles spécialement destinés à ces opérations, sur le bordereau n° 5 de décompte. (*Voir modèle n° 104.*) Report au bordereau de décompte.

Le nombre de feuilles timbrées, de chaque sorte, employées pendant le mois, est porté sur l'état de situation mentionné aux articles 588 et 589.

Art. 632. — Pour que les dépenses relatives aux sinistres puissent être admises sans retard par l'Administration, il est recommandé d'une manière expresse, aux Agents, d'envoyer exactement à la Compagnie les quittances prescrites par l'article 542, et de prendre en note que les paiements aux experts, et les remboursements de frais aux sous-agents, qui, en l'absence de l'Agent général, auraient été chargés du règlement de sinistres peu importants, doivent toujours être appuyés par les quittances justificatives, quel que soit le peu d'importance de la somme, sous peine de rejet. Pièces à joindre.

Art. 633. — Le **Bordereau n° 5** de décompte (*modèle n° 104*) est le résumé des opérations de recettes et de dépenses effectuées par l'Agent, pendant le mois, pour le compte de la Compagnie, et qui sont inscrites sur le Journal de caisse. Ce bordereau doit donc reproduire sans aucune différence, à la recette et à la dépense, les mêmes totaux et solde que le Journal de caisse. **Bordereau n° 5.**

Art. 634. — Dans la première partie destinée aux recettes, on porte aux différentes désignations, sans jamais intervertir les articles, le total de chaque nature de recette dont le détail existe sur les bordereaux n$^{os}$ 1, 2, 3 et 4. Les recettes imprévues et les sommes destinées au règlement de redressements sont inscrites également par le total, dans l'espace en blanc, réservé à la suite; mais, s'il y a lieu, l'état détaillé de ces recettes sera joint au décompte. Recettes.

Art. 635. — On procède de même pour établir la partie destinée aux dépenses, parmi lesquelles sont comprises les remises et commissions. Dépenses.

Chaque article de dépenses imprévues, ou de règlement de redressements, doit aussi être appuyé, s'il y a lieu, d'une note ou d'un état détaillé.

Art. 636. — La dépense pour le prix des timbres à la charge de la Compagnie, des quittances irrécouvrables de primes au-dessus de dix francs, doit être appuyée et justifiée par les timbres qui ont été découpés sur les quittances avant de les rattacher à la souche, conformément à l'article 457. Ces timbres seront joints à la comptabilité, renfermés dans une enveloppe. Timbres gâtés.

Art. 637. — Aucune dépense extraordinaire ne pouvant être admise, si elle n'est spécialement autorisée par la Compagnie (*Voir art. 38,*) il est indispensable de mentionner la date de la lettre d'autorisation. Dépenses autorisées.

Dépenses non appuyées de pièces justificatives.

ART. 638. Les Agents sont avertis que toutes dépenses non appuyées de pièces et quittances justificatives, ne pourront être admises en compte, et seront laissées à leur charge.

Envoi de la comptabilité.

ART. 639. — Les pièces relatives à la comptabilité de chaque mois, doivent être envoyées régulièrement à la Compagnie, dans les dix premiers jours du mois suivant, sans que, sans aucun prétexte, cet envoi puisse être retardé, sous peine d'encourir les pénalités prévues par les traités des Agents généraux.

Envoi des fonds.

ART. 640. — Les fonds représentant le solde du décompte seront aussi adressés à la Compagnie, en même temps que les pièces comptables, quelque minime que puisse être la somme, et sans aucune retenue, soit en prévision de sinistres à régler, soit pour tout autre motif, à moins d'une autorisation préalable et spéciale de la Compagnie.

Répertoire.

ART. 641. — D'après l'article 35 de la loi sur le timbre des Polices d'assurances, et l'article 7 de la loi du 23 août 1871, relative à la taxe d'enregistrement de ces Polices, l'inscription des Polices et des avenants doit être faite à la Direction générale, à Paris, sur un livre-répertoire, dans les six mois de la date de chaque contrat ou de son renouvellement, sous peine d'une amende de *dix francs* pour chaque contravention. Il est donc recommandé aux Agents d'apporter dans l'envoi de leurs pièces mensuelles la plus grande exactitude, et ils sont avertis que, pour toute contravention provenant d'un retard non justifié de leur part, le montant de l'amende et des frais serait à leur charge.

Pièces à envoyer chaque mois à la Compagnie ; — États ; — Bordereaux.

ART. 642. — En résumé, les pièces à envoyer chaque mois à la Compagnie sont les suivantes :

1° État des Polices souscrites ;

2° État des avenants souscrits, et, à l'appui, une ampliation de chaque avenant régularisé, autre que les avenants d'augmentation ;

3° État des résiliations, et, à l'appui, les pièces justificatives qui s'y rapportent ;

4° État de situation des Polices, plaques et pièces timbrées pour règlement de sinistres, et, à l'appui, les Polices et les pièces gâtées ;

5° Bordereau n° 1 des primes de première année et des remises y afférentes et, à l'appui, une ampliation de chaque Police et de chaque avenant d'augmentation portés sur le bordereau ;

6° Bordereau n° 2 des primes échues ;

7° Bordereau n° 3 des affranchissements de lettres et des frais judiciaires, et, à l'appui, les pièces justificatives concernant les frais judiciaires ;

8° Bordereau n° 4 des sommes payées pour sinistres, avec les pièces à l'appui, si elles n'ont déjà été envoyées ;

9° Bordereau n° 5 de décompte, résumant tous les articles de recettes et de dépenses, et, à l'appui, les pièces et les quittances justificatives.

Lettre d'avis de l'envoi de la comptabilité.

ART. 643. — L'envoi de la comptabilité et des fonds doit être annoncé le jour même à la Compagnie, par une lettre d'avis *(modèle n° 105)* dont l'imprimé est fourni par l'Administration, et qui est mise séparément à la poste, après avoir exactement indiqué, dans les blancs réservés pour cet usage, les opérations effectuées, le montant du solde, en quelle valeur, et par quelle voie ce solde est adressé à la Compagnie.

Comptabilité négative.

ART. 644. — S'il arrivait qu'aucune opération n'eût été faite dans le courant d'un mois, l'Agent en informerait la Compagnie, en inscrivant sur la lettre d'avis susmentionnée la formule ci-après :

« J'ai l'honneur de vous informer que n'ayant fait aucune opération ni recette » pendant le mois écoulé, ma comptabilité du mois de ________________ est en» tièrement négative », et en expliquant les motifs de ce fait.

**Comptes avec les sous-agents.**

ART. 645. — Il est indispensable, pour la régularité de la gestion d'une Agence, et pour la vérification à laquelle elle peut être soumise, qu'indépendamment de la comptabilité avec la Compagnie, les comptes de l'Agent général avec chacun de ses agents auxiliaires soient exactement tenus.

L'Administration fournit, à cet effet, aux Agents généraux, des états imprimés disposés pour la tenue de ces comptes.

Établissement des comptes.

ART. 646. — L'Agent général doit porter sur cet état les primes dont il remet les quittances à l'un de ses sous-agents, pour en opérer l'encaissement. Il inscrit en tête de cet état, sous la dénomination de *primes en retard*, les quittances des primes non recouvrées des mois écoulés ; il porte à la suite les quittances des primes du mois courant, en suivant l'ordre des numéros des Polices, conformément au modèle contenu dans les instructions spéciales pour les sous-agents ; chaque colonne des sommes à recouvrer doit être totalisée.

Envoi de l'état au sous-agent.

ART. 647. — Ce travail fait, l'Agent général en établit un double qu'il remet ou envoie au sous-agent, en même temps que les quittances que le sous-agent est chargé de présenter à l'encaissement pendant le cours du mois.

Assurances nouvelles.

ART. 648. — Les sommes que le sous-agent sera chargé de recouvrer pour les assurances nouvelles ou renouvelées, souscrites dans le courant du mois, soit par Polices, soit par avenants, seront inscrites par l'Agent général, sur son état, aussitôt que les pièces rédigées et signées par lui seront envoyées au sous-agent, et le sous-agent les inscrira également sur le double de l'état entre ses mains, aussitôt que ces pièces lui seront parvenues.

Renvoi de l'état et des pièces.

ART. 649. — Aux époques fixées pour la reddition et le règlement des comptes mensuels des sous-agents, l'Agent général devra se faire renvoyer, par chacun d'eux :

1° Le double de l'état contenant l'indication des sommes encaissées, des rétributions convenues et des motifs du non-recouvrement des primes impayées ;

2° Les ampliations régularisées des Polices et des avenants ;

3° Les pièces justificatives des dépenses autorisées ;

4° Les quittances des primes impayées.

Recommandation.

ART. 650. — Il est recommandé aux Agents généraux, dans leur intérêt, d'exiger rigoureusement de leurs auxiliaires l'exécution de ces instructions, et, afin d'obtenir la plus grande régularité dans le recouvrement des primes, de ne pas remettre à chacun d'eux un trop grand nombre de quittances à recevoir. Il est préférable, lorsque la disposition des localités et l'importance des opérations le comportent, de s'attacher plusieurs sous-agents pour le même canton.

Inspection ; — Pièces à représenter.

ART. 651. — La comptabilité des Agents généraux, les livres, registres, archives, la correspondance, les comptes des sous-agents et tous autres papiers ou objets de matériel de l'Agence, doivent être représentés aux Inspecteurs et délégués de la Compagnie.

Écritures personnelles de l'Agent ; — Confusion à éviter.

ART. 652. — Dans aucun cas, les écritures relatives à la gestion de l'Agence ne doivent être confondues avec celles des affaires particulières de l'agent. Les fonds de la Compagnie doivent aussi être mis à part, afin qu'à tout moment les Inspecteurs et délégués de la Compagnie puissent en faire la vérification.

## CHAPITRE XXVI

### Mode d'envoi des lettres, pièces, fonds, etc.

Envois par la poste.

ART. 653. — Les lettres relatives à la correspondance des Agents généraux avec la Compagnie, les imprimés pour avis de sinistres (1) et d'envois de comptes mensuels, les notes ou pièces ayant le caractère de correspondance ou pouvant en tenir lieu, et enfin toutes pièces dont le poids ne dépasse pas 20 grammes, doivent être envoyées par la poste, après avoir été affranchies conformément aux taxes établies par l'Administration des postes, pour le transport des lettres missives. *(Voir modèle n° 106.)*

Propositions d'assurances exceptionnelles.

ART. 654. — Les propositions relatives aux assurances qui doivent être préalablement soumises à l'approbation de la Compagnie, ainsi que les ampliations de Polices et d'avenants concernant ces mêmes assurances, peuvent et doivent même, en cas d'urgence, être envoyées par la poste, sous la forme de lettres, après avoir été affranchies au moment du départ.

Papiers d'affaires.

ART. 655. — Les pièces relatives aux comptabilités mensuelles, aux dossiers de sinistres, aux affaires litigieuses, et généralement toutes pièces concernant les

(1) La lettre d'avis de sinistres, imprimée sur papier de couleur, ne doit pas être mise sous enveloppe, ni renfermée sous le pli d'une autre lettre, mais il est permis d'y renfermer exceptionnellement une lettre ou des pièces, lors même qu'elles seraient étrangères au sinistre.

opérations d'assurances et le service de la Compagnie, doivent être envoyées par la poste *comme papiers d'affaires*.

Mode d'envoi.

ART. 656. — Ces pièces doivent être expédiées, soit sous bandes mobiles couvrant au plus le tiers de la surface, soit sous enveloppes ouvertes aux deux extrémités, pour que le contenu du paquet puisse être facilement vérifié par les préposés des postes.

Elles doivent être préalablement affranchies, conformément au tarif postal, et la bande ou l'enveloppe qui les entoure doit porter pour suscription : *papiers d'assurances*.

Interdiction relative à ces envois.

ART. 657. — Il est expressément recommandé aux Agents généraux de ne renfermer dans leurs envois de papiers d'affaires aucune lettre, aucune note ayant le caractère de correspondance, ou pouvant en tenir lieu, ni aucune quittance de prime, de sinistres, de ristourne, ou autre, qui ne serait pas revêtue du timbre prescrit par la loi, sous peine de supporter l'amende encourue, si les pièces étaient saisies par l'Administration des postes ou par celle du timbre.

Imprimés.

ART. 658. — L'envoi des pièces qui ne sont pas considérées par l'Administration des postes comme papiers d'affaires, et qui rentrent dans la catégorie des imprimés, mentionnés dans le tableau des taxes postales (*modèle n° 106, tarif n° 5*), tels par exemple que les imprimés de Polices ou avenants non remplis, les circulaires, les prospectus, etc., devra être fait par la poste, sous bandes, portant la suscription : *Imprimés*, ou par les Messageries, si le poids dépasse un kilogramme.

Envois par les Messageries.

ART. 659. — Le mode d'envoi par les Messageries devra être employé de préférence pour les paquets de pièces de comptabilité, dossiers de sinistres et autres papiers d'affaires, toutes les fois que le poids de un kilogramme sera dépassé.

Adresse des lettres et paquets.

ART. 660. — Les lettres et les paquets devront porter l'adresse suivante :

*A M. le Directeur de la Compagnie* l'Aigle, *assurances contre l'incendie, 44, rue de Châteaudun, à Paris.*

Recommandation.

ART. 661. — Il est expressément recommandé aux Agents généraux d'étudier avec soin le tableau des taxes postales (*modèle n° 106*) et de le consulter en toute occasion, non-seulement pour éviter les surtaxes, mais encore afin de limiter au minimum de frais possible les transports de lettres et paquets qu'ils auront à expédier à la Compagnie.

**Transmission des fonds.**

ART. 662. — La transmission, à la Compagnie, des fonds dont les Agents généraux sont dépositaires, ne pouvant pas être réglée d'une manière uniforme, pour toutes les Agences, chaque Agent général devra se conformer, sur ce point, aux indications qui lui seront données par l'Administration, dans des instructions particulières.

Par la Banque de France.

Art. 663. — Lorsque les fonds seront versés, en conformité de ces instructions, à l'une des succursales de la Banque de France, l'Agent général devra se faire délivrer, en échange, un récépissé de virement au crédit de la Compagnie, sur la Caisse centrale de la Banque, à Paris, et il le transmettra à la Direction, sous le pli d'une lettre qu'il sera inutile de recommander à la poste.

Par la Société Générale.

Art. 664. — Lorsqu'en conformité de ces mêmes instructions, les fonds seront versés à la caisse de l'une des succursales de la *Société Générale pour le développement du commerce et de l'industrie en France,* l'Agent général s'en fera délivrer un récépissé et le fera parvenir à la Compagnie, sous le pli d'une lettre qu'il sera également inutile de recommander.

Envois en billets de banque.

Art. 665. — Quand les fonds seront transmis en billets de banque, l'Agent général devra faire recommander la lettre qui renfermera ces valeurs, mais il s'abstiendra de les déclarer ; seulement, afin de préserver le contenu de sa lettre de toute spoliation, il prendra la précaution de la sceller de cachets de cire, en nombre suffisant pour retenir tous les plis de l'enveloppe, et de revêtir ces cachets d'un timbre spécial, comme cela se pratique pour les lettres chargées.

Lettres recommandées.

Art. 666. — L'Agent général ne devra pas renfermer *plus de mille francs en billets de banque*, sous un pli recommandé, et quand il aura à envoyer une somme plus considérable, il devra prendre le soin de diviser l'envoi en plusieurs plis, et de renfermer, autant que possible, sous chacun d'eux, une somme à peu près égale. Six cents francs, par exemple, sous chaque pli, si les fonds qu'il aurait à faire parvenir en billets de banque s'élevaient à 1,200 francs.

Les appoints seront transmis sous la même enveloppe que la somme principale en mandats de poste, ou, s'ils sont tout à fait minimes, en timbres d'affranchissement.

Envois en valeurs diverses.

Art. 667. — Dans le cas où les remises consisteront en valeurs telles que traites sur le Trésor, chèques ou mandats sur un Comptoir, une Société ou un Établissement de banque ou de crédit, ayant son siége à Paris, ces valeurs devront être passées, par l'Agent général, à l'ordre du Directeur de la Compagnie l'Aigle, *sans autre dénomination,* et la lettre qui les renfermera devra être recommandée.

Tout pli recommandé contenant des valeurs doit renfermer une note énonçant la nature et le montant de ces valeurs, ainsi que le nom de l'Agence d'où elles proviennent.

Envoi des fonds par les Messageries.

Art. 668. — Lorsque l'envoi des fonds aura lieu par l'entremise des chemins de fer ou des Messageries, les sacs renfermant les fonds devront être ficelés et cachetés. Le nom de l'Agence et le montant de la somme envoyée devront être énoncés sur l'adresse.

Art. 669. — Il est expressément interdit par les règlements de l'Administration des postes, de renfermer dans les sacs d'argent une lettre, une note ou une pièce quelconque ayant le caractère de correspondance, ou pouvant en tenir lieu. Interdiction.

Art. 670. — Il est également défendu, par les règlements, d'insérer dans une lettre, chargée ou non, des matières d'or ou d'argent, bijoux et autres objets précieux, et de renfermer dans une lettre *non recommandée*, des billets de banque, bons, chèques, coupons de rentes, d'actions et d'obligations, payables au porteur. Interdiction d'insérer dans les lettres des matières d'or ou d'argent.

En cas d'infraction, l'expéditeur est passible d'une amende de 50 à 500 francs.

Les fonds qu'un Agent général expédierait par lettre en billets de banque et valeurs au porteur, sans avoir pris la précaution qui vient d'être indiquée, voyageraient donc sous sa responsabilité.

Art. 671. — L'Administration, à moins de circonstances exceptionnelles, dont elle se réserve l'appréciation, n'acceptera pas des Agents généraux des billets de commerce en paiement du solde de leurs comptes. Elle se verrait donc forcée de les renvoyer à ceux qui les lui auraient adressés, et les frais de retour seraient mis à leur charge. La Compagnie ne reçoit en paiement aucun billet.

## CHAPITRE XXVII

### Dispositions générales d'ordre et de surveillance.

Art. 672. — Chaque Agent doit tenir copie de sa correspondance relative aux affaires de la Compagnie, et donner à ses lettres une série de numéros. Classement et copie de la correspondance.

Il doit classer par ordre de dates et de numéros, et mettre en liasse toutes les lettres qui lui sont adressées par la Compagnie.

Art. 673. — Dans le cas de décès, démission ou révocation d'un Agent, les Polices et avenants, les plaques, les registres, les imprimés, les copies de lettres, la correspondance de la Compagnie, et généralement tous les objets, papiers, titres et documents se rattachant à l'exploitation de l'Agence, doivent être remis par l'Agent ou par ses ayants cause à l'Inspecteur ou au nouveau titulaire qui, par ordre de l'Administration, réclamera la remise du service. Remise du matériel après décès, démission ou révocation.

Art. 674. — Pour diminuer les frais de transport, les Agents sont priés d'éviter, autant que possible, les demandes partielles et trop souvent réitérées de plaques et de matériel. A cet effet, il leur est recommandé de dresser, tous les six mois, en janvier et juillet, un état général de leur approvisionnement, sur le vu duquel ils demandent, par un seul envoi, tous les objets dont ils présumeront avoir besoin pendant le cours du semestre. Demandes de matériel.

Les envois de la Compagnie sont francs de port.

Art. 675. — Tous les paquets envoyés par la Compagnie étant francs de port et de frais de factage, les Agents généraux n'ont rien à payer lorsque la remise leur en est faite.

Néanmoins, dans le cas où le facteur ne voudrait remettre un paquet que contre le paiement de tout ou partie de ces frais, l'Agent général en prendrait livraison et paierait la somme exigée, mais il se ferait délivrer une quittance qu'il enverrait à la Compagnie, afin qu'elle pût en réclamer la restitution.

Autorisation nécessaire pour impressions et publications.

Art. 676. — Les Agents ne peuvent rien faire imprimer, publier ou insérer dans les journaux, sans l'autorisation spéciale et expresse de la Compagnie.

S'il est fait, par d'autres Compagnies ou par des particuliers, des publications qui puissent intéresser la Compagnie, ils doivent en donner avis à la Direction.

Sinistres importants; — Avis à donner.

Art. 677. — Lorsque, dans la circonscription d'une Agence, il surviendra des sinistres importants étrangers à la Compagnie, surtout s'ils portent sur des établissements industriels, l'Agent devra en donner connaissance à la Compagnie par lettre ordinaire, et lui faire connaître toutes les particularités remarquables que ces incendies pourront présenter dans leurs causes et leurs effets.

Surveillance générale sur les assurances de l'Agence.

Art. 678. — Les Agents doivent exercer une surveillance suivie et circonspecte sur toutes les assurances de leur Agence, et particulièrement sur celles qui garantissent des établissements industriels. Ils doivent faire connaître à la Compagnie toutes les circonstances qui pourraient faire croire ou présumer que ces assurances ont cessé d'offrir, pour quelque cause que ce soit, les garanties morales et matérielles exigées.

# MODÈLES

MODÈLE N° 1.

# TABLEAU

DES

## PRINCIPALES COMPAGNIES D'ASSURANCES CONTRE L'INCENDIE

*à primes fixes*, autorisées par le Gouvernement.

(*Art. 13 des Instructions.*)

| NOMS | DATE D'AUTORISATION | CAPITAL SOCIAL |
|---|---|---|
| **Compagnie d'Assurances générales** | 1819 | 2.000.000 |
| **Le Phénix** | 1819 | 4.000.000 |
| **La Nationale** | 1820 | 10.000.000 |
| **L'Union** | 1828 | 10.000.000 |
| **Le Soleil** | 1829 | 6.000.000 |
| **La France** | 1837 | 10.000.000 |
| **L'Urbaine** | 1838 | 5.000.000 |
| **La Providence** | 1838 | 5.000.000 |
| **Le Nord** | 1840 | 2.000.000 |
| **La Paternelle** | 1843 | 6.000.000 |
| **La Confiance** | 1844 | 6.000.000 |
| **Le Midi** | 1854 | 5.000.000 |
| **L'Abeille** | 1857 | 12.000.000 |
| **La Caisse générale agricole** | 1858 | 12.000.000 |
| **La Centrale** | 1863 | 5.000.000 |
| **Le Monde** | 1864 | 5.000.000 |
| **La Paix** | 1868 | 5.000.000 |
| **La Patrie** | 1869 | 2.000.000 |

MODÈLE N° 2.
1re partie.
(Art. 263 des Instructions.)

## EXTRAIT DE LA LOI DU 5 JUIN 1850, RELATIVE AU TIMBRE.

Art. 33. — A compter du 1er octobre 1850, tout contrat d'assurance, ainsi que toute convention postérieure contenant prolongation de l'assurance, augmentation dans la prime ou le capital assuré, sera rédigé sur papier d'un timbre de dimension, sous peine de 50 francs d'amende contre l'assureur, sans aucun recours contre l'assuré. Si l'assuré en fait l'avance, il aura un recours contre l'assureur.

Lorsque la Police contiendra une clause de tacite reconduction, elle sera en outre soumise au visa pour timbre dans le délai de cinq jours de sa date, sous la même peine de cinquante francs d'amende contre l'assureur. Le droit de visa sera le même que celui du timbre employé pour l'acte.

Art. 34. — Les Sociétés d'assurances mutuelles, les compagnies d'assurance à primes ou autres, sous quelque dénomination que ce soit, et tous assureurs à primes ou autres, seront tenus de faire, au bureau de l'enregistrement du lieu où ils auront le siége de leur principal établissement, une déclaration constatant la nature des opérations, et les noms du Directeur de la Société ou du Chef de l'établissement.

Cette déclaration sera faite avant le 1er Octobre 1850 par les Sociétés, Compagnies et assureurs actuellement établis, et par les autres, avant de commencer leurs opérations.

Toute infraction aux dispositions de cet article sera passible d'une amende de mille francs.

Art. 35. — Les Sociétés, Compagnies et assureurs seront tenus d'avoir, au siége de l'établissement, un répertoire sommaire en un ou plusieurs volumes, non sujet au timbre, mais coté, paraphé et visé, soit par un des Juges du Tribunal de commerce, soit par le Juge de paix, sur lequel ils porteront par ordre de numéros, et dans les six mois de leur date, toutes les assurances faites soit directement, soit par leurs Agents, ainsi que les conventions qui prolongeront l'assurance, augmenteront la prime ou le capital assuré.

. . . . . . . . . . . . . . . . . . . . . . . . . . . . . . . . . . . . . . . . . . . . . . . .

Art. 37. — Les Sociétés, Compagnies d'assurances et tous autres assureurs contre l'incendie, pourront s'affranchir des obligations imposées par l'article 33, en contractant avec l'État un abonnement annuel, à raison de deux centimes par mille francs du total des sommes assurées, d'après les Polices ou contrats.

### NOTE.

La Compagnie a souscrit l'abonnement dont il s'agit.

La loi du 2 juillet 1862 a élevé le droit à 3 centimes, et la loi du 23 juillet 1871 a établi un double décime; c'est donc 0 fr. 036 qui sont dus par mille francs.

Les Compagnies perçoivent 0 fr. 04 c. pour se couvrir des pertes sur les non-recouvrements des sommes qu'elles avancent au Trésor et des frais de répertoire.

---

MODÈLE N° 2.
2e partie.
(Art. 263 des Instructions.)

## EXTRAITS DES LOIS DES 23 AOUT 1871 ET 31 DÉCEMBRE 1873

EN CE QUI CONCERNE

**Les contrats d'assurances contre l'incendie.**

Article premier. — Les dispositions de l'article 14 de la loi du 2 juillet 1862, relatives à la perception d'un second décime sur les droits et produits dont le recouvrement est confié à l'Administration de l'enregistrement, sont remises en vigueur.

Art. 2 — Il est ajouté deux décimes au principal des droits de timbre de toute nature.

. . . . . . . . . . . . . . . . . . . . . . . . . . . . . . . . . . . . . . . . . . . . . . .

### Taxe d'enregistrement.

Art. 6. — Tout contrat d'assurance maritime ou contre l'incendie, ainsi que toute convention postérieure contenant prolongation de l'assurance, augmentation dans la prime ou le capital assuré, désignation d'une somme en risque ou d'une prime à payer, est soumis à une taxe obligatoire, moyennant le paiement de laquelle la formalité de l'enregistrement sera donnée gratis toutes les fois qu'elle sera requise.

La taxe est fixée ainsi qu'il suit, savoir :

. . . . . . . . . . . . . . . . . . . . . . . . . . . . . . . . . . . . . . . . . . . . . . .

Pour les assurances contre l'incendie, et annuellement, à raison de huit pour cent du montant des primes (1), ou, en cas d'assurance mutuelle, de huit pour cent des cotisations ou des contributions.

La taxe sera perçue d'après les mêmes bases sur les contrats en cours, mais seulement pour le temps restant à courir et sauf recours par les assureurs contre les assurés.

Les contrats de réassurance ne sont pas assujétis à la taxe, à moins que l'assurance primitive, souscrite à l'étranger, n'ait pas été soumise au droit.

Art. 7. — La taxe fixée par l'article précédent sera perçue, pour le compte du Trésor, par les Compagnies, Sociétés et tous autres assureurs, courtiers ou notaires qui auraient rédigé les contrats.

Les répertoires et livres dont la tenue est prescrite par les articles 35, 44, 45 et 47 de la loi du 5 juin 1850, feront mention expresse, pour chaque contrat, du montant des primes ou cotisations exigibles, ainsi que de la taxe payée par les assurés en exécution de l'article 6 de la présente loi.

Chaque contravention à cette disposition sera passible d'une amende de 10 francs.

Ces dispositions, celles de l'article 6 et celles des lois des 5 juin 1850 et 2 juillet 1862, sont applicables aux Sociétés et assureurs étrangers qui auraient un établissement ou une succursale en France.

Art. 8. — Les contrats d'assurance passés à l'étranger pour des immeubles situés en France ou pour des objets ou valeurs appartenant à des Français, doivent être enregistrés avant toute publicité ou usage en France, à peine d'un droit en sus, qui ne peut être inférieur à cinquante francs.

Le droit est fixé ainsi qu'il suit :

Pour les assurances contre l'incendie, à raison de huit francs par cent francs du montant des primes multiplié par le nombre d'années pour lequel l'assurance a été contractée.

Art. 9. — Les contrats d'assurances contre l'incendie passés en France pour des immeubles ou objets mobiliers situés à l'étranger, ne sont pas assujétis au paiement de la taxe ; mais il ne pourra en être fait aucun usage en France, soit par acte public, soit en justice ou devant toute autre autorité constituée, sans qu'ils aient été préalablement enregistrés. Le droit sera perçu au taux fixé par l'article précédent, mais seulement pour les années restant à courir.

Art. 10. — Un règlement d'administration publique déterminera le mode de perception et les époques de paiement de la taxe établie par l'article 6 ci-dessus, ainsi que toutes les mesures nécessaires pour assurer l'exécution des articles 6 et 7 de la présente loi. Chaque contravention aux dispositions de ce règlement sera passible d'une amende de 50 francs.

. . . . . . . . . . . . . . . . . . . . . . . . . . . . . . . . . . . . . . . . . . . . . . .

(1) Avec le double décime établi par la loi du 23 août 1871 et le demi-décime ajouté par la loi du 31 décembre 1873, le chiffre de 8 0/0 se trouve porté à 10 0/0.

**Timbre de quittance.**

ART. 18. — A partir du 1er décembre 1871, sont soumis à un droit de timbre de 10 centimes :

Les quittances ou acquits donnés au pied des factures et mémoires, les quittances pures et simples, reçus ou décharges de sommes, titres, valeurs ou objets et généralement tous les titres de quelque nature qu'ils soient, signés ou non signés, qui emporteraient libération, reçu ou décharge ;

Le droit est dû pour chaque acte, reçu, décharge ou quittance ; il peut être acquitté par l'apposition d'un timbre mobile, à l'exception toutefois du droit sur les chèques, lesquels ne peuvent être remis à celui qui doit en faire usage sans qu'ils aient été préalablement revêtus de l'empreinte du timbre à l'extraordinaire ;

Le droit de timbre de dix centimes n'est applicable qu'aux actes faits sous signatures privées et ne contenant pas de dispositions autres que celles spécifiées au présent article.

ART. 19. — Une remise de deux pour cent sur le timbre est accordée, à titre de déchet, à ceux qui feront timbrer préalablement leurs formules de quittances, reçus ou décharges.

ART. 20. — Sont seuls exceptés du droit de timbre de dix centimes :

Les quittances de dix francs et au-dessous, quand il ne s'agit pas d'un à-compte ou d'une quittance finale sur une plus forte somme.

Toutes autres dispositions contraires sont abrogées.

ART. 21. — Les avertissements donnés aux termes de la loi du 2 mai 1855, avant toute citation, devront être rédigés par le greffier du Juge de paix, sur papier au timbre de dimension de cinquante centimes.

ART. 22. — Les Sociétés, Compagnies, assureurs, entrepreneurs de transports et tous autres assujétis aux vérifications des agents de l'enregistrement par les lois en vigueur, sont tenus de représenter auxdits agents leurs livres, registres, titres, pièces de recette, de dépense et de comptabilité, afin qu'ils s'assurent de l'exécution des lois sur le timbre.

Tout refus de communication sera constaté par procès-verbal, et puni d'une amende de cent francs à mille francs.

ART. 23. — Toute contravention aux dispositions de l'article 18 sera punie d'une amende de cinquante francs. L'amende sera due par chaque acte, écrit, quittance, reçu ou décharge, pour lequel le droit de timbre n'aurait pas été acquitté.

Le droit de timbre est à la charge du débiteur ; néanmoins, le créancier qui a donné quittance, reçu ou décharge en contravention aux dispositions de l'article 18, est tenu personnellement et sans recours, nonobstant toute stipulation contraire, du montant des droits, frais et amendes.

ART. 24. — Un règlement d'administration publique déterminera la forme et les conditions d'emploi des timbres mobiles créés en exécution de la présente loi. Toute infraction aux dispositions de ce règlement sera punie d'une amende de vingt francs.

Sont applicables à ces timbres, les dispositions de l'article 21 de la loi du 11 juin 1859.

Sont considérés comme non timbrés :

1° Les actes, pièces ou écrits sur lesquels le timbre mobile aurait été apposé sans l'accomplissement des conditions prescrites par le règlement d'administration publique, ou sur lesquels aurait été apposé un timbre ayant déjà servi ;

2° Les actes, pièces ou écrits sur lesquels un timbre mobile aurait été apposé en dehors des cas prévus par l'article 18.

. . . . . . . . . . . . . . . . . . . . . . . . . . . . . . . . . . . . . . . . . . . . . . . . .

MODÈLE N° 2.
3e partie.
(*Art. 263 des Instructions.*)

# EXTRAIT DU RÈGLEMENT D'ADMINISTRATION PUBLIQUE

*du 25 novembre 1871,*

**en ce qui concerne les Contrats d'Assurances contre l'Incendie.**

. . . . . . . . . . . . . . . . . . . . . . . . . . . . . . . . . . . . . . . . . . . . . . . . . . . .

Art. 5. — La taxe fixée par l'article 6 de la loi du 23 août 1871, pour les assurances contre l'incendie, est établie sur l'intégralité des primes, cotisations ou contributions constatées dans les écritures des Compagnies, Sociétés et assureurs.

Toutefois, sont déduites pour le calcul de la taxe :

1° Les primes, cotisations ou contributions relatives à des immeubles ou objets mobiliers situés à l'étranger;

2° Celles perçues pour réassurances, à moins que l'assurance primitive souscrite à l'étranger n'ait pas été soumise à la taxe;

3° Les primes, cotisations ou contributions que les Sociétés, Compagnies et assureurs justifieraient n'avoir pas recouvrées par suite de la résiliation ou de l'annulation des contrats.

Il sera ouvert, dans les écritures des Sociétés, Compagnies et assureurs, un compte spécial à chacune des différentes natures de primes, cotisations ou contributions énumérées aux trois paragraphes précédents.

Art. 6. — Le paiement de la taxe est effectué, pour chaque trimestre, avant le dixième jour du troisième mois du trimestre suivant, au bureau de l'enregistrement du siége des Sociétés ou Compagnies, ou du domicile de l'assureur.

Toutefois, pour les Sociétés d'assurances mutuelles dans lesquelles le montant des cotisations annuelles est, d'après les statuts, exigible par avance, le 1er janvier de chaque année, le paiement de la taxe afférente aux contrats existants à cette époque est effectué par quart et dans les dix jours qui suivent l'expiration de chaque trimestre.

Art. 7. — Chaque année, après la clôture des écritures relatives à l'exercice précédent, et au plus tard le 31 mai, il est procédé, pour toutes les Compagnies, Sociétés ou assureurs, à une liquidation générale de la taxe due pour l'exercice entier.

Si de cette liquidation il résulte un complément de taxe au profit du Trésor, il est immédiatement acquitté. Dans le cas contraire, l'excédant versé est imputé sur l'exercice courant.

Art. 8. — A l'appui des versements prescrits par l'article 7, les Sociétés, Compagnies et assureurs, remettent au receveur de l'enregistrement un état certifié conforme à leurs écritures commerciales et indiquant :

1° Le montant des primes, cotisations ou contributions échues pendant le trimestre et provenant des exercices antérieurs ;

2° Le montant des mêmes primes, cotisations ou contributions provenant des souscriptions nouvelles ;

3° Les déductions à opérer en exécution de l'article 5 ; il est ouvert une colonne spéciale à chaque nature de déduction ;

4° Le montant net des primes, cotisations ou contributions assujéties à la taxe.

Pour opérer la liquidation générale prévue par l'article 7, les Sociétés, Compagnies et assureurs remettent au receveur de l'enregistrement, avec la balance des comptes ouverts à leur grand-livre, un état récapitulatif de la totalité des opérations de l'année précédente. Cet état, dûment certifié, est vérifié au siége social par les Agents de l'Administration, auxquels sont représentés, à toute réquisition, tous livres, registres, Polices, avenants et autres documents, quelle que soit d'ailleurs leur date.

MODÈLE N° 3.

## MODÈLE DE LA COMMISSION

**à délivrer par MM. les Agents généraux à leurs sous-agents.**

(*Art. 43 des Instructions.*)

AGENCE d

Je, soussigné ______ Agent général de la Compagnie L'AIGLE à ______ déclare nommer pour mon sous-agent dans le canton d ______
M. (1) ______
demeurant à ______

Ses fonctions consisteront uniquement à recueillir des propositions d'assurances contre l'incendie et à me les transmettre, après avoir établi, avec le proposant, et sous réserve de mon approbation, les taux de primes, en conformité des tarifs en vigueur, et les conditions particulières de l'assurance.

J'autorise également M. ______ à toucher, en échange des Polices signées par moi, qu'il sera chargé de remettre aux assurés, le montant des primes au comptant, ainsi que le prix des Plaques et des Polices; à percevoir, pour mon compte, contre la remise des quittances détachées de mon registre à souches et revêtues de ma signature, les primes annuelles dont je lui confierai le recouvrement, et à me représenter devant la Justice de paix dans toutes les demandes relatives au recouvrement desdites primes.

Il est formellement interdit à M. ______ de statuer définitivement sur aucune proposition d'assurance, de signer ni modifier aucune Police, ni aucune quittance de prime, et de prendre aucun engagement écrit ou verbal, au nom de la Compagnie L'AIGLE ou au mien.

*Fait et délivré à M.* ______ *le* ______

---

MODÈLE N° 4.

## TABLEAU

**Des risques exclus, par prudence, des opérations de la Compagnie.**

(*Art. 58 des Instructions.*)

Allumettes (Fabriques ou dépôts d').
Baraques en champ de foire et leur contenu.
Bâtiments n'ayant qu'une destination temporaire.
Bois sur pied d'essence résineuse.
Brai (Fabriques de).
Carton bitumé et goudronné.
Chapeaux de paille (Fabriques de).
Créances chirographaires.
Cuirs vernis (Fabriques de).
Déchets de coton, de laine, de chanvre, de lin et autres.
Dégras (Fabriques de).
Essences de schiste, de pétrole, et toutes autres essences minérales.
Fourrages (Marchands de).
Garance, garancine (Fabriques de).
Gaz de résine ou de résidus d'huiles minérales (Fabriques de)
Goudron (Fabriques ou distillations de).
Graisses industrielles (Fabriques de).
Huiles de graines, d'olive ou de noix (Épurations et fabriques de) employant le sulfure de carbone.
Huiles de schiste et de pétrole (Épurations et fabriques de).
Maisons isolées, c'est-à-dire éloignées de tout village, couvertes en matières combustibles.
Maisons non habitées et tombant en ruines.
Maisons couvertes en matières combustibles à proximité de chemins de fer.
Marchandises en route, appartenant à des marchands ambulants.
Marchandises triplement hasardeuses ou très-dangereuses. (*Voir art. 230.*)
Menuiserie à la mécanique.
Mines (Intérieur des).
Moulins à vent en bois.
Noir de fumée, siccatif (Fabriques de).
Ouate (Fabriques de).
Papier bitumé ou goudronné (Fabriques de).
Papier timbré (Dépôts de).
Parquet (Fabriques de) à la mécanique.
Produits chimiques inflammables (Fabriques et dépôts de).
Propriétés d'une valeur au-dessous de mille francs.
Récoltes sur pied.
Récoltes en meules à proximité des usines ou des chemins de fer.
Résine (Fabriques de).
Scieries de bois à la vapeur.
Soufre (Trituration de).
Taffetas gommés (Fabriques de).
Térébenthine (Fabriques de).
Toiles cirées ou grasses (Fabriques de).
Tourbes.
Vernis (Fabriques de).
Voitures publiques et wagons (Fabriques de) à la mécanique.
Et, en général, toutes les fabriques et usines dont les bâtiments ne sont pas couverts en matières incombustibles.

---

(1) Mettre les nom, prénoms et profession.

MODÈLE N° 5.

*(Art. 60 des Instructions.)*
Proposition d'assurance.

**AGENCE**
d

N°

DATE :

EFFET :

DURÉE :

**OBSERVATION IMPORTANTE**

La déclaration ci-contre n'est que préparatoire à l'assurance et ne peut donner aucun droit au déclarant à être indemnisé en cas d'incendie : la Compagnie n'est engagée que par les Polices d'assurances signées par les parties respectives. Le paiement de la prime et la délivrance de la plaque ne devant avoir lieu qu'après la Police souscrite, l'assuré ne peut, dans aucun cas, se prévaloir de ces deux circonstances contre la Compagnie.

(a) Comme propriétaire, fermier, locataire, consignataire, fondé de pouvoirs du propriétaire, créancier hypothécaire, nu-propriétaire ou usufruitier.

(b) Les sommes en toutes lettres.

BATIMENT.

Désigner : 1° par qui habité; 2° la situation; 3° à combien d'étages; 4° sa construction en pierres, moellons, briques, bois ou chaume; 5° si les escaliers sont en pierre ou en bois; 6° si on y exerce des métiers, les désigner; 7° s'il est adjacent à un autre où l'on exerce une profession hasardeuse; 8° s'il est déjà assuré en tout ou partie par une autre Compagnie.

MOBILIER.

Désigner : 1° la situation, la classe et le nom du propriétaire du bâtiment où est le mobilier; 2° les différents objets qui le composent, tels que :

Meubles............
Glaces.............
Ustensiles de ménage
Linge et habillements
Livres...............
Tableaux..........
Argenterie, etc., etc.
Objets d'art et de luxe

} Indiquer la valeur correspondant à chaque article

MARCHANDISES.

Désigner : 1° la situation, la classe et le nom du propriétaire du bâtiment où elles sont contenues; 2° si le négociant en est propriétaire ou consignataire; 3° leur qualité et leur valeur. Pour les marchandises non désignées, on indiquera seulement celles qui font l'objet principal du commerce de l'assuré.

# L'AIGLE

COMPAGNIE D'ASSURANCES A PRIMES
**CONTRE L'INCENDIE,**

Autorisée par ordonnance royale du 18 mai 1843, et par décrets des 18 septembre 1849, 21 mars 1868 et 5 septembre 1874.

**Siège social, à Paris, rue de Châteaudun, n° 44**

SOMME A ASSURER :
FR. :

RENOUVELLEMENT
de la Police N°

REMPLACEMENT
de la Police N°

RISQUE COMMUN
à N°

## PROPOSITION D'ASSURANCE

*M* *profession de*

*demeurant*

*agissant* (a)

*déclare vouloir faire assurer contre l'incendie, par la Compagnie* L'AIGLE, *pendant*
*la somme de* (b)
*sur les objets ci-après désignés,* SAVOIR :

(Pour libeller une proposition d'assurance, voir les modèles de Polices ci-après.)

| SOMME assurée SUR CHAQUE article | TAUX de LA PRIME p. 0/00 | PRIME par chaque ARTICLE |
|---|---|---|
| | | |

MODÈLE N° 6.

(*Art. 65 des Instructions.*)
Tracé linéaire à joindre aux propositions d'assurance sur fabriques et usines.

# COMPAGNIE L'AIGLE.

Agence de , Police N°

Plan de l'Établissement de M

Situé à rue

Timbre.

| N°s OU LETTRES DU PLAN | LÉGENDE<br>Indiquer avec soin les communications et les distances des bâtiments entre eux, ainsi que leur nombre d'étages. |
|---|---|
| A | FILATURE DE LIN. — Rez-de-chaussée sans sous-sol, deux étages, grenier mansardé et comble perdu. |
| B | GÉNÉRATEURS et MACHINE A VAPEUR au rez-de-chaussée. — Un seul étage servant de séchoir à vapeur. |
| C | CONCIERGE et BUREAUX. — Simple rez-de-chaussée. |
| D | HABITATION DE MAITRE. — Rez-de-chaussée avec caves voûtées, un étage et un grenier. |
| E | REMISE et ÉCURIE. — Rez-de-chaussée avec grenier à fourrages au-dessus. |
| F | MAISON DE CONTRE-MAITRE. — Rez-de-chaussée avec caves non voûtées et un grenier. |
| G | MAGASIN AUX MATIÈRES BRUTES. — Rez-de-chaussée, un étage et un grenier mansardé. |
| H | MAGASIN AUX MATIÈRES FILÉES. — Même élévation que G. |
| I | ATELIER de réparations. } Simple Rez-de-Chaussée |
| J | ATELIER de menuiserie. } Simple Rez-de-Chaussée |
| K | BUCHER. } Simple Rez-de-Chaussée |
| O | PUITS. |
| ⊙ | POÊLES OU CALORIFÈRES. |



Échelle de 0,001 millim. pour 1 mètre.

Vu le présent plan pour être annexé à la police N° de l'Agence de

L'ASSURÉ, L'AGENT GÉNÉRAL,

**Explication des Signes conventionnels :**

Gros murs en pierres ou en briques.

Murs de construction plus légère avec pans de bois.

Cloisons en bois.

Ouvertures ou communications.

MODÈLE N° 7.

Renseignements à annexer aux propositions d'assurances sur risques simples ou ordinaires.

AGENCE d

# COMPAGNIE L'AIGLE

POLICE N°

## RAPPORT DE VÉRIFICATION SUR RISQUE SIMPLE

(*Art. 467 des Instructions.*)

**Nom et prénoms du Proposant :**
**Profession et domicile :**

**Nature du risque :**
**Sa situation :**

| | | |
|---|---|---|
| **1°** | Nature des constructions extérieures et de leur couverture ? Sont-elles en bon état ? Le terrain appartient-il au propriétaire des bâtiments. | |
| **2°** | Nature des constructions et dispositions intérieures ? | |
| **3°** | Quelles sont les chances d'incendie intérieurement et extérieurement ? | |
| **4°** | Quels sont les moyens de secours ? | |
| **5°** | Quelle serait l'importance présumable d'un sinistre ? | |
| **6°** | La valeur des objets est-elle exactement indiquée ? | |
| **7°** | Y a-t-il eu assurance antérieure ? A quelle Compagnie, et pourquoi a-t-elle cessé ? | |
| **8°** | Y a-t-il déjà eu incendie, petit ou grand ? Dans l'affirmative, quelle en a été la cause et qu'en est-il résulté ? | |

| | | |
|---|---|---|
| 9° | La Compagnie a-t-elle des assurances dans la même maison ou dans le voisinage? | |
| 10° | Quelle est la nature des risques voisins?<br>A quelle distance sont-ils de ceux proposés? | |
| 11° | Depuis quelle époque environ la maison de commerce est-elle créée?<br>Y a-t-il bail et pour combien de temps?<br>Quel est le prix du loyer?<br>De quelle réputation jouit le proposant?<br>Son crédit est-il bon?<br>Est-il en voie de prospérité, ou existe-t-il des circonstances de nature à empêcher la réussite de son entreprise? | |

OBSERVATIONS & CONCLUSIONS

*A* *le* *18*

MODÈLE N° 8.

(*Art. 81 des Instructions.*)

Renseignements à annexer aux propositions d'assurances sur fabriques ou usines.

AGENCE d

# COMPAGNIE L'AIGLE

POLICE N°

# RAPPORT DE VÉRIFICATION SUR FABRIQUE OU USINE

| **Nom et prénoms du Proposant :** | **Nature du risque :** **Sa situation :** |
|---|---|
| **1°** Depuis quelle époque l'établissement existe-t-il? Est-il occupé par plusieurs industriels? Les bâtiments ont-ils été originairement édifiés pour leur usage actuel? L'accès en est-il facile? Le terrain appartient-il au propriétaire des bâtiments? | |
| **2°** Comment sont-ils construits et couverts? Combien ont-ils d'étages? Y a-t-il des caves, des soupentes, des greniers ou combles servant ou pouvant servir d'ateliers ou de magasins? Le tout est-il en bon état? | |
| **3°** Quelle est la nature des cloisons ou distributions intérieures? Les pièces intérieures sont-elles planchéiées ou carrelées? Plafonnées ou voûtées? | |
| **4°** Les escaliers sont-ils intérieurs ou extérieurs? En bois, en pierre ou en fer? Larges ou étroits? Les communications intérieures sont-elles d'un accès facile? | |
| **5°** Quel est le moteur, manége, machine hydraulique ou à vapeur? Le matériel est-il en bon état? En bois ou en fer? | |
| **6°** Quel est le mode de chauffage et d'éclairage des ateliers? L'installation en est-elle bonne? | |
| **7°** Les locaux sont-ils spacieux ou rétrécis? Y a-t-il quelque part agglomération de mobilier ou de marchandises? En quel endroit? | |
| **8°** Quelles sont les chances d'incendie? | |

| | |
|---|---|
| 9° Quels sont les moyens de secours intérieurs? Quels secours peut-on espérer du voisinage? L'eau est-elle à proximité et en grande abondance toute l'année? | |
| 10° Quelle serait l'importance présumable d'un sinistre? | |
| 11° Y a-t-il eu assurance antérieure? A quelle Compagnie, et pourquoi a-t-elle cessé? | |
| 12° Y a-t-il déjà eu incendie petit ou grand? Dans l'affirmative, quelle en a été la cause et qu'en est-il résulté? | |
| 13° Passe-t-on la nuit au travail? Dans la négative, y a-t-il des veilleurs et à quels intervalles font-ils leur ronde? Quels sont les moyens de contrôle? | |
| 14° Le proposant est-il lui-même à la tête des travaux, ou sont-ils confiés aux soins de contre-maîtres ou de directeurs? Les uns et les autres sont-ils soigneux et vigilants? Les déchets sont-ils enlevés journellement? Où les dépose-t-on? | |
| 15° Quelle est la réputation du proposant? Son crédit est-il bien établi? Est-il aimé de ses ouvriers? Quel en est le nombre? | |
| 16° Le proposant est-il en voie de prospérité, ou existe-t-il des circonstances de nature à empêcher la réussite de son entreprise? | |
| 17° A-t-il eu des prédécesseurs, et ceux-ci ont-ils réalisé des bénéfices? | |
| 18° Quelle est la nature des risques voisins? A quelle distance sont-ils de ceux proposés? Quels sont les noms et professions des occupants? | |

OBSERVATIONS & CONCLUSIONS

*A* *le* *18*

MODÈLE N° 9. (1re Partie.)

(Art. 269 et suivants des Instructions.)

N° 10430

AGENCE

de Besançon

NOM DE L'ASSURÉ

ROBERT

DATE DE LA POLICE

14 février 1874

EFFET DE L'ASSURANCE

15 février 1874

DURÉE DE LA PÉRIODE

Dix ANNÉES

# CONDITIONS GÉNÉRALES DES POLICES

# L'AIGLE

COMPAGNIE ANONYME

D'ASSURANCES CONTRE L'INCENDIE,

CONTRE LA FOUDRE,

L'EXPLOSION DU GAZ ET DES APPAREILS A VAPEUR,

AUTORISÉE PAR ORDONNANCE DU 18 MAI 1843,

**Rue de Châteaudun, 44, à Paris**

REMPLACEMENT DU N° 5340

RISQUE COMMUN AU N°

SITUATION DES RISQUES

Besançon

ARRONDISSEMENT

de Besançon

PRIME ANNUELLE, FR. 115 10

DÉCOMPTE

| | PRIME | | IMPOT | | TOTAL | |
|---|---|---|---|---|---|---|
| Prime annuelle | 105 | 40 | 9 | 70 | 115 | 10 |
| Ristourne | 37 | 50 | 3 | 75 | 41 | 25 |
| Reste 1re année | 67 | 90 | 5 | 95 | 73 | 85 |
| Police | | | | | 2 | » |
| Plaque | | | | | » | » |
| TOTAL | | | | | 75 | 85 |

### Objet de l'Assurance.

ARTICLE PREMIER. — La Compagnie assure contre l'incendie, quand même l'incendie est causé par le feu du ciel, les propriétés mobilières et immobilières, moyennant une prime fixée en raison de la nature et de la gravité des risques soumis à l'assurance.

Elle répond, moyennant une prime spéciale, et seulement quand la stipulation en est faite dans une clause particulière de la Police, des bris et des dégâts autres que ceux d'incendie causés à ces mêmes propriétés par la foudre et par l'explosion du gaz et des chaudières à vapeur.

La Compagnie assure aussi, en cas d'incendie, par des stipulations distinctes et moyennant des primes spéciales : 1° le risque locatif ; 2° le risque du voisinage ; 3° le risque de vice de construction ; 4° les créances hypothécaires.

L'assurance du risque locatif a pour objet de garantir du recours que le propriétaire pourrait exercer contre le locataire pour la réparation des dégâts causés par l'incendie à l'immeuble loué.

L'assurance du risque de voisinage a pour objet de garantir du recours qui pourrait être exercé par les voisins pour la réparation des dégâts causés à leurs propriétés par la communication d'un incendie provenant d'une imprudence de l'assuré ou des personnes dont il répond.

L'assurance du vice de construction a pour objet de garantir du recours qui pourrait être exercé contre le propriétaire par ses locataires, pour la réparation des dégâts causés à leurs effets mobiliers, par un incendie provenant d'un vice de construction ou d'un défaut d'entretien de l'immeuble loué.

L'assurance des créances hypothécaires a pour objet de garantir le créancier contre la perte pouvant résulter pour lui de l'incendie de l'immeuble affecté à sa créance.

ART. 2. — La Compagnie n'assure pas les pierreries et perles fines non montées, les lingots, les monnaies, les billets de banque, les actions, obligations, effets, contrats et titres de toute nature ; toute Police qui porterait sur l'un de ces objets, serait de plein droit nulle et de nul effet.

Les dentelles, les cachemires, l'argenterie, les bijoux, les pierreries et perles fines montées à usage personnel, les tableaux, statues, gravures, médailles et généralement les objets rares et précieux mobiliers et immobiliers, ne sont assurés que lorsqu'ils ont été spécifiés dans les clauses manuscrites de la Police, et qu'une somme a été spécialement appliquée à leur garantie.

ART. 3. — La Compagnie n'assure pas les dépôts, magasins et fabriques de poudres à tirer ; elle ne répond pas des sinistres occasionnés par faits de guerre, force ou occupation militaire quelconque, émeutes, insurrections, explosion de poudrières, éruptions de volcans et tremblements de terre.

En cas d'explosion ou de détonation, et dans tous les accidents causés par la foudre, la Compagnie, à moins de stipulation contraire, ne répond que des dégâts d'incendie qui en sont la suite.

La Compagnie ne répond, dans aucun cas, des dégâts autres que ceux d'incendie causés par l'ouragan, les tempêtes, les trombes et tout autre phénomène météorologique.

ART. 4. — La Compagnie ne garantit que les risques mentionnés et spécifiés dans les conditions manuscrites de la présente Police. Elle n'est responsable que des dégâts matériellement causés par le sinistre aux objets sur lesquels porte l'assurance. Elle n'est tenue à aucune indemnité en raison des pertes et dommages que l'assuré pourrait éprouver par suite de défaut de location, changement d'alignement, résiliation de baux, chômage, privation de gain ou de jouissance, ou de toutes autres pertes et dépréciations de même nature, dont le sinistre serait l'occasion.

Toutefois, si les objets assurés sont détruits ou endommagés par suite de mesures prescrites par l'autorité pour arrêter les progrès du feu, la Compagnie répond des dégâts comme s'ils avaient été causés par l'incendie.

Elle ne répond pas des objets perdus ou soustraits pendant ou après le sinistre.

Toutes les dispositions mentionnées dans les articles 3, 4 et 5 sont également applicables à l'assurance des risques locatifs, de voisinage et de vice de construction.

ART. 5. — L'assurance est souscrite pour une période de temps déterminée par une clause particulière de la présente Police.

A l'expiration de la période convenue, l'assurance continue pour une période d'une durée semblable, et la même continuation a lieu successivement à l'expiration de chaque période nouvelle, à moins que l'une des parties n'ait déclaré trois mois au moins à l'avance, par une lettre chargée ou recommandée, l'intention de faire cesser son engagement.

Les assurances souscrites pour moins d'une année ne sont pas soumises à cette déclaration et cesseront de plein droit à l'expiration de leur durée.

Art. 6. — L'assurance ne peut jamais être pour l'assuré une cause de bénéfice ; elle ne lui garantit que la réparation de la perte matérielle que le sinistre lui fait éprouver. En conséquence, les sommes assurées, les primes perçues, les désignations et évaluations contenues dans la Police, ne peuvent avoir pour objet que de limiter la garantie de l'assureur et le recours de l'assuré ; elles ne sauraient être invoquées, dans aucun cas, comme une reconnaissance ou une preuve de l'existence et de la valeur des objets assurés, soit au moment de l'assurance, soit au moment du sinistre.

### Paiement des primes. — Obligations de l'Assuré.

Art. 7. § 1er. — Les primes d'assurances sont payables d'avance : à Paris, au siége de la Compagnie, et dans les départements, au bureau de l'Agence générale dans laquelle la Police a été souscrite.

§ 2. La première prime est payée comptant au moment de la signature de la Police, si elle doit prendre effet dans les vingt-quatre heures de sa date ; dans le cas contraire, la prime est payée la veille du jour où l'assurance doit commencer.

Dans tous les cas, la garantie de la Compagnie n'est acquise à l'assuré que le lendemain, à midi, du jour où la Police a été signée par les parties contractantes et la première prime acquittée.

§ 3. Les primes ultérieures doivent être également payées comptant aux époques fixées pour leur échéance; néanmoins, il est accordé à l'assuré un délai de grâce de quinze jours pour les acquitter.

§ 4. Passé ce délai, le bénéfice de l'assurance est suspendu de plein droit à l'égard de l'assuré jusqu'à ce que la prime ait été acquittée; et s'il survient un sinistre pendant l'intervalle, l'assuré est déchu de tout droit à l'indemnité, sans qu'il puisse opposer à la Compagnie que le paiement de la prime ne lui a pas été réclamé ou qu'il n'a pas été mis en demeure de l'acquitter.

§ 5. Le paiement de la prime en retard effectué pendant ou après un sinistre ne peut, dans aucun cas, relever l'assuré de la déchéance qu'il a encourue.

Art. 8. — A défaut de paiement des primes dans les délais fixés, la Compagnie aura la faculté de résilier l'assurance par une notification faite à l'assuré par lettre chargée, ou de la maintenir, et d'en poursuivre l'exécution par les voies de droit.

En cas, soit de résiliation, soit de cessation totale ou partielle de l'assurance, en quelque temps et pour quelque cause que ce soit, les primes payées par anticipation et celles échues, demeurent acquises à la Compagnie.

Art. 9. — Le paiement des primes non acquittées à leur échéance se poursuit devant le juge du siége de l'Agence générale dans laquelle la Police a été souscrite, et tous les frais et débourses sont à la charge de l'assuré ; s'il survient un sinistre pendant le cours des poursuites, l'assuré retardataire est déchu de tout droit à l'indemnité.

### Déclarations à faire par l'Assuré.

Art. 10. — La Police d'assurance est rédigée d'après les déclarations de l'assuré, et les primes sont fixées en raison de ces déclarations, conformément aux tarifs en vigueur.

Le contractant doit faire mentionner dans sa Police : la qualité en laquelle il agit ; — quels sont ses droits à la propriété ou à la conservation des objets soumis à l'assurance ; — si ces objets sont déjà garantis en tout ou en partie par d'autres compagnies ; — si les bâtiments sont construits sur le terrain d'autrui ; — s'ils sont contigus à des bâtiments couverts en bois ou en chaume, à un théâtre, à une usine, à une fabrique ou à des établissements destinés à recevoir des marchandises ou des produits d'une nature dangereuse.

Toute réticence, toute fausse déclaration de la part de l'assuré, tendant à diminuer l'opinion du risque ou à en changer le sujet, annulent l'assurance à son égard et dégagent la Compagnie de toute responsabilité en cas de sinistre.

Art. 11. — La Compagnie n'est engagée que par ses Polices d'assurances et par ses quittances, extraites d'un registre à souche et signées par le Directeur ou par les Agents généraux, fondés de pouvoir à cet effet.

Aucune allégation ne peut être admise outre et contre les énonciations de la Police, et la Compagnie n'est obligée qu'envers les personnes qui y sont désignées.

Toute modification à une Police doit être constatée, soit par une Police nouvelle, soit par un avenant.

Art. 12. — Si pendant le cours de l'assurance, des changements de nature à aggraver les risques sont apportés dans l'état ou dans la destination des objets assurés ;

S'il est établi dans les propriétés contiguës aux bâtiments assurés ou renfermant les objets assurés, des bâtiments couverts en bois ou en chaume, un théâtre, une fabrique, une usine, des magasins destinés à recevoir des marchandises ou des produits d'une nature dangereuse ;

Si les objets assurés sont placés ou transportés dans d'autres lieux que ceux désignés par la Police ;

Si les effets de l'assurance des risques locatifs et de voisinage sont transférés d'un lieu dans un autre,

L'assuré sera tenu d'en faire immédiatement la déclaration à la Compagnie, de la faire constater par un avenant, et de payer, s'il y a lieu, une augmentation de prime.

Art. 13. — Si l'assuré fait garantir par une autre Compagnie, soit à titre de reprise, soit à titre de complément d'assurance, les objets déjà garantis par la présente Police ; s'il fait garantir d'autres objets, mais faisant partie du même risque, il sera tenu d'en faire la déclaration, de la faire constater par avenant, et, si la Compagnie l'exige, de justifier de l'assurance déclarée par la production de la Police qui la constatera.

Art. 14. § 1er. — En cas de vente ou de donation, l'assuré sera tenu, soit d'obliger le nouveau propriétaire à continuer l'assurance des objets aliénés, soit de payer à la Compagnie, indépendamment des primes échues, une année de prime pour indemnité de résiliation.

§ 2. En cas de décès de l'assuré, ses héritiers ou ayants cause sont solidairement tenus d'acquitter les primes échues et de continuer l'assurance.

§ 3. Dans les cas prévus par les deux paragraphes précédents, les nouveaux propriétaires devront faire leurs déclarations dans le délai d'un mois au plus tard, à dater du jour du décès, de la vente ou de la donation, et les faire constater par une Police nouvelle ou par un avenant.

§ 4. En cas de faillite de l'assuré, le syndic est tenu d'en donner connaissance à la Compagnie dans la huitaine de sa nomination, et de continuer l'effet de l'assurance au nom de la masse des créanciers.

Art. 15. — Lors des déclarations prescrites par les articles 12, 13 et 14, la Compagnie se réserve le droit de résilier la Police au moyen d'une notification par lettre chargée ou recommandée, et les primes payées ou échues lui demeurent acquises.

A défaut de ces déclarations dans les délais fixés et de leur constatation dans la Police, le bénéfice de l'assurance sera suspendu jusqu'à ce qu'elles aient été régularisées, et s'il survient un sinistre dans l'intervalle, la Compagnie sera dégagée de toute responsabilité.

Art. 16. — La Compagnie se réserve le droit de demander en tout temps la réduction du montant de l'assurance quand elle porte sur des objets dont la valeur est susceptible de varier, et, si l'assuré n'adhère pas aux réductions proposées, la Compagnie aura le droit de résilier la Police par une lettre chargée ou recommandée. En cas de réduction ou de résiliation, la Compagnie remboursera à l'assuré pour le temps non révolu de l'année en cours, la fraction de la prime correspondante aux valeurs qui cesseront d'être garanties.

### Formalités à remplir en cas de sinistre.

Art. 17. — Aussitôt qu'un sinistre survient, l'assuré doit employer tous les moyens en son pouvoir pour en arrêter les progrès, pour sauver les objets assurés et veiller à leur conservation.

Il doit immédiatement donner avis du sinistre au siége de l'Agence générale où la Police a été souscrite.

Il doit également faire, à ses frais, la déclaration du sinistre devant le Juge de paix de son canton ; cette déclaration doit indiquer les circonstances dans lesquelles le sinistre s'est produit et le montant approximatif du dommage ; une expédition en est transmise sans délai au siége de l'Agence où la Police a été souscrite.

L'assuré est ensuite tenu de fournir l'état détaillé et estimatif, certifié par lui, des objets détruits, avariés et sauvés.

Si les pièces mentionnées dans le présent article n'ont pas été fournies dans le délai de quinzaine à partir du jour du sinistre, l'assuré encourra la déchéance de ses droits contre la Compagnie, à moins d'impossibilité constatée.

Art. 18. — L'assuré est tenu de justifier, par tous les moyens et documents en son pouvoir, de l'existence, au moment du sinistre, et de la valeur des objets assurés ainsi que de la réalité et de l'importance des dommages, dans le cas même où tous les objets assurés seraient détruits.

L'assuré qui exagérerait sciemment le montant des dommages ; celui qui supposerait détruits, par le feu ou par l'explosion, des objets qui n'existaient pas au moment du sinistre ; celui qui dissimulerait ou détournerait tout ou partie des objets sauvés ; celui qui emploierait, comme justification, des documents ou moyens mensongers ; celui, enfin, qui aurait volontairement causé le sinistre, serait entièrement déchu de tous droits à une indemnité, et la Compagnie serait dégagée de toute responsabilité, soit envers l'assuré, soit envers les tiers.

### Règlement des Dommages. — Paiement des Indemnités.

Art. 19. — Les dommages causés par le sinistre seront réglés soit de gré à gré, soit par deux experts choisis par les parties ; si les experts ne sont pas d'accord, ils s'adjoignent un tiers expert ; les trois experts opèrent en commun et prononcent à la majorité des voix. Les parties peuvent exiger respectivement que le tiers expert soit choisi hors de l'arrondissement où réside l'assuré.

Si les experts ne peuvent s'accorder sur le choix du tiers expert, la désignation en sera faite, sur la demande de la partie la plus diligente, par le Président du Tribunal de commerce, et, à défaut par le Président du Tribunal civil de l'arrondissement où le sinistre a eu lieu.

Les frais de l'expertise amiable sont supportés par moitié entre la Compagnie et l'assuré.

Art. 20. — Les immeubles, y compris les caves et les fondations, mais abstraction faite de la valeur du sol, et les objets mobiliers, sont estimés d'après leur valeur vénale au moment du sinistre.

Les matières, les denrées et les marchandises sont évaluées au cours du jour du sinistre ; les matières, denrées et produits fabriqués ou en cours de fabrication sont évalués à l'état brut d'après le prix du jour, en y ajoutant les frais de fabrication faits jusqu'au jour du sinistre.

S'il résulte, de l'évaluation de gré à gré ou de l'expertise, qu'au moment du sinistre la valeur des objets sur lesquels porte l'assurance est supérieure à la somme garantie, l'assuré est considéré comme étant son propre assureur pour l'excédant et supporte, en conséquence, sa part du dommage au centime le franc.

S'il y a plusieurs assureurs, et si les déclarations prescrites par les articles 10 et 14 ont été faites, la Compagnie supporte sa part des dommages au centime le franc de la somme garantie par elle.

La Compagnie ne peut être tenue, dans aucun cas, de rien payer au delà du montant de la somme assurée et de sa part dans les frais d'expertise.

Art. 21. — L'assuré ne peut faire aucun délaissement, ni total ni partiel, des objets assurés, avariés ou non avariés par le sinistre. La Compagnie a la faculté de reprendre en totalité ou en partie, pour le montant de leur estimation, les objets avariés et les matériaux provenant des bâtiments atteints par le sinistre.

Elle peut aussi faire reconstruire ou réparer les bâtiments incendiés, et remplacer, en nature, les objets mobiliers détruits ou endommagés par le sinistre.

Art. 22, § 1er. — L'assurance du risque locatif doit être basée sur la valeur du bâtiment loué ; néanmoins, s'il y a plusieurs locataires, elle peut être aussi basée sur le prix de la location.

§ 2. Si la somme pour laquelle le locataire de la totalité d'un bâtiment a fait couvrir son risque locatif est inférieure à la valeur dudit bâtiment, la Compagnie ne répond, au lieu et place de l'assuré, du dommage matériel causé au propriétaire que dans la proportion existante entre la valeur du bâtiment loué et la somme assurée.

§ 3. Si la somme pour laquelle le locataire d'une partie d'un bâtiment a fait garantir son risque locatif est inférieure à la valeur totale dudit bâtiment, mais égale à quinze fois au moins le montant annuel du loyer, la Compagnie répond du dommage jusqu'à concurrence de la totalité de la somme assurée.

Si le locataire n'a fait garantir qu'une somme moindre, la Compagnie n'est tenue de contribuer à la réparation du dommage que suivant la proportion existant entre la somme assurée et le montant de quinze années de loyer.

Art. 23. — La Compagnie, après le sinistre et quelle que soit l'importance du dommage, peut résilier la Police, en tout ou en partie, au moyen d'une notification par lettre chargée ou recommandée.

Elle peut aussi, dans ce cas et de la même manière, résilier toutes les autres Polices souscrites au nom du même assuré.

Dans les cas de résiliation prévus par le présent article, les primes perçues en vertu de la Police atteinte par le sinistre demeurent acquises à la Compagnie ; les primes afférentes aux autres Polices sont remboursées au prorata du temps non révolu de l'année de l'assurance en cours.

Art. 24. — La somme à laquelle l'indemnité du dommage a été fixée, est payée comptant, soit à la caisse de la Compagnie, à Paris, soit au siége de l'Agence générale où la Police a été souscrite.

### Dispositions spéciales.

Art. 25. — Par le seul fait de la présente Police, la Compagnie est subrogée dans tous les droits, recours et actions de l'assuré contre toutes personnes garantes ou responsables du sinistre, à quelque titre et pour quelque cause que ce soit.

Lors du paiement de l'indemnité, l'assuré sera tenu, s'il en est requis, de réitérer la présente subrogation dans sa quittance, par acte notarié ou sous signature privée.

Art. 26. — Si le feu se communique d'un bâtiment assuré par la Compagnie à un bâtiment qu'elle assure également, la Compagnie renonce au recours qu'elle pourrait avoir à exercer contre l'assuré dont le bâtiment aurait accidentellement communiqué le feu.

La Compagnie renonce aussi au recours qu'elle pourrait avoir à exercer contre les locataires d'un bâtiment assuré par elle, quand ils sont les parents en ligne directe ou les associés en nom collectif du propriétaire dudit bâtiment. Toutefois, cette renonciation n'aura d'effet que dans le cas où les risques locatifs ne seront pas garantis par une autre Compagnie.

Art. 27. — Toute demande ou action, en règlement du dommage et en paiement de l'indemnité, doit être formée dans le délai de six mois au plus tard, à partir du jour du sinistre. Passé ce délai, l'action est prescrite, et la Compagnie ne peut être passible d'aucune indemnité, soit envers l'assuré, soit envers ses créanciers cessionnaires ou opposants.

Art. 28. — Pour l'exécution des clauses générales et particulières de la présente Police, les parties font respectivement élection de domicile attributif de juridiction au siége de l'Agence de la Compagnie où la Police a été contractée.

MODÈLE N° 9 (2e Partie)

**POLICE**
sur :
BATIMENTS
avec renonciation au recours contre les Locataires ;
RECOURS des VOISINS ;
RECOURS des LOCATAIRES contre le Propriétaire ;
RISQUES d'EXPLOSION du GAZ,
et de la FOUDRE.

## CONDITIONS PARTICULIÈRES

La COMPAGNIE L'AIGLE assure, aux conditions générales qui précèdent et particulières ci-après : A *M. ROBERT* (*Narcisse*), *propriétaire*, demeurant à *Besançon*, canton *dudit*, arrondissement *dudit*, département du *Doubs*, agissant pour *son compte*, comme *propriétaire*, la somme de **deux cent dix mille francs**, *portant sur les objets ci-après désignés, savoir :*

| | | SOMME assurée sur chaque article | TAUX de la prime p. 0/00 | PRIME par chaque article | |
|---|---|---|---|---|---|
| | | Fr. | Fr. C. | Fr. | C. |
| A. BATIMENTS. | 1° **Cent mille francs**, *sur la maison qu'il occupe, située à Besançon, rue Saint-Vincent, n° 16; cette somme est répartie ainsi qu'il suit :* | | | | |
| | Vingt-cinq mille francs, *sur un corps de logis, à droite de l'entrée donnant sur la rue, élevé sur caves, d'un rez-de-chaussée, d'un étage, de mansardes et greniers, servant de simple habitation, ci.* | *25.000* | » *30* | *7* | *50* |
| | Vingt-cinq mille francs, *sur un corps de bâtiment, à gauche de l'entrée, élevé comme le précédent, et occupé par M. DELAMARRE, boulanger, ci.* . . . . . . . . . . . . . . . . . . . . | *25.000* | » *60* | *15* | » |
| | Cinquante mille francs, *sur un bâtiment situé au milieu de la cour, sans aucune communication avec les précédents, consistant en un rez-de-chaussée, un étage et greniers, et dans lequel sont placés des ateliers de menuiserie, sans scierie mécanique, ci.* . . . | *50.000* | » *50* | *25* | » |
| | *Tous les bâtiments désignés ci-dessus sont construits en pierres et moellons, et couverts en ardoises.* | | | | |
| B. RENONCIATION AU RECOURS LOCATIF. (*Art. 266 des Instructions.*) | 2° *M. ROBERT, voulant que cette assurance profite aux locataires desdits bâtiments, la Compagnie renonce, en leur faveur, à la subrogation stipulée par l'article 25 des conditions générales de la présente Police, et ce, moyennant un supplément de prime ci-après désigné :* | | | | |
| | Dix centimes *pour mille, sur fr.* **25,000**, *valeur assurée sur le corps de logis, § 1er, ci.* . . . . . . . . . . . . . . . . . . . | » | » *10* | *2* | *50* |
| | Quinze centimes *pour mille, sur fr.* **25,000**, *valeur assurée sur le corps de bâtiment, § 2, ci.* . . . . . . . . . . . . . . . . | » | » *15* | *3* | *75* |
| | Douze centimes et demi *pour mille, sur fr.* **50,000**, *valeur assurée sur le corps de bâtiment, § 3, ci.* . . . . . . . . . . . | » | » *12 1/2* | *6* | *25* |
| | *Mais cette renonciation ne pourra profiter qu'à ceux des locataires dont les risques locatifs, au moment d'un sinistre, ne seraient pas garantis par une autre Compagnie.* | | | | |
| C. RECOURS DES VOISINS. (*Art. 120 et 290 des Instructions.*) | 3° **Cinquante mille francs**, *pour garantir l'assuré conformément aux articles 1 et 4 des clauses imprimées d'autre part, contre l'action que ses voisins pourraient avoir à exercer contre lui, en cas de communication d'incendie provenant desdits bâtiments, ci.* | *50.000* | » *20* | *10* | » |
| D. RECOURS des LOCATAIRES. (*Art. 290 des Instructions.*) | 4° **Soixante mille francs**, *pour garantir l'assuré, conformément aux articles 1 et 4 des clauses imprimées d'autre part, contre l'action que ses locataires pourraient avoir à exercer contre lui, en cas de sinistre provenant d'un vice de construction ou d'un défaut d'entretien des bâtiments ci-dessus désignés, ci.* . . . . . | *60.000* | » *20* | *12* | » |
| E. EXPLOSION DU GAZ. (*Art. 56 des Instructions.*) | 5° *La Compagnie répond en outre des bris et dégâts matériels que l'explosion du gaz, même non suivie d'incendie, pourrait occasionner aux bâtiments ci-dessus mentionnés.* | | | | |
| | *Cette extension de garantie est convenue à raison de* cinq centimes *pour mille, sur la somme de* **100,000** francs, *faisant l'objet de l'article 1er, soit.* . . . . . . . . . . . . . . . . . . . . | » | » *05* | *5* | » |
| | *A reporter.* . . . . . . . . . . | *210.000* | | *87* | » |

| | SOMME assurée sur chaque article | TAUX de la prime p. 0/00 | PRIME par chaque article | |
|---|---|---|---|---|
| | Fr. | Fr. C. | Fr. | C. |
| *Report* . . . . . . . . . . | *210.000* | | *87* | » |
| **F.** Explosion de la Foudre. (*Art. 56 des Instructions.*) *La Compagnie consent à répondre des dommages que la foudre proprement dite, même non suivie d'incendie, peut occasionner aux bâtiments ci-dessus spécifiés, moyennant la prime supplémentaire ci-après :* Dix centimes *pour mille, sur* **100,000** francs, *soit* . . . . . *Cette responsabilité ne s'étend, en aucun cas, aux dommages causés par des coups de vent, ouragans, trombes, tempêtes, ou tous autres phénomènes météorologiques.* | » | » *10* | *10* | » |
| Montant de la prime nette. . . . | | | *97* | » |
| Droit de timbre et frais de répertoire, 4 centimes par 1,000 francs des valeurs assurées. . . . . . . . . . . . . . . . . . . | | 0.04 | *8* | *40* |
| Totaux. . . . . . . . | *210.000* | | *105* | *40* |
| Perçu pour le Trésor. — Droit d'enregistrement : 10 °/₀ de la prime nette . . . . . . | | | *9* | *70* |
| Total. . . . . . | | | *115* | *10* |

**G.** Durée.

L'Assurance est contractée pour une période de *dix années*, pour prendre effet à dater de *demain*, à midi, moyennant la prime annuelle et les droits de timbre et d'enregistrement ci-dessus détaillés, formant la somme totale de **cent quinze francs dix centimes**, que l'Assuré s'oblige à payer le *quinze février* de chaque année, contre la remise d'une quittance extraite d'un registre à souche, signée par l'Agent fondé de pouvoirs.

**H.** Remplacement et Ristourne (*Art. 357 et suivants.*)

La présente Police résilie et remplace, à partir de demain, à midi, la Police souscrite, le *14 juillet 1866*, sous le n° *5340*, et dont la prime a été payée jusqu'au 14 juillet 1874.

En conséquence, M. *Robert* paiera comptant, suivant décompte d'autre part, contre une quittance séparée, détachée d'un registre à souche, la somme de *soixante-quinze francs quatre-vingt-cinq centimes*, pour la prime de première année de la présente assurance et pour les droits de timbre et d'enregistrement.

Les clauses imprimées et manuscrites de la présente Police ont été ainsi convenues et arrêtées entre les parties pour être exécutées de bonne foi.

Fait triple à *Besançon*, le *quatorze février* mil huit cent soixante-*quatorze*.

Signature de l'Assuré,

N. ROBERT.

Pour la Compagnie :

L'Agent fondé de pouvoirs,

N.

## CONDITIONS PARTICULIÈRES

**MODÈLE N° 10**

Police sur mobilier et sur risques locatifs, portant sur un immeuble non assuré par la Compagnie. (Assurance anticipée ou à effet différé.)

La Compagnie l'Aigle assure, aux conditions générales qui précèdent et particulières ci-après : A *M. LEVAILLANT (Joseph), marchand de nouveautés*, demeurant à *Nancy, rue Stanislas, 18*, canton *dudit*, arrondissement *dudit*, département de *Meurthe-et-Moselle*, agissant pour *son compte*, comme *propriétaire et locataire*, la somme de **quatre-vingt-dix mille francs,** *portant sur les objets désignés ci-après, savoir :*

| | | SOMME assurée sur chaque article. | TAUX de la prime p. 0/00. | PRIME par chaque article. Fr. | C. |
|---|---|---|---|---|---|
| | | Fr. | Fr. C. | Fr. | C. |
| A. Mobilier. (*Art. 99 des Instructions.*) | 1° **Cinquante mille francs,** *sur la généralité de son mobilier personnel, ainsi que sur le linge et les effets d'habillement de ses domestiques, ledit mobilier composé de meubles, glaces, pendules, garnitures de cheminées et de foyers; ornements, tapis, rideaux, bronzes d'ameublement, porcelaines, cristaux, ustensiles et provisions de ménage, ci*............ <br> *Dans cette somme sont compris :* <br> *Les tulles, dentelles et cachemires pour* **quinze cents francs;** <br> *L'argenterie de table, les bijoux, les pierreries et perles fines montées pour* **cinq mille francs;** <br> *La bibliothèque (corps et livres), manuscrits exceptés, pour* **mille francs;** <br> *Le piano et différents instruments de musique, ainsi que les partitions, pour* **deux mille francs;** <br> *Et les tableaux pour* **dix-huit cents francs.** <br> *Le tout existant ou pouvant exister dans une maison à usage d'habitation, située à Nancy, rue Stanislas, 18, construite en pierres et moellons, couverte en tuiles, ardoises et métaux.* | 50.000 | 0.75 | 37 | 50 |
| B. Risques locatifs assurés aux 3/4 de la prime (*Art. 240 et 290 des Instructions.*) | 2° **Quarante mille francs,** *pour garantir l'assuré, conformément aux articles 1, 4 et 22 des clauses imprimées d'autre part, de ses risques locatifs portant sur ladite maison, appartenant à M. ANDRÉ, et non garantie par la Compagnie, ci*........................ <br> *Il est expliqué qu'en ce qui concerne les risques locatifs ci-dessus, M. LEVAILLANT a pris pour base de l'assurance la valeur totale de l'immeuble qu'il occupe en entier, déduction faite de la valeur du sol.* | 40.000 | 0.25 | 10 | » |
| C. Effet différé. | *L'assuré déclare que les risques désignés ci-dessus sont déjà assurés pour pareille somme par la Compagnie d'Assurances générales, suivant Police n° 5300, du dix mars mil huit cent soixante-cinq, qui expirera le onze mars mil huit cent soixante-quinze, et qu'il entend suivre l'exécution de cette dernière Police jusqu'à son échéance. En conséquence, la présente Police est faite par anticipation et n'aura d'effet qu'à partir du onze mars mil huit cent soixante-quinze.* | | | | |
| | Montant de la prime nette........... | | | 47 | 50 |
| | Droit de timbre et frais de répertoire, 4 centimes par 1,000 francs des valeurs assurées.......... | | 0.04 | 3 | 60 |
| | Totaux.................. | 90.000 | | 51 | 10 |
| | Perçu pour le Trésor. — Droit d'enregistrement : 10 0/0 de la prime nette....... | | | 4 | 75 |
| | Total.............. | | | 55 | 85 |

L'Assurance est contractée pour une période de... etc., etc. (*La suite comme au modèle n° 9.*)

MODÈLE N° 11

## *CONDITIONS PARTICULIÈRES*

Police sur marchandises ordinaires et faciles à endommager, et sur agencements. (Assurance supplémentaire.)

La COMPAGNIE L'AIGLE assure, aux conditions générales qui précèdent et particulières ci-après : A M. *TRUDAINE* (*Nicolas*), *marchand de draps et nouveautés*, demeurant à *Nancy*, canton *dudit*, arrondissement *dudit*, département de *Meurthe-et-Moselle*, agissant pour *son compte*, comme *propriétaire*, la somme de **quarante-trois mille francs**, savoir :

| | | SOMME assurée sur chaque article | TAUX de la prime p. 0/00 | PRIME par chaque article | |
|---|---|---|---|---|---|
| | | Fr. | Fr. C. | Fr. | c. |
| A. MARCHANDISES ORDINAIRES. | 1° **Trente mille francs**, *sur draps, casimirs, mérinos, mousselines de laine, calicots, percales, toiles blanches et imprimées, jaconas, mousselines, batistes, linons, madapolams, coutils, et en général, sur toutes les marchandises de son commerce, ci* | *30.000* | *0 75* | *22* | *50* |
| B. MARCHANDISES FACILES A ENDOMMAGER. (*Art. 226 des Instruct.*) | 2° **Dix mille francs**, *sur tulles, dentelles, broderies et fleurs artificielles, faisant partie dudit commerce, ci* | *10.000* | *1* » | *10* | » |
| C. AGENCEMENTS. | 3° **Trois mille francs**, *sur comptoirs, rayons, casiers, cartons, montres vitrées, agencements de magasin, et en général sur tous les objets composant son mobilier industriel, ci* | *3.000* | *0 75* | *2* | *25* |
| | *Tous les objets ci-dessus désignés sont répartis dans les différents locaux que M. TRUDAINE occupe, dans une maison, sise à Nancy, rue des Dominicains, n° 25, construite en pierres et moellons, couverte en tuiles ou ardoises.* | | | | |
| D. DÉCLARATION D'UNE ASSURANCE ANTÉRIEURE SUR LES MÊMES OBJETS PAR UNE AUTRE COMPAGNIE. (1) | *Pour se conformer aux dispositions de l'article 10 des conditions générales de la présente Police, l'assuré déclare que, suivant Police du 25 juin 1872, n° 8415, de l'Agence de Nancy, il a fait couvrir, sur les mêmes objets, par la Compagnie du Soleil, une somme de* **cinquante mille francs**, *répartie comme suit, savoir :*<br>1° *Sur marchandises, article 1er* .......... *35.000*<br>2° *Sur marchandises, article 2* .......... *10.000*<br>3° *Sur mobilier industriel, article 3* ...... *5.000*<br>*Somme égale* ........ *50.000* | | | | |
| E. CLAUSE A STIPULER. | *La Compagnie lui donne acte de cette déclaration, et, en cas de sinistre, elle ne sera responsable qu'au prorata des sommes assurées par elle.* | | | | |
| | Montant de la prime nette .......... | | | *34* | *75* |
| | Droit de timbre et frais de répertoire, 4 centimes par 1,000 francs des valeurs assurées .......... | | 0.04 | *1* | *70* |
| | TOTAUX .......... | *43.000* | | *36* | *45* |
| | Perçu pour le Trésor. — Droit d'enregistrement : 10 0/0 de la prime nette .......... | | | *3* | *50* |
| | TOTAL .......... | | | *39* | *95* |

L'Assurance est contractée pour une période de... etc., etc. (*La suite comme au modèle n° 9.*)

(1) Lorsqu'une Police est faite en supplément à une autre Police de la Compagnie L'AIGLE, on le mentionne de la manière suivante : « La présente Police est faite en supplément à celle souscrite par l'assuré le....... n°... » Ou bien : *Telle* ou *telle* somme est en supplément à celle de... ... déjà garantie à l'assuré sur les mêmes objets par l'article... des conditions particulières de la Police à lui consentie le....... n°.... »

MODÈLE N° 12

Police sur marchandises ordinaires avec tolérance de marchandises hasardeuses.
Assurance supplémentaire combinée avec une assurance anticipée ou à effet différé.)

### *CONDITIONS PARTICULIÈRES*

La COMPAGNIE L'AIGLE assure, aux conditions générales qui précèdent et particulières ci-après: A M. *BÉRARD (Adolphe), marchand de vins en gros*, demeurant à *Autun*, canton *dudit*, arrondissement *dudit*, département de *Saône-et-Loire*, agissant pour *son compte*, comme *propriétaire*, la somme de **cent mille francs**, *savoir :*

| | SOMME assurée sur chaque article | TAUX de la prime p. 0/00 | PRIME par chaque article | |
|---|---|---|---|---|
| | Fr. | Fr. C. | Fr. | C. |
| A. DÉSIGNATION DES MARCHANDISES. — **Cent mille francs**, *sur les vins, eaux-de-vie et esprits, qui existent ou pourraient exister dans ses magasins construits en pierres et moellons, couverts en tuiles, situés à Autun, rue de l'Arquebuse, n° 38, ci.........* | *100.000* | *0.75* | 75 | » |

B. TOLÉRANCE DE MARCHANDISES SIMPLEMENT ET DOUBLEMENT HASARDEUSES. (*Art. 227 des Instructions*) — *Il est expressément convenu, sous peine, pour l'assuré, de n'avoir droit, en cas de sinistre, à aucune indemnité, que les eaux-de-vie et esprits compris dans lesdites marchandises ne pourront excéder* dix pour cent *de la somme assurée ci-dessus, soit* **dix mille francs,** *en comptant les eaux-de-vie jusqu'à 26 degrés Cartier ou 70 degrés centésimaux pour leur valeur, et les esprits au-dessus de ce degré pour le double de leur valeur.*

C. ASSURANCE ANTÉRIEURE PAR UNE AUTRE COMPAGNIE ET REPRISE PAR ANTICIPATION. (*Art. 144 des Instructions.*) — *L'assuré déclare que, suivant Police du 10 juillet 1865, expirant le 11 juillet 1875, la Compagnie* LA NATIONALE *assure déjà, sur les mêmes marchandises, une somme de* **soixante mille francs.**

*En conséquence, il demeure convenu qu'à partir de demain, à midi, jusqu'au onze juillet mil huit cent soixante-quinze, la Compagnie* l'AIGLE *ne garantira que la somme supplémentaire de* **quarante mille francs,** *et ne touchera que la prime afférente à cette somme; mais, qu'à partir dudit jour 11 juillet 1875, elle couvrira la somme entière de* **cent mille francs,** *et touchera la totalité de la prime.*

*Par suite, et la présente assurance étant faite pour une période de* dix ans, *à partir de demain 2 janvier 1874, les primes à payer annuellement sont fixées ainsi qu'il suit :*

| | *Prime nette* | *Timbre* | *Enregistrement* | *Total* |
|---|---|---|---|---|
| *En 1874* . . . . . . . . . . . . | *30 »* | *1 60* | *3 »* | *34 60* |
| *En 1875* . . . . . . . . . . . . | (1)*51 55* | *4 »* | *5 15* | *60 70* |
| *En 1876 et années suivantes* . . | *75 »* | *4 »* | *7 50* | *86 50* |

| | SOMME | TAUX | Fr. | C. |
|---|---|---|---|---|
| Montant de la prime nette. . . . | | | 75 | » |
| Droit de timbre et frais de répertoire, 4 centimes par 1,000 francs des valeurs assurées . . . . . . . . . . . . . . . . . . | | 0.04 | 4 | » |
| TOTAUX. . . . | *100.000* | | 79 | » |
| Perçu pour le Trésor. — Droit d'enregistrement : 10 0/0 de la prime nette. . . . . | | | 7 | 50 |
| TOTAL. . . . . . . | | | 86 | 50 |

L'Assurance est contractée pour une période de.... etc., etc. (*La suite comme au modèle n° 9.*)

(1) Cette somme se compose de 190 jours de prime sur 40,000 francs, du 2 janvier au 11 juillet 1875, et de 175 jours sur 100,000 francs, du 11 juillet 1875 au 2 janvier 1876.

## CONDITIONS PARTICULIÈRES

MODÈLE N° 13

Police sur marchandises hasardeuses avec tolérance de marchandises doublement hasardeuses.

La COMPAGNIE L'AIGLE assure, aux conditions générales qui précèdent et particulières ci-après :
A M. *LECOCQ (Jules), négociant en huiles et liquides,* demeurant à *Bourges,* canton *dudit,* arrondissement *dudit,* département du *Cher,* agissant pour *son compte,* comme *propriétaire,* la somme de **cinquante mille francs,** *portant sur les objets désignés ci-après, savoir :*

| | | SOMME assurée sur chaque article. | TAUX de la prime p. 0/00. | PRIME par chaque article. | |
|---|---|---|---|---|---|
| | | Fr. | Fr. C. | Fr. | C. |
| A. MARCHANDISES HASARDEUSES. | *1° **Cinquante mille francs,** sur huiles d'olives et de graines, liqueurs, eaux-de-vie et esprits, qui existent ou pourront exister dans un magasin faisant partie d'une maison située à Bourges, rue de l'Horloge-Saint-Paul, n° 10, construite en pierres et moellons, couverte en tuiles ou ardoises, ci.* | *50.000* | *1.25* | *62* | *50* |
| | *Dans cette somme, les fûts et les agencements de magasin sont compris pour **deux mille francs.*** | | | | |
| B. TOLÉRANCE DE MARCHANDISES DOUBLEMENT HASARDEUSES. (*Art. 227 des Instructions.*) | *Il est expressément convenu, sous peine, pour l'assuré, de n'avoir droit en cas de sinistre, à aucune indemnité, que la valeur des eaux-de-vie ou esprits au-dessus de 26 degrés Cartier ou 70 degrés centésimaux, compris parmi les marchandises désignées ci-dessus, ne pourra, en aucun temps, excéder* dix pour cent *de la somme assurée sur lesdites marchandises, soit **cinq mille francs.*** | | | | |
| C. DÉCLARATION D'UN DÉPOT ISOLÉ D'HUILES ET D'ESSENCES MINÉRALES NON COMPRIS DANS L'ASSURANCE. | *L'assuré déclare qu'il vend des huiles et essences minérales, mais que le dépôt de ces matières est distant d'au moins dix mètres des bâtiments sus-désignés, et qu'il n'en existe aucune quantité dans ses magasins.* | | | | |
| | *Il est entendu que lesdites matières et les objets qui les renferment ne sont pas compris dans la présente assurance. Néanmoins, l'assuré s'engage à satisfaire exactement aux mesures qui sont ou pourront être prescrites par les ordonnances et règlements de l'autorité administrative pour l'emmagasinage et la vente des huiles et essences minérales.* | | | | |
| D. RENONCIATION AU BÉNÉFICE D'UNE ASSURANCE ANTÉRIEURE SUR LES MÊMES OBJETS PAR UNE AUTRE COMPAGNIE. (*Art. 136 des Instructions.*) | *Il déclare, en outre, que suivant Police du 10 juin 1871, n° 15439, expirant le 11 juin 1876, la Société mutuelle du Cher assure déjà, sur les objets désignés ci-dessus, une somme de **quarante mille francs,** mais qu'il renonce, dès à présent, au bénéfice de cette assurance, tout en restant personnellement chargé du paiement des cotisations et de l'exécution de toutes autres obligations vis-à-vis de ladite Société mutuelle.* | | | | |
| | *La Compagnie l'AIGLE lui donne acte de cette déclaration, et moyennant le paiement intégral des primes annuelles indiquées dans la présente Police, elle s'engage à rembourser, en cas de sinistre, dans les limites des sommes assurées, le montant des dommages dont elle sera seule responsable.* | | | | |
| | Montant de la prime nette.......... | | | 62 | 50 |
| | Droit de timbre et frais de répertoire, 4 centimes par 1,000 francs des valeurs assurées.......... | | 0.04 | 2 | » |
| | TOTAUX.............. | 50.000 | | 64 | 50 |
| | Perçu pour le Trésor. — Droit d'enregistrement : 10 0/0 de la prime nette ....... | | | 6 | 25 |
| | TOTAL.............. | | | 70 | 75 |

L'assurance est contractée pour une période de... etc., etc. (*La suite comme au modèle n° 9.*)

MODÈLE N° 14

Police sur marchandises assurées pour divers termes, et sur risques locatifs portant sur un immeuble assuré par la Compagnie.

## *CONDITIONS PARTICULIÈRES.*

La COMPAGNIE L'AIGLE assure, aux conditions générales qui précèdent et particulières ci-après : A M. *LATAPIE* (*Victor*), *négociant en mercerie et quincaillerie*, demeurant à *Châlon-sur-Saône*, canton *dudit*, arrondissement *dudit*, département de *Saône-et-Loire*, agissant pour *son compte*, comme *propriétaire et locataire*, la somme de **cent dix mille francs,** *savoir :*

| | | SOMME assurée sur chaque article | TAUX de la prime p. 0/00 | PRIME par chaque article | |
|---|---|---|---|---|---|
| | | Fr. | Fr. C. | Fr. | C. |
| A. DÉSIGNATION DES MARCHANDISES ET DURÉE DE L'ASSURANCE. (*Art. 248 des Instructions.*) | 1° **Cinquante mille francs,** *sur marchandises consistant en mercerie, quincaillerie, articles de ménage et de ferblanterie, et en général sur toutes les marchandises de son commerce, ci* . . . . . . . . . . . . | *50.000* | *0 75* | *37* | *50* |
| | 2° **Quinze mille francs,** *sur mêmes marchandises, pour six mois de chaque année, du 1er septembre au 1er mars, ci*. . . . . . . . . . . | *15.000* | *2/3 de 0 75* | *7* | *50* |
| | 3° **Quinze mille francs,** *également sur mêmes marchandises, pour trois mois de chaque année, du 1er novembre au 1er février, ci*. . . . . | *15.000* | *1/3 de 0 75* | *3* | *75* |
| | *Lesdites marchandises existant, ou pouvant exister, dans une maison à usage d'habitation et de magasins, située à Châlon-sur-Saône, rue de l'Obélisque, n° 2, construite en pierres et moellons, couverte en tuiles ou ardoises, appartenant à M. Félix Adenot et assurée à la Compagnie l'Aigle, suivant Police du 7 juin 1872, n° 12325, de l'Agence de Châlon-sur-Saône.* | | | | |
| B. RISQUES LOCATIFS ASSURÉS AU QUART DE PRIME. (*Art. 240 des Instructions*) | 4° **Trente mille francs,** *pour garantir l'assuré, conformément aux articles 1, 4 et 22 des clauses imprimées d'autre part, de ses risques locatifs portant sur ladite maison, ci*. . . . . . . . . . . . . . . . . | *30.000* | *0 10* | *3* | » |
| C. STIPULATION A FAIRE EN PAREIL CAS. (*Art. 240 des Instructions.*) | *La prime du risque locatif de M. Latapie n'est fixée à* **dix centimes par mille francs,** *qu'en raison de l'assurance souscrite par M. Félix Adenot, suivant la Police n° 12325 susénoncée; mais il est bien entendu que si, par une cause quelconque, l'assurance de M. Félix Adenot, en tant qu'elle porte sur la maison désignée ci-dessus, venait à cesser son effet, la prime du risque locatif de M. Latapie serait portée de droit au taux du tarif en vigueur, à partir du jour où l'assurance de M. Félix Adenot aurait cessé son effet.* | | | | |
| D. CLAUSE A INSÉRER EN RAISON DU GENRE DE COMMERCE. (*Clause C, n° 3, du modèle n° 33.*) | *L'assuré déclare, et l'assurance n'est contractée qu'en raison de cette déclaration, qu'il ne vend et n'a en dépôt dans ses magasins ni huiles ni essences minérales; et il s'engage, dans le cas où il viendrait à en vendre, à se soumettre aux dispositions des articles 12 et 15 des clauses imprimées de la Police.* | | | | |
| | Montant de la prime nette. . . . . . . . . | | | *51* | *75* |
| | Droit de timbre et frais de répertoire, 4 centimes par 1,000 francs des valeurs assurées. . . . . . . . . . . | | 0.04 | *4* | *40* |
| | TOTAUX . . . . . . . . . | *110.000* | | *56* | *15* |
| | Perçu pour le Trésor. — Droit d'enregistrement : 10 0/0 de la prime nette. . . . . . . | | | *5* | *15* |
| | TOTAL. . . . . . . . | | | *61* | *30* |

L'Assurance est contractée pour une période de... etc., etc. (*La suite comme au modèle n° 9.*)

**MODÈLE N° 15**

(*Art. 409 des Instructions.*)

Police sur marchandises en route. (Roulage.)

## *CONDITIONS PARTICULIÈRES*

La Compagnie l'Aigle assure, aux conditions générales qui précèdent et particulières ci-après : A M. *MORIN* (*Joseph*), *commissionnaire de roulage*, demeurant à *Wisembach*, canton de *Saint-Dié*, arrondissement de *Saint-Dié*, département des *Vosges*, agissant pour *son compte et celui de qui il appartiendra en tant qu'il sera responsable*, la somme de **quarante mille francs**, *portant sur les objets ci-après désignés, savoir* :

| | SOMME assurée sur chaque article | TAUX de la prime p. 0/00 | | PRIME par chaque article | |
|---|---|---|---|---|---|
| | Fr. | Fr. | C. | Fr. | C. |
| *1°* **Douze mille francs**, *sur marchandises diverses, appartenant à l'assuré, ou à des tiers envers lesquels il pourrait être reconnu responsable, expédiées par son service accéléré, de Sainte-Marie-aux-Mines à Saint-Dié, sur deux voitures effectuant le trajet en deux jours :*<br>*D'où il résulte, pour la Compagnie, un risque continuel de* **vingt-quatre mille francs**, *ci* . . . . . . . . . . . . . . . . . . . . . . . | *24.000* | 2 | » | *48* | » |
| *Dans cette somme, sont compris les véhicules, leurs attelages et tous leurs accessoires, pour* **deux mille francs.**<br>*2°* **Huit mille francs**, *sur marchandises diverses appartenant à l'assuré, ou à des tiers envers lesquels il pourrait être reconnu responsable, expédiées par son service accéléré, de Saint-Dié à Sainte-Marie-aux-Mines, sur deux voitures effectuant le trajet en deux jours :*<br>*D'où il résulte, pour la Compagnie, un risque continuel de* **seize mille francs**, *ci* . . . . . . . . . . . . . . . . . . . . . . . . | *16.000* | 2 | » | *32* | » |
| *Dans cette somme, sont compris les véhicules, leurs attelages et tous leurs accessoires, pour* **deux mille francs.**<br>*Il est bien entendu que la Compagnie n'assure pas les convois de poudre à tirer ou autres munitions de guerre, pour lesquels les voitures de l'assuré pourraient être requises.*<br>*Il est en outre expressément convenu que la Compagnie ne répond, en aucun cas, des dommages, pertes ou avaries d'incendie qui pourraient être occasionnés aux chargements par le contact des marchandises suivantes : l'acide nitrique fumant, les phosphores, l'aldéhyde, le collodion, les essences et huiles de schiste ou de pétrole, les éthers, y compris celui de pétrole, le sulfure de carbone, les allumettes chimiques, la poudre à tirer, ou tous autres produits explosibles.*<br>*Les marchandises expédiées ne seront garanties par l'assurance qu'autant qu'elles auront été, au moment de leur expédition, portées à leur ordre de date, sur les registres de l'assuré.*<br>*Il est expressément convenu aussi que les voitures ne pourront stationner que dans des bâtiments couverts en tuiles, ardoises ou métaux.* | | | | | |
| Montant de la prime nette. . . . . | | | | *80* | » |
| Droit de timbre et frais de répertoire, 4 centimes par 1,000 francs des valeurs assurées . . . . . . . . . . . . . . . . . . . . . . . . | | 0.04 | | *1* | *60* |
| Totaux . . . . . | *40.000* | | | *81* | *60* |
| Perçu pour le Trésor. — Droit d'enregistrement : 10 0/0 de la prime nette . . . . . . | | | | *8* | » |
| Total . . . . . . . . | | | | *89* | *60* |

L'Assurance est contractée pour une période de...., etc., etc. (*La suite comme au modèle n° 9.*)

MODÈLE N° 16

(*Art. 127 des Instructions*)

Police sur la nue propriété et sur l'usufruit d'un immeuble.

—

PREMIER CAS.

—

Assurance faite conjointement par le nu-propriétaire et l'usufruitier.

## *CONDITIONS PARTICULIÈRES.*

La COMPAGNIE L'AIGLE assure, aux conditions générales qui précèdent et particulières ci-après : A M. *BARBIER* (*Aristide*), demeurant à *Chartres, rue des Singes, n° 13, et M. ADAM* (*Pierre*), demeurant *également à Chartres, rue du Dauphin, n° 5,* canton de *Chartres*, arrondissement de *Chartres*, département d'*Eure-et-Loir*, agissant *conjointement et solidairement, savoir : M. BARBIER*, comme *nu-propriétaire du bâtiment ci-après désigné, et M. ADAM, en qualité d'usufruitier dudit bâtiment,* la somme de **vingt mille francs,** *savoir :*

| | SOMME assurée sur chaque article. | TAUX de la prime p. 0/00 | PRIME par chaque article. | |
|---|---|---|---|---|
| | Fr. | Fr. C. | Fr. | C. |
| 1° **Vingt mille francs,** *sur une maison d'habitation, construite en pierres, briques et quelques pans de bois, couverte en ardoises et métaux, élevée sur caves voûtées, d'un rez-de-chaussée, d'un étage et d'un grenier, sise à Chartres, rue du Dauphin, n° 5,* ci . . . . . . . . . . . . . . | *20.000* | *0.30* | *6* | » |
| *Il est expressément convenu qu'en cas de sinistre, la Compagnie ne pourra avoir à payer d'autres dommages que ceux auxquels elle serait tenue, si la propriété et la jouissance étaient confondues au profit d'une seule personne, et qu'elle ne pourra être tenue de payer l'indemnité, pour les dommages éprouvés, que sur la quittance collective de MM. Barbier et Adam, qui s'entendront entre eux pour la répartition.* | | | | |
| *Il est encore convenu qu'en cas d'extinction de l'usufruit, l'assurance continuera, pour la pleine propriété, au profit de M. Barbier, lequel prend l'engagement de continuer à payer les primes, et bénéficiera seul alors des avantages de la présente Police.* | | | | |
| Montant de la prime nette. . . | | | *6* | » |
| Droit de timbre et frais de répertoire, 4 centimes par 1,000 francs des valeurs assurées. . . . . . . . . . . . . . . . . . . . . . . . | | 0.04 | » | *80* |
| TOTAUX . . . . . . | *20.000* | | *6* | *80* |
| Perçu pour le Trésor. — Droit d'enregistrement : 10 0/0 de la prime nette . . . . . . | | | » | *60* |
| TOTAL. . . . . . . | | | 7 | *40* |

L'assurance est faite pour une période de..., etc., etc. (*La suite comme au modèle n° 9.*)

MODÈLE N° 16

(*Art. 127 des Instructions*)

Police sur la nue propriété et sur l'usufruit d'un immeuble.

—

DEUXIÈME CAS

—

Assurance faite par le nu-propriétaire seul.

## *CONDITIONS PARTICULIÈRES*

La COMPAGNIE L'AIGLE assure, aux conditions générales qui précèdent et particulières ci-après : A M. *BARBIER* (*Aristide*), demeurant à *Chartres, rue des Singes, n° 13*, canton de *Chartres*, arrondissement de *Chartres*, département d'*Eure-et-Loir*, agissant pour *son compte* comme *nu-propriétaire du bâtiment ci-après désigné, et pour le compte de M. ADAM, usufruitier dudit bâtiment*, la somme de **vingt mille francs**, *savoir :*

| | SOMME assurée sur chaque article | TAUX de la prime p. 0/00 | PRIME par chaque article | |
|---|---|---|---|---|
| | Fr. | Fr. C. | Fr. | C. |
| 1° **Vingt mille francs**, *sur une maison d'habitation, construite en pierres, briques et quelques pans de bois, couverte en ardoises et métaux, élevée, sur caves voûtées, d'un rez-de-chaussée, d'un étage et d'un grenier, sise à Chartres, rue du Dauphin, n° 5, ci.* . . . . . . . . . . . . . . . | *20.000* | *0.30* | *6* | » |
| *Il est expressément convenu qu'en cas de sinistre, pendant la durée de l'usufruit, la Compagnie ne pourra avoir à payer d'autres dommages que ceux auxquels elle serait tenue, si la propriété et la possession étaient confondues au profit d'une seule personne, et qu'elle ne pourra être tenue de payer l'indemnité, pour les dommages éprouvés, que sur la quittance collective de MM. BARBIER et ADAM, qui s'entendront entre eux pour la répartition.* | | | | |
| *L'extinction de l'usufruit ne mettra pas fin à la présente Police, laquelle continuera au profit de M. BARBIER, qui se trouvera avoir désormais la pleine propriété de la maison présentement assurée.* | | | | |
| Montant de la prime nette . . . . . | | | *6* | » |
| Droit de timbre et frais de répertoire, 4 centimes par 1,000 francs des valeurs assurées . . . . . . . . . . . . . . . . . . . . . . | | 0.04 | » | *80* |
| TOTAUX . . . . . . . . | *20.000* | | *6* | *80* |
| Perçu pour le Trésor — Droit d'enregistrement : 10 0/0 de la prime nette. . . . . . . | | | » | *60* |
| TOTAL. . . . . . . | | | 7 | *40* |

L'assurance est faite pour une période de... etc., etc. (*La suite comme au modèle n° 9*).

MODÈLE N° 16

*(Art. 127 des Instructions)*
Police sur la nue propriété et sur l'usufruit d'un immeuble.

—

TROISIÈME CAS.

—

Assurance faite par l'usufruitier seul.

*CONDITIONS PARTICULIÈRES*

La COMPAGNIE L'AIGLE assure, aux conditions générales qui précèdent et particulières ci-après : A M. *ADAM* (*Pierre*), demeurant à *Chartres, rue du Dauphin, n° 5*, canton *dudit*, arrondissement *dudit*, département d'*Eure-et-Loir*, agissant pour *son compte* comme *usufruitier du bâtiment ci-après désigné, et pour le compte de M. BARBIER, nu-propriétaire dudit bâtiment*, la somme de **vingt mille francs**, *savoir :*

| | SOMME assurée sur chaque article. | TAUX de la prime p. 0/00 | PRIME par chaque article. Fr. | C. |
|---|---|---|---|---|
| | Fr. | Fr. C. | Fr. | C. |
| 1° **Vingt mille francs**, *sur une maison d'habitation, construite en pierres, briques et quelques pans de bois, couverte en ardoises et métaux, élevée, sur caves voûtées, d'un rez-de-chaussée, d'un étage et d'un grenier, sise à Chartres, rue du Dauphin, n° 5, ci* . . . . . . . . . . . . . . . | *20.000* | *0.30* | *6* | » |
| *Il est entendu que l'assurance porte sur la toute propriété de ladite maison, et que le paiement des primes annuelles ne concerne que l'usufruitier, souscripteur de la présente Police, qui s'engage personnellement, envers la Compagnie, de les acquitter à leur échéance.* | | | | |
| *Il est expressément convenu qu'en cas de sinistre, pendant la durée de l'usufruit, la Compagnie ne pourra être tenue de payer l'indemnité, pour les dommages éprouvés, que sur la quittance collective de l'usufruitier et du nu-propriétaire, qui s'entendront entre eux pour la répartition.* | | | | |
| *Il est encore convenu qu'en cas d'extinction de l'usufruit, l'assurance cessera de plein droit et que la prime annuelle payée d'avance restera acquise à la Compagnie.* | | | | |
| *Toutefois, la continuation de l'assurance pourra avoir lieu avec le nu-propriétaire, pour la pleine propriété, si celui-ci déclare, dans la quinzaine de l'extinction de l'usufruit, qu'il entend profiter de la présente Police, et prend l'engagement de payer les primes à leur échéance.* | | | | |
| Montant de la prime nette. . . . . . | | | *6* | » |
| Droit de timbre et frais de répertoire, 4 centimes par 1,000 francs des valeurs assurées . . . . . . . . . . . . . . . . . . | | 0.04 | » | *80* |
| TOTAUX. . . . . . . . | *20.000* | | *6* | *80* |
| Perçu pour le Trésor. — Droit d'enregistrement : 10 0/0 de la prime nette . . . . . . | | | » | *60* |
| TOTAL. . . . . . . | | | *7* | *40* |

L'assurance est faite pour une période de... etc., etc. (*La suite comme au modèle n° 9.*)

MODÈLE N° 17

(Art. 55 des Instructions.)

Police sur créance hypothécaire.

—

PREMIER CAS.

—

Assurance faite conjointement par le propriétaire et le créancier hypothécaire.

## CONDITIONS PARTICULIÈRES

La Compagnie l'Aigle assure, aux conditions générales qui précèdent et particulières ci-après : A *M. SYLVESTRE (Joseph), aubergiste, et M. DORVILLE (Arthur), rentier,* demeurant à *Périgny et à La Rochelle,* canton *dudit,* arrondissement *dudit,* département de la *Charente-Inférieure,* agissant pour *leur compte, savoir : M. SYLVESTRE,* comme *propriétaire, et M. DORVILLE,* comme *créancier hypothécaire,* la somme de **quarante mille francs,** *portant sur la maison ci-après désignée, savoir :*

| | SOMME assurée sur chaque article. | TAUX de la prime p. 0/00. | PRIME par chaque article. | |
|---|---|---|---|---|
| | Fr. | Fr. C. | Fr. | C. |
| **Quarante mille francs,** *sur une maison élevée sur caves, d'un rez-de-chaussée, deux étages et greniers, construite en pierres, moellons et pans de bois, couverte en ardoises, située à Périgny, Grande-Rue, arrondissement de La Rochelle, ci* . . . . . . . . . . . . . . . . . . . . . . . . . . . | *40.000* | » *40* | *16* | » |
| *M. SYLVESTRE déclare que la maison susdésignée est grevée d'une inscription hypothécaire au profit de M. DORVILLE (Édouard), rentier, demeurant à La Rochelle, rue des Deux-Ecus, n° 25, et que la présente assurance est faite tant à son profit qu'au profit de sondit créancier, à ce présent et acceptant.*<br>*En conséquence, la* Compagnie l'Aigle *s'engage, en cas de sinistre, à payer le montant de l'indemnité dont elle peut être tenue, d'abord au créancier ci-dessus nommé, jusqu'à concurrence de sa créance, en principal et accessoires, s'il a conservé ses droits hypothécaires, et s'il fût venu en ordre utile, en cas d'expropriation avant le sinistre; le surplus de l'indemnité, s'il y a lieu, sera payé audit sieur SYLVESTRE, propriétaire.*<br>*Il est bien entendu que cet engagement de la Compagnie n'est pris, d'une part, qu'autant que M. SYLVESTRE aura, vis-à-vis d'elle, complètement rempli toutes ses obligations, et, d'autre part, sauf l'effet des saisies-arrêts ou oppositions qui seraient formées entre ses mains, et dont elle aura droit d'exiger qu'il lui soit rapporté mainlevée avant d'effectuer aucun paiement.*<br>*Les primes annuelles de la présente Police sont à la charge de M. SYLVESTRE; mais, faute par ce dernier de les acquitter exactement à leur échéance, M. DORVILLE prend l'engagement solidaire de les payer en son lieu et place, sauf son recours contre lui* (1). | | | | |
| Montant de la prime nette. . . . . . | | | *16* | » |
| Droit de timbre et frais de répertoire, 4 centimes par 1,000 francs des valeurs assurées . . . . . . . . . . . . . . . . . . . . . . . . . . | | 0.04 | *1* | *60* |
| Totaux . . . . . | *40.000* | | *17* | *60* |
| Perçu pour le Trésor. — Droit d'enregistrement : 10 0/0 de la prime nette . . . . . . . | | | *1* | *60* |
| Total . . . . . . . | | | *19* | *20* |

L'assurance est contractée pour une période de... etc., etc. (*La suite comme au modèle n° 9.*)

(1) Le créancier a grand intérêt à ce que les primes soient payées exactement, pour ne pas encourir le cas de déchéance prévu par l'article 8 des conditions générales de la Police.

Nota. — Les conventions stipulées dans le modèle ci-dessus ne confèrent au créancier hypothécaire aucun droit de priorité ou de préférence vis-à-vis des autres créanciers qui formeraient opposition entre les mains de la Compagnie. L'indemnité, dans ce cas, serait partagée entre eux en concurrence et au marc le franc. Pour conférer au créancier un droit plus efficace, il est nécessaire de procéder par voie de cession, c'est-à-dire que le débiteur cède au créancier, soit par l'acte de prêt, soit séparément, tout ou partie de ses droits éventuels sur l'indemnité qui peut lui être due en cas de sinistre. Dans ce cas, il n'y a aucune stipulation à faire dans la Police, qui est rédigée dans la forme ordinaire; mais la cession dont il s'agit, pour être valable vis-à-vis de la Compagnie, doit lui être notifiée par acte extra-judiciaire.

MODÈLE N° 17

(*Art. 55 des Instructions.*)

Police sur créance hypothécaire.

—

DEUXIÈME CAS.

—

Assurance faite par le créancier hypothécaire.

## CONDITIONS PARTICULIÈRES

La Compagnie l'Aigle assure, aux conditions générales qui précèdent et particulières ci-après : A *M. DORVILLE* (*Édouard*), *rentier*, demeurant à *La Rochelle*, canton *dudit*, arrondissement *dudit*, département de la *Charente-Inférieure*, agissant pour *son compte* comme *créancier hypothécaire*, la somme de **dix mille francs**, *savoir :*

| | SOMME assurée sur chaque article | TAUX de la prime p. 0/00 | PRIME par chaque article | |
|---|---|---|---|---|
| | Fr. | Fr. C. | Fr. | C. |
| **Dix mille francs**, *sur une maison élevée sur caves, d'un rez-de-chaussée, deux étages et greniers, construite en pierres, moellons et pans de bois, couverte en ardoises, située à Périgny, Grande-Rue, arrondissement de La Rochelle, et appartenant à M. SYLVESTRE, son débiteur, ci. . .*<br>*Cette assurance a pour objet de garantir à M. DORVILLE, jusqu'à concurrence de ladite somme de* dix mille francs, *le montant de la créance hypothécaire contre ledit sieur SYLVESTRE, dans le cas où, par suite d'un incendie, ladite maison ne lui présenterait plus un gage suffisant.*<br>*Il est expressément convenu que cette garantie de la part de la Compagnie n'aura son effet qu'autant que l'inscription hypothécaire de l'assuré serait arrivée en ordre utile, ou pour la portion qui serait arrivée en ordre utile, après déduction des frais d'expropriation.*<br>*M. DORVILLE sera tenu, en recevant le paiement du dommage, de transporter ses droits à la Compagnie jusqu'à concurrence de la somme qu'elle lui aura payée, et de la subroger, avec toute priorité et préférence, dans son action personnelle contre son débiteur, ainsi que dans tous les droits hypothécaires et autres résultant de ses titres de créance, sans que cette subrogation puisse préjudicier en rien aux droits qu'aurait encore M. DORVILLE, sur les immeubles hypothéqués en cas de remboursement partiel de sa créance.* | *10.000* | » *40* | *4* | » |
| Montant de la prime nette . . . . | | | *4* | » |
| Droit de timbre et frais de répertoire, 4 centimes par 1,000 francs des valeurs assurées . . . . . . . . . . . . . . . . . . . . . . . . | | 0.04 | » | *40* |
| Totaux. . . . . . . . | *10.000* | | *4* | *40* |
| Perçu pour le Trésor. — Droit d'enregistrement : 10 0/0 de la prime nette. . . . . | | | » | *40* |
| Total. . . . . . . | | | *4* | *80* |

L'assurance est contractée pour une période de... etc, etc. (*La suite comme au modèle n° 9.*)

MODÈLE N° 18

(*Articles 55 et 129 des Instructions.*)

Police sur archives diverses.

## *CONDITIONS PARTICULIÈRES*

La COMPAGNIE L'AIGLE assure, aux conditions générales qui précèdent, et à celles particulières ci-après : A *M. RICHARD* (*Auguste*), *notaire*, demeurant à *Héricy-sur-Seine*, canton du *Châtelet*, arrondissement de *Melun*, département de *Seine-et-Marne*, agissant pour *son compte* comme *propriétaire*, la somme de **quinze mille francs**, *portant sur les objets désignés ci-après, savoir :*

| | SOMME assurée sur chaque article | TAUX de la prim p. 0/00 | PRIME par chaque article | |
|---|---|---|---|---|
| | Fr. | Fr. C. | Fr. | C. |
| *Sur la généralité des titres, pièces, actes, minutes, originaux, papiers et registres de toute nature, composant les archives dont M. Richard est et pourra être détenteur, à raison de ses fonctions de notaire, le tout réparti dans les divers locaux qu'il occupe, dans une maison construite en pierres et couverte en ardoises, sise à Héricy-sur-Seine, ci. . . . . .* | *15.000* | *1 25* | *18* | *75* |
| *Par la présente Police, la Compagnie garantit à l'assuré, en cas de sinistre, et jusqu'à concurrence de ladite somme de* **quinze mille francs**, *le remboursement de tous frais et loyaux coûts, qu'il aura légalement déboursés, des frais judiciaires qu'il aura utilement faits pour opérer le remplacement desdites archives.* *En aucun cas, la garantie de la Compagnie ne pourra s'étendre au delà.* | | | | |
| Montant de la prime nette. . . . . | | | *18* | *75* |
| Droit de timbre et frais de répertoire, 4 centimes par 1,000 francs des valeurs assurées. . . . . . . . . . . . . . . . . . . . . . . . | | 0 04 | » | *60* |
| TOTAUX . . . . . . . . . | *15.000* | | *19* | *35* |
| Perçu pour le Trésor. — Droit d'enregistrement : 10 0/0 de la prime nette . . . . . . | | | *1* | *90* |
| TOTAL . . . . . . . . . | | | *21* | *25* |

L'assurance est contractée pour une période de... etc., etc. (*La suite comme au modèle n° 9.*)

MODÈLE N° 19

(*Art. 260 des Instructions*)

Police sur propriétés publiques avec remise de 20 0/0 sur la prime nette. — Délais accordés pour le paiement de la prime annuelle.

## *CONDITIONS PARTICULIÈRES*

La COMPAGNIE L'AIGLE assure, aux conditions générales qui précèdent et particulières ci-après : A *M. LECHAT* (*Aristide*), *propriétaire*, demeurant à *Valenciennes*, canton *dudit*, arrondissement *dudit*, département du *Nord*, agissant pour *le compte de la ville de Valenciennes*, comme *maire de ladite ville, en vertu d'une délibération du Conseil municipal, en date du 3 mars dernier*, la somme de **quatre cent vingt mille francs,** *répartie ainsi qu'il suit, savoir :*

| | SOMME assurée sur chaque article | TAUX de la prime p. 0/00 | PRIME par chaque article | |
|---|---|---|---|---|
| | Fr. | Fr. C | Fr. | C. |
| 1° **Cent cinquante mille francs**, *sur tous les bâtiments composant l'Hôtel de Ville, et comprenant la Mairie, la Justice de paix, la Bibliothèque, les Archives, le Musée et les Magasins des pompes à incendie.*<br>*Ces bâtiments sont construits en pierres, moellons, pans de bois et plâtre, couverts en tuiles, ardoises ou métaux, ci* . . . . . . . . . . . | *150.000* | *0 30* | *45* | » |
| 2° **Dix mille francs**, *sur le mobilier garnissant ledit Hôtel de Ville, dans toutes ses parties, ledit mobilier consistant principalement en meubles, glaces, pendules, tables, fauteuils, pupitres, rayons, casiers, bureaux et fournitures de bureaux (les archives exceptées), ci* . . . . . | *10.000* | *0 75* | *7* | *50* |
| 3° **Cent mille francs**, *sur les volumes composant la Bibliothèque communale (les manuscrits exceptés), ci* . . . . . . . . . . . . . . . | *100.000* | *0 75* | *75* | » |
| 4° **Quatre-vingt mille francs**, *sur tableaux, gravures, sculptures, antiquités, objets rares et précieux, y compris les médailles pour* **dix mille francs**, *et sur tous les objets en général composant le Musée communal, ci* . . . . . . . . . . . . . . . . . . . . . . . .<br>*Ces objets sont désignés spécialement dans un catalogue dressé par les soins de l'autorité municipale et dont la copie est ci-jointe.*<br>*Il est convenu qu'en cas d'incendie, la Compagnie ne pourra jamais être tenue de payer plus de* **deux mille francs** *sur un seul tableau, plus de* **cent francs** *sur une seule gravure, plus de* **cinq cents francs** *sur une seule sculpture, médaille, antiquité, et sur un seul objet rare et précieux, quelle que soit d'ailleurs la valeur de chacun desdits objets.*<br>*La Compagnie ne paiera pas les dégâts partiels qui pourraient survenir aux tableaux ci-dessus, tels que ceux résultant de l'approche d'un foyer, d'une lumière, du voisinage d'une matière inflammable ou d'une réparation. En un mot, la Compagnie n'entend payer que les dégâts occasionnés par un incendie réel.* | *80.000* | *1* » | *80* | » |
| 5° **Quarante-cinq mille francs**, *sur l'église paroissiale, comprenant la nef, les bas côtés et le chœur, ci* . . . . . . . . . . . . . .<br>*Dans cette somme se trouve compris le maître-autel, les petits autels, les boiseries, la chaire à prêcher, les stalles et pupitres du chœur, considérés comme immeubles par destination.* | *45.000* | *0 30* | *13* | *50* |
| 6° **Quinze mille francs**, *sur la tour et le clocher de l'église ci-dessus, ci* . . . . . . . . . . . . . . . . . . . . . . . . . . . . . . | *15.000* | *0 30* | *4* | *50* |
| 7° **Trois mille francs**, *sur les cloches et l'horloge existant dans la tour et le clocher, articles 6 ci-dessus, ci* . . . . . . . . . . . . . | *3.000* | *0 75* | *2* | *25* |
| 8° **Sept mille francs**, *sur tous les objets d'ameublement et d'ornement à l'usage du culte, tels que croix, chandeliers, tableaux, ornements sacerdotaux, chaises, bancs, confessionnaux, ci* . . . . . . . . . . . . | *7.000* | *0 75* | *5* | *25* |
| *A reporter* . . . . . . . . . | *410.000* | | *233* | » |

| | SOMME assurée sur chaque article. | TAUX de la prime p. 0/00 | PRIME sur chaque article | |
|---|---|---|---|---|
| | Fr. | Fr. C. | Fr. | C. |
| *Report.* . . . . . . . . | 410.000 | | 233 | » |
| 9° **Dix mille francs**, *sur orgues et buffets d'orgues, ci* . . . . . .<br>*Il est entendu, et M. le Maire, au nom de la Ville en prend l'engagement, sous peine de n'avoir droit à aucune indemnité, en cas de sinistre, que toutes les réparations à faire auxdites orgues, nécessitant l'emploi de la lumière, devront être faites avec le secours d'une lanterne fermée; de plus, chacun des ouvriers chargés desdites réparations, devra avoir à côté de lui, pendant toute la durée de son travail, deux baquets pleins d'eau.*<br>*Les objets, articles 8 et 9, peuvent exister dans le bâtiment, article 5. L'église, article 5, la tour et le clocher, article 6, sont construits et couverts comme les bâtiments, article 1er.* | 10.000 | 1 » | 10 | » |
| *Ensemble* . . . . . . . . . . . . . . . . . . . . | 420.000 | | 243 | » |
| *A déduire de la prime ci-dessus, vingt pour cent, à titre de bonification accordée sur l'assurance des monuments publics et des édifices religieux, soit.* | | | 48 | 60 |
| *Reste en prime nette.* . . . . . . . . . . . . . . | | | 194 | 40 |
| *La Compagnie renonce gratuitement à son recours contre tous fonctionnaires ou employés logés dans lesdits édifices.*<br>*Les primes annuelles seront, par exception, reçues au bureau du receveur municipal.*<br>*La prime au comptant sera exigible seulement après la formation du budget et l'accomplissement des formalités auxquelles il est soumis. — Les autres primes seront payables à leur échéance, à l'endroit indiqué ci-dessus.*<br>*Dans le cas où un sinistre surviendrait auxdits édifices ou à l'un d'eux avant le paiement de la prime au comptant, la Compagnie ne pourrait opposer à la Ville la déchéance pour faute de paiement, mais elle prélèverait ladite prime sur le montant de l'indemnité à laquelle la Ville aurait droit.* | | | | |
| Montant de la prime nette. . . . . . . | | | 194 | 40 |
| Droit de timbre et frais de répertoire, 4 centimes par 1,000 francs des valeurs assurées. . . . . . . . . . . . . . . . . . . . . . . . . | | 0.04 | 16 | 80 |
| TOTAUX. . . . . . . . | 420.000 | | 211 | 20 |
| Perçu pour le Trésor — Droit d'enregistrement : 10 0/0 de la prime nette . . . . . . | | | 19 | 45 |
| TOTAL. . . . . . | | | 230 | 65 |

L'assurance est contractée pour une période de... etc., etc. (*La suite comme au modèle n° 9.*)

**MODÈLE N° 20**

*(Art. 83 et 118 des Instruc.)*

Police sur bois et forêt, et sur recours des voisins.

## *CONDITIONS PARTICULIÈRES*

La COMPAGNIE L'AIGLE assure, aux conditions générales qui précèdent et particulières ci-après : *A M. DUBOIS, (Philippe-Louis), propriétaire*, demeurant à *Mouzon*, canton *dudit*, arrondissement de *Sedan*, département des *Ardennes*, agissant pour *le compte de M. le baron de JUSSELIN*, comme *mandataire, et pour lequel il se porte fort*, la somme de **deux cent soixante-dix mille francs**, *répartie ainsi qu'il suit, savoir :*

| | | SOMME assurée sur chaque article | TAUX de la prime p. 0/00 | PRIME par chaque article | |
|---|---|---|---|---|---|
| | | Fr. | Fr. C. | Fr. | C. |
| A | 1° **Trente-cinq mille francs,** *sur un bois taillis d'une superficie de cent quarante hectares, d'essences non résineuses, consistant principalement en chêne, charme et bouleau, aménagé à dix ans, dit bois de Senneval, situé sur le territoire de la commune de Mouzon, arrondissement de Sedan (Ardennes), ci.* . . . . . . . . . . . . . . . . . . . . . . | 35.000 | 1 » | 35 | » |
| | *Ledit bois est limité au nord et à l'ouest par des terres cultivées, et, des deux autres côtés, par la forêt désignée à l'article 3 ci-après.* | | | | |
| | 2° **Trente-cinq mille francs,** *sur le risque de trouble dans l'aménagement du bois faisant l'objet de l'article 1er ci-dessus, ci.* . . . . . . | 35.000 | 1/2 1 fr. ou 50 c. | 17 | 50 |
| | 3° **Cent cinquante mille francs,** *sur une forêt d'une superficie de deux cent vingt-trois hectares, composés de bois de haute futaie, âgés de plus de vingt-cinq ans, d'essences non résineuses, consistant principalement en chêne, hêtre, orme et bouleau, aménagée à vingt ans, dite Forêt de Bellière, située sur le territoire de la commune de Mouzon, arrondissement de Sedan (Ardennes), ci.* . . . . . . . . . . . . . . . . . . . | 150.000 | 0 50 | 75 | » |
| | *Ladite forêt est limitée de deux côtés par le bois taillis assuré par l'article 1er, et des deux autres côtés par des bois appartenant à divers.* | | | | |
| B | 4° **Cinquante mille francs,** *sur recours des voisins, en raison des dommages qu'un incendie, prenant naissance dans la forêt assurée par l'article 3, pourrait occasionner aux bois appartenant à divers, auxquels elle est contiguë, ci.* . . . . . . . . . . . . . . . . . . . . . . . | 50.000 | 0 20 | 10 | » |
| | *Il est stipulé :* <br> *1° Que la Compagnie n'assure que ce qui est hors du sol, à hauteur de coupe ordinaire, et qu'elle ne répond pas de la perte des souches ;* <br> *2° Que le repeuplement des souches est compris dans l'assurance des mêmes bois et forêt ;* <br> *3° Que l'assuré est tenu de faire connaître immédiatement tout changement qu'il opérera dans l'âge de l'aménagement déclaré ;* <br> *4° Que le repeuplement des souches mortes par l'effet du feu sera calculé à raison de deux plants par chacune, plantés dans les intervalles, suivant l'usage, et sans déracinement desdites souches.* | | | | |
| | *Monsieur DUBOIS (Philippe-Louis) déclare :* <br> *1° Que dans le bois de Senneval, il n'existe aucun plant d'essence résineuse ; mais qu'il en existe quelques-uns disséminés dans la forêt de Bellière ; l'importance de ces plants ne dépasse pas le dixième de la somme assurée par l'article 3 ci-dessus ;* <br> *2° Que, dans l'une comme dans l'autre propriété, il n'existe ni forge, ni usine ; qu'il y a dans la forêt de Bellière, des charbonnières et une loge de sabotier, mais que le tout est établi sur des emplacements bien découverts ;* <br> *3° Qu'à une distance de cent mètres de cette forêt, du côté nord, se trouve une scierie de bois mue par l'eau.* | | | | |
| | Montant de la prime nette. . . . . . . | | | 137 | 50 |
| | Droit de timbre et frais de répertoire, 4 centimes par 1,000 francs des valeurs assurées. . . . . . . . . . . . . . . . . . . . | | 0.04 | 10 | 80 |
| | TOTAUX. . . . . . . | 270.000 | | 148 | 30 |
| | Perçu pour le Trésor. — Droit d'enregistrement : 10 0/0 de la prime nette . . . . . . | | | 13 | 75 |
| | TOTAL. . . . . . . | | | 162 | 05 |

L'assurance est contractée pour une période de... etc., etc. (*La suite comme au modèle n° 9.*)

MODÈLE N° 21

Police sur exploitation rurale ou ferme avec tracé linéaire.

## *CONDITIONS PARTICULIÈRES*

La COMPAGNIE L'AIGLE assure, aux conditions générales qui précèdent et particulières ci-après : A *M. BORDES (Jean-Baptiste), cultivateur*, demeurant à *Boran (ferme de l'Églantier)*, canton de *Neuilly-en-Thelle*, arrondissement de *Senlis*, département de *l'Oise*, agissant pour *son compte*, comme *propriétaire*, la somme de **soixante-six mille cinq cents francs**, *sur les objets ci-après désignés, savoir :*

| | | SOMME assurée sur chaque article | TAUX de la prime p. 0/00 | PRIME par chaque article | |
|---|---|---|---|---|---|
| | | Fr. | Fr. C. | Fr. | C. |
| A. DÉSIGNATION DES OBJETS ASSURÉS. (Art. 234 des Instructions) | *1°* **Dix mille francs**, *sur un bâtiment servant uniquement d'habitation, faisant partie de la ferme dite de l'Églantier, située commune de Boran (Oise), ladite maison élevée sur caves, d'un rez-de-chaussée, d'un étage et d'un grenier, construite en pierres et moellons, couverte en ardoises, ci.* *L'assuré déclare que la maison d'habitation désignée ci-dessus est séparée des bâtiments d'exploitation et qu'elle ne renferme ni fourrages ni récoltes non battues.* | *10.000* | » *60* | *6* | » |
| | *2°* **Quatre mille francs**, *sur blé et avoine battus ou autres grains, répartis dans le grenier de ladite maison, ci* . . . . . . . . . . . . | *4.000* | *1* » | *4* | » |
| | *3°* **Huit mille francs**, *sur une grange construite en pierres et moellons, couverte en tuiles, située à gauche et à quatre mètres de la maison d'habitation, ci* . . . . . . . . . . . . | *8.000* | *1 50* | *12* | » |
| | *4°* **Dix mille francs**, *sur blé et avoine en gerbe et sur paille, répartis dans ladite grange, ci* . . . . . . . . . . . . | *10.000* | *2* » | *20* | » |
| | *5°* **Six mille francs**, *sur bâtiment divisé en deux parties, séparé de la charretterie par huit mètres cinquante, et de l'habitation par onze mètres, à usage d'écurie et étable, construit en pierres et moellons et couvert en chaume, ci.* . . . . . . . . . . . . | *6.000* | *5* » | *30* | » |
| | *6°* **Quatre mille francs**, *sur chevaux renfermés dans ladite écurie, ci* | *4.000* | *5* » | *20* | » |
| | *7°* **Cinq mille francs**, *sur bêtes à cornes dans ladite étable, ci* . . . | *5.000* | *5* » | *25* | » |
| | *8°* **Quatre mille francs**, *sur foin et fourrages dans les greniers des écurie et étable, ci.* . . . . . . . . . . . . | *4.000* | *5* » | *20* | » |
| | *9°* **Quatre mille francs**, *sur une bergerie située sur la même ligne que la maison d'habitation, dont elle est séparée par une porte d'entrée non couverte; cette bergerie est construite en pierres et moellons et couverte en tuiles, ci.* . . . . . . . . . . . . | *4.000* | *1 50* | *6* | » |
| | *10°* **Trois mille francs**, *sur moutons, agneaux et brebis dans ladite bergerie, ci* . . . . . . . . . . . . | *3.000* | *1 50* | *4* | *50* |
| | *11°* **Deux mille francs**, *sur foin et fourrages dans le grenier au-dessus de la bergerie; ci* . . . . . . . . . . . . | *2.000* | *2* » | *4* | » |
| | *12°* **Mille francs**, *sur un petit bâtiment isolé placé entre la grange et l'écurie, à douze mètres de la grange, construit en pierres et moellons, couvert en chaume, servant de toit à porcs et de poulailler, ci.* . . . | *1.000* | *5* » | *5* | » |
| | *13°* **Mille francs**, *sur porcs dans ledit bâtiment, ci* . . . . . . . . | *1.000* | *5* » | *5* | » |
| | *14°* **Deux mille cinq cents francs**, *sur une charretterie, construite sur poteaux en bois, et couverte en tuiles, située au milieu de la cour, ci* | *2.500* | *2* » | *5* | » |
| | *15°* **Deux mille francs**, *sur les ustensiles aratoires, parmi lesquels se trouvent deux charrettes placées dans les diverses parties de la ferme, mais principalement sous la charretterie, ci* . . . . . . . . . . . . | *2.000* | *2* » | *4* | » |
| B. EXPLOSION DE LA FOUDRE. (Formule n° 7 du modèle n° 32.) | *Moyennant un supplément de prime de* Dix *centimes par mille francs, les bâtiments, objets mobiliers, bestiaux et récoltes ci-dessus désignés sont garantis, dans les limites de la somme stipulée à chaque article, contre tous dommages qui leur seraient occasionnés par la chute ou l'explosion de la foudre, même non suivie d'incendie, ci.* . . . . . . . . . . . . *Cette responsabilité ne s'étend, en aucun cas, aux dommages causés par des coups de vent, ouragans, trombes, tempêtes ou tous autres phénomènes météorologiques.* | » | » *10* | *6* | *65* |
| | *A reporter*. . . . . . . . . | *66.500* | | *177* | *15* |

| | SOMME assurée sur chaque article | TAUX de la prime p. 0/00 | PRIME par chaque article | |
|---|---|---|---|---|
| | Fr. | Fr. C. | Fr. | C. |
| *Report* . . . . . . . . | *66.500* | | *177* | *15* |

C. Bestiaux garantis dans les champs. (*Art. 300 des Instructions*) — *Il est convenu que l'assurance constatée par les articles 6, 7, 10 et 13 suivra les bestiaux dans les champs, au travail, au pacage et dans toutes les dépendances de la ferme, ainsi que sur les routes ou chemins qui y conduisent, les foires et marchés exclus.*

*TRACÉ.*

D. Tracé des batiments (*Art. 296 des Instructions*)

*Entrée.* — *Art. 9. Bergerie.* — *6m* — *Art. 1er Bâtiment d'habitation.* — *4m* — *Art. 3. Grange.* — *8m* — *Art. 11. Charretterie.* — *Champs.* — *Cour.* — *8m,50* — *11m* — *Cour.* — *Champs.* — *Art. 5. Étable. Écurie.* — *Art. 12. Toit à porcs.* — *12m* — *Verger.*

| | SOMME | TAUX | PRIME Fr. | C. |
|---|---|---|---|---|
| Montant de la prime nette. . . . . . . | | | *177* | *15* |
| Droit de timbre et frais de répertoire, 4 centimes par 1,000 francs des valeurs assurées. . . . . . . . . . . . . . . . . . . . . . . . . | | 0.04 | *2* | *65* |
| Totaux . . . . . . . . | *66.500* | | *179* | *80* |
| Perçu pour le Trésor. — Droit d'enregistrement : 10 0/0 de la Prime nette. . . . . . . | | | *17* | *70* |
| Total . . . . . . . | | | *197* | *50* |

L'assurance est contractée pour une période de... etc., etc. (*La suite comme au modèle n° 9.*)

MODÈLE N° 22
(*Art. 301 et 302 des Instructions.*)
(1re PARTIE)

N°

AGENCE
de *Saint-Quentin.*

NOM DE L'ASSURÉ
*DUCAUROY*

DATE DE LA POLICE
*14 août 1872*

EFFET DE L'ASSURANCE
*15 août 1872*

DURÉE DE LA PÉRIODE
*Six* MOIS *et une* ANNÉE

# CONDITIONS GÉNÉRALES DES POLICES
DE RÉCOLTES EN MEULES

# L'AIGLE

COMPAGNIE ANONYME

D'ASSURANCES CONTRE L'INCENDIE,

CONTRE LA FOUDRE,

L'EXPLOSION DU GAZ ET DES APPAREILS A VAPEUR,

AUTORISÉE PAR ORDONNANCE DU 18 MAI 1843,

**Rue de Châteaudun, 44, à Paris**

REMPLACEMENT DU N°

RISQUE COMMUN AU N°

SITUATION DES RISQUES
*Fontaine-les-Clercs*

ARRONDISSEMENT
de *Saint-Quentin*

PRIME ANNUELLE, FR. *74 85*

DÉCOMPTE

| | PRIME | | IMPÔT | | TOTAL | |
|---|---|---|---|---|---|---|
| Prime annuelle. . . | *68* | *10* | *6* | *75* | *74* | *85* |
| Ristourne. . . . . . | | | | | | |
| Reste 1re année. . . | *68* | *10* | *6* | *75* | *74* | *85* |
| Police. . . . . | | | | | *1* | » |
| Plaque . . . . | | | | | » | » |
| TOTAL. . . . | | | | | *75* | *85* |

### Objet de l'assurance.

ARTICLE PREMIER. — La Compagnie assure contre l'incendie, quand même l'incendie est causé par le feu du ciel, les récoltes en meules désignées dans les conditions particulières de la présente Police, moyennant une prime fixée en raison de la gravité du risque soumis à l'assurance.

ART. 2. — La Compagnie garantit aussi par une clause particulière et moyennant une prime spéciale, contre le recours que les voisins seraient en droit d'exercer pour la réparation des dommages qu'ils auraient éprouvés par suite de communication d'incendie provenant des meules, et causé par une faute de l'assuré ou des personnes dont il répond.

ART. 3. — La Compagnie ne répond pas des incendies occasionnés par guerre, invasion, force ou occupation militaire quelconque, insurrection, émeute, explosion de poudrière et tremblement de terre. Elle ne répond pas non plus des objets perdus ou soustraits pendant ou après le sinistre.

ART. 4. — Dans tous les accidents causés par l'explosion de la foudre, la Compagnie ne répond des dégâts autres que ceux d'incendie, que dans le cas où ces risques sont expressément garantis, moyennant une prime supplémentaire, par une clause particulière de la Police. — Cette responsabilité ne s'étend, en aucun cas, aux dégâts causés par l'ouragan, les tempêtes, les trombes et autres phénomènes météorologiques.

ART. 5. — La Compagnie ne garantit que les risques mentionnés et spécifiés dans les conditions manuscrites de la présente Police. Elle n'est responsable que des dégâts matériellement causés par le sinistre aux objets sur lesquels porte l'assurance. Elle n'est tenue à aucune indemnité en raison des pertes et dommages que l'assuré pourrait éprouver par suite de privation de gain ou de jouissance, ou de toutes autres pertes et dépréciations de même nature, dont le sinistre serait l'occasion.

Toutefois, si les objets assurés sont détruits ou endommagés par suite des mesures prescrites par l'autorité pour arrêter les progrès du feu, la Compagnie répond des dégâts comme s'ils avaient été causés par l'incendie.

ART. 6. — L'assurance ne peut jamais être pour l'assuré une cause de bénéfice; elle ne lui garantit que la réparation de la perte matérielle que le sinistre lui fait éprouver. En conséquence, les sommes assurées, les primes perçues, les désignations et évaluations contenues dans la Police, ne peuvent avoir pour objet que de limiter la garantie de l'assureur et le recours de l'assuré; elles ne sauraient être invoquées, dans aucun cas, comme une reconnaissance ou une preuve de l'existence et de la valeur des objets assurés, soit au moment de l'assurance, soit au moment du sinistre.

### Paiement des Primes. — Obligations de l'Assuré.

ART. 7, § 1er. — Les primes d'assurances sont payables d'avance, au bureau de l'Agence générale dans laquelle la Police a été souscrite.

§ 2. La première prime est payée comptant au moment de la signature de la Police, si elle doit prendre effet dans les vingt-quatre heures de sa date; dans le cas contraire, la prime est payée la veille du jour où l'assurance doit commencer.

Dans tous les cas, la garantie de la Compagnie n'est acquise à l'assuré que le lendemain, à midi, du jour où la Police a été signée par les parties contractantes et la première prime acquittée.

§ 3. Les primes ultérieures doivent être également payées comptant aux époques fixées pour leur échéance; néanmoins, il est accordé à l'assuré un délai de grâce de quinze jours pour les acquitter.

§ 4. Passé ce délai, le bénéfice de l'assurance est suspendu de plein droit à l'égard de l'assuré jusqu'à ce que la prime ait été acquittée; et s'il survient un sinistre pendant l'intervalle, l'assuré est déchu de tout droit à l'indemnité, sans qu'il puisse opposer à la Compagnie que le paiement de la prime ne lui a pas été réclamé ou qu'il n'a pas été mis en demeure de l'acquitter.

§ 5. Le paiement de la prime en retard, effectué pendant ou après un sinistre, ne peut, dans aucun cas, relever l'assuré de la déchéance qu'il a encourue.

ART. 8. — A défaut de paiement des primes dans les délais

fixes, la Compagnie aura la faculté de résilier l'assurance par une notification faite à l'assuré par lettre recommandée, ou de la maintenir et d'en poursuivre l'exécution par les voies de droit.

En cas, soit de résiliation, soit de cessation totale ou partielle de l'assurance, en quelque temps et pour quelque cause que ce soit, les primes payées par anticipation et celles échues demeurent acquises à la Compagnie.

Art. 9. — Le paiement des primes non acquittées à leur échéance se poursuit devant le juge du siége de l'Agence générale dans laquelle la Police a été souscrite, tous les frais et déboursés sont à la charge de l'assuré ; s'il survient un sinistre pendant le cours des poursuites, l'assuré retardataire est déchu de tout droit d'indemnité.

**Déclarations à faire par l'Assuré.**

Art. 10. — La Police d'assurance est rédigée d'après les déclarations de l'assuré, et les primes sont fixées en raison de ces déclarations, conformément aux tarifs en vigueur.

Le contractant doit faire mentionner dans sa Police : la qualité en laquelle il agit ; — quels sont ses droits à la propriété ou à la conservation des objets soumis à l'assurance ;— si ces objets sont déjà garantis en tout ou en partie par d'autres compagnies ; — s'ils sont contigus à des bâtiments couverts en bois ou en chaume, à une usine, à une fabrique, à un chemin de fer ou à des établissements destinés à recevoir des marchandises ou des produits d'une nature dangereuse.

Le contractant doit également déclarer et faire mentionner dans la Police le nombre des meules qu'il soumet à l'assurance, l'espèce de récoltes qui les composent, la somme assurée sur chaque meule, le lieu où elle est placée, la distance qui existe entre chaque meule et qui la sépare des bâtiments de la ferme ou d'autres bâtiments voisins, enfin, toutes les indications nécessaires pour pouvoir constater l'identité de chaque meule et déterminer, d'une manière précise, l'étendue de la responsabilité de la Compagnie.

Toute réticence, toute fausse déclaration de la part de l'assuré, tendant à diminuer l'opinion du risque ou à en changer le sujet, annulent l'assurance à son égard et dégagent la Compagnie de toute responsabilité en cas de sinistre.

Art. 11. — L'assurance est souscrite pour une période de temps déterminée par une clause particulière de la présente Police. Elle cesse de plein droit à l'expiration de la durée convenue.

Lorsque la Police est contractée pour plusieurs années, l'assuré est tenu de déclarer chaque année, aussitôt après la nouvelle récolte, les changements qui se produiront dans le nombre des meules, dans l'espèce de récoltes qui les compose, dans leur valeur et dans leur situation.

Les modifications que les déclarations de l'assuré auront pour effet d'apporter, d'une année à l'autre, dans le montant des valeurs garanties, de la prime, et dans les autres conditions de l'assurance, devront être immédiatement constatées par une Police nouvelle et, à défaut, par un avenant.

Dans le cas où il y aurait lieu de suspendre momentanément l'effet de l'assurance par suite de manque de récoltes mises en meules, cette suspension momentanée sera constatée par un avenant.

Art. 12. — La Compagnie n'est engagée que par ses Polices d'assurances et par ses quittances, extraites d'un registre à souche, et signées par le Directeur ou par ses Agents principaux, fondés de pouvoir à cet effet.

Aucune allégation ne peut être admise outre et contre les énonciations de la Police, et la Compagnie n'est obligée qu'envers les personnes qui y sont dénommées.

Art. 13. — S'il survient pendant le cours de l'assurance des changements ou des circonstances qui soient de nature à aggraver les chances d'incendie ;

S'il est établi dans les terrains où sont placés les meules assurées ou dans les terrains contigus, des bâtiments couverts en bois ou en chaume, une fabrique, une usine, un chemin de fer, une machine à vapeur destinée, soit au battage des récoltes, soit à tout autre usage, des magasins destinés à recevoir des marchandises ou des produits d'une nature dangereuse ;

Si les objets assurés sont placés ou transportés dans d'autres lieux que ceux désignés par la Police,

L'assuré sera tenu, sous peine de déchéance, d'en faire immédiatement la déclaration à la Compagnie et de payer, s'il y a lieu, une augmentation de prime, ou de subir, si la Compagnie l'exige, la résiliation de l'assurance.

Art. 14, § 1er. — Si l'assuré fait garantir par une autre Compagnie, soit à titre de reprise, soit à titre de complément d'assurance, les objets déjà garantis par la présente Police ; s'il fait garantir d'autres objets, mais faisant partie du même risque, il sera tenu d'en faire la déclaration, de la faire constater par avenant et, si la Compagnie l'exige, de justifier de l'assurance déclarée par la production de la Police qui la constatera.

§ 2. En cas de décès de l'assuré, ses héritiers ou ayants cause sont solidairement tenus d'acquitter les primes échues et de continuer l'assurance, si la Compagnie en exige le maintien.

Dans le cas prévu par le paragraphe précédent, les héritiers devront faire leur déclaration et régulariser leur situation dans le délai d'un mois au plus tard, à partir du jour du décès.

A défaut de cette déclaration dans le délai prescrit, le bénéfice de l'assurance sera suspendu, et la Compagnie, en cas de sinistre, sera dégagée de toute responsabilité.

Art. 15. — La Compagnie se réserve le droit de demander en tout temps la réduction du montant de l'assurance quand elle porte sur des objets dont la valeur est susceptible de varier, et si l'assuré n'adhère pas aux réductions proposées, la Compagnie aura le droit de résilier la Police par une lettre chargée. En cas de réduction ou de résiliation, la Compagnie remboursera à l'assuré, pour le temps non révolu de l'année en cours, la fraction de prime correspondante aux valeurs qui cesseront d'être garanties.

**Formalités à remplir en cas de sinistre.**

Art. 16. — Aussitôt qu'un sinistre survient, l'assuré doit employer tous les moyens en son pouvoir pour en arrêter les progrès, pour sauver les objets assurés et veiller à leur conservation.

Il doit immédiatement donner avis du sinistre au siége de l'Agence où la Police a été souscrite.

Il doit également faire à ses frais la déclaration du sinistre devant le Juge de paix de son canton ; cette déclaration doit indiquer les circonstances dans lesquelles le sinistre s'est produit et le montant approximatif du dommage ; une expédition en est transmise sans délai au siége de l'Agence où la Police a été souscrite.

L'assuré est ensuite tenu de fournir l'état détaillé et estimatif, certifié par lui, des objets détruits, avariés et sauvés.

Si les pièces mentionnées dans le présent article n'ont pas été fournies dans le délai de quinzaine à partir du jour du sinistre, l'assuré encourra la déchéance de ses droits contre la Compagnie, à moins d'impossibilité constatée.

Art. 17. — L'assuré est tenu de justifier, par tous les moyens et documents en son pouvoir, de l'existence au moment du sinistre et de la valeur des objets assurés, ainsi que de la réalité et de l'importance des dommages, dans le cas même où tous les objets assurés seraient détruits.

L'assuré qui exagérerait sciemment le montant des dommages, celui qui supposerait détruits, par le feu ou par l'explosion, des objets qui n'existaient pas au moment du sinistre, celui qui dissimulerait ou détournerait tout ou partie des objets sauvés, celui qui emploierait comme justification des documents ou moyens mensongers, celui, enfin, qui aurait volontairement causé le sinistre, serait entièrement déchu de tous droits à une indemnité, et la Compagnie serait dégagée de toute responsabilité, soit envers l'assuré, soit envers les tiers.

**Règlement des dommages. — Paiement des indemnités.**

Art. 18. — Les dommages causés par le sinistre seront réglés, soit de gré à gré, soit par deux experts choisis par les parties ; si les experts ne sont pas d'accord, ils s'adjoignent un tiers expert ; les trois experts opèrent en commun et prononcent à la majorité des voix. Les parties peuvent exiger respectivement que le tiers expert soit choisi hors de l'arrondissement où réside l'assuré.

Si les experts ne peuvent s'accorder sur le choix du tiers expert, la désignation en sera faite, sur la demande de la partie la plus diligente, par le Président du Tribunal de commerce, et, à défaut, par le Président du Tribunal civil de l'arrondissement où le sinistre a eu lieu.

Les frais de l'expertise amiable sont supportés par moitié entre la Compagnie et l'assuré.

**Art. 19.** — Les grains, fourrages, pailles et autres produits des meules assurées seront estimés d'après les dernières mercuriales du marché le plus voisin, sous déduction des frais de battage, transports, factage et autres, dont le sinistre aura pour effet d'exonérer l'assuré.

S'il résulte de l'évaluation de gré à gré ou de l'expertise, qu'au moment du sinistre la valeur des objets sur lesquels porte l'assurance est supérieure à la somme garantie, l'assuré est considéré comme étant son propre assureur pour l'excédant, et supporte, en conséquence, sa part du dommage au centime le franc.

S'il y a plusieurs assureurs, et si les déclarations prescrites par les articles 10 et 14 ont été faites, la Compagnie supporte sa part des dommages au centime le franc de la somme garantie par elle.

La Compagnie ne peut être tenue, dans aucun cas, de rien payer au delà du montant de la somme assurée et de sa part dans les frais d'expertise.

**Art. 20.** — L'assuré ne peut faire aucun délaissement ni total ni partiel des objets assurés, avariés ou non avariés par le sinistre. La Compagnie a la faculté de reprendre, en totalité ou en partie, pour le montant de leur évaluation, les objets avariés.

**Art. 21.** — La Compagnie, après le sinistre et quelle que soit l'importance du dommage, peut résilier la Police, en tout ou en partie, au moyen d'une notification par lettre recommandée.

Elle peut aussi, dans ce cas et de la même manière, résilier toutes les autres Polices souscrites au nom du même assuré.

Dans les cas de résiliation prévus par le présent article, les primes perçues en vertu de la Police atteinte par le sinistre demeurent acquises à la Compagnie; les primes afférentes aux autres Polices sont remboursées au prorata du temps non révolu de l'année en cours de l'assurance.

**Art. 22.** — La somme à laquelle l'indemnité du dommage a été fixée est payée comptant, soit à la caisse de la Compagnie à Paris, soit au siége de l'Agence générale où la Police a été souscrite.

### Dispositions spéciales.

**Art. 23.** — Par le seul fait de la présente Police, la Compagnie est subrogée dans tous les droits, recours et actions de l'assuré contre toutes personnes garantes ou responsables du sinistre, à quelque titre et pour quelque cause que ce soit.

Lors du paiement de l'indemnité, l'assuré sera tenu, s'il en est requis, de réitérer, par acte notarié ou sous signature privée, la présente subrogation dans sa quittance.

**Art. 24.** — Toute demande ou action en règlement du dommage et en paiement de l'indemnité doit être formée dans le délai de six mois, au plus tard, à partir du jour du sinistre. Passé ce délai, l'action est prescrite, et la Compagnie ne peut être passible d'aucune indemnité, soit envers l'assuré, soit envers ses créanciers cessionnaires ou déposants.

**Art. 25.** — Pour l'exécution des clauses générales et particulières de la présente Police, les parties font respectivement élection de domicile attributif de juridiction au siége de l'Agence générale de la Compagnie où la Police a été contractée.

---

MODÈLE N° 22

(*Art. 303 des Instructions.*)

(2e PARTIE)

(Police sur récoltes en meules, pour six mois et pour une année.)

### *CONDITIONS PARTICULIÈRES*

La COMPAGNIE L'AIGLE assure, aux conditions générales qui précèdent et particulières ci-après :
A *M. DUCAUROY (Adrien), cultivateur*, demeurant à *Fontaine-les-Clercs*, canton de *Saint-Simon*, arrondissement de *Saint-Quentin*, département de l'*Aisne*, agissant pour *son compte*, comme *propriétaire*, la somme de **treize mille cent francs**, *savoir :*

| | SOMME assurée sur chaque article. | TAUX de la prime p. 0/00. | PRIME pour chaque article. | |
|---|---|---|---|---|
| | Fr. | Fr. C. | Fr. | C. |
| 1° **Quatorze cents francs,** *sur une meule d'orge située au terroir de Fontaine-les-Clercs, lieudit à la voie du Montgolfier, ci*............ | *1.400* | *6* »» | *8* | *40* |
| 2° **Six cents francs,** *sur une meule d'orge et de trèfle, sise à cinq mètres de la précédente, ci*.................... | *60* | *6* »» | *3* | *60* |
| 3° **Six cents francs,** *sur une meule de seigle et de trèfle, située au même terroir, lieudit à la voie des Promeaux, ci*.................. | *600* | *6* »» | *3* | *60* |
| 4° **Cinq mille francs,** *sur trois meules de blé, à cinq mètres l'une de l'autre, situées au terroir dudit Fontaine, lieudit à la Montagne à Cailloux, ci*.................... | *5.000* | *6* »» | *30* | » |
| *Toutes les meules désignées ci-dessus sont assurées pour une année, à partir du quinze août courant.* | | | | |
| 5° **Deux mille cinq cents francs,** *sur une meule de blé, située sur le chemin de Seraucourt, au lieudit la Grande-Marnette, ci*........ | *2.500* | *4* »» | *10* | » |
| 6° **Trois mille francs,** *sur une autre meule de blé située à 50 mètres de la précédente, ci*.................... | *3.000* | *4* »» | *12* | » |
| *Ces deux dernières meules sont assurées pour six mois, du quinze août courant au quinze février prochain.* | | | | |
| Montant de la prime nette......... | | | *67* | *60* |
| Droit de timbre et frais de répertoire, 4 centimes par 1,000 francs des valeurs assurées.................... | | 0.04 | » | *50* |
| TOTAUX................ | *13.100* | | *68* | *40* |
| Perçu pour le Trésor. — Droit d'enregistrement : 10 0/0 de la prime nette.......... | | | *6* | *75* |
| TOTAL................ | | | *74* | *85* |

L'assurance est contractée partie pour *une année* et partie pour *six mois*, etc. (*La suite comme au modèle n° 9.*)

MODÈLE N° 23

(*Art. 304 des Instructions*)

Police sur récoltes en meules.
(Assurance faite pour plusieurs années.)

*CONDITIONS PARTICULIÈRES*

La COMPAGNIE L'AIGLE assure, aux conditions générales qui précèdent et particulières ci-après : A M. *MAHY (Antoine), cultivateur*, demeurant à *Pierrefonds*, canton d'*Attichy*, arrondissement de *Compiègne*, département de *l'Oise*, agissant pour *son compte*, comme *propriétaire*, la somme de **cinquante mille francs**, *savoir* :

| | | SOMME assurée sur chaque article | TAUX de la prime p. 0/00 | PRIME sur chaque article | |
|---|---|---|---|---|---|
| | | Fr. | Fr. C. | Fr. | C |
| A. VALEURS ASSURÉES. | **Cinquante mille francs,** *sur toutes les récoltes en meules existant ou pouvant exister, chaque année, sur les terrains de la ferme que l'assuré exploite, à Pierrefonds, et assurées comme suit :* | | | | |
| | 1° **Vingt-cinq mille francs,** *pendant l'année, ci.* . . . . . . . . | 25.000 | 6 » | 150 | » |
| | 2° **Vingt-cinq mille francs,** *pendant six mois, du quinze août au quinze février de chaque année, ci* . . . . . . . . . . . . . . . . . | 25.000 | 4 » | 100 | » |
| B. FACULTÉ DE FAIRE SUIVRE L'ASSURANCE DANS LES BATIMENTS DE PREMIÈRE CLASSE. (*Art. 307 des Instructions.*) | *Il demeure convenu :*<br>*1° Que, sans augmentation de prime, l'assurance suivra, jusqu'à son terme, lesdites récoltes dans tous les bâtiments couverts en dur, assurés par la Police n° 8905, à l'exception de la maison d'habitation où les grains battus seuls pourront être transportés.* | | | | |
| C. DÉCLARATION A FAIRE CHAQUE ANNÉE. (*Art. 304 des Instructions.*) | *2° Que l'assuré devra déclarer, chaque année, au moment des nouvelles récoltes, la valeur, la nature et la situation des récoltes mises en meules.* | | | | |
| D. LIMITE DE GARANTIE JUSQU'AU JOUR DE LA DÉCLARATION. (*Art. 305 des Instructions.*) | *3° Que, jusqu'au jour où cette déclaration sera constatée par la Compagnie, elle ne pourra être tenue, en cas de sinistre, de payer au-delà d'une somme de* **dix mille francs,** *sur une seule meule, ou sur tout groupe de meules comprises dans un rayon de trente mètres de la meule où le feu aura commencé, cette meule étant prise pour centre.* | | | | |
| E. CONSTATATION DE LA VALEUR, LA NATURE ET LA SITUATION DES MEULES POUR LA PREMIÈRE ANNÉE D'ASSURANCE. (*Art. 305 des Instructions.*) | *L'assuré déclare que, pour la présente année, ses récoltes en meules se composent et sont réparties ainsi qu'il suit :*<br>*1° Au fond d'Autreval :* **deux mille sept cent cinquante francs,** *sur une meule d'avoine, ci.* . . . . . . . . . . . . 2,750 »<br>*2° Au Vide-Bouteilles :* **huit mille deux cent cinquante francs,** *sur trois meules d'avoine à dix mètres l'une de l'autre, ci.* . . . . . . . . . 8,250 »<br>*3° Au chemin du Chêne :* **quinze mille francs,** *sur quatre meules de blé à douze mètres l'une de l'autre, ci.* . . . . . . . 15,000 »<br>*4° Au chemin Saint-Étienne :* **quatre mille francs,** *sur une meule d'avoine, ci.* . . . . . . . . . . . . . . 4,000 »<br>*5° Au même lieu :* **vingt mille francs,** *sur cinq meules de blé à trente mètres au moins l'une de l'autre, et à plus de trente mètres de la meule d'avoine, § 4, ci.* . . . . . . . . . 20,000 »<br>*Somme égale.* . . . 50,000 » | | | | |
| | Montant de la prime nette. . . . . . | | | 250 | » |
| | Droit de timbre et frais de répertoire, 4 centimes par 1,000 francs des valeurs assurées. . . . . . . . . . . . . . . . . . | | 0.04 | 2 | » |
| | TOTAUX. . . . . . . | 50.000 | | 252 | » |
| | Perçu pour le Trésor. — Droit d'enregistrement : 10 0/0 de la Prime nette. . . . . . . . . . . . | | | 25 | » |
| | TOTAL. . . . . . | | | 277 | » |

L'assurance est contractée pour une période de... etc., etc. (*La suite comme au modèle n° 9.*)

MODÈLE N° 24.

(*Art. 237 des Instructions*)

Police sur locomobile à vapeur et machine pour le battage des récoltes, et sur recours de voisins.

## *CONDITIONS PARTICULIÈRES*

La COMPAGNIE L'AIGLE assure, aux conditions générales qui précèdent et particulières ci-après : A M. *BERNARD (Sébastien), entrepreneur de battage*, demeurant à *Grury*, canton d'*Issy-l'Évêque*, arrondissement d'*Autun*, département de *Saône-et-Loire*, agissant pour *son compte*, comme *propriétaire*, la somme de **quinze mille francs**, *savoir* :

| | SOMME assurée sur chaque article | TAUX de la prime p. 0/00 | PRIME par chaque article | |
|---|---|---|---|---|
| | Fr. | Fr. C. | Fr. | C. |
| *1°* **Trois mille francs**, *sur une machine à vapeur locomobile faisant mouvoir une machine à battre les récoltes, construite par portant le n° et la dénomination de ci*............ | *3.000* | *3.* » | *9* | » |
| *2°* **Deux mille francs**, *sur la machine à battre proprement dite et ses accessoires, ci*.................................................. | *2.000* | *3.* » | *6* | » |
| *3°* **Dix mille francs**, *pour garantir l'assuré, en cas de sinistre, contre le recours que pourraient exercer contre lui les propriétaires des bâtiments, récoltes, bestiaux et autres objets mobiliers, auxquels la locomobile aurait, en fonctionnant, communiqué le feu, ci*................. | *10.000* | *10.* » | *100* | » |
| *En considération de la nature particulière des risques, et moyennant les primes ci-dessus stipulées, la Compagnie, par dérogation à l'article 20 des conditions générales, renonce à se prévaloir de la règle proportionnelle, et s'oblige, en cas de sinistre, à payer jusqu'à concurrence de la somme assurée, l'intégralité du dommage sur les objets spécifiés à l'article 3.* | | | | |
| *L'assurance n'est en outre consentie qu'aux conditions suivantes :* | | | | |
| *La Locomobile n° appelée devra être constamment pourvue d'une toile métallique dans sa boîte à fumée, indépendamment de celle qui couronnera la cheminée.* | | | | |
| *La plaque de la Compagnie l'AIGLE devra, pendant toute la durée de l'assurance, rester apposée sur la machine.* | | | | |
| *L'assuré ne pourra faire fonctionner dans le même lieu aucune autre machine sans en avoir préalablement averti la Compagnie.* | | | | |
| *Les pailles battues devront être instantanément enlevées au fur et à mesure de chaque battage, et éloignées de DIX MÈTRES au moins de la machine. Le tout sous peine de déchéance.* | | | | |
| *La Police ne sera valable et n'aura d'effet qu'après avoir été revêtue de l'approbation de la Compagnie.* | | | | |
| Montant de la prime nette........ | | | *115* | » |
| Droit de timbre et frais de répertoire, 4 centimes par 1,000 francs des valeurs assurées.................................... | | 0.04 | » | *60* |
| TOTAUX................. | *15.000* | | *115* | *60* |
| Perçu pour le Trésor. — Droit d'enregistrement : 10 0/0 de la Prime nette............ | | | *11* | *50* |
| TOTAL.... .... .... | | | *127* | *10* |

L'assurance est contractée pour une période de... etc., etc. (*La suite comme au modèle N° 9.*)

MODÈLE N° 25.

Police sur magnanerie et dépendances.

Assurance faite par des associés dont l'un est propriétaire de l'immeuble. Renonciation gratuite au recours locatif, en faveur de la Société.

## CONDITIONS PARTICULIÈRES

La COMPAGNIE L'AIGLE assure, aux conditions générales qui précèdent et particulières ci-après : *A MM. LAMOUREUX (Auguste) et RONDELET (Jean-Baptiste), associés,* demeurant à *Clarensac,* canton de *Saint-Mamers,* arrondissement de *Nîmes,* département du *Gard,* agissant pour *leur compte,* comme *propriétaires et comme il sera dit ci-après,* la somme de **vingt mille francs,** *détaillée ainsi qu'il suit, savoir :*

| | | SOMME assurée sur chaque article | TAUX de la prime p. 0/00 | PRIME par chaque article | |
|---|---|---|---|---|---|
| | | Fr. | Fr. C. | Fr. | C. |
| A | *1° **Quatorze mille francs,** sur un bâtiment spécialement destiné à l'éducation des vers à soie, élevé sur rez-de-chaussée, d'un premier étage surmonté d'un grenier, construit en pierres, couvert en tuiles, et sis audit Clarensac (Gard), ci* . . . . . . . . . . | *14.000* | *1 50* | *21* | » |
| | *2° **Deux mille francs,** sur planches, montants, étagères, canisses, calorifères, tuyaux et sur tous les agrès en général de la magnanerie, ci* . . | *2.000* | *1 50* | *3* | » |
| | *3° **Quatre mille francs,** sur les vers à soie en travail ainsi que sur les cocons, ci* . . . . . . . . . . | *4.000* | *3 »* | *12* | » |
| | *Les objets assurés par les articles 2 et 3 ci-dessus, existent ou peuvent exister dans le bâtiment faisant l'objet de l'article premier.* | | | | |
| B (Clauses n° 8 et 9 du modèle n° 33.) | *En cas de sinistre sur la récolte des vers à soie assurée par la présente Police, le règlement des dommages aura lieu dans les proportions suivantes, à raison :*<br>*D'un dixième de la valeur assurée, depuis la naissance jusqu'à la deuxième maladie ;*<br>*Du quart, de la deuxième maladie à la troisième ;*<br>*Des trois huitièmes, de la troisième maladie à la quatrième ;*<br>*De la moitié, de la quatrième maladie à la montée ;*<br>*Des quatre cinquièmes, de la montée au prélèvement de la récolte.*<br>*La Compagnie ne répond nullement de la destruction des vers à soie occasionnée par la fumée, par l'asphyxie, ou par toute autre cause étrangère à l'incendie.* | | | | |
| C | *Les assurés déclarent qu'en ce qui concerne le bâtiment, article 1er de la présente Police, ils agissent pour le compte de M. RONDELET, l'un d'eux, qui en est propriétaire.*<br>*La Compagnie leur donne acte de cette déclaration ; et, vu la double qualité de propriétaire et d'associé de M. RONDELET, elle consent à renoncer gratuitement au recours, qu'en cas d'incendie elle pourrait avoir à exercer, en vertu de la subrogation stipulée à l'article 25 des conditions générales de la Police, contre la Société LAMOUREUX et RONDELET, locataire dudit bâtiment.* | | | | |
| | Montant de la prime nette. . . . . | | | *36* | » |
| | Droit de timbre et frais de répertoire, 4 centimes par 1,000 francs des valeurs assurées . . . . . . . . . . | | 0 04 | » | *80* |
| | TOTAUX. . . . . . | *20.000* | | *36* | *80* |
| | Perçu pour le Trésor. — Droit d'enregistrement : 10 0/0 de la prime nette . . . . . . | | | *3* | *60* |
| | TOTAL. . . . . . . . | | | *40* | *40* |

L'assurance est faite pour une période de... etc., etc. (*La suite comme au modèle n° 9.*)

MODÈLE N° 26

(*Art. 298 des Instructions*)
Police sur Entrepôt.

## *CONDITIONS PARTICULIÈRES*

La COMPAGNIE L'AIGLE assure, aux conditions générales qui précèdent et particulières ci-après : *A* M. *MARCHAND (Jules-Henri), entrepositaire*, demeurant à *Reims, quai du Canal*, canton *dudit*, arrondissement *dudit*, département de *la Marne*, agissant pour *son compte*, comme *pour celui de qui il appartiendra*, la somme de **trois cent mille cinq cents francs**, *ainsi répartie, savoir :*

| | SOMME assurée sur chaque prime | TAUX de la prime p. 0/00 | PRIME par chaque article | |
|---|---|---|---|---|
| | Fr. | Fr. C. | Fr. | C. |
| 1° **Dix mille francs**, *sur le bâtiment, lettre A du tracé ci-annexé, à usage de magasin ne renfermant que des marchandises ordinaires exclusivement ; ledit bâtiment est élevé, sur caves voûtées, d'un simple rez-de-chaussée surmonté d'un grenier qui ne peut servir de magasin, ci.* | *10.000* | *1* » | *10* | » |
| 2° **Cinquante mille francs**, *sur marchandises ordinaires existant ou pouvant exister dans le bâtiment, article 1er ci-dessus, ci. . . . . . .* | *50.000* | *1 50* | *75* | » |
| 3° **Cinq cents francs**, *sur tous les objets, ustensiles et agencements composant le mobilier industriel dans le bâtiment, article 1er, ci . . . .* | *500* | *1 50* | » | *75* |
| 4° **Quarante mille francs**, *sur le bâtiment, lettre B du tracé, à usage de magasin renfermant des marchandises de toute nature (les huiles et essences minérales exceptées) ce bâtiment est élevé, sur caves, d'un rez-de-chaussée et de trois étages carrés, surmontés d'un grenier pouvant servir de magasin, ci . . . . . . . . . . . . . . . . . . . . . . . .* *L'assuré déclare qu'au rez-de-chaussée du bâtiment, article 4 ci-dessus, il existe une soupente formant plancher partiel dans la moitié environ dudit bâtiment.* | *40.000* | *3 25* | *130* | » |
| 5° **Deux cent mille francs**, *sur marchandises de toutes natures (les huiles et essences minérales exceptées) existant ou pouvant exister dans le bâtiment, article 4, ci . . . . . . . . . . . . . . . . . . . .* *Tous les bâtiments ci-dessus, complètement isolés, sont construits en pierres et briques, couverts en tuiles et zinc, et situés à Reims (Marne), sur le quai du Canal.* *L'assuré déclare, sous peine de n'avoir droit, en cas d'incendie, à aucune indemnité, qu'il n'existe pas d'huiles ni d'essences minérales dans les magasins sus désignés, ni dans les cours et dépendances.* *Par dérogation à l'article 13 des conditions générales de la présente Police, M. MARCHAND est dispensé de déclarer les assurances cumulatives qu'il a souscrites, ou qu'il pourra souscrire, sur marchandises dans son entrepôt ; mais il s'engage, en cas de sinistre, à faire connaître exactement toutes les assurances qui existeraient alors à son profit sur le même risque.* *Il demeure convenu, sous peine de nullité du présent contrat, que M. MARCHAND, directeur du susdit entrepôt, ne pourra déléguer le bénéfice de l'assurance qui fait l'objet de la présente Police, que dans la proportion, et au centime le franc, de toutes les assurances souscrites sur marchandises déposées dans ledit entrepôt, c'est-à-dire que les délégations devront porter sur l'ensemble des assurances, sans désignation des Compagnies, de telle sorte qu'en cas de sinistre, les Compagnies participent à la perte comme au sauvetage dans la proportion et au centime le franc de leurs assurances respectives.* | *200.000* | *3 75* | *750* | » |
| Montant de la prime nette. . . . . . . | | | *965* | *75* |
| Droit de timbre et frais de répertoire, 4 centimes par 1,000 francs des valeurs assurées . . . . . . . . . . . . . . . . . . . . | | 0.04 | *12* | » |
| TOTAUX. . . . . . . . | *300.500* | | *977* | *75* |
| Perçu pour le Trésor. — Droit d'enregistrement : 10 0/0 de la prime nette . . . . . | | | *96* | *55* |
| TOTAL. . . . . . . | | | *1.074* | *30* |

L'assurance est faite pour une période de..., etc., etc. (*La suite comme au modèle n° 9.*)

MODÈLE N° 27

Police sur théâtre et dépendances.

## CONDITIONS PARTICULIÈRES

La COMPAGNIE L'AIGLE assure, aux conditions générales qui précèdent et particulières ci-après : *A M. le MAIRE de la ville de Boulogne-sur-Mer*, demeurant à *Boulogne*, canton *dudit*, arrondissement *dudit*, département du *Pas-de-Calais*, agissant pour *le compte de ladite ville*, comme *Maire, en vertu d'une délibération du Conseil municipal en date du 22 mai 1873*, la somme de **cent quinze mille francs**, *sur les objets ci-après désignés, savoir :*

| | SOMME assurée sur chaque article | TAUX de la prime p. 0/0 | PRIME par chaque article | |
|---|---|---|---|---|
| | Fr. | Fr. C. | Fr. | C. |
| 1° **Quatre-vingt mille francs**, *sur les constructions intérieures et extérieures qui composent ladite salle de spectacle et ses dépendances, le tout construit en pierres et moellons, et couvert en tuiles, ardoises ou métaux*, ci . . . . . . . . . . . . . . . . . . . . . . . . . . . . . | *80.000* | *6* » | *480* | » |
| *Dans cette somme sont compris les loges et leurs décors, les ornements, les peintures, et en général tout le matériel devenu immeuble par destination.* | | | | |
| 2° **Vingt mille francs**, *sur toiles peintes, coulisses, décorations, machines, meubles, cordages, instruments de musique, appareils d'éclairage, et généralement sur tous les objets et accessoires composant le mobilier industriel renfermé dans ledit théâtre*, ci. . . . . *20.000 fr.* | | | | |
| 3° **Dix mille francs**, *sur costumes existant ou pouvant exister dans ledit théâtre*, ci. . . . . . . . . . . . . . *10.000* | *35.000* | *6* » | *210* | » |
| 4° **Cinq mille francs**, *sur bibliothèque musicale et littéraire, placée dans ledit théâtre*, ci. . . . . . . . . . . . *5.000* | | | | |
| *M. le Maire de la ville de Boulogne-sur-Mer déclare que la scène est séparée de la salle par un rideau métallique.* | | | | |
| *Il est expressément convenu que l'on ne pourra donner plus de* cent vingt (1) *représentations, bals ou concerts par année dans ladite salle, et que la responsabilité de la Compagnie cessera du moment où le nombre de* cent vingt *représentations aura été dépassé pendant l'année en cours* (2). *Ne seront pas comprises dans ce nombre les fêtes ou réceptions que la ville jugerait à propos de donner dans le théâtre de Boulogne-sur-Mer.* | | | | |
| *Il est convenu, en outre, que la Compagnie jouira d'une franchise d'avarie fixée à* un pour cent *du capital assuré par elle sur les décorations et objets mobiliers. Ainsi, en cas d'incendie, si le dommage pour la part à sa charge ne s'élève pas au delà de* trois cent cinquante francs, *elle n'aura rien à rembourser, et si le dommage pour sa part excède ladite somme de* trois cent cinquante francs, *elle le paiera, toujours sous la déduction du montant de ladite franchise d'avarie.* | | | | |
| *Indépendamment des conditions générales et particulières qui précèdent, M. le Maire s'oblige, sous peine de n'avoir droit à aucune indemnité en cas de sinistre :* | | | | |
| *1° A faire exécuter tous les règlements et ordonnances que l'autorité a prescrits ou pourra prescrire pour prévenir les dangers du feu;* | | | | |
| *2° A entretenir toujours en bon état et remplis d'eau les réservoirs qui existent dans ledit théâtre;* | | | | |
| *3° A entretenir également en bon état les pompes qui se trouvent dans le théâtre;* | | | | |
| *4° A faire veiller nuit et jour une garde de pompiers à la sûreté de la salle;* | | | | |
| Ou bien : *A commettre à la garde permanente de la salle un gardien ou portier, qui sera tenu de faire régulièrement une ou plusieurs rondes chaque nuit, et immédiatement après chaque représentation, bal ou concert;* | | | | |
| *5° A ne faire ou permettre aucune représentation ou répétition, bal ou concert, sans la présence d'un poste de pompiers;* | | | | |
| *6° A faire baisser tous les soirs, aussitôt après chaque représentation, le rideau métallique qui sépare la salle de la scène.* | | | | |
| *A reporter.* . . . . . . . . | *115.000* | | *690* | » |

(1) La prime varie selon le nombre des représentations annuelles (*Voir le Tarif des Théâtres.*)

(2) On peut stipuler que si le nombre des représentations venait à être dépassé pendant l'année en cours, l'assurance continuerait à avoir son effet pour les représentations supplémentaires, jusqu'à concurrence du nombre correspondant à la catégorie supérieure (*Voir le Tarif des Théâtres*), moyennant le paiement préalable d'un supplément de prime, qui élèverait le taux primitif au niveau de celui de cette catégorie. — Ainsi, par exemple, la prime étant fixée à 6 francs 0/00 pour 120 représentations, on peut convenir, qu'en payant à la 121e un supplément de prime de 1 franc 0/00, on aura la faculté de donner jusqu'à 150 représentations.

| | SOMME assurée sur chaque article | TAUX de la prime p. 0/00. | PRIME par chaque article | |
|---|---|---|---|---|
| | Fr. | Fr. C. | Fr. | C. |
| *Report* . . . . . . . . . . . | *115.000* | | *690* | » |
| *Pour veiller à ce que toutes les mesures prescrites soient ponctuellement exécutées, l'Agent général de la* Compagnie l'Aigle, *à Boulogne-sur-Mer, et les Inspecteurs de la Compagnie passant par ladite ville, auront le droit d'entrer à toute heure du jour et de la nuit dans l'intérieur de la salle et du théâtre, et ils pourront assister, toutes les fois qu'ils en feront la demande, à toutes les représentations et à tous les bals et concerts, à telles places qu'il leur conviendra, à l'exception des stalles et loges louées.* | | | | |
| Montant de la prime nette. . . . . . . . | | | *690* | » |
| Droit de timbre et frais de répertoire, 4 centimes par 1,000 francs, des valeurs assurées . . . . . . . . . . . . . . . . . . . . . . . | | 0 04 | *4* | *60* |
| Totaux. . . . . . . . . . . | *115.000* | | *694* | *60* |
| Perçu pour le Trésor. — Droit d'enregistrement : 10 0/0 de la prime nette. . . . . . . . | | | *69* | » |
| Total . . . . . | | | *763* | *60* |

L'assurance est contractée pour une période de... etc., etc. *(La suite comme au modèle n° 9.)*

---

MODÈLE N° 28

Police sur forges et fonderie. (Assurance faite par le propriétaire des bâtiments et par les exploitants.)

## *CONDITIONS PARTICULIÈRES*

La Compagnie l'Aigle assure aux conditions générales qui précèdent et particulières ci-après : *A MM. CLÉMENT (Jacques), CLÉMENT (Ernest) et VILLEMIN (Eugène), maîtres de forges,* demeurant à *Bellefontaine,* canton de *Plombières,* arrondissement de *Neufchâteau,* département des *Vosges,* agissant pour *leur compte,* comme *il va être dit ci-après,* la somme de **cent cinquante mille francs,** *portant sur les objets ci-après désignés, savoir :*

| | SOMME assurée sur chaque article | TAUX de la prime p. 0/00 | PRIME par chaque article | |
|---|---|---|---|---|
| | Fr. | Fr. C. | Fr. | C. |
| 1° *Lettre A du tracé :* **vingt mille francs,** *sur une maison de maître, élevée sur caves, d'un rez-de-chaussée, d'un étage et d'un grenier, construite en pierres et moellons, couverte en ardoises, ci* . . . . . . . . | *20.000* | » *60* | *12* | » |
| 2° **Dix mille francs,** *sur mobilier personnel réparti dans ladite maison et composé de... etc. (Voir modèle n° 10. A), ci.* . . . . . . . | *10.000* | *1* » | *10* | » |
| 3° *Lettre B du tracé :* **cinq mille francs,** *sur une maison d'habitation occupée par le régisseur, composée d'un rez-de-chaussée et d'un grenier mansardé, construite en pierres et moellons, couverte en tuiles, ci.* . . *Les deux maisons désignées ci-dessus sont isolées de tout autre bâtiment à une distance de vingt-cinq mètres.* | *5.000* | » *60* | *3* | » |
| 4° *Lettre C du tracé :* **trois mille francs,** *sur une grande écurie voûtée, avec grenier au-dessus, construite en briques, couverte en ardoises, n'étant séparée de la forge que par un gros mur de refend, s'élevant jusqu'au faîte sans communication intérieure ; ci.* . . . . . . . . . . . . | *3.000* | *1 50* | *4* | *50* |
| 5° **Cinq cents francs,** *sur fourrages, existant ou pouvant exister dans ladite écurie et le grenier, ci* . . . . . . . . . . . . . . . . . | *500* | *2* » | *1* | » |
| 6° **Deux mille francs,** *sur quatre chevaux dans ladite écurie et sur leurs harnais, ci.* . . . . . . . . . . . . . . . . . . . . . . . . | *2.000* | *1 50* | *3* | » |
| 7° *Lettre D du tracé :* **vingt mille francs,** *sur trois hangars ; les piliers et les cheminées, pour le travail des forges, ainsi que sur une boutique de maréchal attenant auxdits hangars ; le tout construit en pierres, briques et moellons, et couvert en tuiles, ci* . . . . . . . . . | *20.000* | *1 50* | *30* | » |
| 8° **Six mille francs,** *sur la machine soufflante, l'arbre de couche, la roue et les accessoires du mécanisme, sous lesdits hangars, ci.* . . . . . | *6.000* | *1 50* | *9* | » |
| 9° **Vingt mille francs,** *sur la roue hydraulique et les engrenages faisant mouvoir les gros et les petits cylindres finisseurs, sous lesdits hangars, ci.* . . . . . . . . . . . . . . . . . . . . . . . . . | *20.000* | *1 50* | *30* | » |
| *A reporter.* . . . . . . . | *86.500* | | *102* | *50* |

| | SOMME assurée sur chaque article | TAUX de la prime p. 0/00. | PRIME par chaque article | |
|---|---|---|---|---|
| | Fr. | Fr. C. | Fr. | C. |
| *Report.* . . . . . . . . . . | *86.500* | | *102* | *50* |
| *10°* **Six mille francs**, *sur le tour, la roue, l'arbre et les engrenages composant le tour à cylindres, sur le soufflet et tout le mobilier de la maréchallerie, le tout placé sous lesdits hangars, ci* . . . . . . . . . | *6.000* | *1 50* | *9* | » |
| *11° Lettre E du tracé :* **six mille francs**, *sur un autre hangar, construit et couvert comme les précédents, couvrant la coulée près du haut fourneau qui n'est pas compris dans la présente assurance, ci.* . . . . . . | *6.000* | *1 50* | *9* | » |
| *12° Lettre F du tracé :* **deux mille francs**, *sur un petit bâtiment attenant audit hangar, mais sans communication intérieure, et servant de logement aux fondeurs, ledit bâtiment construit en briques et couvert en ardoises, ci* . . . . . . . . . . . . . . . . . . . . . . . . . . | *2.000* | *» 60* | *1* | *20* |
| *13° Lettre G du tracé :* **huit mille francs**, *sur un bâtiment servant de logement aux ouvriers, contenant un rez-de-chaussée, un étage et greniers, situé à 20 mètres de distance de tout autre bâtiment, construit en pierres, moellons et pans de bois, mais où la pierre domine, couvert en ardoises, ci* . . . . . . . . . . . . . . . . . . . . . . . . . . | *8.000* | *» 60* | *4* | *80* |
| *14° Lettre H du tracé :* **neuf mille francs**, *sur une grande halle à charbon de bois, construite en pierres, couverte en ardoises, ci* . . . . . | *9.000* | *4 »* | *36* | » |
| *15°* **Quinze mille francs**, *sur charbon de bois existant ou pouvant exister dans ladite halle, ci.* . . . . . . . . . . . . . . . . . . . . . | *15.000* | *4 »* | *60* | » |
| *16° Lettre I du tracé :* **quatre mille francs**, *sur une petite halle à charbon de terre, construite et couverte comme la précédente, ci* . . . . | *4.000* | *2 »* | *8* | » |
| *17°* **Cinq mille francs**, *sur charbon de terre existant ou pouvant exister dans ladite halle, ci* . . . . . . . . . . . . . . . . . . . . . | *5.000* | *2 »* | *10* | » |
| *18° Lettre K du tracé :* **deux mille francs**, *sur un bâtiment à usage d'atelier de menuiserie et de bûcher, composé d'un rez-de-chaussée et d'un grenier, construit en pans de bois et couvert en ardoises, isolé à dix mètres de tout autre bâtiment, ci.* . . . . . . . . . . . . . . . . . | *2.000* | *1 50* | *3* | » |
| *19° Lettre L du tracé :* **trois mille francs**, *sur un grand bâtiment composé d'un rez-de-chaussée et d'un grenier, dans lesquels sont déposés les modèles à mouler, construit en briques, couvert en tuiles, séparé des autres bâtiments par un intervalle de quinze mètres, ci.* . . . . . . . . . . | *3.000* | *» 60* | *1* | *80* |
| *20°* **Trois mille cinq cents francs**, *sur les modèles à mouler, existant ou pouvant exister dans ledit bâtiment, ci.* . . . . . . . . . . . | *3.500* | *1 »* | *3* | *50* |
| *Les assurés déclarent qu'aucune partie des bâtiments désignés aux articles sept et onze n'est éclairée par l'huile de schiste, l'huile de pétrole, ni par aucune autre huile ou essence minérale.* | | | | |
| A. Renonciations. *(Art. 118 des Instructions.)* *Ils déclarent en outre agir dans la présente Police ès qualités ci-après, savoir : M. CLÉMENT (Jacques), pour son compte comme propriétaire des bâtiments ; MM. CLÉMENT (Ernest) et VILLEMIN (Eugène), le premier, fils, le second, gendre de M. CLÉMENT (Jacques), pour leur compte comme locataires desdits bâtiments, et propriétaires du matériel, des objets mobiliers et des marchandises. En raison des qualités susénoncées, la Compagnie renonce gratuitement au recours, qu'en cas de sinistre, elle pourrait avoir à exercer : 1° Contre M. CLÉMENT père, si l'incendie venait à être causé aux objets mobiliers par suite d'un vice de construction; 2° Contre M. CLÉMENT fils, et M. VILLEMIN (Eugène), locataires desdits bâtiments.* | | | | |
| Montant de la prime nette. . . . . . . . | | | *248* | *80* |
| Droit de timbre et frais de répertoire, 4 centimes par 1,000 francs des valeurs assurées. . . . . . . . . . . . . . . . . . . . | | 0 04 | *6* | » |
| Totaux. . . . . . | *150.000* | | *254* | *80* |
| Perçu pour le Trésor. — Droit d'enregistrement : 10 0/0 de la prime nette . . . . . . . | | | *24* | *90* |
| Total. . . . . . . . | | | *279* | *70* |

L'assurance est contractée pour une période de... etc, etc. (*La suite comme au modèle n° 9.*)

MODÈLE N° 29

Police sur filature de lin et dépendances.

(Assurance faite par plusieurs Compagnies. — Déclaration de coassurance.)

## *CONDITIONS PARTICULIÈRES*

La COMPAGNIE L'AIGLE assure aux conditions générales qui précèdent et particulières ci-après: A MM. *DELAUNAY et C^ie^*, *filateurs de lin*, demeurant à *Lille*, *rue Saint-André*, *5*, canton *dudit*, arrondissement *dudit*, département du *Nord*, agissant pour *leur compte*, comme *propriétaires et pour celui de qui il appartiendra*, la somme de **quatre-vingt-trois mille francs**, *à prendre dans celle de* **quatre cent quatre-vingt-dix-huit mille francs**, *portant sur les objets ci-après désignés, savoir:*

| | | SOMME assurée sur chaque article | TAUX de la prime p. 0/00 | PRIME par chaque article | |
|---|---|---|---|---|---|
| | | Fr. | Fr. C. | Fr. | C. |
| 1° **Quatre-vingt mille francs**, *sur un bâtiment désigné lettre A, du tracé ci-annexé, à usage de filature de lin avec toutes les préparations, élevé d'un rez-de-chaussée, de deux étages et de greniers mansardés au-dessus, construit en pierres, briques et moellons, couvert en ardoises et zinc, situé à Lille, rue Saint-André, 5, ci* . . . . . . . . . | | *80.000* | *15* » | *1.200* | » |
| 2° **Deux cent quatre-vingt mille francs**, *sur mobilier industriel dans ledit bâtiment. Cette somme est répartie comme suit:* | | | | | |
| **Trente mille francs**, *sur deux grandes et deux petites cardes à étoupe, montées et garnies, ci* . . . . . . . . . . . . . . | *30.000 fr.* | | | | |
| **Dix mille francs**, *sur cinq étaleurs doubles, ci* . . . . | *10.000* | | | | |
| **Vingt mille francs**, *sur trois étirages de six rubans chaque, ci* . . . . . . . . . . . . . . . . . . . . . . . . | *20.000* | | | | |
| **Quarante mille francs**, *sur quatre bancs à broches de 60 broches chacun, ci* . . . . . . . . . . . . . . . . . . | *40.000* | | | | |
| **Dix mille francs**, *sur deux étirages à étoupes, ci* . . . | *10.000* | | | | |
| **Huit mille francs**, *sur un banc à broches à étoupe, ci* . . . . . . . . . . . . . . . . . . . . . . . . . . . | *8.000* | | | | |
| **Soixante mille francs**, *sur trente-cinq métiers à filer et à retordre, ci* . . . . . . . . . . . . . . . . . . . . . . | *60.000* | | | | |
| **Douze mille francs**, *sur une turbine, agrès et accessoires, ci* . . . . . . . . . . . . . . . . . . . . . . . . . . *Tous ces objets proviennent des ateliers de MM. Middleton et C^ie^, de Londres.* | *12.000* | *280.000* | *15* » | *4.200* | » |
| **Dix mille francs**, *sur l'appareil de chauffage à la vapeur, tuyaux, conduits en fonte et accessoires, ci* . . . . . | *10.000* | | | | |
| **Dix mille francs** *sur l'appareil d'éclairage au gaz, tuyaux, lanternes et accessoires, ci* . . . . . . . . . . . . | *10.000* | | | | |
| **Soixante-dix mille francs**, *sur dévidoirs, bobines, brochettes, pots en tôle, boîtes en fer-blanc et en bois, machines à canneler, pièces de rechange, transmissions de mouvements, bancs, tables, chaises, perches, et, en général, sur tous les outils, ustensiles et objets quelconques composant le mobilier industriel de l'établissement, y compris une pompe à incendie et ses accessoires, ci* . . . . . . . . . . . | *70.000* | | | | |
| 3° **Cinquante mille francs**, *sur marchandises brutes, marchandises en préparation et marchandises confectionnées, existant ou pouvant exister dans le bâtiment désigné en l'article 1^er^, et principalement dans les greniers mansardés, ci* . . . . . . . . . . . . . . . . . . . . | | *50.000* | *15* » | *750* | » |
| 4° **Trois mille francs**, *sur le bâtiment désigné lettre B du tracé, renfermant une machine à vapeur; ledit bâtiment, à simple rez-de-chaussée, construit en pierres, couvert en tuiles, est contigu au bâtiment A, avec une porte de communication en fer, ci* . . . . . . . . . . . . . . . | | *3.000* | *15* » | *45* | » |
| *A reporter* . . . . . . . . | | *413.000* | | *6.195* | » |

| | SOMME assurée sur chaque article | TAUX de la prime p. 0/00. | PRIME par chaque article | |
|---|---|---|---|---|
| | Fr. | Fr. C. | Fr. | C. |
| *Report. . . . . . . . .* | *413.000* | | *6.195* | » |
| 5° **Quarante mille francs**, *sur la machine à vapeur et ses accessoires, renfermés dans ledit bâtiment B, y compris les chaudières, les fourneaux et la pompe alimentaire, ci . . . . . . . . . . . . . . .* | *40.000* | *15* » | *600* | » |
| 6° **Quatre mille francs**, *sur le bâtiment désigné sous la lettre C du tracé, à usage de magasin de lin et d'étoupes, élevé d'un étage sur rez-de-chaussée, construit en pierres et briques, couvert en tuiles, séparé du bâtiment A par une distance de sept mètres, ci. . . . . . . . . . .* | *4.000* | *3* » | *12* | » |
| 7° **Seize mille francs**, *sur marchandises dans ledit bâtiment, ci. .* | *16.000* | *3* » | *48* | » |
| 8° **Cinq mille francs** *sur le bâtiment désigné lettre D du tracé, à usage de magasin de lin et d'étoupe, élevé de deux étages et d'un grenier, construit en briques et moellons, couvert en ardoises, séparé du bâtiment A par une distance de 20 mètres, ci. . . . . . . . . . . . .* | *5.000* | *2 50* | *12* | *50* |
| 9° **Vingt mille francs**, *sur marchandises existant ou pouvant exister dans ledit bâtiment, ci. . . . . . . . . . . . . . . . . . . . .* | *20.000* | *2 50* | *50* | » |
| TOTAUX. . . . . . . . . . . . . . | *498.000* | | *6.917* | *50* |
| *Sur laquelle somme de* quatre cent quatre-vingt-dix-huit mille francs, *la Compagnie* l'AIGLE *assure un* sixième, *soit* quatre-vingt-trois mille francs, *ci*. . . . . . . . . . . . . . . . . . . . . . . . . . . | *83.000* | | *1.152* | *90* |
| *MM. les assurés déclarent que ladite filature est chauffée à la vapeur, éclairée au gaz extrait de la houille par les procédés ordinaires, et que dans aucune de ses parties il n'est fait usage, pour l'éclairage, d'huile ni d'essence minérale.* | | | | |
| *Ils déclarent, en outre, avoir fait couvrir la somme complémentaire de* quatre cent quinze mille francs *par les Compagnies ci-après nommées, savoir :* | | | | |
| *Par la Compagnie* du Soleil, *un sixième, ci. . . . . .* *83.000 fr.* | | | | |
| *Par la Compagnie* Nationale, *un sixième, ci. . . . . .* *83.000* | | | | |
| *Par la Compagnie* du Phénix, *un sixième, ci. . . . . .* *83.000* | | | | |
| *Par la Compagnie* l'Union, *un sixième, ci. . . . . .* *83.000* | | | | |
| *Par la Compagnie* la France, *un sixième, ci. . . . . .* *83.000* | | | | |
| *Somme égale. . . . . . . . . .* *415 000 fr.* | | | | |
| *La Compagnie* l'AIGLE *donne acte des déclarations ci-dessus, et, en cas de sinistre, elle ne sera responsable que dans la proportion de la somme garantie par elle.*<br>Montant de la prime nette. . . . . . . . | | | *1.152* | *90* |
| Droit de timbre et frais de répertoire, 4 centimes par 1,000 francs des valeurs assurées. . . . . . . . . . . . . . . . . . . . . . . . . | | 0.04 | *3* | *30* |
| TOTAUX. . . . . . . . . . . | *83.000* | | *1.156* | *20* |
| Perçu pour le Trésor. — Droit d'enregistrement : 10 0/0 de la Prime nette. . . . . . . | | | *115* | *30* |
| TOTAL. . . . . . . | | | *1.271* | *50* |

L'assurance est contractée pour une période de... etc., etc. (*La suite comme au modèle n° 9.*)

MODÈLE N° 30

Police sur moulin à blé.

(Le locataire agissant pour le compte du propriétaire et pour son propre compte.)

## *CONDITIONS PARTICULIÈRES*

La COMPAGNIE L'AIGLE assure, aux conditions générales qui précèdent et particulières ci-après : A *M. LANDRIN* (*Ernest*), *meunier*, demeurant *au Chillou*, canton de *Châtellerault*, arrondissement *dudit*, département de *la Vienne*, agissant, *pour le compte du propriétaire*, *M. LENOIR*, *pour son compte* comme *locataire*, *et pour le compte de qui il appartiendra*, la somme de **quatre-vingt mille francs**, *savoir* :

| | | SOMME assurée sur chaque article | TAUX de la prime p. 0/00. | PRIME par chaque article | |
|---|---|---|---|---|---|
| | | Fr. | Fr. C. | Fr. | C. |
| A. BATIMENT. | *1°* **Quarante mille francs,** *sur un bâtiment sis au Chillou, construit en pierres et briques, couvert en tuiles, élevé d'un rez-de-chaussée, de trois étages et d'un grenier, éloigné de cent mètres de toute habitation, à usage de moulin à blé mu par l'eau, et renfermant cinq paires de meules, ci* . . . | *40.000* | *6* » | *240* | » |
| B. EXCLUSION DES FONDATIONS. | *Moyennant un supplément de prime de* dix pour cent, *soit* 24 francs, *il est convenu que les fondations du bâtiment désigné ci-dessus sont exclues de l'assurance jusqu'au niveau du sol, ci* . . . | » | » | *24* | » |
| C. MATÉRIEL. | *2°* **Vingt-cinq mille francs,** *sur la prisée dudit moulin, consistant en une roue hydraulique et ses accessoires, cinq paires de meules montées à l'anglaise, trémies, blutoirs, cribles, monte-sacs, tamis, sacs, vans, paniers, mesures diverses, cordes, poulies, et en général tout ce qui constitue le mobilier industriel du moulin, ci* . . . | *25.000* | *6* » | *150* | » |
| D. RENONCIATION AU RECOURS LOCATIF. | *M. Landrin déclare qu'en ce qui concerne les objets désignés aux articles 1 et 2 ci-dessus, il agit pour le compte de M. Lenoir, demeurant à Châtellerault, comme y étant obligé par son bail.*<br>*Au moyen d'un supplément fixé au quart de la prime de* 414 francs, *stipulée auxdits articles, soit* 103 fr. 50 c., *la Compagnie renonce, en faveur de M. Landrin, locataire, au recours qu'en cas de sinistre elle pourrait avoir à exercer contre lui, comme subrogée aux droits du propriétaire, M. Lenoir, en vertu de l'article 25 des conditions générales de la présente Police, ci* . . . | » | » | *103* | *50* |
| E. MARCHANDISES. | *3°* **Quinze mille francs,** *sur marchandises appartenant à l'assuré ou qui lui sont confiées, telles que farines, sons, recoupes, grains et graines, ci.* . . . | *15.000* | *6* » | *90* | » |
| F. DÉCLARATIONS. | *L'assuré déclare :*<br>*1° Que les objets désignés aux articles 2 et 3 sont renfermés dans le bâtiment, article 1er ;*<br>*2° Qu'il n'existe pas dans le moulin assuré plus de cinq paires de meules, et il s'engage, dans le cas où il y en serait établi un plus grand nombre, à se soumettre aux dispositions de l'article 12 des conditions générales, et à payer, s'il y a lieu, une augmentation de prime conformément au tarif en vigueur de la Compagnie ;*<br>*3° Qu'aucune partie dudit moulin n'est éclairée par l'huile de schiste, l'huile de pétrole ou toute autre huile ou essence minérale, ni par un gaz quelconque non extrait de la houille par les procédés ordinaires.* | | | | |
| | Montant de la prime nette. . . . | | | *607* | *50* |
| | Droit de timbre et frais de répertoire, 4 centimes par 1,000 francs des valeurs assurées . . . | | 0,04 | *3* | *20* |
| | TOTAUX. . . . | *80.000* | | *610* | *70* |
| | Perçu pour le Trésor. — Droit d'enregistrement : 10 0/0 de la prime nette . . . | | | *60* | *75* |
| | TOTAL. . . . | | | *671* | *45* |

L'assurance est contractée pour une période de... etc., etc. (*La suite comme au modèle n° 9.*)

MODÈLE N° 31

Police sur fabrique de sucre de betteraves et sur risques d'explosion des appareils à vapeur.

## *CONDITIONS PARTICULIÈRES*

La Compagnie l'Aigle assure, aux conditions générales qui précèdent et à celles particulières ci-après : A *M. CASTEL (Joseph-Marie-Adolphe), fabricant de sucre de betteraves*, demeurant à *Herlies*, canton de *la Bassée*, arrondissement de *Lille*, département du *Nord*, agissant *pour son compte*, comme *propriétaire*, la somme de **cent sept mille francs**, *sur les objets ci-après désignés, savoir :*

| | | SOMME assurée sur chaque article | TAUX de la prime p. 0/00 | PRIME par chaque article | |
|---|---|---|---|---|---|
| | | Fr. | Fr. C. | Fr. | C. |
| **A.** Désignation des objets assurés. | 1° **Trente mille francs,** *sur un grand corps de bâtiments désignés au tracé ci-annexé par les lettres A, B et C, élevés de deux étages sur caves et rez-de-chaussée, construits en pierres et couverts en tuiles, renfermant tous les appareils de la fabrication du sucre de betteraves, ci.* | *30.000* | *4* » | *120* | » |
| | 2° **Six mille francs,** *sur une machine à vapeur à haute pression, de la force de huit chevaux, y compris les ouvrages de maçonnerie qui y sont adhérents et tous les accessoires, ci* . . . . . . . . . . . . . . | *6.000* | *4* » | *24* | » |
| | 3° **Seize mille francs,** *sur trois générateurs et leurs massifs, ci* . | *16.000* | *4* » | *64* | » |
| | 4° **Deux mille quatre cents francs,** *sur une râpe avec bâtis en fonte, ci* . . . . . . . . . . . . . . . . . . . . . . . . . . . . . | *2.400* | *4* » | *9* | *60* |
| | 5° **Neuf mille francs,** *sur trois presses hydrauliques, ci* . . . . . | *9.000* | *4* » | *36* | » |
| | 6° **Trois cents francs,** *sur une presse en bois, ci* . . . . . . . . . | *300* | *4* » | *1* | *20* |
| | 7° **Douze mille francs,** *sur quatorze chaudières en cuivre rouge, dont trois à déféquer, cinq à évaporer, deux de cuite, avec leurs serpentins aussi en cuivre, renfermant la vapeur qui sert à les mettre en ébullition, ci* . . . . . . . . . . . . . . . . . . . . . . . . . . . . . | *12.000* | *4* » | *48* | » |
| | 8° **Trois mille huit cents francs,** *sur onze cents formes avec leurs pots, ci* . . . . . . . . . . . . . . . . . . . . . . . . . . . . . | *3.800* | *4* » | *15* | *20* |
| | 9° **Sept mille cinq cents francs,** *sur accessoires, tels que bacs et filtres en bois garnis de cuivre, pompes en bois et en cuivre, tuyaux en cuivre pour porter la vapeur des générateurs aux appareils, claies en osier, sacs aux pulpes, seaux, bidons, et en général sur tous les objets composant le mobilier industriel de l'établissement, ci* . . . . . . . . . | *7.500* | *4* » | *30* | » |
| | 10° **Vingt mille francs,** *sur les marchandises fabriquées ou en cours de fabrication existant ou pouvant exister, ainsi que sur matières premières, ci* . . . . . . . . . . . . . . . . . . . . . . . . . . . . . | *20.000* | *4* » | *80* | » |
| | *Tous les objets désignés aux articles 2 à 10 inclusivement, sont répartis dans les bâtiments désignés à l'article 1er.* | | | | |
| **B.** Explosion des appareils à vapeur. | *Moyennant un supplément de prime de vingt-cinq centimes par mille francs, la Compagnie consent à répondre, en outre, dans les limites de la somme stipulée à chaque article, des bris et dégâts matériels qui pourraient être occasionnés aux objets ci-dessus spécifiés par l'explosion des appareils à vapeur, même non suivie d'incendie, ci* . . . . . . . . . . . | » | *0.25* | *26* | *75* |
| | *Toutefois, elle ne répond pas des simples fissures qui pourraient se produire auxdits appareils.* | | | | |
| **C.** Déclarations. | *L'assuré déclare :*<br>*1° Qu'aucune partie de la fabrique n'est éclairée par l'huile ou l'essence minérale, ni par un gaz quelconque non extrait de la houille par les procédés ordinaires ;*<br>*2° Qu'il n'existe pas dans son établissement le système dit* « Economiser » *servant à amener l'eau toute chauffée dans les générateurs ;*<br>*3° Que la défécation, l'évaporation et la cuite du sucre s'y font à la vapeur, et que les purgeries sont chauffées par des calorifères ;*<br>*4° Qu'il ne raffine pas de sucre en pains dans ledit établissement, et qu'il s'engage à ne pas y en raffiner, sous peine de n'avoir droit, en cas de sinistre, à aucune indemnité.* | | | | |
| **D.** Restriction. | *Il est bien entendu que les avaries causées par l'action directe des flammes ou de la chaleur du foyer, soit aux chaudières, soit à leurs accessoires et représentant l'usure des appareils, ne constituant pas de dommages d'incendie proprement dits, la Compagnie n'aura pas à répondre des avaries de cette nature.* | | | | |
| | Montant de la prime nette . . . . . | | | *454* | *75* |
| | Droit de timbre et frais de répertoire, 4 centimes par 1,000 francs des valeurs assurées . . . . . . . . . . . . . . . . . . . . . . . | | 0.04 | *4* | *30* |
| | Totaux. . . . . . . | *107.000* | | *459* | *05* |
| | Perçu pour le Trésor. — Droit d'enregistrement : 10 0/0 de la prime nette . . . . . . | | | *45* | *45* |
| | Total. . . . . . . | | | *504* | *50* |

L'assurance est contractée pour une période de... etc., etc. (*La suite comme au modèle n° 9.*)

Nota. — Annexer à chaque ampliation de la Police un plan établi sur des feuilles marquées du timbre d'abonnement. (*Voir art. 296 des Instructions.*)

MODÈLE N° 32

# ÉNUMÉRATION DES FORMULES A EMPLOYER DANS LES POLICES

SUIVANT LE CAS

N° 1. — Risques locatifs. — Immeuble *non assuré* par la Compagnie.

Art. .................... *francs, pour garantir l'assuré, conformément aux articles 1, 4 et 22 des clauses imprimées de la Police, de ses risques locatifs portant sur la maison qu'il occupe à ____________, appartenant à M ____________, et non garantie par la Compagnie.*

*Il est expliqué qu'en ce qui concerne les risques locatifs ci-dessus, l'assuré a pris pour base de l'assurance la valeur totale de l'immeuble qu'il occupe en entier, déduction faite de la valeur du sol.*

(Voir modèle n° 10, § B.)

---

N° 2. — Risques locatifs. — Immeuble *assuré* par la Compagnie.

Art. .................... *francs, pour garantir l'assuré, conformément aux articles 1, 4 et 22 des clauses imprimées d'autre part, de ses risques locatifs portant sur la maison qu'il occupe à ____________, appartenant à M. ____________ qui l'a fait garantir par la Compagnie* L'AIGLE, *suivant Police n°* ______

*La prime du risque locatif de M* ____________ *n'est fixée à* .................... *par mille francs, qu'en raison de l'assurance souscrite par M*...................., *propriétaire de l'immeuble, suivant la Police n°* ________ *susénoncée; mais il est bien entendu que si, par une cause quelconque, l'assurance de M*...................., *propriétaire, en tant qu'elle porte sur la maison désignée ci-dessus, venait à cesser son effet, la prime du risque locatif de M*.................... *serait portée de droit aux taux du tarif en vigueur, à partir du jour où l'assurance de M*.................... *aurait cessé son effet.*

(Voir modèle n° 14, §§ B et C.)

---

N° 3. — Renonciation au recours locatif moyennant un supplément de prime.

*Sur la demande de l'assuré, la Compagnie* L'AIGLE *renonce, en faveur des locataires de l'immeuble ci-dessus désigné, au recours qu'en cas de sinistre elle pourrait avoir à exercer contre eux, aux termes de l'article 25 des conditions générales de la présente Police, et ce, moyennant le supplément de prime ci-après déterminé :*

....................................................................................................

....................................................................................................

*Mais cette renonciation ne pourra profiter qu'à ceux des locataires dont les risques, au moment d'un sinistre, ne seraient pas garantis par une autre Compagnie.*

(Voir modèles n°s 9, § B, et 30, § D.)

---

N° 4. — Renonciation au recours locatif sans supplément de prime.

(Voir modèles n°s 25, § C, et 28, § A.)

---

N° 5. — Recours des voisins.

Art. .................... *francs, pour garantir l'assuré, conformément aux articles 1 et 4 des clauses imprimées de la Police, contre l'action que ses voisins pourraient avoir à exercer contre lui, en cas de communication d'incendie (1) provenant des bâtiments (2) assurés par la présente Police.*

(Voir modèles n°s 9, § C, et 20, § B.)
(Voir aussi modèle n° 34, art. 2.)

---

N° 6. — Recours des locataires contre le propriétaire.

Art. .................... *francs, pour garantir l'assuré, conformément aux articles 1 et 4 des clauses imprimées de la Police, contre l'action que ses locataires pourraient avoir à exercer contre lui, en cas de sinistre provenant d'un vice de construction ou d'un défaut d'entretien des bâtiments assurés.*

(Voir modèle n° 9, § D.)
(Voir aussi modèle n° 34, art. 3.)

---

N° 7. — Explosion de la foudre.

*La Compagnie consent à répondre des dommages que la foudre proprement dite, même non suivie d'incendie, peut occasionner aux bâtiments assurés, moyennant la prime supplémentaire de*.................... *pour mille francs*, soit sur la *somme de* ...................., *une augmentation de prime de*..........

*Cette responsabilité ne s'étend, en aucun cas, aux dommages causés par des coups de vent, ouragans, trombes, tempêtes, ou tous autres phénomènes météorologiques.*

(Voir le modèle de Police n° 9, § F.)
(Voir aussi le modèle n° 38.)

---

(1) S'il s'agit de bois ou forêts : *prenant naissance dans la forêt assurée par la présente Police et se propageant dans les bois appartenant à divers, auxquels elle est contiguë.*

(2) S'il s'agit d'une assurance de mobilier : *renfermant les objets assurés.*

**N° 8. — Explosion du gaz.**

*La Compagnie consent à répondre, en outre, des bris et dégâts matériels que l'explosion du gaz, même non suivie d'incendie, pourrait occasionner aux bâtiments ou objets* (suivant le cas) *assurés et décrits dans les articles ______ de la présente Police, et ce, moyennant la prime supplémentaire de....................*

(Voir modèle n° 9, § E.)
(Voir aussi modèle n° 37.)

---

**N° 9. — Explosion des appareils à vapeur.**

*La Compagnie consent à répondre, en outre, des bris et dégâts matériels que l'explosion, même non suivie d'incendie, des appareils à vapeur existant dans l'établissement ou à proximité, pourrait occasionner aux bâtiments ou objets* (suivant le cas) *assurés et décrits dans les articles ______ de la présente Police, et ce, moyennant la prime supplémentaire de....................*

*Toutefois, il est entendu que la Compagnie ne répond pas des simples fissures qui pourraient se produire auxdits appareils et que le système dit «* **Economiser** *» servant à amener l'eau toute chauffée dans les générateurs, n'est pas employé dans l'établissement.*

(Voir modèle n° 31, § B.)
(Voir aussi modèle n° 39.)

---

**N° 10. — Exclusion des caves et fondations d'un bâtiment.**

*Moyennant un supplément de prime de.................... par mille francs sur la somme de.................... garantie par l'article ______, il est convenu que les caves et fondations du bâtiment décrit dans ledit article, sont exclues de l'assurance jusqu'au niveau du sol.*

(Voir modèle n° 30, § B.)

---

**N° 11. — Assurance à effet différé.**

*L'assuré déclare que suivant Police du ______, n° ______, expirant le ______, la Compagnie ______ assure déjà sur les mêmes objets une pareille somme de...................., et qu'il entend suivre l'exécution de cette dernière Police jusqu'à son échéance. En conséquence, la présente Police est faite par anticipation et n'aura d'effet qu'à partir du ______*

(Voir modèle n° 10, § C.)

---

**N° 12. — Reprise à l'expiration de la Police d'une autre Compagnie.**

*L'assuré déclare que suivant Police du ______, expirant le ______ la Compagnie ______ assure déjà sur les mêmes marchandises une somme de....................*

*En conséquence, il demeure convenu qu'à partir du ______, à midi, jusqu'au ______, la Compagnie* L'Aigle *ne garantira que la somme supplémentaire de...................., et ne touchera que la prime afférente à cette somme; mais qu'à partir du ______ elle couvrira la somme entière de.................... et touchera la totalité de la prime.*

(Voir modèle n° 12, § C.)

---

**N° 13. — Reprise à effet immédiat avec renonciation à une assurance précédente.**

*L'assuré déclare que suivant Police du ______, n° ______, expirant le ______, la Compagnie ______ assure déjà, sur les mêmes objets, une somme de....................; mais qu'il renonce, dès à présent, à se prévaloir de cette assurance, tout en restant personnellement chargé du paiement des primes ou cotisations et de l'exécution de toutes autres obligations vis-à-vis de ladite Compagnie.*

*La Compagnie* l'Aigle *lui donne acte de cette déclaration, et, moyennant le paiement intégral des primes annuelles indiquées dans la présente Police, elle s'engage à rembourser, en cas de sinistre, dans les limites des sommes assurées, le montant des dommages dont elle sera seule responsable.*

(Voir modèle n° 13, § D.)

---

**N° 14. — Tableaux, objets d'art et de curiosité.**

*Il est convenu qu'en cas d'incendie, la Compagnie ne pourra jamais être tenue de payer plus de.................... sur un seul tableau ; plus de.................... sur une seule gravure ; plus de.................... sur une seule sculpture, médaille, antiquité et sur un seul objet d'art et de curiosité, quelle que soit d'ailleurs la valeur de chacun desdits objets.*

*La Compagnie ne paiera pas les dégâts partiels qui pourraient survenir aux tableaux ci-dessus, tels que ceux résultant de l'approche d'un foyer, d'une lumière, du voisinage d'une matière inflammable ou d'une réparation. En un mot, la Compagnie n'entend payer que les dégâts occasionnés par un incendie réel.*

(Voir modèle n° 19, 4°.)

---

**N° 15. — Franchise d'avarie.**

*Il demeure convenu qu'en cas d'incendie, la Compagnie jouira d'une franchise d'avarie fixée à......... pour cent du capital assuré sur______ désignés aux articles______ de la présente Police.*

*Ainsi, en cas d'incendie, si le dommage pour la part à sa charge ne s'élève pas au delà de.................................., elle n'aura rien à rembourser, et si le dommage pour sa part excède ladite somme de................................, elle le paiera, toujours sous la déduction du montant de ladite franchise d'avarie.*

(Voir modèle n° 27.)

---

**N° 16. — Faculté de résilier chaque année.**

*Quoique la présente assurance soit faite, ainsi qu'il est dit ci-après, pour une durée de ___ ans, il est convenu, néanmoins, que l'assuré et la Compagnie auront réciproquement la faculté de la résilier à la fin de chaque année, en notifiant leur intention trois mois à l'avance, conformément aux dispositions de l'article 5 des conditions générales de la Police.*

(*Art. 316 des Instructions.*)

---

**N° 17. — Déclaration d'une assurance antérieure sur les mêmes objets par une autre Compagnie.**

*Pour se conformer aux dispositions de l'article 13 des conditions générales de la présente Police, l'assuré déclare que suivant Police du______, n°______, de l'Agence de______, il a fait couvrir sur les mêmes objets, par la Compagnie______. ______une somme de................................ répartie comme suit, savoir :*

*1°.........................................................*

*2°.........................................................*

*3°.........................................................*

*Somme égale______*

*La Compagnie lui donne acte de cette déclaration, et, en cas de sinistre, elle ne sera responsable qu'au prorata des sommes assurées par elle.*

(Voir modèle n° 11, §§ D et E.)
(Voir aussi modèle n° 67.)

---

**N° 18. — Assurés illettrés.**

*L'assuré, ayant déclaré ne savoir signer, a fait sa marque en présence de M______ et de M______, témoins requis, et tous deux habitant audit lieu, lesquels ont signé comme suit :*

(*Suivent les signatures des témoins.*)

Nota. — Cette formule doit être employée toutes les fois que l'assuré ne sait pas signer, et les Agents ne doivent accepter l'intervention d'un tiers signant seul pour cet assuré, que si ce tiers déclare se porter fort pour le contractant, ou s'il justifie qu'il est chargé des pouvoirs de celui-ci, ou qu'il a qualité pour signer en son lieu, comme tuteur, curateur, etc.

(*Art. 275 des Instructions.*)

---

**N° 19. — Police remplacée avant son expiration, avec mention de ristourne de prime.**

*La présente Police résilie et remplace, à partir de demain, à midi, la Police souscrite le______, sous le n°______, et dont la prime a été payée jusqu'au______*

*En conséquence, M______ paiera comptant, suivant décompte d'autre part, contre une quittance séparée, détachée d'un registre à souche, la somme de.................................. pour la prime de première année de la présente assurance et pour les droits de timbre et d'enregistrement.*

(*Art. 357 et suivants des Instructions.*)

---

**N° 20. — Police en supplément à une autre Police de la Cie L'Aigle.**

*La présente Police est faite en supplément à celle souscrite par l'assuré le______, sous le n°______, ou bien : Telle ou telle somme est en supplément à celle de....... déjà garantie à l'assuré sur les mêmes objets par l'article______ des conditions particulières de la Police à lui consentie, le______ sous le n°______.*

---

**MODÈLE N° 33.**

## CLAUSES DIVERSES A INSÉRER DANS LES POLICES

SUIVANT LE CAS

**N° 1. — Marchandises de diverses espèces. — Tolérances.**

*Il est expressément convenu, sous peine pour l'assuré de n'avoir droit, en cas de sinistre, à aucune indemnité, que les eaux-de-vie et esprits compris dans lesdites marchandises, ne pourront excéder dix pour cent de la somme assurée ci-dessus, en comptant les eaux-de-vie jusqu'à 26 degrés Cartier ou 70 degrés centésimaux pour leur valeur, et les esprits au-dessus de ce degré pour le double de leur valeur.*

(Voir modèles nos 12 et 13, § B.)

**N° 2. — Assembleurs avec ou sans brochage. — Relieurs, — Libraires. — Imprimeurs.**

*Il est expressément convenu que la Compagnie, en cas d'incendie, ne remboursera pas la valeur entière des ouvrages dépareillés, mais seulement la valeur des volumes ou fractions d'ouvrages détruits, en prenant pour base le prix de la composition (dans le cas où elle n'existerait plus), du papier et du tirage de ces volumes ou fractions d'ouvrages.*

*Il est, du reste, bien entendu que l'assurance ne s'étendra pas aux compléments d'ouvrages qui existeraient soit ailleurs, soit dans les locaux incendiés, ou qui seraient à livrer en vertu des souscriptions en cours.*

---

**N° 3. — Epiciers. — Droguistes. — Ferblantiers — Lampistes et Plombiers. — Marchands de couleurs, de produits chimiques et photographiques. — Quincailliers et autres qui font le débit ou qui ont un dépôt d'huiles ou d'essences minérales.**

(*A appliquer suivant le cas.*)

**A** — « *L'assuré déclare, sous peine de n'avoir droit, en cas de sinistre, à aucune indemnité, que son approvisionnement d'huile de schiste ou de pétrole n'excède pas* __________ *litres et qu'il n'existe dans les locaux qu'il occupe aucune quantité d'essence minérale. En outre, il s'engage à satisfaire exactement aux mesures qui sont ou pourront être prescrites par les ordonnances et règlements de l'autorité administrative pour l'emmagasinage et la vente des huiles minérales.* »

(*Art. 221 des Instructions.*)

**B** — « *L'assuré déclare qu'il vend des huiles ou essences minérales, mais que le dépôt de ces matières est distant d'au moins dix mètres des bâtiments assurés (ou renfermant les objets assurés) et qu'il n'en existe aucune quantité dans ses magasins (ou ateliers).*

» *Il est entendu que lesdites matières et les objets qui les renferment ne sont pas compris dans la présente assurance. Néanmoins, l'assuré s'engage à satisfaire exactement aux mesures qui sont ou pourront être prescrites par les ordonnances et règlements de l'autorité administrative pour l'emmagasinage et la vente des huiles minérales.* »

(*Art. 222 des Instructions.*)

**C** — « *L'assuré déclare, et l'assurance n'est contractée qu'en raison de cette déclaration, qu'il ne vend et n'a en dépôt dans ses magasins ni huiles, ni essences minérales; et il s'engage, dans le cas où il viendrait à en vendre, à se soumettre aux dispositions des articles 12 et 15 des clauses imprimées de la Police.* »

(*Art. 223 des Instructions.*)

---

**N° 4. — Boulangers et pâtissiers. — Dégradations du four.**

*Il est convenu que les dégradations occasionnées au four par suite du travail journalier de la boulangerie ne pourront, en aucun cas, être à la charge de la Compagnie.*

(Voir modèle n° 57)

---

**N° 5. — Photographes.**

*L'assuré déclare qu'il ne fabrique aucune des substances qu'il emploie dans son atelier de photographie.*

---

**N° 6. — Plantes dans les serres.**

*Il est bien entendu que la Compagnie ne devra pas d'indemnité à l'assuré, dans le cas où les plantes et les fleurs garanties par la présente Police, seraient asphyxiées par la fumée provenant soit d'un vice de construction des calorifères, soit du bris d'un des conduits destinés à propager la chaleur, et ce, en tant qu'un commencement d'incendie n'aurait pas eu lieu.*

---

**N° 7. — Orgues dans les églises.**

*Il est entendu et l'assuré, au nom de* (1) __________ *en prend l'engagement, sous peine de n'avoir droit à aucune indemnité, en cas de sinistre, que toutes les réparations à faire auxdites orgues nécessitant l'emploi de la lumière devront être faites avec le secours d'une lanterne fermée ; de plus, chacun des ouvriers chargés desdites réparations, devra avoir à côté de lui, pendant toute la durée de son travail, deux seaux remplis d'eau.*

(Voir modèle n° 19)

---

**N° 8 — Graines de vers à soie et vers à soie.**

*Il demeure formellement convenu que la Compagnie ne devra pas d'indemnité à l'assuré dans le cas où les graines de vers à soie ou les vers à soie, garantis par la présente Police, seraient dépréciés ou asphyxiés par la fumée ou par excès de chaleur, la Compagnie n'entendant répondre que des dommages causés par un incendie proprement dit.*

(Voir modèle n° 25, § B.)

---

(1) La fabrique ou la commune, suivant le cas.

**N° 9.** — Assurances des vers à soie.

*En cas de sinistre sur la récolte des vers à soie assurée par la présente Police, le règlement des dommages aura lieu dans les proportions suivantes, à raison :*

*D'un dixième de la valeur assurée, depuis la naissance jusqu'à la deuxième maladie ;*

*Du quart, de la deuxième à la troisième maladie ;*

*Des trois huitièmes, de la troisième maladie à la quatrième ;*

*De la moitié, de la quatrième maladie à la montée ;*

*Des quatre cinquièmes, de la montée au prélèvement de la récolte.*

(Voir modèle n° 25, § B.)

---

**N° 10.** — Lins et chanvres en bottes dans les granges, et dans les fours et fournils.

*L'assuré déclare, sous peine de n'avoir droit, en cas de sinistre, à aucune indemnité, que dans lesdits bâtiments il ne se fait ni teillage ni aucune préparation de peignage.*

*Il est, en outre, expressément entendu que les chanvres et les lins dans les fours et fournils sont exclus de l'assurance.*

---

**N° 11.** — Bois sur pied.

*Il est entendu :*

*1° Que la Compagnie n'assure que ce qui est hors du sol, à hauteur de coupe ordinaire, et qu'elle ne répond pas de la perte des souches ;*

*2° Que l'assuré est tenu de faire connaître immédiatement tout changement qu'il opérera dans l'âge de l'aménagement déclaré.*

(Voir modèle n° 20.)

---

**N° 12.** — Marchandises dans les Monts-de-Piété.

*En cas d'incendie, les registres du Mont-de-Piété, et, à leur défaut, les billets ou reconnaissances qui sont entre les mains des emprunteurs, seront consultés, et la valeur des objets assurés sera établie d'après les évaluations faites au moment du prêt, augmentées de (1) ________ sur les gages qui consistent en linge, dentelles, outils et autres objets compris à l'article ____ et de (1) ________ sur ceux composés de bijoux et autres matières d'or et d'argent spécifiés aux articles ________ de la présente Police.*

*En outre, MM. les Administrateurs déclarent que la somme de........................ francs, mentionnée ci-dessus, représente la valeur estimative portée aux registres, plus ______ 0/0 que l'Administration est tenue de rembourser aux emprunteurs en cas de sinistre, en vertu de l'article ______ du règlement annexé à l'ordonnance du ________ qui autorise l'établissement du Mont-de-Piété.*

---

**N° 13.** — Entrepôts.

*L'assuré déclare, sous peine de n'avoir droit, en cas d'incendie, à aucune indemnité, qu'il n'existe pas d'huiles de schiste ou de pétrole, ni huiles ou essences minérales dans les magasins, cours et dépendances.*

(Voir modèle n° 26.)

---

**N° 14.** — Fabriques, usines et théâtres non éclairés par l'huile ou l'essence minérale.

*L'assuré déclare, sous peine de n'avoir droit à aucune indemnité, en cas de sinistre, qu'aucune partie de son établissement n'est éclairée par l'huile ou l'essence minérale, ni par un gaz quelconque non extrait de la houille par les procédés ordinaires.*

---

**N° 15.** — Fabriques et usines sans chauffage ni éclairage.

*L'assuré déclare, sous peine de n'avoir droit, en cas de sinistre, à aucune indemnité, qu'il n'existe et qu'il n'existera, en aucun temps, dans l'établissement assuré, ni poêles, ni calorifères, ni chaufferettes, ni chauffage quelconque.*

*Il déclare, également sous la même peine, qu'il n'y existe et qu'il n'y existera, en aucun temps, aucun mode d'éclairage, même par chandelles, lampes portatives ou autrement.*

(*Art. 314 des Instructions.*)

---

**N° 16.** — Appareils à vapeur.

*Il est bien entendu que les avaries causées par l'action directe des flammes ou de la chaleur du foyer, soit à la chaudière, soit à ses accessoires garantis par l'article ____________, ne constituant pas de dommages d'incendie proprement dits, la Compagnie n'aura pas à répondre des avaries de cette nature.*

(Voir modèle n° 31, § D.)

---

(1) Déterminer ici la proportion suivant les statuts du Mont-de-Piété.

**N° 17.** — Couleurs à l'huile ou à l'eau. — Produits chimiques. — Matières interdites.

*Il est stipulé qu'il n'est pas fabriqué de nitro-benzine dans l'établissement assuré, et qu'il n'y est employé aucune des matières suivantes : acide nitrique fumant, — alcool bouillant, — aldéhyde, — sulfure de carbone.*

---

**N° 18.** — Filatures de coton, de chanvre et de lin. — Suspension de l'éclairage au gaz.

*Dans le cas où l'éclairage au gaz serait suspendu pour une cause quelconque, l'assuré aura la faculté d'éclairer l'établissement par des quinquets à l'huile végétale ; mais il sera tenu de déclarer à la Compagnie le changement d'éclairage dans les trois jours au plus tard, sous peine de n'avoir droit à aucune indemnité en cas d'incendie. Si l'éclairage à l'huile végétale se prolonge au delà de quinze jours, l'assuré s'engage à payer, pour l'année entière, le supplément de prime indiqué au tarif de la Compagnie.*

*(Art. 313 des Instructions.)*

---

**N° 19.** — Filatures de laine sèche et de cardé-peigné.

*L'assuré déclare, sous peine de nullité de la présente Police, qu'il n'est jamais employé dans son établissement plus de cinq pour cent d'huile dans le poids de la laine mise en œuvre.*

---

**N° 20.** — Filatures de laine grasse.

*L'assuré s'oblige, sous peine de n'avoir droit, en cas de sinistre, à aucune indemnité, à faire enlever chaque jour les débourrages et déchets de laine de toute espèce, et à les faire transporter au dehors, et dans un lieu entièrement séparé de l'établissement.*

---

**N° 21.** — Fabriques de flegmes et de jus de betteraves à froid.

*L'assuré déclare, sous peine de nullité de la présente, qu'il ne se fait dans son établissement aucune opération de fabrique de sucre, de raffinerie, ni de distillation d'esprit.*

---

**N° 22.** — Moulins à blé.

*L'assuré déclare :*

*Qu'il n'existe pas dans le moulin assuré plus de _ paires de meules, et il s'engage, dans le cas où il en serait établi un plus grand nombre, à se soumettre aux dispositions de l'article 12 des conditions générales, et à payer, s'il y a lieu, une augmentation de prime conformément au tarif en vigueur de la Compagnie.*

(Voir modèle n° 30, § F.)

---

**N° 23.** — Moulins à huiles de graines et d'olive et épurations d'huiles.

*L'assuré déclare, sous peine de n'avoir droit, en cas d'incendie, à aucune indemnité, qu'il n'est pas fait usage, dans son établissement, de sulfure de carbone.*

---

**N° 24.** — Fabriques de sucre.

*L'assuré déclare qu'il ne raffine pas de sucre en pains dans son établissement, et il s'engage à ne pas y en raffiner, sous peine de n'avoir droit, en cas de sinistre, à aucune indemnité.*

(Voir modèle n° 31 § C.)

---

**N° 25.** — Fabriques, usines et théâtres en construction ou en chômage.

*Il est bien entendu que l'assurance ne porte que sur l'établissement en état de construction* OU DE CHÔMAGE *et que, du moment où il serait mis en activité, l'effet de la Police serait suspendu, jusqu'à ce que la déclaration de la mise en activité ait été faite à la Compagnie, et mentionnée par un avenant portant l'augmentation de prime prescrite par le tarif alors en vigueur.*

---

**N° 26.** — Constructions élevées sur le terrain d'autrui.

*« M.__________ déclare que le terrain sur lequel est élevé le bâtiment assuré par l'article _________ de la » Police appartient à M.__ _______. En conséquence, il est expressément convenu qu'en cas d'incendie partiel ou total, l'indemnité due par la Compagnie sera employée entièrement à la réparation ou à la re- » construction, sur le même terrain, du bâtiment incendié et ne sera payée qu'au fur et à mesure de l'exé- » cution des travaux. Faute par l'assuré de réparer ou reconstruire sur le même emplacement, au plus » tard dans le délai d'un an à partir du jour du sinistre, l'indemnité sera réduite à la valeur qu'auraient » eue, en cas de démolition, les matériaux détruits. »*

*(Art. 315 des Instructions.)*

**MODÈLE N° 34**

Augmentation d'assurance sur bâtiments, recours des voisins et recours des locataires contre le propriétaire.

| | SOMME assurée sur chaque article | TAUX de la prime p. 0/00 | PRIME par chaque article | |
|---|---|---|---|---|
| | Fr. | Fr. C. | Fr. | C. |
| Suivant Police n° *5,250*, en date du *5 mars 1868*, et avenant n° ———, en date du ——————— 18———, la COMPAGNIE L'AIGLE, a assuré à M. *ROBERT (Narcisse)*, demeurant à *Besançon*, une somme de *118,000 francs*, moyennant une prime annuelle de *63 fr. 50 c.*, ci | *118.000* | | *63* | *50* |
| *Droits de timbre et d'enregistrement non compris.* | | | | |
| *Sur la proposition de l'assuré, la Compagnie lui assure, à partir de demain à midi, aux conditions générales et particulières de la Police susénoncée, et pendant toute sa durée, une augmentation de* **quatre-vingt-dix mille francs**, *répartie ainsi qu'il suit :* | | | | |
| *1°* **Cinq mille francs,** *sur améliorations et agrandissements apportés à la maison désignée en l'article 2 de ladite Police, ci.* . . . . . . . . | *5.000* | » *30* | *1* | *50* |
| *2°* **Vingt-cinq mille francs,** *pour garantir l'assuré du recours qu'en cas de sinistre les voisins pourraient avoir à exercer contre lui, en raison de la maison désignée en l'article 1er de la Police, ci* . . . . . . . . . | *25.000* | » *20* | *5* | » |
| *3°* **Soixante mille francs,** *pour le garantir contre l'action que ses locataires pourraient avoir à exercer contre lui, en cas de sinistre provenant d'un vice de construction ou d'un défaut d'entretien des maisons désignées aux articles 1 et 2 ; cette somme s'applique comme suit* (1) *:*<br>*1° 40,000 francs, en raison de la maison, article 1er ;*<br>*2° 20,000 francs, en raison de la maison, article 2.* | | | | |
| *Ensemble : 60,000 francs, ci.* . . . . . . . . . . . . . . . . . . . . | *60.000* | » *20* | *12* | » |
| Montant de la prime nette. . . . . . . . . . | | | *82* | *00* |
| Droit de timbre et frais de répertoire, 4 centimes par 1,000 francs des valeurs assurées. . . . . . . . . . . . . . . . . . . | | 0.04 | *8* | *30* |
| TOTAUX. . . . . . . . . . . | *208.000* | | *90* | *30* |
| Perçu pour le Trésor. — Droit d'enregistrement : 10 0/0 de la prime nette . . . . . . . | | | *8* | *20* |
| TOTAL. . . . . . . . . | | | *98* | *50* |

En conséquence, le capital assuré est fixé à **deux cent huit mille francs**, et la prime annuelle (impôt compris) est *élevée* à **quatre-vingt dix-huit francs cinquante centimes**, que l'assuré s'oblige à payer le *cinq mars* de chaque année.

Le présent avenant sera annexé à la Police, pour, conjointement avec elle, régler les droits respectifs des parties.

*Pour son exécution, l'assuré paiera, contre quittance séparée, la somme de* **vingt et un francs cinquante-cinq centimes,** *qui se décompose comme suit :*

| | | |
|---|---|---|
| *1° Pour prime fractionnaire, de ce jour au cinq mars prochain, soit pour une durée de onze mois* . . . . . . . . . . . . . . . . . . . . . . . . . . . . . . . . | *15 fr.* | *40* |
| *2° Pour droit de timbre sur l'augmentation de 90,000 francs* . . . . . . . . . . . . | *3* | *60* |
| *3° Pour droit d'enregistrement.* . . . . . . . . . . . . . . . . . . . . . . . . . | *1* | *55* |
| *4° Pour le coût du présent avenant* . . . . . . . . . . . . . . . . . . . . . . . | *1* | » |
| *Ensemble* . . . . . . . . . . . | *21* | *55* |

Fait triple, à *Besançon*, le *quatre avril* mil huit cent *soixante-douze.*

Pour la Compagnie :

**L'Assuré,** *N. Robert.*

**L'Agent général,** *N.*

(1) Lorsque l'assurance du recours des locataires est faite à l'occasion de plusieurs maisons qui sont situées dans des rues différentes et qui forment par conséquent des risques distincts, il est nécessaire que le montant de l'assurance soit divisé pour affecter une somme spéciale à chaque maison. (*Voir art. 117 des Instructions*). — La même règle doit être suivie pour l'assurance des risques locatifs et des risques du recours des voisins.

**MODÈLE N° 35**

Augmentation d'assurance sur marchandises et risques locatifs.

| | SOMME assurée sur chaque article | TAUX de la prime p. 0/00 | PRIME par chaque article | |
|---|---|---|---|---|
| | Fr. | Fr. C. | Fr. | C. |
| Suivant Police n° *22,105*, en date du *25 décembre 1868* et avenant n°——, en date du ———— 18 ——, la COMPAGNIE L'AIGLE, a assuré à *MM. Gustave KIENER et Compagnie*, demeurant à *Belfort*, une somme de *50,000* francs, moyennant une prime annuelle de *31* fr. *50 c.*, ci . . . . . . . . . . . . . . . . . . . | *50.000* | | *31* | *50* |
| *Droits de timbre et d'enregistrement non compris.* | | | | |
| *Sur la proposition des assurés, la Compagnie leur assure, à partir de demain à midi, aux conditions générales et particulières de la Police susénoncée, et pendant toute sa durée, une augmentation de* **vingt-six mille francs**, *répartie ainsi qu'il suit :* | | | | |
| *1°* **Vingt mille francs**, *sur marchandises de même nature et dans les mêmes locaux que les marchandises désignées en l'article 1er de la Police, ci.* . . . . . . . . . . . . . . . . . . . | *20.000* | » *90* | *18* | » |
| *2°* **Six mille francs**, *en augmentation à la somme de 10,000 francs garantie par l'article 5 sur risques locatifs, ci.* . . . . . . . . . . . . . | *6.000* | » *25* | *1* | *50* |
| Montant de la prime nette . . . . . . . . | | | *51* | » |
| Droit de timbre et frais de répertoire, 4 centimes par 1,000 francs des valeurs assurées. . . . . . . . . . . . . . . . . . . . . . | | 0 04 | *3* | *05* |
| TOTAUX. . . . . . . . . . . . . . | *76.000* | | *54* | *05* |
| Perçu pour le Trésor. — Droit d'enregistrement : 10 0/0 de la prime nette . . . . . . | | | *5* | *10* |
| TOTAL. . . . . . . . . | | | *59* | *15* |

En conséquence, le capital assuré est fixé à... etc., etc. (*La suite comme au modèle n° 34.*)

**MODÈLE N° 36**

Changements dans les distributions ou locaux avec augmentation.

| | SOMME assurée sur chaque article | TAUX de la prime p. 0/00 | PRIME par article | |
|---|---|---|---|---|
| | Fr. | Fr. C. | Fr. | C. |
| Suivant Police n° *7,300*, en date du *15 Mars 1865* et avenant n°——, en date du ———— 18 ——, la COMPAGNIE L'AIGLE, a assuré à *M. GILBERT*, demeurant à *Orléans*, la somme de *15,000* francs, moyennant une prime annuelle de *9 fr. 45 c.*, ci. . . . . . . . . . . . . . . . . . . . . . . . . . | *15.000* | | *9* | *45* |
| *Droits de timbre et enregistrement non compris.* | | | | |
| *M. GILBERT déclare qu'il a fait démolir le bâtiment assuré pour une somme de* **quatre mille francs**, *par l'article 4 de la Police précitée, et que sur le même emplacement il a fait construire un autre bâtiment en pierres, couvert en tuiles, à usage de cellier, écurie et remise.* | | | | |
| *La Compagnie lui donne acte de cette déclaration et, sur la demande de l'assuré, consent à lui garantir, en supplément, à partir de demain à midi, aux conditions générales et particulières de la Police, et pendant toute sa durée, une somme de* **quatre mille francs** *pour porter la valeur assurée à* **huit mille francs**, ci. . . . . . . . . . . . . . . | *4.000* | *1 25* | *5* | » |
| Montant de la prime nette. . . . . . . . . | | | *14* | *45* |
| Droit de timbre et frais de répertoire, 4 centimes par 1,000 francs des valeurs assurées . . . . . . . . . . . . . . . . . . . . . . | | 0 04 | » | *75* |
| TOTAUX. . . . . . . . . . . . . . . | *19.000* | | *15* | *20* |
| Perçu pour le Trésor. — Droit d'enregistrement : 10 0/0 de la prime nette . . . . . . . | | | *1* | *45* |
| TOTAL. . . . . . . . | | | *16* | *65* |

En conséquence, le capital assuré est fixé à... etc., etc. (*La suite comme au modèle n° 34.*)

## MODÈLE N° 37

Augmentation de prime pour assurance des risques d'explosion du gaz.

| | SOMME assurée sur chaque article | TAUX de la prime p. 0/00 | PRIME par article | |
|---|---|---|---|---|
| | Fr. | Fr. C. | Fr. | C. |
| Suivant Police n° *3,234*, en date du *10 juin* 1865 et avenant n° ——, en date du —— 18——, la COMPAGNIE L'AIGLE, a assuré à *M. DURAND*, demeurant à *Montpellier*, une somme de *40,000* francs, moyennant une prime annuelle de *22 fr. 75 c.* ci. . . | *40.000* | | *22* | *75* |
| *Droits de timbre et d'enregistrement non compris.* | | | | |
| *Sur la demande de M. DURAND, la Compagnie consent à le garantir contre tous les dégâts matériels que l'explosion du gaz, même non suivie d'incendie, pourrait occasionner aux objets décrits aux articles 1, 3 et 4 de ladite Police, jusqu'à concurrence des sommes assurées par chaque article et moyennant les primes stipulées ci-après :* | | | | |
| SAVOIR : | | | | |
| *1° A raison de* **0** *fr.* **05** *c. par mille francs, sur la somme de* **quinze mille francs,** *faisant l'objet de l'article 1er, ci.* . . . . . . . . . . . | | *0.05* | » | *75* |
| *2° A raison de* **0** *fr.* **15** *c. par mille francs, sur la somme de* **cinq mille francs,** *faisant l'objet de l'article 3, ci* . . . . . . . . . . . . | | » *15* | » | *75* |
| *3° A raison de* **0** *fr.* **30** *c. par mille francs, sur la somme de* **dix mille francs,** *faisant l'objet de l'article 4, ci.* . . . . . . . . . . . | | » *30* | *3* | » |
| Montant de la prime nette. . . . . . . | | | *27* | *25* |
| Droit de timbre et frais de répertoire, 4 centimes par 1,000 francs des valeurs assurées . . . . . . . . . . . . . . . . . . . . . | | 0.04 | *1* | *60* |
| TOTAUX. . . . . . . . . | *40.000* | | *28* | *85* |
| Perçu pour le Trésor. — Droit d'enregistrement, 10 0/0 de la prime nette . . . . . . . | | | *2* | *70* |
| TOTAL . . . . . . . | | | *31* | *55* |

En conséquence, le capital assuré est fixé à... etc., etc. *(La suite comme au modèle n° 34.)*

## MODÈLE N° 38

Augmentation de prime pour assurance des risques d'explosion de la foudre.

| | SOMME assurée sur chaque article | TAUX de la prime p. 0/00 | PRIME par article | |
|---|---|---|---|---|
| | Fr. | Fr. C. | Fr. | C. |
| Suivant Police n° *5,472*, en date du *1er janvier* 186*9* et avenant n° ——, en date du —— 18——, la COMPAGNIE L'AIGLE, a assuré à *M. LEVASSEUR*, demeurant à *Rouen*, une somme de *75,000* francs, moyennant une prime annuelle de *150 fr. 75 c.*, ci. . . . . . . . . . . . . . . . . . . . . . . . | *75.000* | | *150* | *75* |
| *Droits de timbre et d'enregistrement non compris.* | | | | |
| *Sur la demande de M. LEVASSEUR, la Compagnie consent à répondre des dommages que la foudre proprement dite, même non suivie d'incendie, pourrait occasionner aux objets spécifiés dans ladite Police jusqu'à concurrence des sommes assurées par chaque article, et moyennant la prime supplémentaire ci-après :* | | | | |
| *1° A raison de* **0** *fr.* **10** *c. par mille francs, sur la somme de* **soixante-dix mille francs,** *faisant l'objet des articles 1, 2, 4, 5 et 6, ci* . . . | | » *10* | *7* | » |
| *2° A raison de* **0** *fr.* **20** *c. par mille francs, sur la cheminée garantie pour la somme de* **cinq mille francs,** *par l'article 7, ci* . . . . . . | | » *20* | *1* | » |
| *Cette responsabilité ne s'étend en aucun cas aux dommages causés par des coups de vent, ouragans, trombes, tempêtes ou tous autres phénomènes météorologiques.* | | | | |
| Montant de la prime nette. . . . . . . | | | *158* | *75* |
| Droit de timbre et frais de répertoire, 4 centimes par 1,000 francs des valeurs assurées . . . . . . . . . . . . . . . . . . . . . | | 0.04 | *3* | » |
| TOTAUX. . . . . . . . . | *75.000* | | *161* | *75* |
| Perçu pour le Trésor. — Droit d'enregistrement, 10 0/0 de la prime nette . . . . . . | | | *15* | *85* |
| TOTAL . . . . . . . | | | *177* | *60* |

En conséquence, le capital assuré est fixé à... etc., etc. *(La suite comme au modèle n° 34.)*

**MODÈLE N° 39**

Augmentation de prime pour assurance des risques d'explosion des appareils à vapeur.

| Texte | SOMME assurée sur chaque article | TAUX de la prime p. 0/00 | PRIME par article | |
|---|---|---|---|---|
| | Fr. | Fr. C. | Fr. | C. |
| Suivant Police n° *4,536*, en date du *15 décembre 1870* et avenant n° ——, en date du —— 18 ——, la COMPAGNIE L'AIGLE, a assuré à *M. BENOIT*, demeurant à *Amiens*, une somme de *70,000* francs, moyennant une prime annuelle de *285 fr. 50 c.*, ci. . . . . . . . . . . . . | *70.000* | | *285* | *50* |
| *Droits de timbre et d'enregistrement non compris.* <br> *Sur la demande de M. BENOIT, la Compagnie consent à garantir, en outre des risques d'incendie, les bris et dégâts matériels qui pourraient être occasionnés aux objets mentionnés aux articles 1 à 5 inclusivement de la Police sus énoncée, par suite d'explosion des chaudières de la machine à vapeur; toutefois, la Compagnie ne répond pas des simples fissures qui pourraient se produire aux chaudières.* <br> *Cette garantie a lieu moyennant un supplément de prime de* **0** *fr.* **25** *c. par mille francs, sur la somme de* **cinquante mille francs**, *qui forme le montant desdits articles, soit une augmentation de prime de. . .* | | | *12* | *50* |
| Montant de la prime nette. . . . . . . | | | *298* | » |
| Droit de timbre et frais de répertoire, 4 centimes par 1,000 francs des valeurs assurées . . . . . . . . . . . . . . . . | | 0.04 | *2* | *80* |
| TOTAUX. . . . . . . . . | *70.000* | » | *300* | *80* |
| Perçu pour le Trésor. — Droit d'enregistrement, 10 0/0 de la prime nette. . . . . . . | | | *29* | *80* |
| TOTAL . . . . . . . . | | | *330* | *60* |

En conséquence, le capital assuré est fixé à... etc.; etc. (*La suite comme au modèle n° 34.*)

**MODÈLE N° 40**

Augmentation de prime motivée par l'éclairage d'une usine par l'huile minérale.

| Texte | SOMME assurée sur chaque article | TAUX de la prime p. 0/00 | PRIME par article | |
|---|---|---|---|---|
| | Fr. | Fr. C. | Fr. | C. |
| Suivant Police n° *5,840*, en date du *15 octobre 1871* et avenant n° ——, en date du —— 18 ——, la COMPAGNIE L'AIGLE, a assuré à *M. CHAVANON*, demeurant à *Abbeville*, une somme de *50,800* francs, moyennant une prime annuelle de *101 fr. 60 c.*, ci. . . . . . . . . . . . . | *50.800* | | *101* | *60* |
| *Droits de timbre et d'enregistrement non compris.* <br> *Pour se conformer aux conditions générales de la Police sus énoncée, M. CHAVANON déclare que son établissement, qui était éclairé par l'huile végétale est actuellement éclairé par l'huile minérale.* <br> *La Compagnie donne acte à l'assuré de sa déclaration, et vu l'aggravation de risque résultant du nouveau système d'éclairage, il est convenu, entre les parties, que le taux de la prime des articles 1, 2 et 3 de la susdite Police, garantissant ensemble une somme de* **quarante-deux mille francs**, *est augmenté de* **cinquante centimes par mille francs**, *d'où il résulte un supplément de prime de. . . . . .* <br> *L'assuré déclare, en outre, que son approvisionnement d'huile minérale ne dépasse pas* **cent cinquante litres**, *qu'il est placé sous un petit hangar isolé, et que l'huile et le hangar ne sont pas compris dans l'assurance.* | | | *21* | » |
| Montant de la prime nette. . . . . . . | | | *122* | *60* |
| Droit de timbre et frais de répertoire, 4 centimes par 1,000 francs des valeurs assurées. . . . . . . . . . . . . . . . | | 0.04 | *2* | *05* |
| TOTAUX. . . . . . . . . | *50.800* | | *124* | *65* |
| Perçu pour le Trésor. — Droit d'enregistrement : 10 0/0 de la prime nette . . . . . . . | | | *12* | *25* |
| TOTAL. . . . . . . | | | *136* | *90* |

En conséquence, le capital assuré est fixé à... etc., etc. (*La suite comme au modèle n° 34.*)

## MODÈLE N° 41

Augmentation de prime par suite d'aggravation de risques.

| | SOMME assurée sur chaque article. | TAUX de la prime p. 0/00. | PRIME par chaque article. | |
| --- | --- | --- | --- | --- |
| | Fr. | Fr. C. | Fr. | C. |
| Suivant Police n° *6,544*, en date du *25 juillet 1868* et avenant n° ———, en date du ——————— 18 —, la COMPAGNIE L'AIGLE, a assuré à *M. DESPREZ*, demeurant à *Lille*, une somme de *18,000* francs, moyennant une prime annuelle de *14 fr. 05 c.*; ci . . . . . . . . . . | *18.000* | | *14* | *05* |
| *Droits de timbre et d'enregistrement non compris.*<br>*Pour se conformer aux conditions générales de la Police, M. DESPREZ déclare que le rez-de-chaussée de la maison dans laquelle les objets assurés sont répartis est maintenant à usage de magasin de chanvre et de lin.*<br>*La Compagnie donne acte à l'assuré de sa déclaration, et consent à continuer l'assurance moyennant un supplément de prime de* **0** *fr.* **50** *c., par mille francs, soit sur la somme de* **dix-huit mille francs**, *garantie par la susdite Police, une augmentation de prime de* . . . . . . . . . | | | *9* | » |
| Montant de la prime nette. . . . . . . | | | *23* | *05* |
| Droit de timbre et frais de répertoire, 4 centimes par 1,000 francs des valeurs assurées. . . . . . . . . . . . . . . . . . . . . . | | 0.04 | » | *70* |
| TOTAUX . . . . . . . | *18.000* | | *23* | *75* |
| Perçu pour le Trésor. — Droit d'enregistrement : 10 0/0 de la prime nette . . . . . . . | | | *2* | *30* |
| TOTAL. . . . . . | | | *26* | *05* |

En conséquence, le capital assuré est fixé à... etc., etc. (*La suite comme au modèle n° 34.*)

## MODÈLE N° 42

Augmentation de prime par suite de l'introduction dans une ferme, d'une machine à vapeur pour le battage des récoltes.

(Se reporter au modèle de Police n° 24.)

| | SOMME assurée sur chaque article | TAUX de la prime p 0/00 | PRIME par chaque article | |
| --- | --- | --- | --- | --- |
| | Fr. | Fr. C. | Fr. | C. |
| Suivant Police n° *5459*, en date du *15 juillet 1872* et avenant n° ————, en date du ——————— 18 , la COMPAGNIE L'AIGLE a assuré à M. *BORDES, Jean-Baptiste*, demeurant à *Boran*, une somme de *66,500 francs*, moyennant une prime annuelle de *197 fr. 50 c.*, ci. | » | | » | » |
| *Pour se conformer aux dispositions de l'article 12 des clauses imprimées de la Police sus-énoncée, M. BORDES déclare à la Compagnie qu'il va introduire dans sa ferme de l'Eglantier, pour une durée de vingt-cinq jours, à compter du 15 du présent mois, une machine à vapeur, dite locomobile, pour le battage de ses récoltes.*<br>*La Compagnie donne acte à l'assuré de sa déclaration, et, attendu qu'il en résulte une aggravation de risques, il est convenu entre les parties, que les primes stipulées aux articles 3 à 11 inclusivement de la Police précitée, formant ensemble une somme de 141 fr. 50 c. seront augmentées de* **vingt pour cent**, *d'où il résultera une augmentation de prime de* **vingt-huit francs trente centimes**. *ci, 28 fr 30 c.*<br>*Droit d'enregistrement de 10 0/0; ci* . . . . . . . . . . . 2 85<br>*Coût du présent avenant*. . . . . . . . . . . . . . 1 »<br>*Ensemble*, **trente-deux francs quinze centimes**, *ci 32 15*<br>*que, pour l'exécution du présent avenant, l'assuré paiera contre quittance séparée.* | | | | |
| Montant de la prime nette. . . . | » | | » | » |
| Droit de timbre et frais de répertoire, 4 centimes par 1,000 francs des valeurs assurées. . . . . . . . . . . . . . . . . . . . . . . . | | 0.04 | » | » |
| TOTAL. . . . . | » | | | |
| Perçu pour le Trésor. — Droit d'enregistrement : 10 0/0 de la prime nette. . . . . . . | | | » | » |
| TOTAL. . . . . . . . | | | » | » |

En conséquence, le capital assuré est fixé à. . . . . . . . . . . . . . . . . . . . . . . . . . . . . . . . . . . . . . . . . . . . . . . . . . . .

## MODÈLE N° 43

Augmentation de prime par suite d'aggravation de risques par contiguïté.

| | SOMME assurée sur chaque article. | TAUX de la prime p. 0/00. | PRIME par chaque article. | |
|---|---|---|---|---|
| | Fr. | Fr. C. | Fr. | C. |
| Suivant Police n° *9,540*, en date du *30 avril 1870* et avenant n° ..., en date du ........ 18...., la COMPAGNIE L'AIGLE, a assuré à *M. LARCHER*, demeurant à *Bordeaux*, une somme de *25,000* francs, moyennant une prime annuelle de *8 fr. 50 c.*, ci. . . . | *25.000* | | *8* | *50* |
| *Droits de timbre et d'enregistrement non compris.* | | | | |
| *Pour se conformer aux conditions générales de la Police sus relatée, M. LARCHER déclare à Compagnie que dans une maison contiguë à celle garantie par la police précitée, il vient d'être établi une fabrique de liqueurs, et qu'entre ces deux maisons il existe un mur en pierres s'élevant de la base jusqu'au faîte sans aucune ouverture.* *La Compagnie donne acte à l'assuré de sa déclaration, et vu l'aggravation de risque résultant du voisinage de la fabrique de liqueurs, il est convenu entre les parties, que la prime appliquée à la maison garantie par la police susénoncée, sera portée de* **0** *fr.* **30** *c, aux* **2/5** *de* **3** *fr.* **50** *c., soit à* **1** *fr.* **40** *c. pour mille francs; d'où il résultera une augmentation de prime de* **1** *fr.* **10** *c. pour mille, soit sur la somme de* **vingt-cinq mille francs** *faisant l'objet de la susdite police* . . . . . . . . . . | | | *27* | *50* |
| Montant de la prime nette. . . . . . . | | | *36* | » |
| Droit de timbre et frais de répertoire, 4 centimes par 1,000 francs des valeurs assurées . . . . . . . . . . . . . . . . . . . . . | | 0.04 | *4* | » |
| TOTAUX. . . . . . . . | *25.000* | | *37* | » |
| Perçu pour le Trésor. — Droit d'enregistrement : 10 0/0 de la prime nette. . . . . . . | | | *3* | *60* |
| TOTAL . . . . . . | | | *40* | *60* |

En conséquence, le capital assuré est fixé à... etc., etc. (*La suite comme au modèle n° 34.*)

## MODÈLE N° 44

Augmentation de prime par suite d'aggravation de risques par contiguïté d'une usine dans laquelle le nombre d'étages concourt à la fixation de la prime.

| | SOMME assurée sur chaque article | TAUX de la prime p. 0/00 | PRIME par chaque article | |
|---|---|---|---|---|
| | FR. | Fr. C. | FR. | C. |
| Suivant Police n° *25,300*, en date du *15 avril 1865* et avenant n° ........, en date du .................... 18 la COMPAGNIE L'AIGLE, a assuré à *M. BERTRAND*, demeurant à *Lille*, une somme de *35,000* francs, moyennant une prime annuelle de *16 fr. 40 c.*, ci. . . . . . . . . . . . . . . . . . . . . . . . . . . . | *35.000* | | *16* | *40* |
| *Droits de timbre et d'enregistrement non compris.* | | | | |
| *Pour se conformer aux conditions générales de la Police, M. BERTRAND déclare qu'il a été élevé, à côté de la maison désignée à l'article 1er, un bâtiment construit en pierres et couvert en tuiles, à usage de filature de coton, chauffée à la vapeur, éclairée au gaz; que ce bâtiment est séparé de ladite maison par un mur en pierres, s'élevant de la base jusqu'au faîte, sans aucune ouverture, et qu'il est élevé sur rez-de-chaussée de trois étages, sans greniers ni caves ou sous-sol.* *La Compagnie donne acte de cette déclaration, et consent à continuer l'assurance moyennant l'augmentation de prime ci-après fixée :* 1° *Le taux de prime de la maison assurée par l'article 1er, est élevé de* **0** *fr.* **60** *c. p. 0/00 à* **4** *fr.* **40** *c. p. 0/00 (2/5 de 11 fr. p. 0/00, taux de prime applicable à la filature), soit, en augmentation,* **3** *fr.* **80** *c. p. 0/00 sur* **dix mille francs**, *ci* . . . . . . . . . . . *38* » 2° *Le taux de prime du mobilier assuré par l'article 2, est porté de* **1** *fr. p. 0/00 à* **4** *fr.* **40** *c. p. 0/00, soit, en augmentation,* **3** *fr.* **40** *c. 0/00 sur* **cinq mille francs**, *ci.* . *47* » 3° *Le taux de prime pour la garantie du recours des voisins est porté de* **0**. *fr.* **20** *c. p. 0/00 à* **2** *fr.* **75** *c. p. 0/00, (1/4 de 11 fr. p. 0/00), soit, en augmentation,* **2** *fr.* **55** *c. p. 0/00 sur* **dix mille francs**, *ci* . . . . . . . . . . . . . . . *25 50* *Ensemble*. . . . . *80 50, ci.* | | | *80* | *50* |
| Montant de la prime nette . . . . | | | *96* | *90* |
| Droit de timbre et frais de répertoire, 4 centimes par 1,000 francs des valeurs assurées. . . . . . . . . . . . . . . . . . . . . . . . | | 0.04 | *1* | *40* |
| TOTAUX. . . . . . . . . | *35.000* | | *98* | *30* |
| Perçu pour le Trésor. — Droit d'enregistrement : 10 0/0 de la prime nette. . . . . . . . | | | *9* | *70* |
| TOTAL. . . . . . . | | | *108* | » |

En conséquence, le capital assuré est fixé à... etc., etc. (*La suite comme au modèle n° 34.*)

MODÈLE N° 45

Transfert des objets assurés d'un lieu dans un autre avec aggravation de risques.

Suivant Police n° *40,172*, en date du *premier avril* 1872, et avenant n° — ——, en date du ———— 18 —, la COMPAGNIE L'AIGLE, a assuré à *M. Gaston LEFORT*, demeurant à *Reims*, une somme de *35,000* francs, moyennant une prime annuelle de *15* fr. *85* c., ci . . . . . . . . . . . . . . . . . . . . . . . . .

*Droits de timbre et d'enregistrement non compris.*

*M. Gaston LEFORT déclare qu'il a fait transporter les objets mobiliers assurés par l'article 1er de ladite Police, dans une maison construite en pierres et couverte en tuiles, sise à Reims, rue du Chapeau-Rouge, n° 40, dans laquelle est exercée la profession d'aubergiste ; et qu'il y a lieu d'affecter à ces locaux, l'assurance des risques locatifs et recours des voisins faisant l'objet des articles 2 et 3.*

*La Compagnie donne acte de cette déclaration, et consent à continuer l'assurance moyennant l'augmentation de prime ci-après :*

*1° Le taux de prime de l'assurance du mobilier est porté de* **0** *fr.* **75** *c. p. 0/00 à* **1** *fr.* **50** *c. p. 0/00, soit, en augmentation,* **0** *fr.* **75** *c. p. 0/00 sur* **quinze mille francs**, *ci* . . . . . . . . . . . . . . *11 25*

*2° Le taux de prime de l'assurance des risques locatifs est porté de* **0** *fr.* **25** *c. p. 0/00 à* **0** *fr.* **45** *c. p. 0/00, soit en augmentation,* **0** *fr.* **20** *c. p. 0/00 sur* **douze mille francs**, *ci* *2 40*

| | SOMME assurée sur chaque article. | TAUX de la prime p. 0/00. | PRIME par chaque article. | |
|---|---|---|---|---|
| | FR. | Fr. C. | FR. | C. |
| Police n° 40,172, ci | *35,000* | | *15* | *85* |
| *Ensemble* . . . . *13 65* ; ci. | | | *13* | *65* |
| Montant de la prime nette . . . . . | | | *29* | *50* |
| Droit de timbre et frais de répertoire, 4 centimes par 1.000 francs des valeurs assurées . . . . . . . . | | 0.04 | *1* | *40* |
| TOTAUX . . . . . . | *35.000* | | *30* | *90* |
| Perçu pour le Trésor. — Droit d'enregistrement 10 0/0 de la prime nette . . . . . . . . | | | *2* | *95* |
| TOTAL . . . . . . | | | *33* | *85* |

En conséquence, le capital assuré est fixé à... etc., etc. (*La suite comme au modèle n° 34.*)

MODÈLE N° 46

Augmentation de la prime des risques locatifs en cas de cessation de l'assurance de l'immeuble par la Compagnie.

Suivant Police n° *6,215* en date du *25 octobre* 1869 et avenant n° ——, en date du ———— 18——, la COMPAGNIE L'AIGLE, a assuré à *M. MONESTIER*, demeurant à *Châlon-sur-Saône*, une somme de *30,000* francs, moyennant une prime annuelle de *12 fr. 50 c.*, ci. . . . . . . . . . . . . . . . . . . . . . . . .

*Droits de timbre et d'enregistrement non compris.*

*Par l'article 2 de la Police précitée, la Compagnie assure à M. MONESTIER, moyennant la prime de* **0** *fr.* **10** *c. pour mille francs, une somme de* **dix mille francs**, *pour le garantir de ses risques locatifs comme occupant une maison sise à Châlon-sur-Saône, rue Saint-Augustin, et que la Compagnie a assurée suivant Police n° 5,957 de la même Agence.*

*Ladite Police, n° 5,957, ayant cessé de produire son effet, le taux de la prime ci-dessus est, conformément aux stipulations de la Police, n° 6,215, susénoncée, porté de* **dix centimes à trente centimes** *pour mille francs, d'où il résulte une augmentation de prime de* **0** *fr.* **20** *c. sur la somme de* **dix mille francs**, *soit* . . . . . . . . . . . . . . . . . . .

| | SOMME assurée sur chaque article. | TAUX de la prime p. 0/00. | PRIME par chaque article. | |
|---|---|---|---|---|
| | FR. | Fr. C. | FR. | C. |
| Police n° 6,215, ci | *30.000* | | *12* | *50* |
| Augmentation, soit | | | *2* | » |
| Montant de la prime nette . . . . . | | | *14* | *50* |
| Droit de timbre et frais de répertoire, 4 centimes par 1,000 francs des valeurs assurées . . . . . . . . | | 0.04 | *1* | *20* |
| TOTAUX . . . . . . | *30.000* | | *15* | *70* |
| Perçu pour le Trésor. — Droit d'enregistrement : 10 0/0 de la prime nette . . . . . . . | | | *1* | *45* |
| TOTAL . . . . . | | | *17* | *15* |

En conséquence, le capital assuré est fixé à... etc., etc. (*La suite comme au modèle n° 34.*)

## MODÈLE N° 47

*Augmentation de prime par suite de cessation de chômage d'une usine.*

| | SOMME assurée sur chaque article. | TAUX de la prime p. 0/00. | PRIME par chaque article. Fr. | C. |
|---|---|---|---|---|
| | Fr. | Fr. C. | | |
| Suivant Police n° *6,250*, en date du *25 novembre* 1865 et avenants n°ˢ *650 et 785*, en date des *28 décembre 1866 et 15 avril* 1867, la COMPAGNIE l'AIGLE, a assuré à *M. BAUDRY (Amand)*, demeurant à *Willer*, une somme de *250,000* francs, moyennant une prime annuelle de *449 fr. 40 c.*, ci. . . . . . *Droits de timbre et d'enregistrement non compris.* | *250.000* | | *449* | *40* |
| *M. BAUDRY (Amand) déclare, ce jour, à la Compagnie, que sa filature de coton, qui est en état de chômage, sera remise en activité à partir du 25 présent mois.* *La Compagnie lui donne acte de sa déclaration, et, par suite, il est convenu que le taux de la prime des articles 4 et 5 de ladite Police, est élevé de* **3** *fr. p. 0/00 à* **10** *fr.* **50** *c. p. 0/00, soit, en augmentation,* **7** *fr.* **50** *c. p. 0/00 sur* **143,000 francs**, *ci*. . . . . . | » | | *1072* | *50* |
| *Le présent avenant n'est que conditionnel, et ne pourra produire d'effet qu'après avoir été revêtu de l'approbation de la Compagnie.* | | | | |
| Montant de la prime nette. . . . | » | | *1521* | *90* |
| Droit de timbre et frais de répertoire, 4 centimes par 1,000 francs des valeurs assurées . . . . . . | » | 0.04 | *10* | » |
| TOTAUX. . . . . . | *250.000* | | *1531* | *90* |
| Perçu pour le Trésor. — Droit d'enregistrement : 10 0/0 de la prime nette. . . . . . | | | *152* | *20* |
| TOTAL. . . . . | | | *1684* | *10* |

En conséquence, le capital assuré est fixé à... etc., etc. (*La suite comme au modèle n° 34.*)

## MODÈLE N° 48

*Réduction de prime pour changement de couverture des bâtiments.*

| | SOMME assurée sur chaque article | TAUX de la prime p. 0/00 | PRIME par article Fr. | C. |
|---|---|---|---|---|
| | Fr. | Fr. C. | | |
| Suivant Police n° *2345*, en date du *10 août* 1869 et avenant n° ———, en date du ——— 18 ———, la COMPAGNIE L'AIGLE a assuré, à *M. BORDES (Jean-Baptiste)*, demeurant à *Boran*, une somme de *73,000*, moyennant une prime annuelle de *171 fr. 50 c.*; ci. . . . . . *Droits de timbre et d'enregistrement non compris.* | *73.000* | | *171* | *50* |
| *M. BORDES déclare à la Compagnie, que les bâtiments d'exploitation, articles 5 et 12 de la Police sus énoncée, qui étaient couverts en chaume, sont actuellement couverts en tuiles.* *La Compagnie donne acte à l'assuré de sa déclaration, et, attendu qu'il en résulte une diminution de risques, elle consent à réduire la prime desdits bâtiments et celle de leur contenu assuré par les articles 6, 7, 8 et 13, ainsi qu'il suit, savoir :* | | | | |
| 1° *De* **4** fr. p. 0/00 *à* **1** fr. **50** c. p. 0/00, *soit une réduction de* **2** fr. **50** c. p. 0/00 *sur* **17,000 francs**, *montant des articles 5, 6, 7, 12 et 13, ci*. . . . . . *Fr.* *42 50* | | | | |
| 2° *De* **4** fr. p. 0/00 *à* **1** fr. **75** c. p. 0/00, *soit une réduction de* **2** fr. **25** c. p. 0/00 *sur* **4,000 francs**, *montant de l'article 8, ci.* *9 »* | | | | |
| *Montant de la réduction* . . . . . . *Fr.* *51 50* | | | *51* | *50* |
| *Reste* . . . . . . | | | *120* | » |
| Montant de la prime nette . . . . . . | | | *120* | » |
| Droit de timbre et frais de répertoire, 4 centimes par 1,000 francs des valeurs assurées . . . . . . | | 0.04 | *2* | *90* |
| TOTAUX. . . . . | *73.000* | | *122* | *90* |
| Perçu pour le Trésor. — Droit d'enregistrement : 10 0/0 de la prime nette. . . . . . | | | *12* | » |
| TOTAL. . . . . . . . | | | *134* | *90* |

En conséquence, le capital assuré est fixé à... etc., etc. (*La suite comme au modèle n° 34.*)

## MODÈLE N° 49

*Réduction par suite de vente partielle.*

| | SOMME assurée sur chaque article | TAUX de la prime p. 0/00. | PRIME par chaque article Fr. | C. |
|---|---|---|---|---|
| Suivant Police n° *4585*, en date du *29 octobre* 18*69* et avenant n°_____ en date du ________ 18____, la COMPAGNIE L'AIGLE a assuré, à M. *ROBERT* (*Narcisse*), demeurant à *Besançon*, une somme de *118,000 francs*, moyennant une prime annuelle de *63 fr. 50 c.*, ci. | Fr. *118.000* | F. C. » | Fr. *63* | C. *50* |
| *Droits de timbre et d'enregistrement non compris.* | | | | |
| *M. ROBERT (Narcisse) déclare qu'il a vendu la maison garantie par l'article 2 de la Police sus énoncée, à M. LEBIGRE (Joseph), qui l'a fait assurer par la* COMPAGNIE L'AIGLE, *suivant Police n° 6350 de ladite Agence, à la date du 15 juillet dernier.* | | | | |
| *Par suite, la Compagnie consent à diminuer le montant de l'assurance de M. ROBERT (Narcisse), de la somme de* . . . . . . . . . . . . . . . | *10.000* | | | |
| *et à réduire la prime annuelle de*. . . . . . . . . . . . . . . . . . . . . | | | *3* | » |
| *Reste*. . . . . . . . . . | *108.000* | | *60* | *50* |
| Montant de la prime nette. . . . . . . . . . | | | *60* | *50* |
| Droit de timbre et frais de répertoire, 4 centimes par 1,000 francs des valeurs assurées. . . . . . . . . . . . . . . . . . . . . . . . . . | | 0.04 | *4* | *30* |
| TOTAUX . . . . . . . . . | *108.000* | | *64* | *80* |
| Perçu pour le Trésor. — Droit d'enregistrement : 10 0/0 de la prime nette. . . . . | | | *6* | *05* |
| TOTAL. . . . . . . . | | | *70* | *85* |

En conséquence, le capital assuré est fixé à... etc., etc. (*La suite comme au modèle n° 34.*)

NOTA. — En cas de vente partielle, il est interdit de transférer *par avenant*, au nom de l'acquéreur, l'assurance de l'objet vendu, attendu qu'une seule Police ne saurait servir de titre à deux personnes distinctes, ayant des intérêts différents, et que chaque assuré doit avoir, entre les mains, un contrat qui constate ses droits et ses obligations.

En pareil cas, après avoir souscrit une nouvelle Police au nom de l'acquéreur, on annule purement et simplement, sur la Police du vendeur, l'article concernant l'objet vendu, au moyen d'un avenant rédigé conformément au modèle ci-dessus.

## MODÈLE N° 50

*Réduction par suite de diminution dans l'importance d'un commerce.*

| | SOMME assurée sur chaque article | TAUX de la prime p. 0/00 | PRIME par chaque article FR. | C. |
|---|---|---|---|---|
| Suivant Police n° *12025*, en date du *25 décembre* 18*68* et avenant n° , en date du 18 , la COMPAGNIE L'AIGLE a assuré, à M. *BRIAND* (*Joseph*), demeurant à *Saint-Etienne*, une somme de *182,500 francs*, moyennant une prime annuelle de *160 fr. 80*, ci. . . | FR. *182.500* | FR. C. | *160* | *80* |
| *Droits de timbre et d'enregistrement non compris.* | | | | |
| *M. BRIAND (Joseph) ayant diminué l'importance de son commerce de soieries, sur sa demande, la Compagnie consent à réduire à* **soixante-quinze mille francs** *l'assurance de* **cent mille francs**, *constatée sur marchandises par l'article 1er de la Police susénoncée, soit une réduction de* . . . . . . . . . . . *Fr.* 25.000 à 0 75 = 18 75<br>*Plus : pour l'explosion du gaz, à raison de* 0 15 = 3 75<br>*et pour l'explosion de la foudre, à raison de* 0 10 = 2 50 | | | | |
| Ensemble à déduire. . . . . . Fr. 25.000 25 » | *25.000* | | *25* | » |
| *Reste*. . . . . . . . . . . . . | *157.500* | | *135* | *80* |
| Montant de la prime nette. . . . . . . | | | *135* | *80* |
| Droit de timbre et frais de répertoire, 4 centimes par 1,000 francs des valeurs assurées. . . . . . . . . . . . . . . . . . . . . . . . . . | | 0.04 | *6* | *30* |
| TOTAUX. . . . . . . | *157.500* | | *142* | *10* |
| Perçu pour le Trésor. — Droit d'enregistrement : 10 0/0 de la prime nette. . . . . . . | | | *13* | *60* |
| TOTAL . . . . . . . . . . | | | *155* | *70* |

En conséquence, le capital assuré est fixé à... etc. etc. *La suite comme au modèle n° 34.*)

MODÈLE N° 51

*Réduction par suite de liquidation et de cessation de commerce.*

| | SOMME assurée sur chaque article. | TAUX de la prime p. 0/00. | PRIME par chaque article Fr. | C. |
|---|---|---|---|---|
| | Fr. | Fr. C. | Fr. | C. |
| Suivant Police n° *6,865*, en date du *onze juillet* 18*68*, et avenant n° , en date du 18 , la COMPAGNIE L'AIGLE a assuré, à M. *LEDUC (Alphonse)*, demeurant à *Dijon*, une somme de *95,800 francs*, moyennant une prime annuelle de *88 fr. 60 c.*, ci. . . . | *95.800* | | *88* | *60* |
| *Droits de timbre et d'enregistrement non compris.* | | | | |
| *M. LEDUC (Alphonse) déclare à la Compagnie qu'il n'exerce plus son commerce de liqueurs, et que, par suite, il ne possède plus les marchandises ni le matériel compris sous les articles 2 et 3 de la Police susénoncée.* | | | | |
| *La Compagnie donne acte à l'assuré de sa déclaration, et consent à annuler, à partir de ce jour, l'assurance constatée par les articles 2 et 3 précités; ce qui donne lieu à une réduction de capital de* **soixante mille francs**, ci. . . . . . . . . . . . | *60.000* | | | |
| *et à une diminution de prime de* **soixante-seize francs cinquante centimes**, ci . . . . . . . . . . | | | *76* | *50* |
| *y compris la surprime qui avait été stipulée pour la garantie de l'explosion du gaz.* | | | | |
| *Reste.* . . . . . . . . | *35.800* | | *12* | *10* |
| *Il n'est apporté, par le présent avenant, aucune modification à l'assurance constatée par les articles 1, 4 et 5 de la susdite Police.* | | | | |
| Montant de la prime nette. . . . . | | | *12* | *10* |
| Droit de timbre et frais de répertoire, 4 centimes par 1,000 francs des valeurs assurées. . . . . . . . . . | | 0.04 | *1* | *40* |
| TOTAUX. . . . . . . . . | *35.800* | | *13* | *50* |
| Perçu pour le Trésor. — Droit d'enregistrement : 10 0/0 de la prime nette. . . . . . . | | | *1* | *20* |
| TOTAL. . . . . . . . . | | | *14* | *70* |

En conséquence, le capital assuré est fixé à... etc., etc. (*La suite comme au modèle n° 34.*)

MODÈLE N° 52

*Résiliation partielle après sinistre.*

| | SOMME assurée sur chaque article. | TAUX de la prime p. 0/00. | PRIME par chaque article. Fr. | C. |
|---|---|---|---|---|
| | Fr. | Fr. C. | Fr. | C. |
| Suivant Police n° *3563*, en date du *31 Mai* 18*70* et avenant n° , en date du 18 , la COMPAGNIE L'AIGLE a assuré, à M. *BARDOU (Isidore)*, demeurant à *Brillac*, une somme de *18,000 fr.*, moyennant une prime annuelle de *57 fr. 30 c.*, ci . . . . | *18.000* | | *57* | *30* |
| *Droits de timbre et d'enregistrement non compris.* | | | | |
| *Par suite de l'incendie survenu le 30 août dernier, et qui a entièrement détruit le bâtiment qui était assuré par l'article 3 de la Police susénoncée, la Compagnie, en maintenant ladite Police pour ce qui concerne les articles 1, 2 et 4, consent à l'annulation de l'article 3, soit à une réduction de capital de* **deux mille francs**, ci. . . . . . . . . | *2.000* | | | |
| *Et à une diminution de prime de* **quatorze francs**, ci . . . . | | | *14* | » |
| *Reste.* . . . . . | *16.000* | | *43* | *30* |
| Montant de la prime nette. . . . . . . | | | *43* | *30* |
| Droit de timbre et frais de répertoire, 4 centimes par 1,000 fr. des valeurs assurées . . . . . . . . . . . | | 0.04 | » | *65* |
| TOTAUX. . . . . . | *16.000* | | *43* | *95* |
| Perçu pour le Trésor. — Droit d'enregistrement : 10 0/0 de la prime nette. . . . . . | | | *4* | *35* |
| TOTAL. . . . . . . . | | | *48* | *30* |

En conséquence, le capital assuré est fixé à... etc., etc. (*La suite comme au modèle n° 34.*)

## MODÈLE N° 53

Déclaration annuelle de la valeur, la nature et la situation des récoltes en meules, avec réduction dans les valeurs et dans la prime.

| | SOMME assurée sur chaque article | TAUX de la prime p. 0/00 | PRIME par chaque article | |
|---|---|---|---|---|
| | Fr. | Fr. C. | Fr. | C. |
| Suivant police n° *8900*, en date du *15 août* 1872 et avenant n° ——— en date du ——— 18 , la COMPAGNIE L'AIGLE a assuré, à M. *MAHY*, demeurant à *Pierrefonds*, une somme de *50,000 francs*, moyennant une prime annuelle de *277 francs*, ci . . . . . . . . . . . . . . | *50.000* | | *277* | » |
| *Pour se conformer aux conditions générales et particulières de la Police sus énoncée, M. MAHY déclare que la valeur de ses récoltes en meules s'élève, cette année, à la somme de* **quarante-deux mille francs,** *assurée comme suit :* | | | | |
| *1°* **Vingt-deux mille francs,** *pour l'année, ci.* . . . . . . . . . | *22.000* | *6* » | *132* | » |
| *2°* **Vingt mille francs,** *pour six mois, du 16 août au 16 février, ci.* | *20.000* | *4* » | *80* | » |
| *Lesdites meules se composent et sont réparties comme il va être dit ci-après :*<br>*1° Au fond d'Autreval :* **Dix mille francs,** *sur avoine en une seule meule, ci.* . . . . . . . . . . *10.000*<br>*2° Au chemin du Chêne :* **Dix mille francs,** *sur blé en deux meules, à dix mètres l'une de l'autre, ci.* . . . . . . . *10.000*<br>*3° Au chemin Bayard :* **Vingt-deux mille francs,** *sur blé en cinq meules, à trente mètres au moins l'une de l'autre, ci* . . *22.000*<br>*Ensemble.* . . . . . . . . . . *42.000* | | | | |
| *Il demeure convenu que les conditions précédentes remplacent complétement, à dater de ce jour, mais pour une année seulement, celles stipulées dans la Police ci-dessus énoncée, et que le présent avenant représente seul les valeurs garanties sur récoltes en meules.* | | | | |
| Montant de la prime nette. . . . . . . | | | *212* | » |
| Droit de timbre et frais de répertoire, 4 centimes par 1,000 francs des valeurs assurées. . . . . . . . . . . . . . . . . . . . . . . . | | 0.04 | *1* | 70 |
| TOTAUX. . . . . . | *42.000* | | *213* | 70 |
| Perçu pour le Trésor. — Droit d'enregistrement : 10 0/0 de la prime nette. . . . . . . | | | *21* | *20* |
| TOTAL. . . . . . . . . . . . . | | | *234* | *90* |

En conséquence, le capital assuré est fixé à..., etc., etc. (*La suite comme au modèle n° 34.*)

## MODÈLE N°

Réduction de prime, sans ristourne, par suite de diminution de risques.

| | SOMME assurée sur chaque article. | TAUX de la prime p. 0/00. | PRIME par chaque article. | |
|---|---|---|---|---|
| | Fr. | Fr. C. | Fr. | C. |
| Suivant Police n° *40172*, en date du *premier avril* 1872, et avenant n° *2435*, en date du *onze juillet* 1873, la COMPAGNIE L'AIGLE a assuré, à M. *LEFORT* (*Gaston*), demeurant à *Reims*, une somme de *35,000 francs*, moyennant une prime annuelle de *29 fr. 50* c., ci. . . . . . . . . . . | *35.000* | | *29* | *50* |
| *Droits de timbre et d'enregistrement non compris.* | | | | |
| M. *LEFORT* (*Gaston*), *déclare que la profession d'aubergiste n'est plus exercée dans la maison sise à Reims, rue du Chapeau-Rouge, n° 40, où il demeure, et que ladite maison sert actuellement de simple habitation.* | | | | |
| *La Compagnie donne acte à l'assuré de sa déclaration, et, attendu qu'il en résulte une diminution de risque, elle consent à supprimer l'augmentation de prime qui a été stipulée dans l'avenant n° 2435 susrelaté, soit une réduction de* **treize francs soixante-cinq centimes,** *ci* . . . | | | *13* | *65* |
| *Reste.* . . . . . . . . . | | | *15* | *85* |
| Montant de la prime nette. . . . . . . . . . . | | | *15* | *85* |
| Droit de timbre et frais de répertoire, 4 centimes par 1,000 francs des valeurs assurées. . . . . . . . . . . . . . . . . . . . . . . . | | 0.04 | *1* | *40* |
| TOTAUX. . . . . . . | *35.000* | | *17* | *25* |
| Perçu pour le Trésor. — Droit d'enregistrement : 10 0/0 de la prime nette. . . . . . | | | *1* | *60* |
| TOTAL. . . . . . . | | | *18* | *85* |

En conséquence, le capital assuré est fixé à... etc., etc. (*La suite comme au modèle n° 34.*)

## MODÈLE N° 55

Réduction de prime sans ristourne par suite du chômage d'une usine.

| | SOMME assurée sur chaque article | TAUX de la prime p. 0/00 | PRIME par chaque article | |
|---|---|---|---|---|
| | Fr. | Fr. C. | Fr. | c. |
| Suivant Police n° *6250*, en date du *25 novembre 1865* et avenant n° *978*, en date du *15 avril 1869*, la COMPAGNIE L'AIGLE a assuré, à M. *BAUDRY (Armand)*, demeurant à *Willer*, une somme de *250,000 francs*, moyennant une prime annuelle de *1,521 fr. 90 c.*, ci . . . . . . . . . | *250.000* | | *1.521* | *90* |
| *Droits de timbre et d'enregistrement non compris.* | | | | |
| *Sur la déclaration de M. BAUDRY (Armand), que sa filature de coton est actuellement en état de chômage complet, la Compagnie consent à réduire le taux de la prime des articles 4 et 5 de la Police sus-énoncée, de* **10** fr. **50** c. p. 0/00 *à* **3** fr. p. 0/00, *soit une réduction de* **7** fr. **50** c. p. 0/00 *sur* **143,000 francs**, *montant desdits articles, ci*. . . . . . | | | *1.072* | *50* |
| *Reste*. . . . . . . . . | | | *449* | *40* |
| *Il est bien entendu que l'assurance ne porte que sur la filature en état de chômage, et que du moment où elle devra être mise en activité, même partiellement, l'assuré sera tenu, sous peine de déchéance, d'en faire préalablement la déclaration à la Compagnie, et de payer la prime afférente à l'usine en activité, conformément au tarif de la Compagnie alors en vigueur.* | | | | |
| Montant de la prime nette. . . | | | *449* | *40* |
| Droit de timbre et frais de répertoire, 4 centimes par 1,000 francs des valeurs assurées . . . . . . . . . . . . . . . . . . . . . | | 0.04 | *10* | » |
| TOTAUX . . . . . . | *250.000* | | *459* | *40* |
| Perçu pour le Trésor. — Droit d'enregistrement : 10 0/0 de la prime nette . . . . . | | | *44* | *95* |
| TOTAL. . . . . . . | | | *504* | *35* |

En conséquence, le capital assuré est fixé à... etc., etc. (*La suite comme au modèle n° 34.*)

NOTA. — Il n'y a pas lieu à ristourne de prime, lorsqu'une fabrique ou usine est mise en chômage dans le courant d'une année, attendu que si le chômage est une diminution de risque, il ne constitue pas une amélioration. (*Voir art. 255 des Instructions.*)

## MODÈLE N° 56

Diminution de prime, avec ristourne, par suite d'amélioration de risques.

| | SOMME assurée sur chaque article | TAUX de la prime p. 0/00 | PRIME par chaque article | |
|---|---|---|---|---|
| | Fr. | Fr. C. | Fr. | C. |
| Suivant Police n° *36450*, en date du *29 décembre 1867*, et avenant n° ______, en date du ____________ 18___, la COMPAGNIE L'AIGLE a assuré, à M. *BENOIT (Adrien)*, demeurant à *Reims*, une somme de *95,000 francs*, moyennant une prime annuelle de *1,040 francs*, ci. . . . | *95.000* | | *1.040* | » |
| *Droits de timbre et d'enregistrement non compris.* | | | | |
| *M. BENOIT (Adrien) déclare à la Compagnie, qu'il vient de substituer dans sa filature de laine grasse, assurée par la Police précitée, le chauffage à la vapeur au chauffage par calorifères qui existait précédemment.*<br>*La Compagnie donne acte à l'assuré de sa déclaration, et, vu l'amélioration résultant du nouveau mode de chauffage, il est convenu, entre les parties, que le taux de la prime sera abaissé de* **12** fr. p. 0/00 *à* **9** fr. p. 0/00, *soit une réduction de* **3** fr. p. 0/00 *sur la somme de* **95,000 francs** *assurée par la susdite Police, ci*. . . . . . . . . . . . | | | *285* | » |
| *Reste*. . . . . . . . . | | | *755* | » |
| *Sur la demande de M. BENOIT, et en raison de l'amélioration du risque ci-dessus constatée, la Compagnie consent à lui rembourser, contre quittance séparée, sur le montant de la réduction de prime, pour prorata du temps restant à courir de ce jour au 30 décembre prochain, soit pour* 180 jours, *la somme de* cent quarante francs cinquante-cinq centimes, ci. . . . . . . . . . . . . . . . . . . . . . *140 fr. 55 c.*<br>*Plus le droit d'enregistrement de* 10 *p. 0/0, ci*. . . . *14 05*<br>*Ensemble*. . . . *154 60* | | | | |
| Montant de la prime nette. . . . . | | | *755* | » |
| Droit de timbre et frais de répertoire, 4 centimes par 1,000 francs des valeurs assurées. . . . . . . . . . . . . . . . . . . . . . . . . | | 0.04 | *3* | *80* |
| TOTAUX . . . . . | *95.000* | | *758* | *80* |
| Perçu pour le Trésor. — Droit d'enregistrement : 10 0/0 de la prime nette . . . . . . . . | | | *75* | *50* |
| TOTAL. . . . . . . . . . . | | | *834* | *30* |

En conséquence, le capital assuré est fixé à... etc., etc. (*La suite comme au modèle n° 34.*)

NOTA. — La ristourne de prime n'est accordée que dans le cas d'amélioration des risques industriels. — (*Voir art. 254 des Instructions.*)

MODÈLE N° 57

(*Art. 334 des Instructions.*)

Avenant de nouvelle répartition ou avenant Police, avec réduction dans les valeurs et dans la prime.

| | SOMME assurée sur chaque article | TAUX de la prime p. 0/00 | PRIME par chaque article | |
|---|---|---|---|---|
| | Fr. | Fr. c. | Fr. | C. |
| Suivant Police *n° 48479*, en date du *26 novembre 1869* et avenants *n°s 6459, 6964, 7045 et 7358*, en date des 18 , la COMPAGNIE L'AIGLE a assuré, à M. *BEAUMONT (Paul)*, demeurant à *Amiens*, une somme de *83,500 francs*, moyennant une prime annuelle de *59 fr. 75 c.*, ci. . . . . . . . . . . . . . . . . . . . . . . . . . | *83.500* | | *59* | *75* |
| *D'un commun accord entre les parties, il est convenu que les conditions particulières stipulées dans la Police sus énoncée et les quatre avenants y annexés sont, à compter de ce jour, annulées et remplacées par les conditions particulières qui suivent :* | | | | |
| *1°* **Trente mille francs**, *sur une maison servant d'habitation, de boulangerie, de magasins de grains et d'écurie, construite en pierres et briques, couverte en ardoises, et sise à Amiens, rue des Trois-Cailloux, n° 29, ci.* . . . . . . . . . . . . . . . . . . . . . . . . | *30.000* | *0.40* | *12* | » |
| *L'assuré déclare que la boulangerie occupe moins du quart de l'immeuble ci-dessus désigné.* | | | | |
| *2°* **Quatre mille francs**, *sur marchandises en général relatives à la profession de boulanger, consistant principalement en blé, farine, pain manutentionné et en manutention, bois et braise, ci.* . . . . . . . . . . . | *4.000* | *1.50* | *6* | » |
| *3°* **Trois mille francs**, *sur le mobilier industriel de l'établissement, consistant principalement en comptoir, étagères, pétrins, pannetons, y compris la construction du four, ci.* . . . . . . . . . . . . . . . . . . . . | *3.000* | *1.50* | *4* | *50* |
| *4°* **Cinq mille francs**, *sur le mobilier personnel de l'assuré, et sur celui des personnes à son service; ces mobiliers sont composés de meubles, glaces, pendules, ornements, tapis, rideaux, literie, linge, effets d'habillement, ustensiles et provisions de ménage, ci.* . . . . . . . . . . . . . . | *5.000* | *1.50* | *7* | *50* |
| *Les objets désignés aux articles 2, 3 et 4 existent ou peuvent exister dans la maison, article 1er, et ses dépendances.* | | | | |
| *5°* **Dix mille francs**, *sur recours des voisins de ladite maison, ci...* | *10.000* | *0.20* | *2* | » |
| *Il est expressément convenu que les dégradations occasionnées au four par suite du travail journalier de la boulangerie, ne pourront, en aucun cas, être à la charge de la Compagnie.* | | | | |
| Montant de la prime nette. . . . . . . . | » | » | *32* | » |
| Droit de timbre et frais de répertoire, 4 centimes par 1,000 francs des valeurs assurées . . . . . . . . . . . . . . . . . . . . . . . . . . . . . | » | 0.04 | *2* | *10* |
| TOTAUX . . . . . . . | *52.000* | » | *34* | *40* |
| Perçu pour le Trésor. — Droit d'enregistrement : 10 0/0 de la prime nette. . . . . . | | | *3* | *20* |
| TOTAL. . . . . . . . . . | | | *37* | *30* |

En conséquence, le capital assuré est fixé à... etc., etc. (*La suite comme au modele n° 34.*)

MODÈLE N° 58

Augmentation et réduction sur divers articles d'une Police avec tracé partiel. (Assurance faite par plusieurs Compagnies.)

| | SOMME assurée sur chaque article | TAUX de la prime p. 0/00 | PRIME par chaque article | |
|---|---|---|---|---|
| | Fr. | Fr. c. | Fr. | C. |
| Suivant Police *n° 12156*, en date du *25 juin 1868* et avenant n° , en date du 18 , la COMPAGNIE L'AIGLE a assuré, à MM. *Ch. DELAUNAY et Cie*, demeurant à *Lille*, une somme de *83,000 francs*, moyennant une prime annuelle de *1,192 fr. 90 c.*, ci. . . | *83.000* | | *1.192* | *90* |
| *Droits de timbre et d'enregistrement non compris.* | | | | |
| *Sur la proposition des assurés, la Compagnie leur assure, en outre, à partir de demain, à midi, aux conditions générales et particulières de la Police sus énoncée et pendant toute sa durée, la somme de* **six mille francs**, *formant le* **sixième** *d'une augmentation totale de* **trente-six mille francs**, *savoir :* | | | | |
| *A reporter* . . . . | *83.000* | » | *1.192* | *90* |

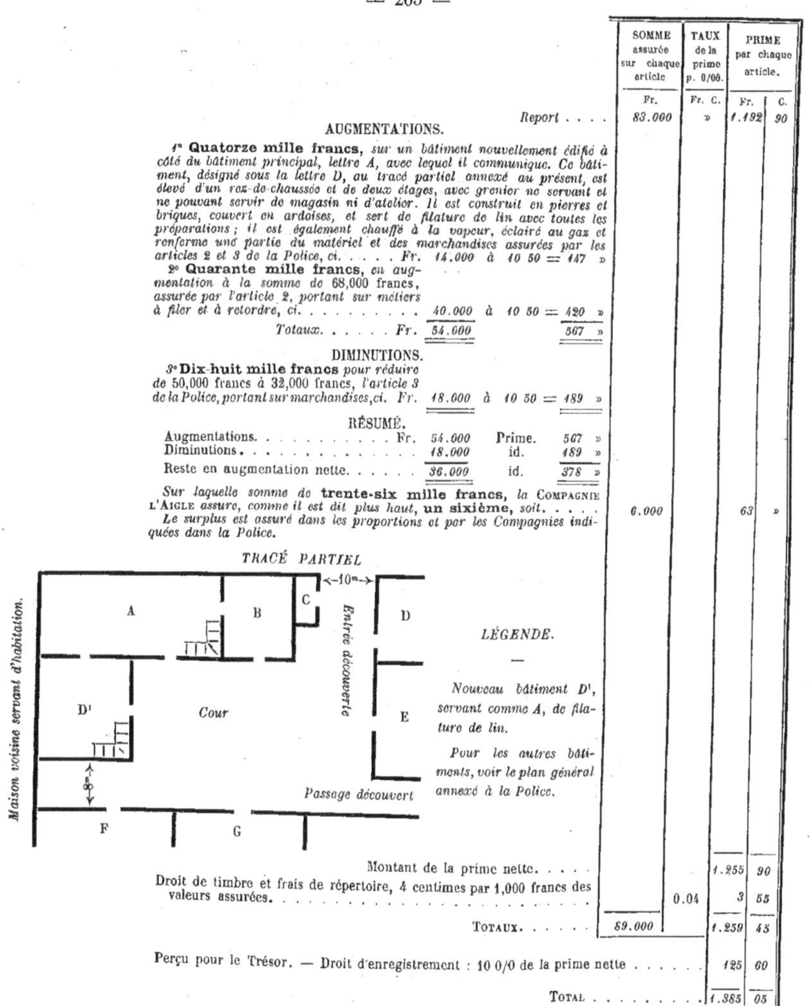

| | SOMME assurée sur chaque article | TAUX de la prime p. 0/00. | PRIME par chaque article. | |
|---|---|---|---|---|
| | Fr. | Fr. C. | Fr. | C. |
| *Report* . . . . | *83.000* | » | *1.192* | *90* |

AUGMENTATIONS.

*1°* **Quatorze mille francs,** *sur un bâtiment nouvellement édifié à côté du bâtiment principal, lettre A, avec lequel il communique. Ce bâtiment, désigné sous la lettre D, au tracé partiel annexé au présent, est élevé d'un rez-de-chaussée et de deux étages, avec grenier ne servant et ne pouvant servir de magasin ni d'atelier. Il est construit en pierres et briques, couvert en ardoises, et sert de filature de lin avec toutes les préparations ; il est également chauffé à la vapeur, éclairé au gaz et renferme une partie du matériel et des marchandises assurées par les articles 2 et 3 de la Police, ci.* . . . . *Fr.* *14.000* à *10 50* = *147* »

*2°* **Quarante mille francs,** *en augmentation à la somme de* 68,000 francs, *assurée par l'article 2, portant sur métiers à filer et à retordre, ci.* . . . . . . . . . . *40.000* à *10 50* = *420* »

*Totaux.* . . . . . *Fr.* *54.000* — *567* »

DIMINUTIONS.

*3°* **Dix-huit mille francs** *pour réduire de* 50,000 francs à 32,000 francs, *l'article 3 de la Police, portant sur marchandises, ci.* *Fr.* *18.000* à *10 50* = *189* »

RÉSUMÉ.

| | | | |
|---|---|---|---|
| Augmentations. . . . . . . . . . . . Fr. | *54.000* | Prime. | *567* » |
| Diminutions. . . . . . . . . . . . . . | *18.000* | id. | *189* » |
| Reste en augmentation nette. . . . . . | *36.000* | id. | *378* » |

*Sur laquelle somme de* **trente-six mille francs,** *la* Compagnie l'Aigle *assure, comme il est dit plus haut,* **un sixième,** *soit.* . . . . — *6.000* — *63* »

*Le surplus est assuré dans les proportions et par les Compagnies indiquées dans la Police.*

*TRACÉ PARTIEL*



*LÉGENDE.*

—

*Nouveau bâtiment D', servant comme A, de filature de lin.*

*Pour les autres bâtiments, voir le plan général annexé à la Police.*

| | SOMME | TAUX | PRIME Fr. | C. |
|---|---|---|---|---|
| Montant de la prime nette. . . . . | | | *1.255* | *90* |
| Droit de timbre et frais de répertoire, 4 centimes par 1,000 francs des valeurs assurées. . . . . . . . . . . . . . . . . . . . . | | 0.04 | *3* | *55* |
| Totaux. . . . . . | *89.000* | | *1.259* | *45* |
| Perçu pour le Trésor. — Droit d'enregistrement : 10 0/0 de la prime nette . . . . . . | | | *125* | *60* |
| Total . . . . . . . . . | | | *1.385* | *05* |

En conséquence, le capital assuré est fixé à... etc., etc. (*La suite comme au modèle n° 34.*)

MODÈLE N° 59

(*Art. 350 des Instructions*)
Avenant suspensif.

| | SOMME assurée sur chaque article | TAUX de la prime p. 0/00 | PRIME par chaque article | |
|---|---|---|---|---|
| Suivant Police n° *6567*, en date du *15 Août 1868* et avenant n° , en date du 18 , la COMPAGNIE L'AIGLE a assuré, à *M. FLAJEOLET (Casimir)*, demeurant à *Bellefontaine*, une somme de *9.500 francs* moyennant une prime annuelle de *63 fr. 10 c.*, ci. | FR. *9.500* | FR. C. | FR. *63* | C. *10* |
| *M. FLAJEOLET (Casimir) déclare à la Compagnie, que, par suite du manque de récoltes, en la présente année, il n'a établi aucune meule sur les terrains de la ferme des Bordes qu'il exploite.* | | | | |
| *En conséquence, il est convenu, entre les parties, que les effets de la Police susénoncée sont et demeurent entièrement suspendus, mais pour une année seulement, à partir du 15 août courant jusqu'au 15 août de l'année prochaine.* | | | | |
| Montant de la prime nette . . . . . | | | | |
| Droit de timbre et frais de répertoire, 4 centimes par 1.000 francs des valeurs assurées. . . . . . . . . . . . . . . . . . . . . . . . | » | 0.04 | » | » |
| TOTAUX. . . . . . . | » | | » | » |
| Perçu pour le Trésor. — Droit d'enregistrement : 10 0/0 de la prime nette. . . . . . | | | » | » |
| TOTAL. . . . . | | | » | » |

En conséquence, le capital assuré est fixé à.......

MODÈLE N° 60

Mutation de propriété par suite de vente.

Suivant Police n°, etc.

*M. GIRARDIN déclare que les bâtiments compris sous les divers articles de ladite Police sont devenus la propriété de M. SELLIÈRE, par suite de vente, et il demande que ledit sieur SELLIÈRE soit substitué par la Compagnie, dans tous ses droits et actions, en raison de la Police précitée.*

*La Compagnie donne acte à M. GIRARDIN de sa déclaration, et consent, au profit de M. SELLIÈRE, susnommé, qui l'accepte, la substitution demandée.*

*En conséquence, elle reconnaît M. GIRARDIN comme dégagé de son contrat, et M. SELLIÈRE comme à lui substitué dans tous les droits qui lui sont garantis par ladite Police n° 1800, à charge par lui d'en exécuter toutes les clauses et conditions.*

NOTA. — Cet avenant de mutation doit être signé par l'ancien et le nouvel assuré, et une ampliation doit être remise à chacun d'eux.

MODÈLE N° 61

Mutation de propriété par suite de décès.

Suivant Police n° etc.

*M. POLLARD (Jean), demeurant à Rethel, rue Saint-Nicolas, n° 12, ayant déclaré que par suite du décès de M. MARINIER, son oncle, il est devenu seul propriétaire des objets décrits aux divers articles de ladite Police, il demeure convenu que l'assurance aura son plein et entier effet au nom et au profit de M. POLLARD, qui accepte toutes les clauses et conditions de la Police susénoncée, et s'engage à payer les primes stipulées aux époques convenues.*

MODÈLE N° 62

Formation de Société. — Transfert de l'assurance au nom de la Société.

Suivant Police n° etc.

*M. JOURDAIN déclare que, par suite de formation de Société, tous les objets assurés par la Police précitée sont devenus la propriété de la Société formée entre lui et différents commanditaires, sous la raison sociale JOURDAIN et Cie.*

*La Compagnie donne acte de cette déclaration, et consent à continuer l'assurance dont s'agit, au nom et au profit de MM. JOURDAIN et Cie, à charge par ceux-ci de se conformer à toutes les clauses et conditions, tant générales que particulières, de la Police, et à payer les primes annuelles qui y sont stipulées.*

---

MODÈLE N° 63

Dissolution de Société. — Transfert au nom d'un seul des associés.

Suivant Police n° , etc.

*Pour se conformer aux conditions générales de la Police, MM. JOURDAIN et COLLINET déclarent que la Société formée entre eux sous la raison sociale : JOURDAIN et COLLINET, vient d'être dissoute, et que tous les objets assurés par la Police susénoncée, sont maintenant la propriété de M. JOURDAIN seul.*

*La Compagnie leur donne acte de cette déclaration, et, par suite, il demeure convenu que la susdite Police aura désormais son plein et entier effet au nom et au profit de M. JOURDAIN, qui prend l'engagement de se conformer à toutes les clauses et conditions de la Police et de l'avenant susénoncés, et à payer les primes annuelles qui y sont stipulées.*

NOTA. — Cet avenant doit être signé par toutes les parties intéressées et fait en autant d'originaux qu'il y a de parties.

---

MODÈLE N° 64

Déclaration de faillite. — Transfert de l'assurance au nom du syndic.

Suivant Police n° , etc.

*M. HÉNOCQUE (Narcisse), demeurant à Carpentras, déclare, pour se conformer aux conditions générales de la Police, que MM. RIVIÈRE, LAFEUILLE et Cie, titulaires de la Police sus relatée, ont été déclarés en faillite, et qu'il a été nommé syndic judiciaire.*

*La Compagnie lui donne acte de sa déclaration, et, par suite, il est convenu que l'assurance résultant de ladite Police produira, à partir de ce jour, ses effets au profit de la masse des créanciers des faillis représentés par M. HÉNOCQUE (Narcisse), lequel accepte, en sa qualité de syndic judiciaire, toutes les clauses et conditions de la Police susénoncée.*

---

MODÈLE N° 65

Changements dans les distributions ou locaux.

Suivant Police n° , etc.

*M. GILBERT déclare qu'il a fait démolir une aile de bâtiment assuré par l'article 1er de ladite Police et qu'il l'a fait remplacer par un autre bâtiment construit en pierres et moellons, couvert en tuiles, à l'usage de cellier et remise.*

*La Compagnie lui donne acte de cette déclaration, et, attendu que la nouvelle construction n'aggrave pas le risque et qu'elle est de même valeur que le bâtiment qui existait antérieurement, il est convenu que la Police continuera son effet sans autre changement.*

MODÈLE N° 66

Transfert des objets assurés d'un lieu dans un autre sans aggravation de risques.

Suivant Police n° , etc.

*M. GASTON LEFORT déclare qu'il a fait transporter les objets mobiliers assurés par l'article 1er de ladite Police, dans une maison construite en pierres et couverte en tuiles, sise à Reims, rue du Chapeau-Rouge, n° 40, dans laquelle il n'est exercé aucune profession augmentant les risques, et il demande que l'assurance des risques locatifs et recours des voisins faisant l'objet des articles 2 et 3, soit affectée aux locaux qu'il occupe dans ladite maison.*

*La Compagnie lui donne acte de cette déclaration, et, attendu qu'il n'en résulte pas d'aggravation de risques, consent à continuer l'assurance dans le nouveau local qu'il occupe, à la charge par lui d'exécuter les clauses et conditions de la Police susénoncée.*

MODÈLE N° 67

Déclaration d'une assurance supplémentaire sur les mêmes objets par une Compagnie.

Suivant Police n° , etc.

*Pour se conformer aux conditions générales de la Police, M. CHAVANON déclare qu'en supplément à la somme de* 50.000 francs, *garantie par ladite Police, il a fait couvrir sur les mêmes objets, par la Compagnie du Soleil, une somme de* 20,000 francs, *répartie comme suit :*

| | |
|---|---|
| 1° **Cinq mille francs** *sur marchandises, ci* . . . . . . . . . . | *5.000* |
| 2° **Deux mille cinq cents francs** *sur mobilier industriel, ci.* | *2.500* |
| 3° **Deux mille cinq cents francs** *sur mobilier personnel, ci.* | *2.500* |
| 4° **Cinq mille francs** *sur risques locatifs, ci.* . . . . . . . . | *5.000* |
| 5° **Cinq mille francs** *sur recours des voisins, ci.* . . . . . . | *5.000* |
| *Somme égale.* . . . . | *20.000* |

*La Compagnie donne acte de cette déclaration, et, en cas de sinistre, elle ne sera responsable qu'au prorata de la somme assurée par elle.*

MODÈLE N° 68

(*Art. 405 des Instructions.*)

Résiliation totale d'une assurance.

*Entre les soussignés :*

*M.* ______ *Agent fondé de pouvoirs de la* COMPAGNIE L'AIGLE, *stipulant en cette qualité, d'une part ;*

*Et M.* ______ *Assuré à la même Compagnie, suivant Police n°* ______, *de l'Agence de* ______

*d'autre part ;*

*Il a été convenu que l'assurance résultant de la Police ci-dessus relatée est et demeure résiliée, à dater de* ______, *pour cause de* ______

*Fait double, à* ______

MODÈLE N° 69

## DÉCLARATION D'ASSURANCE SUPPLÉMENTAIRE

DESTINÉE AU PREMIER ASSUREUR

(*Art. 325 des Instructions.*)

Je, soussigné (*nom, prénoms, profession ou qualité et domicile de l'assuré, tels qu'ils sont énoncés dans la première Police*)
Déclare à la Compagnie (*désignation de la Compagnie premier assureur*), ______
Que suivant une Police en date du ______ portant le n° ______ de l'Agence de ______ j'ai fait assurer par la COMPAGNIE L'AIGLE la somme de ______ en supplément sur les objets qui me sont déjà garantis par la Compagnie ______ aux termes d'une Police n° ______ de l'Agence de ______ en date du ______

Cette augmentation porte, savoir : (*indiquer la somme supplémentaire assurée par chaque article de la première Police.*)

1° . . . . . . . . . . . . . . . . . . . . .
2° . . . . . . . . . . . . . . . . . . . . .
3° . . . . . . . . . . . . . . . . . . . . .

*Fait à* , *le*

(SIGNATURE.)

(Légalisation de la signature par M. le maire.)

MODÈLE N° 70

## MODÈLE D'UNE DÉCLARATION DE CESSATION D'ASSURANCE

*(Art. 381 des Instructions.)*

La Compagnie l'Aigle me charge de vous déclarer qu'elle entend faire cesser, à l'expiration de la période en cours, c'est-à-dire le , l'effet de l'assurance que vous avez souscrite le suivant Police n° de l'Agence de , sous la réserve du paiement des primes de cette même période, qui n'auraient pas été acquittées à leurs échéances.

La présente déclaration vous est faite en conformité de l'article 5 des conditions générales (*), pour empêcher la continuation de votre assurance, par tacite reconduction. Je vous la transmets, sous pli recommandé, afin d'avoir plus de certitude qu'elle vous sera exactement remise, et de pouvoir, en cas de besoin, en constater l'envoi.

*Pour la Compagnie et par délégation,*

(*) Article 5 : L'assurance est souscrite pour une période de temps déterminée par une clause particulière de la Police. A l'expiration de la période convenue, l'assurance continue pour une période d'une durée semblable, et la même continuation a lieu successivement à l'expiration de chaque période nouvelle, à moins que l'une des parties n'ait déclaré trois mois au moins à l'avance, par une lettre chargée ou recommandée, l'intention de faire cesser son engagement.

MODÈLE N° 71

## MODÈLE D'UNE LETTRE DE RÉSILIATION D'ASSURANCE

**Pour cause de non-paiement de prime.**

*(Art. 395 des Instructions.)*

Monsieur,

Par votre Police d'assurance en date du n° de l'Agence de vous vous êtes engagé à payer, d'avance et comptant, vos primes annuelles aux époques fixées par les échéances.

Par suite de l'inexécution de cet engagement, vous avez encouru, de plein droit, la suspension du bénéfice de l'assurance, et je viens vous déclarer, en outre, qu'en vertu des conditions du contrat, votre Police a été résiliée à partir de ce jour, pour cesser immédiatement ses effets.

Vous pouvez donc, si vous le jugez convenable, vous faire assurer, dès à présent, par une autre Compagnie.

Je vous adresse la présente notification, sous un pli recommandé à la poste, afin d'être certain qu'elle vous sera exactement remise, et de pouvoir, au besoin, en constater l'envoi.

J'ai l'honneur de vous saluer,

*L'Agent fondé de Pouvoirs,*

MODÈLE N° 72

# TABLEAU

DES

# PRINCIPAUX MOTIFS DE RÉSILIATION DES NON-VALEURS

(*Art. 406 des Instructions.*)

## PREMIÈRE PARTIE

**Non-valeurs provenant de Polices dont les risques sont restés entre les mains des assurés, de leurs héritiers ou ayants droit.**

| MOTIFS DE RÉSILIATIONS | PIÈCES A FOURNIR |
|---|---|
| 1. Parti, résidence inconnue. . . . . . . . | *Lettre recommandée.* |
| 2. Assuré disparu. . . . . . . . . . . . . . | *Id.* |
| 3. Solvabilité douteuse . . . . . . . . . . | *A défaut d'avenant, permis de citer.* |
| 4. Appelé en conciliation; n'a pas comparu; solvabilité douteuse . . . . . . . . . . | *Permis de citer.* |
| 5. Cité sans résultat, peu solvable . . . . . | *Citation.* |
| 6. Risque abandonné. . . . . . . . . . . | *Lettre recommandée.* |
| 7. Risque tombant en ruine. . . . . . . . | *A défaut d'avenant, lettre recommandée.* |
| 8. Décès; les héritiers ont renoncé à la succession. . . . . . . . . . . . . . . . | *Avenant signé par le curateur nommé par le tribunal, ou, à son défaut, lettre recommandée adressée à ce dernier.* |
| 9. Décès; les héritiers ont accepté sous bénéfice d'inventaire. . . . . . . . . . . . | *A défaut d'avenant signé par les héritiers, lettre recommandée adressée à chacun d'eux.* |
| 10. Décès et partage; les héritiers refusent de continuer; prime d'indemnité . . . . . | *Id.* |
| 11. Décès et partage; les héritiers refusent de continuer; risque trop divisé pour poursuivre . . . . . . . . . . . . . . . | *Id.* |
| 12. Décès et partage; héritiers trop nombreux pour poursuivre. . . . . . . . . . . . | *Id.* |
| 13. Décès et partage; héritiers étrangers à l'Agence . . . . . . . . . . . . . . . | *Lettre recommandée adressée à chacun d'eux.* |
| 14. Décès et partage; héritiers insolvables. . | *A défaut d'avenant signé par les héritiers, lettre recommandée adressée à chacun d'eux.* |
| 15. Faillite; rien à espérer. . . . . . . . . | *Avenant signé par le syndic, ou, à son défaut, lettre recommandée.* |
| 16. Faillite; le syndic refuse de continuer l'assurance. . . . . . . . . . . . . . . | *Id.* |
| 17. Sinistré; résilié, ordre de la Compagnie, lettre du . . . . . . . | *Avenant motivé rappelant la date de la lettre de la Compagnie, ou, à son défaut, lettre recommandée.* |

## DEUXIÈME PARTIE

**Non-valeurs provenant de Polices dont les intéressés n'ont plus aucun droit sur les objets soumis à l'assurance ou dont les risques ont disparu.**

*(Art. 406 des Instructions.)*

| MOTIFS DE RÉSILIATIONS | PIÈCES A FOURNIR |
|---|---|
| 18. Maison démolie et non reconstruite . . . | *Avenant motivé et certificat.* |
| 19. Cessation d'exploitation. . . . . . . . . | *Id.* |
| 20. Cessation d'exploitation; a quitté le pays. | *Certificat.* |
| 21. Cessation de commerce. . . . . . . . . | *Avenant motivé et certificat.* |
| 22. Mauvaises affaires; a quitté le pays. . . | *Certificat.* |
| 23. Insolvabilité notoire . . . . . . . . . . | *Avenant et certificat.* |
| 24. Ruiné; a quitté le pays . . . . . . . . | *Certificat.* |
| 25. Risque disparu; habite chez ses enfants . | *Avenant motivé et certificat.* |
| 26. Polices provenant de l'Agence de.... adresse inconnue. . . . . . . . . . . | |
| 27. Disparition des objets mobiliers. . . . . | *Avenant motivé et certificat.* |
| 28. Exproprié. . . . . . . . . . . . . . . . | *Id.* |
| 29. Exproprié; a quitté le pays. . . . . . . | *Certificat.* |
| 30. Cessation de commerce; a quitté le pays; résidence inconnue. . . . . . . . . . | *Certificat.* |
| 31. Liquidation de marchandises . . . . . . | *Avenant motivé et certificat.* |
| 32. Vente des objets mobiliers . . . . . . . | *Id.* |
| 33. Vente des objets mobiliers et départ. . . | *Certificat.* |
| 34. Vente des objets mobiliers après mauvaises affaires. . . . . . . . . . . . . | *Avenant motivé et certificat.* |
| 35. Vente des objets mobiliers après mauvaises affaires et départ . . . . . . . . | *Certificat.* |
| 36. Vente du fonds de commerce sans obligation de suivre; prime d'indemnité. . . | *Avenant motivé et certificat.* |
| 37. Vente des bâtiments sans obligation de suivre; prime d'indemnité. . . . . . . | *Id.* |
| 38. Vente des bâtiments sans obligation de suivre; assuré insolvable. . . . . . . . | *Avenant motivé et certificat.* |
| 39. Vente des bâtiments pendant la dernière année de la période. . . . . . . . . . | *Id.* |
| 40. Vente des bâtiments en 187 ; les primes payées depuis, considérées comme indemnité . . . . . . . . . . . . . . . | *Id.* |
| 41. Décès; mobilier disparu . . . . . . . . | *Certificat.* |
| 42. Décès et vente du mobilier. . . . . . . | *Id.* |
| 43. Décès; héritiers inconnus ou insolvables. | *Id.* |
| 44. Décès et cessation de commerce. . . . . | *Id.* |
| 45. Décès et démolition des bâtiments. . . . | *Id.* |
| 46. Décès et vente des bâtiments sans obligation de suivre; prime d'indemnité . . | *Avenant motivé signé des héritiers et certificat.* |

| | |
|---|---|
| 47. Décès et vente des bâtiments sans obligation de suivre ; héritiers inconnus ou insolvables . . . . . . . . . . . . . . . | *Certificat.* |
| 48. Décès ; l'assuré agissait comme usufruitier. | *Id.* |
| 49. Indigent. . . . . . . . . . . . . . . . . . | *Avenant motivé et certificat.* |
| 50. Faillite ; risque disparu. . . . . . . . . . | *Certificat.* |
| 51. Assurance hypothécaire ; créance remboursée, (*Police souscrite par le propriétaire*) . | *Avenant motivé.* |
| 52. Assurance hypothécaire ; créance remboursée, (*Police souscrite par le créancier*). . . | *Id.* |
| 53. Assurance hypothécaire; créance remboursée, (*Police souscrite par le propriétaire et le créancier*) . . . . . . . . . . . . | *Id.* |
| 54. Assurance non réalisée. (*Police sans effet*). | *La Police de couleur destinée à l'assuré.* |

MODÈLE N° 73

## MODÈLE D'UNE LETTRE D'AVERTISSEMENT AUX ASSURÉS

(*Art. 443 des Instructions.*)

La Compagnie croit utile de rappeler à ses assurés :

Qu'aux termes des conditions générales de leurs Polices, les primes dont ils sont redevables doivent être acquittées par eux dans les quinze jours, au plus tard, à partir de leur échéance, au bureau de l'Agence où les Polices ont été souscrites ;

Que faute de paiement de la prime, dans ce délai, le bénéfice de l'assurance est suspendu, à leur égard, jusqu'au moment où ils se seront libérés, et qu'en cas d'incendie, survenu avant le paiement, ils ne pourraient prétendre à aucune indemnité ;

Qu'aux termes des lois des 23 août 1871 et 31 décembre 1873, les primes sont frappées d'un droit d'enregistrement que les Compagnies sont chargées de percevoir pour le compte du Trésor, et qui doit être acquitté en même temps que la prime ;

Qu'en conséquence, les assurés, en cas d'inexécution de leur engagement, s'exposent à des poursuites que la Compagnie, dans l'intérêt du Trésor, comme dans le sien, ne pourrait faire autrement que d'exercer, et qui occasionneraient des frais relativement considérables à la charge des débiteurs.

La Compagnie est convaincue qu'il lui suffira de signaler aux assurés les inconvénients qui peuvent résulter du non-paiement des primes, aussitôt qu'elles sont arrivées à échéance, pour qu'ils s'empressent d'en effectuer le versement.

*L'Agent général,*

MODÈLE N° 74

## MODÈLE D'UNE LETTRE D'HUISSIER

(*Art. 450 des Instructions.*)

J'ai l'honneur de vous prévenir que la Compagnie *l'Aigle*, m'a chargé de faire rentrer, par toutes les voies de droit, l prime que vous lui devez aux termes de votre Police d'assurance.

Je vous prie donc de vouloir bien acquitter entre mes mains, dans la huitaine, la somme de montant de v prime échue le

Faute par vous de répondre dans ce délai à mon avis, je me verrai forcé de commencer contre vous des poursuites dont tous les frais seront à votre charge.

J'ai l'honneur de vous saluer,

MODÈLE N° 75

## MODÈLE DE CITATION POUR PAIEMENT DE PRIMES

*(Art. 450 des Instructions.)*

L'an 18 , à la requête de la Compagnie anonyme d'assurances contre l'incendie *l'Aigle*, dont le siége est à Paris, rue de Châteaudun, n° 44, représentée à par M.

J'ai, huissier soussigné, cité le sieur , demeurant à , à comparaître le , heure de , en l'audience et par-devant M. le Juge du canton de , au lieu ordinaire de ses séances, à , pour s'entendre condamner à payer à la partie requérante la somme de pour primes d'assurances; se voir en outre condamner aux intérêts de ladite somme, tels que de droit et aux dépens, sous toutes réserves.

---

MODÈLE N° 76

## MODÈLE D'UN POUVOIR

**A fin de déclaration de désistement.**

*(Art. 324 des Instructions.)*

Je, soussigné (1), , demeurant à commune de

Agissant en qualité de membre de la Société mutuelle d'assurances contre l'incendie, établie à , sous le titre de

Constitue pour mon mandataire spécial, M.

Auquel je donne pouvoir de, pour moi et en mon nom, déclarer et signifier à ladite Société mutuelle, que j'entends cesser d'en faire partie, à dater du

Qu'en conséquence, à partir de cette dernière époque, les engagements résultant de mon adhésion à ses statuts, en date du , et de mon admission au nombre de ses sociétaires, en date du , seront résolus, activement et passivement, dans tous leurs effets,

Faire cette déclaration selon les formes déterminées par les statuts de ladite Société, ou par les règles du droit commun; en retirer récépissé; signer toutes pièces et registres; substituer dans les présents pouvoirs;

Signifier ma déclaration par acte d'huissier, sous la réserve d'en faire supporter les frais par la Société, qui les aura rendus nécessaires.

Fait à , le

Vu par nous, Maire de la commune de
pour légalisation de la signature
de M.
apposée ci-contre.

A , le

(1) Prénoms, nom, profession ou qualité.

NOTA. — Ce pouvoir doit être rédigé sur timbre, ou revêtu d'un timbre mobile de 0 fr. 60 c.

MODÈLE N° 77

# MODÈLE DE LETTRE D'AVIS DE SINISTRE.

Cette lettre est rédigée sur un imprimé spécial.

*(Art. 461 des Instructions.)*

POLICE * { N° **3475**. DATE : *10 Mai 1870*.

ARTICLES DE LA POLICE ATTEINTS PAR L'INCENDIE
*2, 3, 4 et 5.*

NATURE DES OBJETS BRULÉS OU ENDOMMAGÉS.
*Bâtiment, mobilier personnel, mobilier aratoire et récoltes.*

MONTANT APPROXIMATIF DES DOMMAGES
*9,000 francs.*

## SINISTRE

PREMIER AVIS

AGENCE de *Langres*.

CANTON de *Fayl-Billot*.

COMMUNE de *Charmoy*.

ASSURÉ : *M. MOLINIER (Jean)*.

*A Langres, le 2 Avril 1873.*

| | |
|---|---|
| Quelle est la date du sinistre? | *1er Avril 1873.* |
| Quelles sont les causes connues ou présumées? | *Inconnues. On présume que c'est le fils de l'assuré, jeune enfant de cinq ans, qui, en jouant avec des allumettes, aurait mis le feu.* |
| A quelle date la prime de l'année courante a-t-elle été payée? | *En Mai 1872.* |
| L'assuré ne se trouve-t-il dans aucun cas de nullité? (*Voyez art. 470 des Instructions générales.*) | *Non.* |
| La Compagnie peut-elle avoir un recours à exercer contre des voisins, locataires, etc.? (*Voyez art. 536, 537 et 538 des Instructions générales et Code civil, art.* 1733, 1734, 1382, 1383 *et* 1384.) | *Non.* |
| A-t-il été fait des oppositions ou saisies-arrêts? En cas d'affirmative, quel est leur montant et quels sont les noms des saisissants? | *Non.* |
| L'assurance a-t-elle été faite par l'intermédiaire d'un sous-agent? Dans ce cas quels sont son nom et sa demeure? | *L'assurance a été faite par M. Duchêne, sous-agent, à Fayl-Billot.* |

### OBSERVATIONS ET DÉTAILS DIVERS

*On attribue ce sinistre à l'imprudence de l'enfant de notre assuré. C'est en jouant avec des allumettes qu'il aurait mis le feu.*

*J'ai veillé avec soin au sauvetage.*

*Veuillez, Monsieur le Directeur, me donner vos instructions pour le règlement de ce sinistre,*

*Et agréer, l'assurance de mes sentiments respectueux.*

*Signé :* LAMBERT.

* NOTA. — Lorsque la Police n'a pas été envoyée à la Compagnie, il faut la joindre à cet avis. — Si le risque est commun avec une autre Police, il faut l'indiquer.
Cette lettre d'avis, datée et signée, doit contenir tous les renseignements et détails connus au moment de son départ.
Elle doit toujours être mise à la poste isolément, pliée en forme de lettre sans enveloppe, mais on peut y renfermer d'autres lettres ou d'autres objets.

MODÈLE N° 78

## MODÈLE DE DÉCLARATION D'INCENDIE

**A faire par l'Assuré devant le Juge de Paix.**

(*Art. 466 des Instructions.*)

Cejourd'hui, *Jeudi, deux avril mil huit cent soixante-treize, neuf heures du matin,*

Par-devant nous, Juge de paix (1) du canton de *Fayl-Billot, arrondissement de Langres, département de la Haute-Marne.*

Est comparu (2) M. *MOLINIER (Jean), propriétaire,* demeurant à *Charmoy.*

Lequel nous a déclaré que les objets qui ont été assurés par la Compagnie L'AIGLE, suivant Police du *dix mai mil huit cent soixante-dix, n° 3475, ont été détruits* (3) *en partie* par (4) un incendie *causé* (5) *par l'imprudence de son fils, et arrivé ce matin, sur les trois heures,* et qu'il estime le dommage à la somme de *neuf mille francs.*

Desquelles déclarations *ledit sieur MOLINIER* a requis acte, comme les ayant faites pour satisfaire aux conditions de la Police précitée.

En foi de quoi, nous avons dressé le présent procès-verbal pour servir et valoir ce que de droit.

Fait lesdits jour, heure, mois et an que dessus, et, après lecture à lui faite, ledit comparant a signé avec nous (6).

(1) En cas d'absence du Juge de paix, la déclaration peut être reçue par son suppléant.
(2) Si ce n'est pas l'assuré qui se présente, on doit avoir soin d'indiquer le nom et la qualité de la personne qui se présente pour lui.
(3) Énoncer si la perte a été partielle ou totale.
(4) Indiquer si la perte a eu lieu par un incendie, par une explosion ou par une démolition ordonnée par l'autorité, pour couper la communication du feu.
(5) Désigner les causes et les circonstances du sinistre. Indiquer également les auteurs, s'ils sont connus, afin de mettre la Compagnie à même d'exercer les recours auxquels elle pourrait avoir droit.
(6) Les frais de cette déclaration sont à la charge de l'assuré. (Art. 17 de la Police.)

MODÈLE N° 79

## MODÈLE D'INVENTAIRE

**D'Objets laissés à la disposition d'un Assuré après sinistre.**

(*Art. 463 des Instructions.*)

Inventaire des objets mobiliers et marchandises, endommagés ou non, sauvés de l'incendie de la maison de *M. MOLINIER*, et laissés à la disposition de ce dernier, à charge de les représenter.

| Nos D'ORDRE. | DÉSIGNATION DES OBJETS. | ÉTAT APPROXIMATIF dans lequel ils se trouvent. | LIEUX OU ILS SONT DÉPOSÉS. |
|---|---|---|---|
| 1 | Deux armoires | Endommagés. | Dans le principal corps de bâtiment non incendié. |
| 2 | Six chaises de paille | *Idem.* | *Idem.* |
| 3 | Batterie de cuisine et ustensiles | *Idem.* | *Idem.* |
| 4 | Cinq robes de laine | *Idem.* | *Idem.* |
| 5 | Deux châles | Intacts. | *Idem.* |
| 6 | Paletots, vareuses et gilets, etc., etc. | *Idem.* | *Idem.* |

Lesquels objets, au nombre de espèces d'articles, déposés comme il est dit ci-dessus, ont été laissés à la disposition de *M. MOLINIER*, sous la réserve que fait la Compagnie de tous les moyens et exceptions de fait et de droit, *M. MOLINIER* s'obligeant à les représenter lorsqu'il en sera requis.

Fait double, à *Charmoy, le deux avril mil huit cent soixante-treize.*

L'ASSURÉ, L'AGENT GÉNÉRAL,

MODÈLE N° 80

AGENCE DE *Langres.*

# MODÈLE DE COMPROMIS
## Et nomination d'Experts.
(*Art. 495 des Instructions.*)

COMMUNE DE *Charmoy*

POLICE N° 3475

ENTRE NOUS, SOUSSIGNÉS, *LAMBERT Étienne,*

1° Agent de la Compagnie *l'Aigle,* à la résidence de *Langres,* arrondissement *dudit,* département de *la Haute-Marne,* stipulant pour ladite Compagnie, en ma susdite qualité, d'une part;

2° M. *MOLINIER (Jean),* demeurant à *Charmoy,* stipulant pour *son* compte, *comme propriétaire,* d'autre part;

3° Et

A été dit et convenu ce qui suit :

La Compagnie *l'Aigle* a, suivant Police N° *3475,* en date du *10 mai 1870,* assuré contre l'incendie, à M. *MOLINIER (Jean),* une somme de *cinquante-deux mille francs dans les proportions et* sur les objets désignés dans ladite Police, aux conditions générales et particulières qui y sont énoncées;

Et le *1er avril 1873,* les objets ont été atteints par un incendie, ainsi qu'il résulte de la déclaration faite pardevant M. le Juge de paix de *Fayl-Billot,* le *3 dudit,* et dont une expédition a été remise à l'Agent susnommé et soussigné.

Dans cet état, et en exécution des articles de la Police, les parties sont convenues, sans nuire ni préjudicier à leurs droits respectifs, qui leur demeurent réservés, de faire procéder à l'estimation de la perte réelle que les objets assurés ont éprouvée par ledit incendie.

En conséquence, elles nomment pour experts, à l'effet de procéder immédiatement et sans désemparer, savoir :

La Compagnie *l'Aigle,* M. *BERTRAND, architecte,* demeurant à *Paris, rue Pasquier, n° 5;*

Et l'assuré, M. *RENAUD, maître maçon,* demeurant à *Langres, rue de Paris, n° 127;*

Lesquels sont autorisés à se faire assister, au besoin, pour l'estimation des objets détruits ou endommagés, par des personnes ayant des connaissances spéciales à ce sujet.

Les experts ont pour mission :

1° D'établir, tant sur les titres de propriété, les livres, les factures et autres documents qui leur seront fournis, que sur les renseignements qu'ils pourront se procurer, en quoi consistaient les objets assurés, et d'en constater la valeur au moment de l'incendie;

2° De vérifier et constater l'état et la valeur des objets sauvés ou endommagés;

3° De déterminer et fixer le montant des pertes réelles que l'incendie a occasionnées aux objets assurés, déduction faite, toutefois, de leur vétusté et en ayant égard à leur valeur vénale au moment du sinistre;

4° Enfin, de désigner l'endroit où le feu a pris naissance et à quelles causes on peut attribuer l'incendie.

Les parties donnent pouvoir aux experts de s'adjoindre, en cas de désaccord entre eux, un tiers expert pour procéder avec eux, et à la majorité des voix, à l'estimation du dommage, en se conformant aux prescriptions ci-dessus. Faute par eux de le faire, il en sera nommé un d'office par le Président du Tribunal civil ou de commerce, à la requête de la partie la plus diligente.

Les parties dispensent les experts et les tiers experts de la prestation du serment en justice et de toutes formalités judiciaires.

Le procès-verbal sera dressé en double expédition, dont une sera remise par les experts à l'assuré, l'autre à l'Agent de la Compagnie.

Fait double, à *Charmoy,* le *4 avril 1873.*

L'ASSURÉ, *Signé : MOLINIER,*

L'AGENT GÉNÉRAL, *Signé : LAMBERT.*

Nous, experts dénommés dans le compromis ci-dessus, déclarons accepter la mission qui nous est confiée, et promettons de la remplir en notre âme et conscience, conformément au vœu dudit compromis et de la Police d'assurance.

*Fait à Charmoy, le 4 avril 1873.*

*Signé : BERTRAND,*

*Signé : RENAUD.*

MODÈLE N° 81

AGENCE DE *Langres*.

COMMUNE DE *Charmoy*

POLICE N° 3475

# MODÈLE DE PROCÈS-VERBAL D'EXPERTISE

(*Art. 509 des Instructions.*)

L'an mil huit cent *soixante-treize*, le *quatre avril*, à *dix* heures du *matin*, nous, *BERTRAND*, *architecte*, demeurant à *Paris*, *rue Pasquier*, *n° 5*, expert nommé par la Compagnie *l'Aigle*, d'une part; et M. *RENAUD*, *maître maçon*, demeurant à *Langres*, *rue de Paris*, *127*, expert nommé par *M. MOLINIER (Jean)*, d'autre part, ainsi qu'il résulte du compromis en date de *ce jour*, pour vérifier le dommage causé par un incendie arrivé le *premier avril 1873*, aux *bâtiment*, *mobilier*, *matériel aratoire et récoltes* de *M. MOLINIER (Jean)*, assuré par la Compagnie *l'Aigle* ;

Nous nous sommes transportés à *Charmoy* où, étant arrivés, nous avons trouvé *MM. MOLINIER*, *assuré*, *et LAMBERT*, *Agent de la Compagnie* L'AIGLE, lesquels *ont* offert de nous donner tous les renseignements qui sont en *leur* pouvoir, pour faciliter les opérations dont nous sommes chargés.

Lecture faite de l'acte précité, nous nous sommes fait représenter la Police portant le n° *3475*, en date du *dix mai 1870*, énoncée dans ledit compromis.

Nous *lui* avons demandé aussi de nous dire comment il *était* propriétaire des objets assurés, et de nous présenter *ses* titres de propriété.

Il résulte des déclarations et des pièces produites que *le sieur MOLINIER (Jean)*, *est propriétaire des bâtiments pour les avoir fait construire de ses deniers sur un terrain lui appartenant.*

*Ces constructions ont été faites en 1835.*

Après différentes informations prises et nous être rendu compte de l'existence et de la valeur vénale des objets assurés, déduction faite de la vétusté et de la valeur des objets sauvés, et après avoir dressé des états distincts pour les bâtiments et pour les objets mobiliers, nous avons résumé nos opérations de la manière suivante :

*Art. 2. — Bâtiment (assuré 4,000). La valeur vénale de ce bâtiment est de* . . . . . . . . . . . . *Fr.* 3,703 21

*Il y a lieu de déduire, pour sauvetage* . . . . . . . . { *intact* . . . . . . . 1,305 49 ; *avec avaries* . . . . 159 » } . . . . . . 1,464 49

*Reste net pour perte sur l'article 2* . . . . . . . . . . . . . . . . . . *Fr.* 2,238 72

*Art. 3. — Mobilier (assuré 2,000). La valeur vénale du mobilier personnel, au moment du sinistre, était de* . . . . . . . . . . . . . . . . . . . . . . . . . . . . . . . . . . . . *Fr.* 1,571 60

*A déduire pour objets* . . . . { *sauvés* . . . . . . . . 319 » ; *endommagés* . . . . . 203 » } 522 »

*La perte sur l'article 3 est donc de* . . . . . . . . . . . . . . . . . . *Fr.* 1,049 60

*Art. 4. — Récoltes (assurées 5,000). La valeur des récoltes au moment de l'incendie était de Fr.* 3,464 »

*Il y a lieu de déduire, pour sauvetage sur* . . . . . . { *Blé battu* . . . . . . 215 » ; *Avoine battue* . . . . 160 » ; *Blé non battu* . . . . 50 » } *Fr.* 425 »

*La perte sur cet article est donc de* . . . . . . . . . . . . . . . . . . *Fr.* 3,039 »

*Art. 5. — Matériel aratoire (assuré 1,000 fr.). La valeur de ce matériel était de* . . . . . . *Fr.* 545 »

*sur laquelle somme il y a lieu de déduire, pour sauvetage des fers de roues, etc.* . . . . . . . . . 50 »

*D'où la perte sur cet article est de* . . . . . . . . . . . . . . . . . . *Fr.* 495 »

*Total général* . . . . . . *Fr.* 6,822 32

En conséquence, nous déclarons que la perte totale éprouvée par M. *MOLINIER (Jean)*, est fixée et arrêtée à la somme de *six mille huit cent vingt-deux francs trente-deux centimes*, conformément aux détails contenus dans le présent procès-verbal.

Il nous reste, pour remplir le dernier objet de notre mission, à désigner le lieu où l'incendie a pris naissance et à quelles causes on peut l'attribuer.

Il résulte des renseignements que nous avons pris sur cet objet, que le feu a pris naissance *dans le bâtiment assuré par l'article 2. C'est le fils de l'assuré, jeune enfant de cinq ans, qui, en jouant avec des allumettes, a mis le feu.*

De tout ce que dessus, nous avons dressé le présent procès-verbal, que nous offrons d'affirmer au besoin, à la rédaction duquel il a été vaqué par *deux* vacations depuis le *4 avril* jusqu'au *5 dudit*, et avons signé avec les parties qui ont déclaré, savoir : M. *LAMBERT*, Agent de la Compagnie *l'Aigle*, que c'était sans aucune approbation préjudiciable, et sous réserve des droits de ladite Compagnie, à laquelle il allait rendre compte.

Fait en double original, dont un a été remis à M. *MOLINIER (Jean)*, et l'autre à M. *LAMBERT*, Agent de la Compagnie *l'Aigle*, à *Langres*, lesdits jour, mois et an que dessus.

| L'Assuré, | Les Experts, | L'Agent général de la Compagnie, |
|---|---|---|
| *Accepté,* | *Signé : BERTRAND,* | *Signé : LAMBERT.* |
| *Signé : MOLINIER.* | *RENAUD.* | |

MODÈLE N° 82

AGENCE DE *Langres*

DÉPARTEMENT
de la *Haute-Marne*.

# MODÈLE D'UN ÉTAT A-B (1)

## Estimation d'un bâtiment et des pertes y relatives

POLICE N° **3475**

ASSURÉ : *M. MOLINIER (Jean)*, à *Charmoy*.

| ARTICLES de la Police | DÉSIGNATION DES OBJETS par NATURE DE TRAVAUX | VALEUR DE CONSTRUCTION À NEUF | | | SAUVETAGE INTACT | | | SAUVETAGE AVEC AVARIES | |
|---|---|---|---|---|---|---|---|---|---|
| | | MESURES et quantités | PRIX | TOTAL | MESURES et quantités | PRIX | TOTAL | MESURES et quantités | TOTAL |
| 2 | Fondations, moellons et mortier | 27 » | 4 » | 108 » | 27 » | 4 » | 108 » | » » | » » |
| | Élévation, moellons et mortier | 272 25 | 4 50 | 1.225 12 | 175 » | 4 50 | 787 50 | 20 » | 40 » |
| | Pierre de taille | 70 50 | 5 20 | 366 60 | 50 » | 5 20 | 260 » | » » | » » |
| | Pans de bois intérieurs, torchis | 39 15 | 4 50 | 176 17 | » | » » | » » | » » | » » |
| | Cloisons en briques | 46 70 | 2 20 | 102 74 | » | » » | » » | » » | » » |
| | Crépis en mortier | 427 10 | » 50 | 213 55 | 150 » | » 50 | 75 » | » » | » » |
| | Carrelage, carreaux ordinaires | 117 20 | 2 » | 234 40 | 117 20 | 2 » | 234 40 | » » | » » |
| | Charpente en chêne | | | | | | | | |
| | Détail d'une ferme | | | | | | | | |
| | 2 arbalétriers de 3.75 ........ 7.50 | | | | | | | | |
| | 1 poinçon de ........ 1.75 | | | | | | | | |
| | 1 entrait de ........ 4. » | | | | | | | | |
| | 2 jambes de force, ensemble ........ 5. » | | | | | | | | |
| | 2 blochets de 1.10 ........ 2.20 | | | | | | | | |
| | Tasseaux et chantignolles ........ ».75 | | | | | | | | |
| | 2 liens de faîtage ........ 2.40 | | | | | | | | |
| | 2 contre-fiches ........ 3. » | | | | | | | | |
| | TOTAL ........ 26.60 | | | | | | | | |
| | Équarrissage moyen ........ 16×18 | | | | | | | | |
| | Cube pour une ferme ........ 0.766<br>Pour trois autres semblables ... 2.298 | 3$^{m3}$ 064 | 90 » | 275 76 | » » | » » | » » | » » | 10 » |
| | Pannes, faîtage, poutres et solives en sapin | 7 173 | 70 » | 502 11 | 1 125 | 70 » | 78 75 | » » | 20 » |
| | Chevrons en sapin | 366 10 | » 60 | 219 66 | » » | » » | » » | » » | » » |
| | Couverture, tuiles et lattes | 195 10 | 2 50 | 487 75 | » » | » » | » » | » » | » » |
| | Planchers sapin | 120 25 | 3 » | 360 75 | » » | » » | » » | » » | » » |
| | Chambranle de cheminée-pierre | 1 | 20 » | 20 » | 1 » | 20 » | 20 » | » » | » » |
| | Tuyau de cheminée | 8 | 5 » | 40 » | » » | » » | » » | » » | » » |
| | Pierre d'évier | 1 | 15 » | 15 » | 1 » | 15 » | 15 » | » » | » » |
| | Four | 1 | 60 » | 60 » | 1 » | 60 » | 60 » | » » | » » |
| | Toit à porcs | 1 | 25 » | 25 » | » » | » » | » » | » » | » » |
| | Poulailler | 1 | 20 » | 20 » | » » | » » | » » | » » | » » |
| | Placards d'armoire | 3 | 20 » | 60 » | 3 » | 20 » | 60 » | » » | » » |
| | Portes sapins ferrées | 10 | 14 » | 140 » | 3 » | 14 » | 42 » | 2 » | 14 » |
| | Croisées vitrées ferrées | 5 | 25 » | 125 » | » » | » » | » » | 3 » | 45 » |
| | Gros fers | 100$^{k}$ | » 70 | 70 » | » » | » » | » » | 100$^{k}$ » | 30 » |
| | Gouttières et tuyaux | 36 » | 2 50 | 90 » | » » | » » | » » | » » | » |
| | TOTAUX | » » | » » | 4.937 61 | » » | » » | 1.740 65 | » » | 159 » |
| | A déduire : 1° Pour différence du vieux au neuf, la construction remontant à 1835 | 25 °/o | » » | 1.234 40 | » » | » » | 435 16 | » » | » » |
| | VALEUR VÉNALE | » » | » » | 3.703 21 | » » | » » | 1.305 49 | » » | 159 » |
| | 2° Pour sauvetage intact<br>3° Pour sauvetage avec avaries | 1305 49<br>159 » | » »<br>» » | 1.464 49 | » » | » » | » » | » » | » » |
| | TOTAL DES DOMMAGES | » » | » » | 2.238 72 | » » | » » | » » | » » | » » |

(1) *Art. 509 et 514 des Instructions.* Le plan devra être fait sur une feuille séparée. Cet état ne doit pas être signé.

MODÈLE N° 83

AGENCE DE *Langres.*

# MODÈLE D'UN ÉTAT C

(*Art. 509 et 522 des Instructions.*)

POLICE N° **3475**

**ÉTAT des pertes sur Mobilier et Marchandises éprouvées par M. *MOLINIER (Jean)*, dans l'incendie qui a eu lieu, le *1er Avril 1873*, à *Charmoy*.**

| DÉSIGNATION et SITUATION DES OBJETS ASSURÉS | ÉTAT dans lequel LES OBJETS ONT ÉTÉ TROUVÉS au moment de l'expertise | VALEUR VÉNALE DES OBJETS ASSURÉS au moment DE L'INCENDIE | SAUVÉS | ENDOMMAGÉS | PERTE RÉELLE SUR LES OBJETS totalement brûlés ou seulement endommagés |
|---|---|---|---|---|---|
| ART. 3 DE LA POLICE. | | | | | |
| 2 Lits garnis avec rideaux à 120 francs | Brûlés | 240 » | » | » | 240 » |
| 28 Draps à 5 francs | En partie brûlés | 140 » | 40 » | 20 » | 80 » |
| 34 Chemises d'homme à 4 fr. 50 c. | Id. | 153 » | 22 50 | 9 » | 121 50 |
| 40 Chemises de femme à 3 fr. 25 c. | Id. | 130 » | 19 50 | 10 » | 100 50 |
| 52 Mouchoirs de poche à 0 fr. 50 c. | Id. | 26 » | 5 » | 5 » | 16 » |
| 48 Serviettes à 1 fr. 20 c. | Id. | 57 60 | 12 » | 6 » | 39 60 |
| 30 Essuie-mains et Torchons à 0 fr. 50 c. | Id. | 15 » | » | 3 » | 12 » |
| 4 Pantalons | Sauvés | 45 » | 45 » | » | » |
| 2 Paletots et Vareuses | Id. | 50 » | 50 » | » | » |
| 3 Gilets | Id. | 20 » | 20 » | » | » |
| 5 Robes laine | En partie brûlées | 110 » | » | 60 » | 50 » |
| 6 Jupons | Brûlés | 20 » | » | » | 20 » |
| 2 Caracos | Id. | 20 » | » | » | 20 » |
| 2 Châles | Sauvés | 85 » | 85 » | » | » |
| Effets d'habillement, enfant | Brûlés | 45 » | » | » | 45 » |
| Bonnets, Chapeaux | Id. | 25 » | » | » | 25 » |
| Souliers, Bottines | Id. | 30 » | » | » | 30 » |
| Bas et Chaussettes | Id. | 35 » | » | » | 35 » |
| Cravates, Foulards et menus objets | Id. | 40 » | » | » | 40 » |
| 1 Armoire | Endommagée | 70 » | » | 50 » | 20 » |
| 1 Commode | Id. | 60 » | » | 40 » | 20 » |
| 1 Table et 8 Chaises | Brûlées | 38 » | » | » | 38 » |
| Tableaux, Livres et menus ornements | Id. | 30 » | » | » | 30 » |
| Batterie de cuisine et ustensiles | Endommagés | 52 » | 20 » | » | 32 » |
| Vaisselle, Verrerie et autres objets | Cassés, brûlés | 35 » | » | » | 35 » |
| | TOTAUX | 1.571 60 | 319 » | 203 » | 1.049 60 |
| ART. 4 DE LA POLICE. | | | | | |
| Blé non battu, 65 hectolitres à 20 francs | Brûlé | 1.300 » | » | 50 » | 1.250 » |
| Avoine — 41 — à 7 francs | Id. | 287 » | » | » | 287 » |
| Seigle — 15 — à 13 francs | Id. | 195 » | » | » | 195 » |
| Orge — 6 — à 14 fr. 50 c. | Id. | 87 » | » | » | 87 » |
| Paille de blé, Seigle, Avoine et Orge, 12,750 kilogrammes à 40 francs les °/₀₀ | Id. | 510 » | » | » | 510 » |
| Blé battu, 10 hectolitres à 21 fr. 50 c. | Sauvé | 215 » | 215 » | » | » |
| Avoine battue, 20 hectolitres à 8 francs | Id. | 160 » | 160 » | » | » |
| Luzerne, 4,000 kilogrammes à 80 francs les °/₀₀ | Brûlée | 320 » | » | » | 320 » |
| Foin, Trèfle et Regain, 6,000 kil. à 65 fr. °/₀₀ | Id. | 390 » | » | » | 390 » |
| | TOTAUX | 3.464 » | 375 » | 50 » | 3.039 » |
| ART. 5 DE LA POLICE. | | | | | |
| 1 Charriot à 4 roues | Brûlé | 350 » | » | 50 » | 300 » |
| 1 Charrue, 1 Herse et menus objets | Id. | 85 » | » | » | 85 » |
| Harnais et ustensiles d'écurie | Id. | 110 » | » | » | 110 » |
| | TOTAUX | 545 » | » | 50 » | 495 » |
| | TOTAUX RÉUNIS | 5.580 60 | 694 » | 303 » | 4.583 60 |

### RÉSUMÉ DE L'ÉTAT CI-CONTRE

| | | |
|---|---|---|
| Valeur des marchandises et mobilier au moment de l'incendie . . . . . . . . . . . . . . . . . . . . Fr. | | 5.580 60 |
| **A DÉDUIRE :** | | |
| Valeur des marchandises et mobilier entièrement sauvés . . . . . . . . . . . . . . . . . . . Fr. | 694 » | 997 » |
| Valeur restant aux marchandises et mobilier plus ou moins endommagés . . . . . . . . . . . . . | 303 » | |
| Montant de la perte éprouvée par l'assuré, ci . . . . . . . . . . . . . . . . . . . . . . . Fr. | | 4.583 60 |

Nota. — Cet état ne doit pas être signé. *(Art. 509 des Instructions.)*

MODÈLE N° 84

Agence de *Langres.*

Police N° **232**

## MODÈLE DE RÈGLEMENT
### d'indemnité par transaction.

*(Art. 487 des Instructions.)*

Entre les soussignés :

M. *LAMBERT (Étienne)*, demeurant à *Langres*, agissant en qualité de fondé de pouvoirs de la Compagnie *l'Aigle*, Société anonyme d'assurances contre l'incendie, dont le siége est à Paris, rue de Châteaudun, 44,

D'une part;

Et M. *ROBIN* (*Pierre-Prosper*), demeurant à *Charmoy, canton de Fayl-Billot*, agissant *pour son compte*, comme *propriétaire*,

D'autre part;

Il a été dit et convenu ce qui suit :

La Compagnie *l'Aigle* a, suivant Police n° 232 de l'Agence de *Langres*, en date du *24 juillet 1847*, assuré contre l'incendie à M. *ROBIN* (*Pierre-Prosper*), une somme de *soixante-dix mille francs, dans les proportions et* sur les objets désignés dans ladite Police; ces objets ayant été atteints par un incendie, survenu le *1er août 1873*, l'assuré a réclamé à la Compagnie, à titre d'indemnité, une somme de *trois cents francs*.

Savoir :

| | | |
|---|---|---|
| Pour pertes sur | *Bâtiment* . . . . . | *50* » |
| | *Mobilier* . . . . . | *150* » |
| | *Récoltes* . . . . . | *100* » |

Après avoir procédé à l'appréciation des dommages réels à la charge de la Compagnie *l'Aigle*, en exécution des clauses générales et particulières de la Police susénoncée, les parties ont, d'un commun accord, fixé amiablement, et arrêté à titre de transaction, l'indemnité due par ladite Compagnie, à M. *ROBIN* (*Pierre-Prosper*), à la somme totale de : *cent cinquante francs*.

Le montant de cette indemnité sera remis à l'assuré, aussitôt après que le paiement en aura été ordonnancé par le Conseil d'administration de la Compagnie.

Fait double, à *Charmoy*, le *quatre août mil huit cent soixante-treize*.

*Signé :* ROBIN. *Signé :* LAMBERT.

MODÈLE N° 85

## MODÈLE DE BULLETIN DE PAIEMENT DE SINISTRE

(*Art. 542 des Instructions.*)

**Incendie du 1er Avril 1873, M. MOLINIER, Incendié à Charmoy.**

MONTANT DE LA PERTE POUR LA COMPAGNIE.

DÉTAIL.

| | | | | |
|---|---|---|---|---|
| Paiement à l'incendié | | suivant quittance | | |
| Id. aux experts | | Id. | | |
| 1er voyage de l'Agent. | Voiture . . . . . 12 »<br>Nourriture. . . . . 6 50 | Id. | | 18 50 |
| 2e voyage avec l'expert. | Voiture . . . . . 25 »<br>Nourriture. . . . 18 »<br>Exprès . . . . . . 1 »<br>Faux frais et pourboire . . . . . . 3 » | Id. | | 47 » |
| | | SOMME ÉGALE. | | 65 50 |

Laquelle somme, appuyée des diverses quittances, est passée en dépense dans mon décompte du mois d'*avril* 1873.

*Certifié véritable,*
L'AGENT GÉNÉRAL,
*Signé : LAMBERT.*

NOTA. — Le bulletin de paiement doit toujours accompagner les pièces réglementaires du sinistre, et les quittances de frais doivent toujours y être jointes.

---

MODÈLE N° 86

AGENCE DE *Langres.*

POLICE N° **3475.**

INCENDIE du *1er Avril 1873.*

QUITTANCE de 6,822 fr. 32 c.

## MODÈLE DE QUITTANCE

**De paiement d'Indemnité de sinistre.**

(*Art. 555 des Instructions.*)

Je, soussigné, *MOLINIER* (*Jean*), demeurant à *Charmoy* (*Haute-Marne*), reconnais avoir reçu aujourd'hui de la Compagnie *l'Aigle*, par les mains de *Monsieur Lambert*, Agent fondé de pouvoirs de ladite Compagnie, à *Langres*, la somme de : *six mille huit cent vingt-deux francs trente-deux centimes*, montant de l'indemnité des dommages, à la charge de la Compagnie, occasionnés par l'incendie survenu le *1er avril 1873*, aux objets que j'avais fait assurer par ladite Compagnie, suivant Police n° *3475*, en date du *10 mai 1870*.

Au moyen de ce paiement, je tiens quitte et décharge la Compagnie *l'Aigle*, de toutes obligations relatives audit incendie et aux dommages qui en sont résultés.

Fait à *Charmoy, le 6 avril 1873.*

*Pour acquit,*
*Signé : MOLINIER (Jean).*

Vu par nous, Maire de la commune de *Charmoy*, pour légalisation de la signature, ci-dessus apposée, de M. *Molinier.*
A *Charmoy*, le *6 avril 1873.*

---

MODÈLE N° 87

## MODÈLE DE LA PROCURATION NOTARIÉE

**A donner, en cas de sinistre, par un assuré qui ne sait pas signer, pour toucher l'indemnité.**

(*Art. 495 et 556 des Instructions.*)

Par-devant, etc.

est comparu M. , lequel a fait et constitué pour son mandataire M. , auquel il donne pouvoir de, pour lui et en son nom, donner quittance à la Compagnie d'assurances contre l'incendie dite *l'Aigle*, établie à Paris, rue de Châteaudun, n° 44, de toutes sommes qui sont dues au constituant par ladite Compagnie, à cause de l'incendie survenu le

Consentir, si la Compagnie l'exige, à la résiliation de la Police d'assurance; subroger ladite Compagnie dans tous ses droits, actions et recours contre tous auteurs reconnus ou présumés dudit incendie et autres garants généralement quelconques; à cet effet, faire et signer tous actes; le constituant déclarant, d'ailleurs, donner, dès à présent, décharge pleine et entière à son mandataire de tout ce qu'il fera pour l'exécution du présent mandat.

Dont acte, etc.

NOTA. — Cette procuration doit être relatée dans la quittance et y être annexée.

MODÈLE N° 88

## MODÈLE DE SIGNIFICATION DE RÉSILIATION

**D'assurance pour cause de sinistre.**

(*Art. 469 des Instructions.*)

L'an 18 , à la requête de la Compagnie anonyme d'assurances contre l'incendie, L'AIGLE, dont le siége est à Paris, rue de Châteaudun, n° 44, représentée à par M.

J'ai, huissier soussigné, signifié au sieur , demeurant à parlant à

Que par suite de l'incendie survenu le , sur les objets assurés au sus nommé par la Compagnie L'AIGLE, cette Compagnie, usant de la faculté qui lui est réservée en cette circonstance, entend résilier, comme de fait elle résilie dès à présent, l'assurance consentie audit sieur ; voulant que cette assurance soit considérée comme non avenue et de nul effet, à dater de ce jour. Et, à ce qu'il n'en ignore, et sous toutes réserves de fait et de droit, je lui ai, au domicile et parlant comme ci-dessus, laissé copie du présent, dont le coût est de

MODÈLE N° 89

## MODÈLE DE SOMMATION A FAIRE

**Aux locataires, voisins, etc., après sinistre.**

(*Art. 477 des Instructions.*)

L'an

A la requête, 1° de M. A. propriétaire, demeurant à

Et 2° de la Compagnie d'assurances contre l'incendie dite L'AIGLE, poursuites et diligences de M. SOULTZENER, son Directeur, demeurant au siége de la Compagnie, à Paris, rue de Châteaudun, 44, ladite Compagnie, agissant comme pouvant être subrogée aux droits dudit sieur A.

Et pour lesquels requérants domicile est élu en la demeure de M. , Agent général de ladite Compagnie L'AIGLE, à

J'ai, huissier soussigné, signifié et déclaré à M. X. demeurant à , en son domicile où étant, et parlant à

1° Qu'un incendie a éclaté le , dans une maison située à et appartenant au sieur A , laquelle était assurée par la Compagnie L'AIGLE;

2° Qu'il importe de faire constater les dommages occasionnés par cet incendie, tant pour que ledit sieur A. puisse jouir des bénéfices de son assurance, que pour éviter toutes détériorations ultérieures;

3° Qu'en vertu des articles 1733 et 1734 (ou 1382, 1383 et 1384) du Code civil, le sieur A. et la Compagnie L'AIGLE, se croient fondés à exercer contre M. X. une action en garantie pour le montant des dommages.

En conséquence, sans rien préjuger de la validité de ladite action, et réservant à M. X. tous les moyens de défense, je, huissier susdit, lui ai fait sommation de comparaître, ou se faire représenter le , heure de , à , à l'effet d'être présent aux enquêtes et expertises qui auront lieu par MM. B. et C., faire tous dires et observations qu'il pourra éventuellement juger utiles à ses intérêts et même y faire concourir, si bon lui semble, un troisième expert.

Lui déclarant que, faute par lui de se trouver ou de se faire représenter auxdits lieu, jour et heure, il sera procédé, en son absence, auxdites expertises et enquêtes, lesquelles seront réputées faites contradictoirement avec lui, pour être ensuite, par les requérants, usé de leurs droits comme ils le jugeront convenable.

Dont acte.

MODÈLE N° 90

# MODÈLE DU REGISTRE

*(Art. 568 des*

| POLICES | | | NOMS PRÉNOMS ET PROFESSIONS DES ASSURÉS | DEMEURE DES ASSURÉS | NATURE DES RISQUES | VALEURS ASSURÉES | PRIMES CONVENUES | | | | | |
|---|---|---|---|---|---|---|---|---|---|---|---|---|
| N°s | DATES | DURÉE | | | | | PRIME | | IMPOT d'Enregistrement | | TOTAL | |
| | **1872.** | | **OCTOBRE 1872.** *(Néant.)* | | | | | | | | | |
| | | | **NOVEMBRE.** | | | | | | | | | |
| 4559 | 1er Nov. | 9 ans. | **RUELLE** (Paul-Édouard), **blanchisseur.** | **Marnes,** rue de l'Etang. | Mobilier, linge . . . | 75.000 | 96 | 75 | 9 | 35 | 106 | 10 |
| 4560 | 2 — | 10 ans. | **CHALON** (Jean-Claude), **épicier.** | **Versailles,** rue de l'Eglise, 17. | Mobilier et march. . | 14.000 | 16 | 15 | 1 | 55 | 17 | 70 |
| 4561 | 4 — | 8 ans. | **MARTIN** (Jean-Baptiste). **propriétaire.** | **Ville-d'Avray,** Grande-Rue, 46. | Bâtiments, mobilier. | ~~22.500~~ 15.000 | ~~15~~ 10 | ~~10~~ 15 | ~~1~~ » | ~~45~~ 95 | ~~16~~ 11 | ~~55~~ 10 |
| 4562 | 8 — | 10 ans. | **ROUX** (Camille-Adolphe), **rentier.** | **Rueil,** rue Joséphine, 45. | Mobilier, risq. locatif. | ~~25.000~~ 40.000 | ~~13~~ 28 | ~~»~~ 60 | ~~1~~ 2 | ~~25~~ 75 | ~~14~~ 31 | ~~25~~ 35 |
| 4563 | 12 — | 10 ans. | **DE GRAMMONT** (Stanislas), **propriétaire.** | **Versailles,** rue de la Paroisse, 42. | Bâtiment de ferme (à Herbéville) | 50.000 | 52 | » | 5 | » | 57 | » |
| 4564 | 15 — | 7 ans. | **COTTIN** (André-Nicolas), **cultivateur.** | **Lonjumeau,** rue St-Antoine, 10. | Bât., mob., rec., best. | 75.000 | 84 | 40 | 8 | 10 | 92 | 50 |
| 4565 | 20 — Effet du 1er Déc. 72 | 10 ans. | **BONNET** (Benoît-Auguste), **md de vins.** | **Argenteuil,** Grande-Rue, 25. | Mob., march., risq. . | » | » | » | » | » | » | » |
| 4566 | 30 — | 5 ans. | **MOREL** (Pierre-Émile), **manufacturier.** | **Jouy,** rue des Marais. | Manuf. de toiles peint. | 650.000 | 1.245 | 35 | 122 | » | 1.367 | 35 |
| | | | | | TOTAUX. . . | 911.500 | 1.522 | 75 | 148 | 70 | 1.671 | 45 |
| | | | **DÉCEMBRE.** | | | | | | | | | |
| *4565* (1) | *20 Novemb.* Eff. du 1er Décemb | *10 ans.* | **BONNET** (Benoît-Auguste), **md de vins.** | **Argenteuil,** Grande-Rue, 25. | Mob. march. risq. loc. | 40.000 | 34 | 25 | 3 | 25 | 37 | 50 |
| 4567 | 5 Décemb. | 7 ans. | **JOLLY** (Jacques-Nicolas), **md fruitier.** | **Versailles,** rue de Sèvres, 25. | Mob. march. risq. . | 18.000 | 12 | » | 1 | 10 | 13 | 10 |
| 4568 | 6 — | 1 an. | **GOBERT** (Alexis-Frédéric), **md de farines.** | **Sèvres,** rue St-Nicolas, 30. | Marchandises . . . . | 16.000 | 12 | 65 | 1 | 20 | 13 | 85 |
| 4569 | 10 — | 4 ans. | **BERGERON** (Louis-Amédée), **menuisier.** | **St-Germain,** rue du Château, 23. | Mob. pers. et ind. etc. | 35.000 | 53 | 75 | 5 | 25 | 59 | » |
| 4570 | 12 — | 6 mois. | **SEVESTRE** (Isidore-Alphonse), **cultivateur.** | **Palaiseau,** ferme de l'Orme. | Récoltes en meules. | 60.000 | 242 | 40 | 24 | » | 266 | 40 |
| 4571 | 15 — | 10 ans. | **LEMAIRE** (Vincent-Georges), **meunier.** | **Versailles,** route de Paris, 118. | Moulin à vapeur . . | 85.000 | 258 | 40 | 25 | 50 | 283 | 90 |
| 4572 | 20 — | 8 ans. | **LAFFEUILLE** (Marc-Antoine), **cultivateur.** | **Garches,** rue du Presbytère, 12. | Récoltes en meules. | 12.000 | 54 | 50 | 5 | 40 | 59 | 90 |
| 4573 | 25 — | 10 ans. | **TRIBERT** (Jean-Baptiste), **filateur.** | **Argenteuil,** impasse du Couvent. | Filature de coton. . | 100.000 | 304 | » | 30 | » | 334 | » |
| 4574 | 27 — | 10 ans. | **MOUSSET** (Paul-Louis), **propriétaire.** | **St-Cloud,** rue du Chemin-de-Fer, 2. | Maison . . . . . . . | 10.000 | 5 | 40 | » | 50 | 5 | 90 |
| | | | | | TOTAUX. . . | 376.000 | 977 | 35 | 96 | 20 | 1.073 | 55 |

(1) La Police n° 4565 ayant été souscrite par anticipation, les trois premières colonnes de la deuxième inscription, doivent être remplies à l'encre rouge.

MODÈLE N° 91

COMPTABILITÉ

du mois de *Décembre 1872.*

MODÈLE DE L'ÉTAT

*(Art. 579 des*

AGENCE DE

**Polices souscrites, ou qui ont pris leur**

| POLICES | | | | NOMS ET PRÉNOMS DES ASSURÉS | DEMEURE DES ASSURÉS | NATURE DU RISQUE |
|---|---|---|---|---|---|---|
| NUMÉROS | DATES | | DURÉE | | | |
| | DE LA SOUSCRIPTION | DE L'EFFET | | | | |
| *4565* (1) | *20 Nov. 72* | *1er Déc.* | *10 ans* | **BONNET** (Benoît-Auguste) . . . . . | **Argenteuil** . . | Mobilier, marchandises, risques loc. |
| 4567 | 5 Déc. | 6 — | 7 ans | **JOLLY** (Jacques-Nicolas) . . . . . | **Versailles** . . | Mobilier, marchandises, risques . . |
| 4568 | 6 — | 7 — | 1 an | **GOBERT** (Alexis-Frédéric) . . . . . | **Sèvres** . . . . | Marchandises . . . . . . . . . . |
| 4569 | 10 — | 11 — | 4 ans | **BERGERON** (Louis-Amédée) . . . . | **St-Germain**. . | Mobilier personnel et industriel . . |
| 4570 | 12 — | 13 — | 6 mois | **SEVESTRE** (Isidore-Alphonse) . . . | **Palaiseau**. . . | Récoltes en meules . . . . . . . . |
| 4571 | 15 — | 16 — | 10 ans | **LEMAIRE** (Vincent-Georges) . . . . | **Versailles** . . | Moulin à vapeur. . . . . . . . . |
| 4572 | 20 — | 21 — | 8 ans | **LAFFEUILLE** (Marc-Antoine). . . . | **Garches**. . . . | Récoltes en meules . . . . . . . . |
| 4573 | 25 — | 26 — | 10 ans | **TRIBERT** (Jean-Baptiste). . . . . . | **Argenteuil** . . | Filature de coton . . . . . . . . |
| 4574 | 27 — | 28 — | 10 ans | **MOUSSET** (Paul-Louis). . . . . . . | **Saint-Cloud** . | Maison. . . . . . . . . . . . . . |
| | | | | | | TOTAUX . . . |

(1) La police n° 4565, ayant été souscrite par anticipation, les quatre premières colonnes de l'inscription doivent être remplies à l'encre rouge.

MODÈLE N° 92

# MODÈLE DU REGISTRE DES AVENANTS

(*Art. 580 des Instructions.*)

| NUMÉROS DES AVENANTS | DATES DES AVENANTS | NUMÉROS DES POLICES | NOMS DES ASSURÉS | AUGMENTATIONS | | | DIMINUTIONS | | | OBSERVATIONS |
|---|---|---|---|---|---|---|---|---|---|---|
| | | | | VALEURS assurées | PRIME | IMPOT d'enregistrement | VALEURS assurées | PRIME | IMPOT d'enregistrement | |
| | 1872 | | **Mois d'Octobre.** Néant. | | | | | | | |
| | | | **Mois de Novembre.** | | | | | | | |
| 101 | 4 Novemb | 2450 | **LAURENT** (Etienne-François) | 75.000 | 30 75 | 2 95 | » | » » | » » | Augmentation de valeurs et de prime. |
| 102 | 7 — | 1562 | **BEAUD** (Joseph). . . . | » | » » | » » | 24.000 | 10 20 | » 95 | Diminution de valeurs et de prime. |
| 103 | 10 — | 4200 | **ROSIER** (Jean). . . . . | » | » » | » » | » | » » | » » | Transfert, rue Moncey, 82. |
| 104 | 11 — | 2600 | **AUCLAIR** (François). . | » | » » | » » | » | » » | » » | Déclaration. |
| 105 | 15 — | 3840 | **RONDY** (Aimé). . . . . | 40.000 | 8 » | » 75 | » | » » | » » | Explosion du gaz. |
| 106 | 21 — | 1249 | **BIDAUT** (Napoléon) . . | » | » » | » » | » | » » | » » | Mutation au profit de M. Juguet. |
| | | | TOTAUX. . . | 115.000 | 38 75 | 3 70 | 24.000 | 10 20 | » 95 | |
| | | | **Mois de Décembre.** | | | | | | | |
| 107 | 2 Décemb | 3764 | **HUMBERT** (Pierre) . . | 320.000 | 92 80 | 8 » | » | » » | » » | Explosion d'appareils à vapeur. |
| 108 | 11 — | 4103 | **MATHIS** (Nicolas) . . . | » | » » | » » | » | » » | » » | Mutation, vente à M. Rodet. |
| 109 | 12 — | 3625 | **SAVY** (Adrien). . . . . | » | » » | » » | » | 13 25 | 1 25 | Diminution de risque. |
| 110 | 15 — | 4562 | **ROUX** (Camille). . . . | 15.000 | 15 60 | 1 50 | » | » » | » » | Augmentation de valeurs et de prime. |
| 111 | 18 — | 4561 | **MARTIN** (Jean-Baptiste) | » | » » | » » | 7.500 | 4 95 | 0 50 | Diminution de valeurs et de prime. |
| 112 | 22 — | 3642 | **CARBONEL** (Alexandre) | 6.000 | » » | » » | » | 8 20 | » 75 | Augmentation de valeurs, diminution de prime. |
| 113 | 25 — | 2806 | **DUFOUR** (Michel) . . . | » | 12 40 | 1 15 | 3 000 | » » | » » | Augmentation de prime, diminution de valeurs. |
| 114 | 27 — | 3700 | **CHARVET** et C^ie^. . . . | » | » » | » » | » | » » | » » | Changement de raison sociale, passée au nom de MM. Robert et Tollet. |
| | | | TOTAUX. . . | 341.000 | 120 80 | 10 65 | 10.500 | 26.40 | 2 50 | |

MODÈLE N° 93

# MODÈLE DE L'ÉTAT DES AVENANTS

*(Art. 583 des Instructions.)*

AGENCE
de *Versailles*

COMPTABILITÉ
du mois de *Décembre 1872.*

**Avenants souscrits pendant le mois de *Décembre 1872***

| NUMÉROS DES AVENANTS | DATES des AVENANTS | NUMÉROS DES POLICES | NOMS DES ASSURÉS | AUGMENTATIONS | | | DIMINUTIONS | | | OBSERVATIONS |
|---|---|---|---|---|---|---|---|---|---|---|
| | | | | VALEURS assurées | PRIME | IMPÔT d'enregistrement | VALEURS assurées | PRIME | IMPÔT d'enregistrement | |
| 107 | 2 Décem. | 3764 | **HUMBERT** (Pierre) . . | 320.000 | 92 80 | 8 » | » | » » | » » | Explosion d'appareils à vapeur. |
| 108 | 11 — | 4103 | **MATHIS** (Nicolas) . . | » | » » | » » | » | » » | » » | Mutation, vente à M. Rodet. |
| 109 | 12 — | 3625 | **SAVY** (Adrien) . . . . | » | » » | » » | » | 13 25 | 1 25 | Diminution de risque. |
| 110 | 15 — | 4562 | **ROUX** (Camille) . . . . | 15.000 | 15 60 | 1 50 | » | » » | » » | Augmentation de valeurs et de prime. |
| 111 | 18 — | 4561 | **MARTIN** (Jean-Baptiste) | » | » » | » » | 7.500 | 4 95 | » 50 | Diminution de valeurs et de prime. |
| 112 | 22 — | 3642 | **CARBONEL** (Alexandre) | 6.000 | » » | » » | » | 8 20 | » 75 | Augmentation de valeurs. Diminution de prime. |
| 113 | 25 — | 2806 | **DUFOUR** (Michel). . . | » | 12 40 | 1 15 | 3.000 | » » | » » | Augmentation de prime. Diminution de valeurs. |
| 114 | 27 — | 3700 | **CHARVET ET Cᵉ**. . . | » | » » | » » | » | » » | » » | Changement de raison sociale — Passée au nom de MM. Robert et Tollet. |
| | | | TOTAUX. . . | 341.000 | 120 80 | 10 65 | 10.500 | 26 40 | 2 50 | |

Fait à *Versailles*, le *31 Décembre 1872.*

L'AGENT GÉNÉRAL,

MODÈLE N° 94

# MODÈLE DU REGISTRE DES RÉSILIATIONS

(*Art. 584 des Instructions.*)

| DATE de la Résiliation | NUMÉRO de la Police | DATE DE L'EFFET de la Police | NOM DE L'ASSURÉ | VALEURS ASSURÉES | PRIMES (Impôt non compris) | MOTIFS DE LA RÉSILIATION |
|---|---|---|---|---|---|---|
| | | | **1872** | | | |
| | | | **Novembre** | | | |
| | | | *Néant.* | | | |
| | | | **Décembre.** | | | |
| 2 | 810 | Janvier 1848 .... | **SEVERAC**......... | 5.000 | 3 85 | Assuré parti insolvable. — Attestation du Commissaire de police. |
| 5 | 3150 | Octobre 1865.... | **JOLLY**............. | 25.000 | 12 » | Remplacée par le n° 4567. |
| 8 | 470 | Février 1846..... | **SALVAN**.......... | 14.000 | 6 80 | Risques détruits. — Avenant de résiliation. |
| 11 | 3600 | Avril 1869....... | **BARREAU**........ | 4.900 | 8 30 | Police à passer à l'Agence de Pontoise. — L'assuré demeure à Saint-Ouen-l'Aumône, rue de l'Église, n° 4. |
| 13 | 4125 | Juin 1872........ | **BINET**............ | 20.000 | 120 » | Police expirée. — Récoltes en meules. |
| 15 | 3062 | Janvier 1864.... | **DELAHAYE**....... | 10.000 | 8 » | Mauvais risque. — Avenant de résiliation. |
| 16 | 3400 | Décembre 1867.. | **LEMAIRE**......... | 80.000 | 226 15 | Remplacée par le n° 4571. |
| 18 | 4559 | Novembre 1872.. | **RUELLE**........... | 75.000 | 96 75 | Assurance sans effet. — Police nulle. |
| 21 | 4083 | Décembre 1870.. | **LAFFEUILLE**..... | 9.000 | 44 » | Remplacée par le n° 4572. |
| 25 | 1023 | Janvier 1850..... | **LEROY**............ | 2.500 | 13 » | Exproprié. — Certificat du Maire. |
| 26 | 2890 | Juillet 1863..... | **TRIBERT**.......... | 92.000 | 200 » | Remplacée par le n° 4573. |
| 28 | 1200 | Décembre 1862.. | **DUPIN**............. | 8.000 | 2 60 | Police expirée. — Désistement. |
| | | | TOTAUX....... | 345.400 | 741 45 | |

MODÈLE N° 95

# MODÈLE DE L'ÉTAT DES RÉSILIATIONS.

(*Art. 586 des Instructions.*)

AGENCE
de *Versailles.*

COMPTABILITÉ
du mois de *Décembre.*

**Polices résiliées, annulées, expirées ou remplacées pendant le mois de *Décembre 1872*.**

| DATE de la Résiliation. | NUMÉRO de la Police. | DATE DE L'EFFET de la Police | NOM DE L'ASSURÉ | VALEURS ASSURÉES | PRIMES (impôt non compris) | MOTIFS DE LA RÉSILIATION |
|---|---|---|---|---|---|---|
| | | | **Décembre.** | | | |
| 2 | 810 | Janvier 1848..... | **SEVERAC**......... | 5.000 | 3 85 | Assuré parti insolvable. — Attestation du Commissaire de police. |
| 5 | 3150 | Octobre 1865.. | **JOLLY**............. | 25.000 | 12 » | Remplacée par le n° 4567. |
| 8 | 470 | Février 1846.... | **SALVAN**.......... | 14.000 | 6 80 | Risques détruits. — Avenant de résiliation. |
| 11 | 3600 | Avril 1869....... | **BARREAU**........ | 4.900 | 8 30 | Police à passer à l'agence de Pontoise. — L'assuré demeure à Saint-Ouen-l'Aumône, rue de l'Église, 4. |
| 13 | 4125 | Juin 1872....... | **BINET**............ | 20.000 | 120 » | Police expirée. — Récoltes en meules. |
| 15 | 3062 | Janvier 1864.... | **DELAHAYE**....... | 10.000 | 8 » | Mauvais risque. — Avenant de résiliation. |
| 16 | 3400 | Décembre 1867.. | **LEMAIRE**........ | 80.000 | 226 15 | Remplacée par le n° 4571. |
| 18 | 4559 | Novembre 1872.. | **RUELLE**.......... | 75.000 | 96 75 | Assurance sans effet. — Police nulle. |
| 21 | 4083 | Décembre 1870.. | **LAFFEUILLE**..... | 9.000 | 44 » | Remplacée par le n° 4572. |
| 25 | 1023 | Janvier 1850..... | **LEROY**........... | 2.500 | 13 » | Exproprié. — Certificat du Maire. |
| 26 | 2890 | Juillet 1863...... | **TRIBERT**......... | 92.000 | 200 » | Remplacée par le n° 4573. |
| 28 | 1200 | Décembre 1862.. | **DUPIN**........... | 8.000 | 2 60 | Police expirée. — Désistement. |
| | | | TOTAUX............ | 345.400 | 741 45 | |

Fait à *Versailles*, le *31 Décembre 1872.*
L'AGENT GÉNÉRAL,

MODÈLE N° 96

## MODÈLE DU CARNET DE SITUATION

**Des Polices, Plaques et Pièces timbrées pour règlements de Sinistres.**

(*Art. 588 des Instructions.*)

| ANNÉE 1872 | POLICES ET PLAQUES | | | PIÈCES DE SINISTRES | | | |
|---|---|---|---|---|---|---|---|
| | POLICES TRIPLES | PETITES PLAQUES | GRANDES PLAQUES | NOMINATIONS D'EXPERTS | PROCÈS-VERBAUX D'EXPERTISE | TRANS-ACTIONS | QUITTANCES D'INDEMNITÉ |
| **Le 1er décembre,** l'Agent était comptable de. | 42 | 24 | 17 | 3 | 5 | 2 | 6 |
| Reçu de la Direction pendant le mois. . . . . . | 50 | 25 | 15 | 10 | 10 | 15 | 10 |
| TOTAL DE LA RECETTE. . . . . | 92 | 49 | 32 | 13 | 15 | 17 | 16 |
| Quantité de Polices et de plaques payées et de pièces de sinistres employées pendant le mois. | 12 | 5 | 2 | 4 | 4 | 4 | 3 |
| Polices et pièces gâtées renvoyées à la Direction. | 2 | » | » | » | 1 | 1 | » |
| TOTAL DE LA DÉPENSE. . . . | 14 | 5 | 2 | 4 | 5 | 5 | 3 |
| **Au 31 décembre,** l'Agent reste comptable de. | 78 | 44 | 30 | 9 | 10 | 12 | 13 |

MODÈLE N° 97

AGENCE de *Versailles.*

# MODÈLE DE L'ÉTAT DE SITUATION

## Des Polices, Plaques et Pièces timbrées pour règlements de sinistres.

(*Art. 590 des Instructions.*)

COMPTABILITÉ du mois de *Décembre 1872*

**État de situation au *31 Décembre 1872*, des Polices, plaques et pièces timbrées pour règlements de Sinistres, dont l'Agent général est comptable.**

| | POLICES ET PLAQUES | | | PIÈCES DE SINISTRES | | | | CONTROLE de la COMPAGNIE |
|---|---|---|---|---|---|---|---|---|
| | POLICES triples | PETITES plaques | GRANDES plaques | NOMINATIONS d'experts | PROCÈS-VERBAUX d'expertise | TRANSACTIONS. | QUITTANCES d'indemnités | |
| Le *1er Décembre*, l'Agent restait comptable de . . . . . | 42 | 24 | 17 | 3 | 5 | 2 | 6 | |
| Reçu de la Direction pendant le mois de *Décembre* . . . | 50 | 25 | 15 | 10 | 10 | 15 | 10 | |
| TOTAL DE LA RECETTE . . . . . . | 92 | 49 | 32 | 13 | 15 | 17 | 16 | |
| **DÉPENSE A DÉDUIRE :** | | | | | | | | |
| Quantité de Polices et de plaques payées, et de pièces de sinistres employées pendant le mois de *Décembre* . | 12 | 5 | 2 | 4 | 4 | 4 | 3 | |
| Polices et pièces gâtées, renvoyées à la Direction. . . . | 2 | » | » | » | 1 | 1 | » | |
| TOTAL DE LA DÉPENSE. . . . . . . | 14 | 5 | 2 | 4 | 5 | 5 | 3 | |
| Le *1er Janvier 1873*, l'Agent se reconnaît comptable de . | 78 | 44 | 30 | 9 | 10 | 12 | 13 | |

Fait à *Versailles*, le *31 Décembre 1872*.

L'AGENT GÉNÉRAL,

MODÈLE N° 98

MODÈLE DU CARNET DES

(*Art. 593 des*

| DATE DU RECOUVREMENT | NUMÉRO DE LA POLICE | NUMÉRO D'ORDRE de la QUITTANCE A SOUCHE | NOM DE L'ASSURÉ | DATE de l'effet DE L'ASSURANCE | DURÉE | RECETTES DES PRIMES DE 1re ANNÉE — PRIMES REÇUES RISTOURNES DÉDUITES — DES EXERCICES ANTÉRIEURS | DE L'EXERCICE COURANT | IMPOT d'enregistrement | TOTAL | COUT DE LA POLICE OU DE L'AVENANT | PRIX de la PLAQUE |
|---|---|---|---|---|---|---|---|---|---|---|---|
| | | | **Décembre 1872.** | | | | | | | | |
| 1er | 4443 | 8950 | **PRECY** | 24 octobre 1871 | 10 ans | 25 40 | » | 2 40 | 27 80 | 2 | 1 50 |
| — | 4458 | 9010 | **LEBEAU** | 12 novemb. 1871 | 5 ans | 34 70 | » | 3 35 | 38 05 | 2 | 2 50 |
| 2 | 3764 | 11220 | **HUMBERT** | 2 décemb. 1872 | 4 ans et 8 mois | » | 62 » | 5 25 | 67 25 | 1 | » |
| 4 | 4564 | 10942 | **COTTIN** | 16 novemb. 1872 | 7 ans | » | 42 20 | 4 05 | 46 25 | 2 | » |
| — | 4566 | 11030 | **MOREL** | 30 novemb. 1872 | 5 ans | » | 1.245 35 | 122 » | 1.367 35 | 2 | 2 50 |
| 5 | 4565 | 11242 | **BONNET** | 1er décemb. 1872 | 10 ans | » | 34 25 | 3 25 | 37 50 | 2 | 1 50 |
| — | 4567 | 11243 | **JOLLY** | 6 Id. | 7 ans | » | 3 » | » 30 | 3 30 | 2 | » |
| 6 | 4568 | 11244 | **GOBERT** | 7 Id. | 1 an | » | 12 65 | 1 20 | 13 85 | 2 | 1 50 |
| 12 | 3625 | » | **SAVY** | 12 Id. | » | » | » | » | » | 1 | » |
| — | 4569 | 11245 | **BERGERON** | 11 Id. | 4 ans | » | 53 75 | 5 25 | 59 » | 2 | 1 50 |
| — | 4570 | 11246 | **SEVESTRE** | 13 Id. | 6 mois | | 242 40 | 24 » | 266 40 | 1 | 1 50 |
| 15 | 4571 | 11247 | **LEMAIRE** | 16 Id. | 10 ans résiliable | » | 258 40 | 25 50 | 283 90 | 2 | » |
| — | 4562 | 11225 | **ROUX** | 15 Id. | 9 ans 11 mois | » | 14 30 | 1 35 | 15 65 | 1 | » |
| 18 | 4561 | » | **MARTIN** | » | » | » | » | » | » | 1 | » |
| 22 | 3642 | » | **CARBONNEL** | » | » | » | » | » | » | 1 | » |
| 25 | 4572 | 11248 | **LAFFEUILLE** | 21 Id. | 8 ans | » | 54 50 | 5 40 | 59 90 | 1 | » |
| — | 2806 | 11228 | **DUFOUR** | 25 Id. | 3 ans | » | 12 40 | 1 15 | 13 55 | 1 | » |
| — | 4573 | 11249 | **TRIBERT** | 26 Id. | 10 ans | » | 187 35 | 17 50 | 204 85 | 2 | » |
| — | 3583 | » | **THIBERVILLE** | » | » | » | » | » | » | » | » |
| | | | | Totaux | | 60 10 | 2.222 55 | 221 95 | 2.504 60 | 28 | 12 50 |
| | | | Total des primes reçues | | | 2.282 65 | | | | | |

MODÈLE N° 99

## MODÈLE DU JOURNAL DE CAISSE

*(Art. 604 des Instructions)*

NOTA. — **Les primes de 1re année des Polices et des avenants d'augmentations doivent être détaillées sur le carnet spécial.** (*Modèle n° 98.*)

| DATES DES OPÉRATIONS | NUMÉROS DES POLICES | NUMÉROS D'ORDRE des quittances À SOUCHES | NOMS DES ASSURÉS et désignation DES RECETTES ET DES DÉPENSES | RECETTES DES PRIMES ÉCHUES — ÉCHÉANCE DE LA PRIME — ANNÉE | MOIS | PRIMES des exercices antérieurs | PRIME de l'exercice courant | IMPOT d'enregistrement | TOTAL | RECETTES générales | DÉPENSES générales |
|---|---|---|---|---|---|---|---|---|---|---|---|
| | | | **MOIS DE DÉCEMBRE 1872.** | | | | | | | | |
| | | | Solde du compte précédent. . . . . . | | | | | | | 4 75 | |
| 2 | | | Avis du sinistre Bardin, Police n° 1670 . | | | | | | | | » 25 |
| 4 | 2562 | 10245 | Reçu de M. Leblond, sa prime de . . . | 1872 | janv. | | 26 70 | 2 60 | 29 30 | | |
| 8 | | | Avis de l'envoi de la comptabilité de novembre. . . . . . . . . . . . . | | | | | | | | » 25 |
| — | | | Affranchissement du paquet, comptabilité de novembre . . . . . . . . . . | | | | | | | | » 40 |
| — | | | Frais du récépissé de virement, solde de la comptabilité de novembre. . . . . | | | | | | | | 1 50 |
| 10 | 3015 | 9060 | Recu de M. Fossé, sa prime de . . . . | 1871 | décem | 87 40 | | 8 35 | 95 75 | | |
| — | 3015 | 11000 | — — — — . . . . | 1872 | — | | 87 40 | 8 35 | 95 75 | | |
| — | | | Reçu de la Compagnie, un mandat ordre Chardon, sinistre à Police n° 3630 . . | | | | | | | 2.500 » | |
| — | | | Payé au greffier de paix, avertissement à M. Dupont, Police n° 3450. . . . | | | | | | | | 1 » |
| 12 | | | Payé à M. Chardon, sinistre à Police n° 3630, par la remise du mandat à son ordre. | | | | | | | | 2.500 » |
| — | | | Payé pour gratification aux pompiers, sinistre Chardon, n° 3630 (autorisation de la Compagnie, du 9 décembre) . . | | | | | | | | 25 » |
| — | 4127 | 10125 | Reçu de M. Carlu, sa prime de. . . . . | 1872 | novem | | 324 65 | 31 20 | 355 85 | | |
| — | | | Payé à M. Leblond, huissier, sa note de frais exposés contre Lecoq, Police 1526 (insolvable) . . . . . . . . . . . . | | | | | | | | 18 25 |
| 13 | 4109 | 8900 | Reçu de M. Bouchard, sa prime de. . . | 1871 | octob. | 16 90 | | 1 65 | 18 55 | | |
| — | 4109 | 10542 | — — — — . . . | 1872 | — | | 16 90 | 1 65 | 18 55 | | |
| — | | | — — frais d'avertissement de la Justice de paix. . . . . . . . . | | | | | | | 1 » | |
| 14 | | | Payé, frais du sinistre Bardin, Police n° 1670, suivant bulletin de paiement. | | | | | | | | 50 » |
| — | | | Reçu de M. Bardin, pour timbre . . . . | | | | | | | 1 20 | |
| 15 | | | Affranchissement des pièces du sinistre Bardin, Police n° 1670. . . . . . . . | | | | | | | | » 70 |
| — | | | Payé à M. Leblond, huissier, citation contre Herbaut, Police n° 2384. . . . | | | | | | | | 5 » |
| 18 | | | Frais du sinistre Chevallier, Police 2327. | | | | | | | | 74 50 |
| — | | | Reçu de M. Chevallier, pour timbre. . . | | | | | | | 1 80 | |
| 20 | 3583 | 11150 | Reçu de M. Thiberville, sa prime de . . | 1872 | décem | | 204 » | 19 40 | 223 40 | | |
| — | | | Payé au greffier de paix, avertissements suivant état. . . . . . . . . . . . | | | | | | | | 15 » |
| 25 | | | Payé à M. Bardin, Police n° 1670 indemnité de sinistre. . . . . . . . . . . . . | | | | | | | | 1.250 » |
| | | | *A reporter.* . . . . . . | | | 104 30 | 659 65 | 73 20 | 837 15 | 2.508 75 | 3.941 85 |

# MODÈLE DU JOURNAL DE CAISSE

*(Art. 604 des Instructions)*

NOTA. — **Les primes de 1re année des Polices et des avenants d'augmentations doivent être détaillées sur le carnet spécial.** (*Modèle n° 98.*)

| DATES DES OPÉRATIONS | NUMÉROS DES POLICES | NUMÉROS D'ORDRE des quittances A SOUCHES | NOMS DES ASSURÉS et désignation DES RECETTES ET DES DÉPENSES | RECETTES DES PRIMES ÉCHUES — ÉCHÉANCE DE LA PRIME | | | | | | RECETTES générales | DÉPENSES générales |
|---|---|---|---|---|---|---|---|---|---|---|---|
| | | | | ANNÉE | MOIS | PRIMES des exercices antérieurs | PRIME de l'exercice courant | IMPOT d'enregistrement | TOTAL | | |
| | | | *Report* . . . . . . . | | | 104 30 | 659 65 | 73 20 | 837 15 | 2.508 75 | 3.941 85 |
| 28 | 2912 | 8500 | Reçu de M. Marié, sa prime de . . . . | 1871 | sept. | 225 15 | | 21 60 | 246 75 | | |
| — | | | — — frais judiciaires. . . | | | | | | | 25 40 | |
| 29 | | | Payé à M. Martel, avoué, frais relatifs au sinistre Simonnet, Police n° 4190, recours contre Desjardin, locataire . . | | | | | | | | 89 » |
| 30 | 4130 | 11200 | Reçu de M. Grenard, sa prime de . . . | 1872 | décem | | 28 » | 2 70 | 30 70 | | |
| — | | | — M. Herbaut, Police n° 2384, frais judiciaires . . . . . . . . . . . | | | | | | | 6 » | |
| — | | | Payé à M. Duchêne, Police n° 3423, indemnité de sinistre. . . . . . . . . | | | | | | | | 15 » |
| — | | | Reçu dudit, timbre des pièces de règlement. | | | | | | | » 60 | |
| | | | TOTAUX. . . . . . . | | | 329 45 | 687 65 | 97 50 | 1.114 60 | | |
| | | | TOTAL des primes échues. . . . | | | 1.017 10 | | | | | |
| | | | Reçu, primes de première année, suivant le carnet . . . . . . . . . . . . | | | | | | | 2.282 65 | |
| | | | Reçu, primes échues. . . . . . . . . . | | | | | | | 1.017 10 | |
| | | | Reçu, impôt d'enregistrement sur les primes de 1re année, suivant le carnet. . | | | | | | | 221 95 | |
| | | | Reçu, impôt d'enregistrement sur les primes échues. . . . . . . . . . . | | | | | | | 97 50 | |
| | | | Reçu, coût des Polices et avenants (carnet). | | | | | | | 28 » | |
| | | | — prix de 5 petites plaques à 1 50 = 7 50<br>— — 2 grandes — à 2 50 = 5 » | | | | | | | 12 50 | |
| | | | Remises sur les primes de première année, suivant le carnet . . . . . . . | | | | | | | | 631 20 |
| | | | Remises 10 0/0 sur 1.017 fr. 10 de primes échues . . . . . . . . . . . . . . | | | | | | | | 101 70 |
| | | | Remises de 50 0/0 sur 28 fr., coût des Polices et avenants . . . . . . . . . | | | | | | | | 14 » |
| | | | Remises sur 5 petites plaques, à 40 centimes. . . . . . . . . . fr. 2 »<br>Remises sur 2 grandes plaques à 60 centimes. . . . . . . . fr. 1 20 | | | | | | | | 3 20 |
| | | | Timbres de 6 quittances de primes annulées . . . . . . . . . . . . . | | | | | | | | » 60 |
| | | | Redressements, suivant lettre de la Compagnie, du 15 Décembre 1872 : | | | | | | | | |
| | | | à mon débit. . . . . . . . . . . . . | | | | | | | 24 » | |
| | | | à mon crédit . . . . . . . . . . . . | | | | | | | | 10 » |
| | | | | | | | | | | 6.224 45 | 4.806 55 |
| | | | Envoi à la Cie, récépissé de virement . . | | | | | | | | 1.417 90 |
| | | | | | | | | | TOTAL ÉGAL. . . . . | | 6.224 45 |

MODÈLE N° 100

# MODÈLE DU BORDEREAU N° 1

*(Art. 616 des Instructions.)*

COMPTABILITÉ du mois de *Décembre 1872.*

AGENCE DE *Versailles.*

DÉPARTEMENT de *Seine-et-Oise*

## Bordereau des primes de première année reçues pendant le mois de *Décembre 1872* et des remises afférentes à ces primes.

| DATE DU RECOUVREMENT | NUMÉRO DE LA POLICE | DATE DE L'EFFET de l'assurance | DURÉE | PRIMES REÇUES RISTOURNES DÉDUITES des exercices antérieurs | PRIMES REÇUES RISTOURNES DÉDUITES de l'exercice courant | IMPÔT D'ENREGISTREMENT | COÛT DE LA POLICE ou de l'avenant | PRIX de LA PLAQUE | POLICES REMPLACÉES numéros | POLICES REMPLACÉES date de l'effet de l'assurance | POLICES REMPLACÉES nombre d'années restant à courir | POLICES REMPLACÉES primes |
|---|---|---|---|---|---|---|---|---|---|---|---|---|
| 1er | 4443 | 24 octobre 1871. | 10 ans | 25 40 | » | 2 40 | 2 | 1 50 | » | » | » | » |
| — | 4458 | 12 novembre 1871. | 5 ans | 34 70 | » | 3 35 | 2 | 2 50 | » | » | » | » |
| 2 | 3764 | 2 décembre 1872. | 4 ans et 9 mois | » | 62 » | 5 25 | 1 | » | » | » | » | » |
| 4 | 4504 | 16 novembre 1872. | 7 ans | » | 42 20 | 4 05 | 2 | » | 1.548 | 15 mars 1867. | 2 ans et 9 mois | 63 30 |
| — | 4566 | 30 — | 5 ans | » | 1.245 35 | 122 » | 2 | 2 50 | » | » | » | » |
| 5 | 4563 | 1er décembre 1872. | 10 ans | » | 34 25 | 3 25 | 2 | 1 50 | » | » | » | » |
| — | 4567 | 6 — | 7 ans | » | 3 » | » 30 | 2 | » | 3.160 | 6 mars 1864. | 2 ans 8 mois | 12 » |
| 6 | 4568 | 7 — | 1 an | » | 12 65 | 1 20 | 2 | 1 50 | » | » | » | » |
| 12 | 3625 | 12 — | » | » | » | » | 1 | » | » | » | » | » |
| — | 4569 | 11 — | 4 ans | » | 53 75 | 5 25 | 2 | 1 50 | » | » | » | » |
| — | 4570 | 13 — | 6 mois | » | 242 40 | 24 » | 1 | 1 50 | » | » | » | » |
| 15 | 4571 | 16 — | 10 ans résiliable | » | 258 40 | 25 50 | 2 | » | 3.400 | 16 décemb. 1862 | résiliée | 226 15 |
| — | 4562 | 15 — | 9 ans et 11 mois | » | 14 30 | 1 35 | 1 | » | » | » | » | » |
| 18 | 4561 | » | » | » | » | » | 1 | » | » | » | » | » |
| 22 | 3042 | » | » | » | » | » | 1 | » | » | » | » | » |
| 25 | 4572 | 21 — | 8 ans | » | 54 50 | 5 40 | 1 | » | 4.083 | 21 décemb. 1870 | 8 ans | 44 » |
| — | 3806 | 25 — | 3 ans | » | 12 40 | 1 15 | 1 | » | » | » | » | » |
| — | 4573 | 26 — | 10 ans | » | 187 35 | 17 50 | 2 | » | 2.800 | 25 juillet 1863. | 7 mois | 200 » |
| — | 8583 | » | » | » | » | » | » | » | » | » | » | » |
| | | TOTAUX | | 60 10 | 2.222 55 | 221 95 | 28 | 12 50 | | | | |
| | | TOTAL des primes de 1re année | | 2.282 65 | | | | | | | | |

| DATE DU RECOUVREMENT | NUMÉRO DE LA POLICE | DÉCOMPTE DES REMISES ristournes sur les renouvellements | DÉCOMPTE DES REMISES total de la prime annuelle | DÉCOMPTE DES REMISES taux pour cent | PRODUIT | OBSERVATIONS | CONTRÔLE DE L'ADMINISTRATION |
|---|---|---|---|---|---|---|---|
| 1er | 4443 | » | 25 40 | 80 0/0 | 20 30 | | |
| — | 4458 | » | 34 70 | 40 0/0 | 13 90 | | |
| 2 | 3764 | 30 80 | 92 80 | 20 0/0 | 18 55 | Avenant n° 107. — Augmentation. | |
| 4 | 4504 | 42 20 | 84 40 | 20 % sur 63 30 = 12 66<br>55 % sur 21 10 = 11 60 | 24 25 | | |
| — | 4566 | » | 1.245 35 | 20 % sur 900 » = 180 »<br>40 % sur 345 35 = 138 15 | 318 15 | Risques exceptionnels.<br>Risques simples. | |
| 5 | 4563 | » | 34 25 | 80 0/0 | 27 40 | | |
| — | 4567 | 9 » | 12 » | 20 0/0 | 2 40 | | |
| 6 | 4568 | » | 12 65 | 15 0/0 | 1 90 | | |
| 12 | 3625 | » | » | » | » | Avenant n° 109. — Diminution. | |
| — | 4569 | » | 53 75 | 35 0/0 | 18 81 | | |
| — | 4570 | » | 242 40 | 20 0/0 | 48 48 | Récoltes en meules. | |
| 15 | 4571 | » | 258 40 | 15 0/0 | 38 76 | Résiliable annuellement. | |
| — | 4562 | 1 30 | 15 60 | 80 0/0 | 12 50 | Avenant n° 110. — Augmentation. | |
| 18 | 4561 | » | » | » | » | Avenant n° 111. — Diminution. | |
| 22 | 3042 | » | » | » | » | Avenant n° 112. — Diminution. | |
| 25 | 4572 | » | 54 50 | 20 0/0 | 10 90 | Récoltes en meules. | |
| — | 3806 | » | 12 40 | 25 0/0 | 3 10 | Avenant n° 113. — Augmentation. | |
| — | 4573 | 116 65 | 304 » | 20 % sur 200 » = 40 »<br>40 % sur 104 » = 41 60 | 81 60 | | |
| — | 8583 | » | » | 5 0/0 sur 204 | 10 20 | Police résiliable annuellement. — Complément de remise. — La prime figure au bordereau n° 2. | |
| | | 199 95 | 2.482 60 | | 651 20 | | |
| | | Déduire 10 °/o sur 199 fr. 95 c. montant des ristournes | | | 20 » | | |
| | | Reste net à porter en dépense | | | 631 20 | | |

Fait à *Versailles*, le *31 Décembre 1872.*

L'AGENT GÉNÉRAL,

MODÈLE N° 101

Agence de *Versailles.*

# MODÈLE DU BORDEREAU N° 2

(*Art. 618 des Instructions*)

Comptabilité
du mois de *Décembre 1872.*

**Bordereau des primes échues recouvrées pendant le mois de *Décembre 1872.***

| DATE du recouvrement | NUMÉRO de la POLICE | NOM DE L'ASSURÉ | ÉCHÉANCE DE LA PRIME année | ÉCHÉANCE DE LA PRIME mois | PRIMES DES EXERCICES antérieurs | PRIME DE L'EXERCICE courant | IMPOT d'enregistrement | CONTROLE de L'ADMINISTRATION |
|---|---|---|---|---|---|---|---|---|
| 4 | 2562 | **LEBLOND**. . . . | 1872 | Janvier | » | 26 70 | 2 60 | |
| 10 | 3015 | **FOSSÉ**. . . . . . | 1871 | Décembre | 87 40 | » | 8 35 | |
| — | 3015 | — . . . . . . | 1872 | — | » | 87 40 | 8 35 | |
| 12 | 4127 | **CARLU** . . . . . | — | Novembre | » | 324 65 | 31 20 | |
| 13 | 4109 | **BOUCHARD**. . . | 1871 | Octobre | 16 90 | » | 1 65 | |
| — | 4109 | — . . . | 1872 | — | » | 16 90 | 1 65 | |
| 20 | 3583 | **THIBERVILLE** . | — | Décembre | » | 204 » | 19 40 | Résiliable annuellement. |
| 28 | 2912 | **MARIÉ** . . . . . | 1871 | Septembre | 225 15 | » | 21 60 | |
| 30 | 4130 | **GRENARD**. . . . | 1872 | Décembre | » | 28 » | 2 70 | |
| | | | | Totaux . . . | 329 45 | 687 65 | 97 50 | |

Total de la recette des primes échues . . . . . . . . 1,017 10

Fait à *Versailles*, le *31 Décembre 1872.*

L'Agent général,

MODÈLE N° 102.

## MODÈLE DU BORDEREAU N° 3 (1re PARTIE).

AGENCE DE *Versailles.*

(*Art. 620 et 621 des Instructions.*)

COMPTABILITÉ du mois de *Décembre 1872.*

### État des Affranchissements de Lettres, ports de Paquets et frais de Mandats

| DATES DES LETTRES ou des ENVOIS | INDICATION DE L'OBJET DES LETTRES OU DE LA NATURE DES ENVOIS | SOMMES | CONTROLE DE L'ADMINISTRATION |
|---|---|---|---|
| 2 décembre. | Avis du sinistre Bardin, Police n° 1670 . . . . . . . . . . . | » 25 | |
| 8 — | Avis de l'envoi de la comptabilité de novembre . . . . . . . . | » 25 | |
| 8 — | Affranchissement du paquet de la comptabilité de novembre. . | » 40 | |
| 8 — | Frais du récépissé de versement, solde de novembre . . . . . | 1 50 | |
| 15 — | Envoi des pièces du sinistre Bardin, Police n° 1670 . . . . . . | » 70 | |
| | TOTAL. . . . . . . . . . . . . . | 3.10 | |

Fait à *Versailles*, le *31 Décembre 1872.*

L'AGENT GÉNÉRAL,

NOTA. — La Compagnie ne rembourse aux Agents que les affranchissements de lettres et paquets envoyés à la Direction. — Les frais de correspondance avec les agents auxiliaires ou toute autre personne, ne sont pas à la charge de la Compagnie.

MODÈLE N° 102

AGENCE DE *Versailles.*

## MODÈLE DU BORDEREAU N° 3 (2e PARTIE)

(*Art. 620 et 624 des Instructions.*)

**État des frais judiciaires payés pendant le mois de *Décembre 1872*.**

| DATE de L'OPÉRATION | NUMÉRO de la POLICE | NOM DE L'ASSURÉ | INDICATION DE LA NATURE DES FRAIS; s'ils ont été payés à titre d'avance, ou s'ils doivent rester à la charge de la Compagnie, et pour quels motifs | SOMME | CONTROLE DE L'ADMINISTRATION |
|---|---|---|---|---|---|
| 10 | 3450 | **DUPONT** . . . . | Avertissement de la Justice de paix. — Paiera . . . | 1 » | |
| 12 | 1526 | **LECOCQ**. . . . . | État des frais de l'huissier LEBLOND. — Assuré insolv. | 18 25 | |
| 15 | 2384 | **HERBAUT** . . . | Citation, quittance ci-jointe de l'huissier. — Ass. solv. | 5 » | |
| 20 | Divers | Divers. . . . . . | Avertissements de la Justice de paix. — État ci-joint. | 15 » | |
| | | | TOTAL. . . . | 39 25 | à porter en dépense. |

Fait à *Versailles*, le *31 Décembre 1872*.

L'AGENT GÉNÉRAL,

MODÈLE N° 102

## MODÈLE DU BORDEREAU N° 3 (3e PARTIE)

(*Art. 620 et 627 des Instructions.*)

**État des frais judiciaires recouvrés pendant le mois de *Décembre 1872*.**

| DATE de L'OPÉRATION | NUMÉRO de la POLICE | NOM DE L'ASSURÉ | INDIQUER DANS QUELLE COMPTABILITÉ LES FRAIS ONT ÉTÉ PORTÉS EN DÉPENSE | SOMME | CONTROLE DE L'ADMINISTRATION |
|---|---|---|---|---|---|
| 13 | 4109 | **BOUCHARD**. . . | Avertissement. — Comptabilité de novembre 1872. | 1 » | |
| 28 | 2912 | **MARIÉ**. . . . . . | Frais avancés. — Comptabilité d'octobre 1872 . . . | 25 40 | |
| 30 | 2384 | **HERBAUT** . . . | Avertissement. — Comptabilité de novembre 1872, et citation dans la présente comptabilité . . . . | 6 » | |
| | | | TOTAL. . . . | 32 40 | à porter en recette. |

Fait à *Versailles*, le *31 Décembre 1872*.

L'AGENT GÉNÉRAL,

MODÈLE N° 103

AGENCE DE *Versailles.*

# MODÈLE DU BORDEREAU N° 4.

*(Art. 629 des Instructions.)*

COMPTABILITÉ
du mois de *Décembre 1872.*

**Bordereau des sommes payées pour sinistres pendant le mois de *Décembre 1872* ; des feuilles timbrées employées pour le règlement de ces sinistres, et des sommes reçues des incendiés pour droit de timbre à leur charge.**

| DATES | NUMÉROS des POLICES. | NOMS DES ASSURÉS | SOMMES PAYÉES POUR SINISTRES | | | PIÈCES TIMBRÉES EMPLOYÉES | | | | SOMMES reçues pour TIMBRE | CONTROLE DE L'ADMINISTRATION |
|---|---|---|---|---|---|---|---|---|---|---|---|
| | | | INDEMNITÉ | FRAIS | TOTAL | SOMMATIONS d'experts | PROCÈS-VERBAUX d'expertise | TRANSACTIONS | QUITTANCES d'indemnités | | |
| 12 | 3630 | **CHARDON**........ | 2.500 » | » | 2.500 » | » | » | » | 1 | » | |
| 13 25 | 1670 | **BARDIN**........... | 1.250 » | 50 » | 1.300 » | 2 | 2 | » | 1 | 1 20 | |
| 18 | 2327 | **CHEVALLIER**.... | » | 74 50 | 74 50 | 2 | 2 | 2 | » | 1 80 | |
| 29 | 4190 | **SIMONNET**........ | » | 89 » | 89 » | » | » | » | » | » | Frais de recours contre Dosjardin, locataire. |
| 30 | 3423 | **DUCHÊNE**........ | 15 » | » | 15 » | » | » | 2 | 1 | » 60 | |
| | | TOTAUX....... | 3.765 » | 213.50 | 3.978 50 | 4 | 4 | 4 | 3 | 3.60 | |

Fait à *Versailles*, le *31 Décembre 1872.*

L'AGENT GÉNÉRAL,

MODÈLE N° 104.

AGENCE DE *Versailles*.

# MODÈLE DU BORDEREAU N° 5

*(Art. 633 des Instructions.)*

**Décompte du mois de *Décembre* 1872.**

## RECETTES.

| | EXERCICES antérieurs | | EXERCICE courant | | TOTAL | | | |
|---|---|---|---|---|---|---|---|---|
| Reliquat du compte précédent, en faveur de la Compagnie | | | | | | | 4 | 75 |
| Reçu pour primes de 1re année, suivant bordereau n° 1 | 60 | 10 | 2.222 | 55 | 2.282 | 65 | 3.299 | 75 |
| *Id.* pour primes échues, suivant bordereau n° 2 | 329 | 45 | 687 | 65 | 1.017 | 10 | | |
| *Id.* pour impôt d'enregistrement { Suivant bordereau n° 1....... 221 95 / d° n° 2....... 97 50 } | | | | | | | 319 | 45 |
| *Id.* pour coût des Polices et Avenants, suivant bordereau n° 1 | | | | | | | 28 | » |
| *Id.* pour prix de 5 petites plaques à 1 fr. 50 c. ..... 7 50 / *Id.* pour — 2 grandes plaques à 2 fr. 50 c....... 5 » | | | | | | | 12 | 50 |
| *Id.* pour remboursement des frais judiciaires, suivant bordereau n° 3 (3e partie) | | | | | | | 32 | 40 |
| *Id.* pour timbre des pièces de règlements de sinistres, suivant bordereau n° 4 | | | | | | | 3 | 60 |
| *Id.* de la Compagnie, un mandat, ordre Chardon, sinistre à Police n° 3630 | | | | | | | 2.500 | » |
| *Redressements à mon débit, lettre de la Compagnie du 15 Décembre 1872* | | | | | | | 24 | » |
| TOTAL DES RECETTES | | | | | | | 6.224 | 45 |

## DÉPENSES.

| | | | | |
|---|---|---|---|---|
| Reliquat du compte précédent, en faveur de l'Agent | » | » | | |
| Prélèvement à titre de remises : sur primes de première année, suivant bordereau n° 1 | 631 | 20 | | |
| 10 p. 0/0 sur fr. 1.017 10 de primes échues, suivant bord. n° 2 | 101 | 70 | | |
| 50 p. 0/0 sur fr. 28 » du coût des Polices et avenants, suivant bordereau n° 1 | 14 | » | | |
| sur 5 petites plaques à 0 fr. 40 c. l'une...... 2 » / sur 2 grandes plaques à 0 fr. 60 c. l'une...... 1 20 | 3 | 20 | | |
| Affranchissement de lettres, ports de paquets et frais de mandats (bordereau n° 3, 1re partie) | 3 | 10 | | |
| Frais judiciaires, suivant bordereau n° 3 (2e partie) | 39 | 25 | | |
| Prix de 6 timbres à 10 centimes, ci-joints, de quittances irrécouvrables de primes au-dessus de 10 francs | » | 60 | | |
| *Gratification aux pompiers, sinistre Chardon. — Autorisation de la Compagnie du 9 Décembre* | 25 | » | | |
| *Redressements à mon crédit. — Lettre de la Compagnie du 15 Décembre 1872* | 10 | » | | |
| TOTAL des remises et autres frais | 828 | 05 | 6.224 | 45 |
| Paiements de sinistres et frais y relatifs, suivant bordereau n° 4 | 3.978 | 50 | | |
| Envoi de fonds { en *récépissé de virement de la Banque de France* | 1.417 | 90 | | |
| Envoi de fonds { en | | | | |
| BALANCE | | | » | » |

Fait à *Versailles*, le *31 Décembre 1872*.

L'AGENT GÉNÉRAL,

NOTA. — MM. les Agents doivent envoyer chaque mois, à la Compagnie, le montant intégral du solde du présent décompte.

MODÈLE N° 105

AGENCE DE *Versailles.*

DÉPARTEMENT
de *Seine-et-Oise.*

# MODÈLE D'UNE LETTRE D'ENVOI DE COMPTABILITÉ

(*Art. 643 des Instructions.*)

COMPTABILITÉ
du
mois de *Décembre 1872.*

*A Versailles*, le *1er Janvier 1873.*

MONSIEUR LE DIRECTEUR,

J'ai l'honneur de vous informer que je vous envoie, en même temps que la présente, les pièces relatives à ma comptabilité du mois de *Décembre 1872*, dont détail suit,

SAVOIR :

1° **L'État** des assurances souscrites, au nombre de *9*, dont les primes convenues s'élèvent à Fr. *977 35* ;

2° **L'État** des avenants souscrits, au nombre de *8*, dont les primes des augmentations s'élèvent à Fr. *120 80*, celles des diminutions à Fr. *26 40*, et à l'appui, les ampliations des avenants régularisés ;

3° **L'État** des résiliations, au nombre de *12*, dont les primes s'élèvent à Fr. *741 45*, et à l'appui, les pièces justificatives ;

4° **L'État** de situation des Polices, plaques et pièces timbrées pour règlements de sinistres ;

5° **Le Bordereau n° 1** des primes de première année reçues, s'élevant à Fr. *2,282 65* ; les remises y afférentes, à Fr. *631 20*, et, à l'appui, les ampliations des Polices et avenants qui s'y réfèrent ;

6° **Le Bordereau n° 2** des primes échues recouvrées, s'élevant à Fr. *1,017 10* ;

7° **Le Bordereau n° 3** des affranchissements et des frais judiciaires ;

8° **Le Bordereau n° 4** des sinistres payés, s'élevant à Fr. *3,978 50* ;

9° **Le Bordereau n° 5** de Décompte, soldant en faveur de la Compagnie, par Fr. *1,417 90*, que je vous remets en *un recépissé de virement de la Banque de France.*

Agréez, Monsieur, l'assurance de ma parfaite considération,

L'AGENT GÉNÉRAL,

NOTA. — Les primes sont portées nettes de l'impôt d'enregistrement.

Les blancs réservés doivent être exactement remplis au moment d'expédier, à la Compagnie, les pièces de la comptabilité.

Dans le cas où les opérations relatives à un bordereau seraient négatives, l'indication doit en être faite, à la place des chiffres, par le mot : NÉANT.

MODÈLE N° 106

# TABLEAU DES TAXES POSTALES

(LOIS DES 24 AOUT 1871 ET 29 DÉCEMBRE 1873)

*(Art. 664 des Instructions.)*

### Tarif n° 1.

*Taxe des lettres de bureau de poste à bureau de poste, y compris les bureaux situés en Corse et en Algérie.* (Article 1er de la loi du 24 août 1871.)

| | fr. c. |
|---|---|
| Lettres affranchies au-dessous de 10 grammes jusqu'à 10 grammes inclusivement | » 25 |
| Lettres non affranchies au-dessous de 10 grammes jusqu'à 10 grammes inclusivement | » 40 |
| Lettres affranchies au-dessus de 10 grammes jusqu'à 20 grammes inclusivement | » 40 |
| Lettres non affranchies au-dessus de 10 grammes jusqu'à 20 grammes inclusivement | » 60 |
| Lettres affranchies au-dessus de 20 grammes jusqu'à 50 grammes inclusivement | » 70 |
| Lettres non affranchies au-dessus de 20 grammes jusqu'à 50 grammes inclusivement | 1 » |
| Lettres affranchies au-dessus de 50 grammes jusqu'à 100 grammes | 1 20 |
| Lettres non affranchies au-dessus de 50 grammes jusqu'à 100 grammes | 1 75 |

Et ainsi de suite, en ajoutant par chaque 50 grammes ou fraction de 50 grammes excédant, 50 centimes en cas d'affranchissement et 75 centimes en cas de non-affranchissement.

### Tarif n° 2.

*Taxe des lettres nées et distribuables dans la circonscription postale du même bureau (Paris excepté).* (Article 2 de la loi du 24 août 1871.)

| | fr. c. |
|---|---|
| Lettres affranchies au-dessous de 10 grammes jusqu'à 10 grammes inclusivement | » 15 |
| Lettres non affranchies au-dessous de 10 grammes jusqu'à 10 grammes inclusivement | » 25 |
| Lettres affranchies au-dessus de 10 grammes jusqu'à 20 grammes inclusivement | » 25 |
| Lettres non affranchies au-dessus de 10 grammes jusqu'à 20 grammes inclusivement | » 40 |
| Lettres affranchies au-dessus de 20 grammes jusqu'à 50 grammes inclusivement | » 40 |
| Lettres non affranchies au-dessus de 20 grammes jusqu'à 50 grammes inclusivement | » 60 |
| Lettres affranchies au-dessus de 50 grammes jusqu'à 100 grammes inclusivement | » 65 |
| Lettres non affranchies au-dessus de 50 grammes jusqu'à 100 grammes inclusivement | 1 » |

Et ainsi de suite en ajoutant, par chaque 50 grammes ou fraction de 50 grammes excédant, 25 centimes en cas d'affranchissement et 40 centimes en cas de non-affranchissement.

### Tarif n° 3.

Lettres de Paris pour Paris (sans objet).

TABLEAU DE LA TAXE.

1° Des épreuves d'imprimerie corrigées, des papiers de commerce ou d'affaires, placés soit sous bandes mobiles, soit dans des enveloppes non fermées, soit dans des boîtes ou sacs faciles à ouvrir; 2° des circulaires, prospectus, catalogues, avis divers et prix courants, livres, gravures, lithographies, en feuilles, brochés ou reliés, et, en général de tous les imprimés autres que les journaux et ouvrages périodiques.

### Tarif n° 4.

*Épreuves d'imprimerie corrigées, papiers de commerce ou d'affaires, placés soit sous bandes mobiles, soit dans des enveloppes non fermées, soit dans des boîtes ou sacs faciles à ouvrir.* (Art. 7 de la loi du 24 août 1871.)

| | fr. c. |
|---|---|
| Jusqu'à 50 grammes, par paquet | » 30 |
| De 50 à 100 grammes, par paquet | » 40 |
| De 100 à 150 grammes, par paquet | » 50 |
| De 150 à 200 grammes, par paquet | » 60 |
| De 200 à 250 grammes, par paquet | » 70 |
| De 250 à 300 grammes (1), par paquet | » 80 |
| De 300 à 350 grammes, par paquet | » 90 |
| De 350 à 400 grammes, par paquet | 1 » |

Et ainsi de suite, en augmentant de 10 centimes par 50 grammes ou fraction de 50 grammes.

### Tarif n° 5.

*Circulaires, prospectus, catalogues, avis divers et prix courants, livres, gravures, lithographies, en feuilles, brochés ou reliés, et, en général, tous les imprimés, autres que les journaux et ouvrages périodiques, expédiés sous bandes.* (Art. 7 de la loi du 29 décembre 1873.)

| | fr. c. |
|---|---|
| De 5 grammes et au-dessous par chaque exemplaire | » 02 |
| Au-dessus de 5 grammes jusqu'à 10 grammes inclusivement par chaque exemplaire | » 03 |
| De 10 à 15 grammes, par chaque exemplaire | » 04 |
| De 15 à 40 grammes, par chaque exemplaire | » 05 |
| De 40 à 80 grammes, par chaque exemplaire | » 10 |
| De 80 à 100 grammes, par chaque exemplaire | » 13 |
| De 100 à 120 grammes, par chaque exemplaire | » 16 |
| De 120 à 140 grammes, par chaque exemplaire | » 19 |
| De 140 à 160 grammes, par chaque exemplaire | » 22 |
| De 160 à 180 grammes, par chaque exemplaire | » 25 |
| De 180 à 200 grammes, par chaque exemplaire | » 28 |
| De 200 à 220 grammes, par chaque exemplaire | » 31 |
| De 220 à 240 grammes, par chaque exemplaire | » 34 |

Et ainsi de suite, en augmentant de 3 centimes par chaque 20 grammes ou fraction de 20 grammes excédant, jusqu'à concurrence du poids de 3 kilogrammes.

### Lettres chargées ou recommandées. — Valeurs déclarées. — Articles d'argent.

Le droit fixe à percevoir sur chaque lettre chargée ou recommandée, en sus du port de la lettre ordinaire, est fixé à 50 centimes.

Indépendamment d'un droit fixe de 50 centimes et du port de la lettre, suivant son poids, l'expéditeur de valeurs déclarées paiera d'avance un droit proportionnel de 20 centimes pour chaque 100 francs ou portions de 100 francs.

La taxe des avis de réception est fixée à 20 centimes.

Le droit de poste à percevoir sur les sommes confiées à l'Administration, à titre d'articles d'argent, est de 1 0/0.

(1) Limite du poids des échantillons.

# TABLE DES MATIÈRES

LES NUMÉROS CORRESPONDENT AUX ARTICLES DES INSTRUCTIONS

## TITRE PREMIER

DE L'ASSURANCE. — ORGANISATION DE LA COMPAGNIE ET DES AGENCES

### CHAPITRE PREMIER

**De l'assurance en général et de l'assurance spéciale contre l'incendie.**



### CHAPITRE II

**Des divers systèmes d'assurances contre l'incendie.**



### CHAPITRE III

**Constitution de la Compagnie l'Aigle.**



### CHAPITRE IV

**Organisation de la Compagnie dans les départements. — Agents généraux.**



### CHAPITRE V

**Organisation du service des Agences. — Des sous-agents.**



## TITRE DEUXIÈME

DES ASSURANCES

### CHAPITRE VI

**Des risques que la Compagnie assure.**

## CHAPITRE VII

**Des risques exclus des opérations de la Compagnie.**



## CHAPITRE VIII

SECTION PREMIÈRE.

*Des propositions d'assurances et de leur vérification.*



§ 1er.

*De la vérification des propositions.*



§ 2.

*Vérification de la moralité et de la solvabilité du proposant.*



§ 3.

*Vérification de la nature des risques. — Chances et dangers d'incendie.*



§ 4.

*Vérification des propositions sur fabriques et établissements industriels.*



§ 5.

*Vérification des sommes à assurer.*



SECTION DEUXIÈME.

*Des propositions relatives à des objets assurés par d'autres Compagnies. — Assurances complémentaires ou supplémentaires. — Reprises d'assurances. — Assurances anticipées. — Co-assurance.*

## CHAPITRE IX

**Des risques en général. — Ce qu'on entend par un seul et même risque. — Risques contigus.**



## CHAPITRE X

**Des assurances dites exceptionnelles qui ne peuvent être souscrites par les Agents généraux sans l'autorisation préalable de la Compagnie.**



## CHAPITRE XI

**Des tarifs et de leur application.**

## CHAPITRE XII

### De la Police.



## CHAPITRE XIII

### Des changements qui peuvent survenir dans les conditions primitives d'une assurance, et de la manière de les constater.

## CHAPITRE XIV

**De la continuation des assurances souscrites à la Compagnie, et de la prolongation de leur durée.**

SECTION PREMIÈRE.

*Des renouvellements.*



SECTION DEUXIÈME.

*De la tacite reconduction.*



## CHAPITRE XV

**Des Résiliations.**



## CHAPITRE XVI

**Des plaques.**



## CHAPITRE XVII

**Du recouvrement des primes.**

## TITRE TROISIÈME

DES SINISTRES

### CHAPITRE XVIII

**Des premières mesures à prendre en cas de sinistre.**



### CHAPITRE XIX

**Dispositions générales pour l'estimation des dommages par transaction ou par expertise.**



### CHAPITRE XX

**De l'expertise des dommages sur bâtiments.**



### CHAPITRE XXI

**De l'expertise des dommages sur mobiliers, marchandises et récoltes.**

### CHAPITRE XXII

**Du règlement définitif des sinistres, des frais y relatifs et du paiement de l'indemnité.**



### CHAPITRE XXIII

**Du contentieux.**



## TITRE QUATRIÈME

**DE LA COMPTABILITÉ**

### CHAPITRE XXIV

**Registres d'inscriptions et États correspondants.**



### CHAPITRE XXV

**Livres et bordereaux servant à établir la comptabilité.**

## CHAPITRE XXVI

### Mode d'envoi des lettres, pièces, fonds, etc.



## CHAPITRE XXVII

### Dispositions générales d'ordre et de surveillance.

# MODÈLES

IMPRIMERIE CENTRALE DES CHEMINS DE FER. — A. CHAIX ET C^{ie}, RUE BERGÈRE, 20, A PARIS. — 12963-3.

www.ingramcontent.com/pod-product-compliance
Ingram Content Group UK Ltd.
Pitfield, Milton Keynes, MK11 3LW, UK
UKHW012023240726
13965UKWH00002B/539